Heimo Schwilk

LUTHER

DER ZORN GOTTES

Heimo Schwilk

LUTHER
DER ZORN GOTTES

Biografie

BLESSING

Verlagsgruppe Random House FSC® N001967

1. Auflage, 2017
Copyright © 2017 by Heimo Schwilk
und Karl Blessing Verlag, München,
in der Verlagsgruppe Random House GmbH,
Neumarkter Str. 28, 81673 München
Umschlaggestaltung: Geviert, Andrea Janas
Umschlagmotiv: Karl Bauer, Porträt Martin Luther, um 1917,
Farblithografie © Stiftung Luthergedenkstätten in Sachsen-Anhalt
Satz: Leingärtner, Nabburg
Druck und Einband: GGP Media GmbH, Pößneck
Printed in Germany
ISBN: 978-3-89667-522-4

www.blessing-verlag.de

In dankbarer Erinnerung an meine Schulzeit
in den Klosterseminaren Maulbronn und Blaubeuren

INHALT

ERSTES KAPITEL

Das Treiben des Ablasspredigers Johannes Tetzel. Bruder Martin schreibt einen Brief an den Erzbischof. Die Eltern. Von Eisleben nach Mansfeld. Teufelsspuk und Sündenangst. Prügelstrafen. Singen, Betteln, Dichten: Schüler in Mansfeld, Magdeburg und Eisenach. Studium der freien Künste in Erfurt. In der Georgenburse. Glaube und Vernunft, Disputatio und Tristitia. Bei den Humanisten. »Innwendig voll boser brunst«. Martin liest Augustinus. Magisterexamen. Das Duell. Musik als Medizin. Boethius.

Genug! Jetzt ist es genug! Der Punkt ist erreicht, an dem man einschreiten muss. An dem *er* einschreiten muss! Bruder Martin verlässt die Stadtkirche St. Marien in Wittenberg mit festem Schritt. Er will ein öffentliches Zeichen setzen, dem unwürdigen Treiben ein Ende machen. Was er eben in seinem Gotteshaus von einem seiner Beichtkinder gehört hat, bestätigt alle seine Befürchtungen. Seine seelsorgerliche Verantwortung ist in Gefahr – und damit das Heil der ihm anvertrauten Schäfchen. Ein Wittenberger verlangte von ihm die Absolution, denn er hatte sich tags zuvor mithilfe eines Ablasses von der Sünde der Blutschande freigekauft. Im Magdeburgischen ist der berüchtigte Ablassverkäufer Johannes Tetzel unterwegs. Der Dominikanermönch schreckt vor keiner Übertreibung zurück, um die Entsetzlichkeit der Höllenstrafen und die Wirksamkeit der Ablässe drastisch an die Wand zu malen. Tetzel erscheint hoch zu Ross und besitzt einen von drei Berittenen bewachten Wagen, in dem er seine eisenbeschlagene Ablasstruhe mit sich führt. In

Jüterbog und Zerbst strömen die Gläubigen zusammen, um den früheren Inquisitor, dem der Ruf eines begnadeten Volkspredigers vorauseilt, zu hören. Und möglichst die begehrten Ablasszettel zu erwerben, mit denen man sich selbst und auch die verstorbenen Angehörigen vom Fegefeuer freikaufen kann. »So bald der Gülden im Becken klingt, im Hui die Seel im Himmel springt«, lautet Tetzels aufreizender Werbespruch.

Die gotteslästerliche Argumentation empört den Wittenberger Doktor der Theologie. »Selbst wenn du die Mutter Gottes missbraucht hättest, kann ich dir durch die Gnade des Papstes vergeben, sobald du in den Kasten legst, was dir ansteht«, soll der hünenhafte Tetzel, der durch sein lukratives Amt reich und fett geworden ist, gesagt haben. Achtzig Gulden, eine ungeheure Summe, lässt er sich monatlich für seine Dienste bezahlen, aber das wissen die Gläubigen nicht, die sich um ihn drängen. Das rote Ablasskreuz mit dem päpstlichen Wappen sei ebenso wirksam wie das Kreuz Christi, schleudert er dem Volk entgegen, das ihm gebannt lauscht, und behauptet frech, auch Petrus könnte, wenn er an seiner Stelle stünde, nicht mehr Gnade spenden als er, Tetzel. Dann wirft er eine Münze in den Ablasskasten und brüstet sich, nun müsse auch er nicht mehr um die Seligkeit seines Vaters beten.

Martin Luther hat bereits mit zwei warnenden Predigten auf das skandalöse Gebaren der Ablasswerber reagiert. Dass dennoch eine große Zahl von Wittenbergern über die Grenze geeilt ist, um mit Ablasskäufen ihren bei der Pest umgekommenen Verwandten die Zeit im Fegefeuer zu verkürzen, hat ihn tief getroffen. Der Handel mit der »heiligen Ware« ist längst zum Stadtgespräch geworden, einige Familien haben sich ruiniert, andere mussten Kredite aufnehmen, um ihre Seelen zu retten. Doch das Agitieren von der Kanzel herab gegen das Treiben der Ablassprediger ist gefährlich in einer Stadt, deren Oberhaupt selbst vom Reliquienkult lebt. Kurfürst Friedrich der Weise darf aufgrund einer päpstlichen Lizenz den in seiner Schlosskirche aufbewahrten Reliquienschatz nutzen, um Generalablässe zu vergeben und damit seinen Etat aufzubessern. Mehr als 5000 Reliquien führt der von Hofmaler Lucas Cranach illustrierte

Der Dominikaner Johannes Tetzel wirkte von 1504–1510 als Ablassprediger in Sachsen, wandte sich nach Österreich, wo er wegen Ehebruchs und Spielbetrugs schon zum Tode durch Ertränken verurteilt wurde, bevor er durch die Fursprache des sächsischen Kurfürsten Gnade fand. Anschließend war er als Ablassprediger im Auftrag des Mainzer Erzbischofs Albrecht von Brandenburg in den Bistümern Halberstadt und Magdeburg unterwegs, lockte auch Wittenberger Bürger an, die auf seinen Werbespruch hereinfielen: »So bald der Gülden im Becken klingt, im Hui die Seel im Himmel springt.« Er starb 1519 in Leipzig an der Pest.

Katalog an. Den gerissenen Tetzel, der sich in Rom zum Apostolischen Kommissar für das Ablasswesen ernennen ließ, um seine Vollmachten in deutschen Landen gegebenenfalls als Drohmittel einsetzen zu können, lässt Friedrich nicht herein nach Kursachsen. Tetzel ist ja für den

Erzbischof von Mainz unterwegs, um dessen Kassen und die der Kurie in Rom zu füllen, die dringend Mittel für den Bau des prachtvollen Petersdoms braucht. Dass Tetzel seinen Stand in Reichweite von Wittenberg aufbaut, kann Friedrich allerdings nicht verhindern. Ebenso wenig wie den Zulauf seiner eigenen Untertanen, die nach Sündenbefreiung gieren.

Nicht das Feilschen um Strafnachlass ist für Luther ein Ärgernis, sondern die üble Wirkung, die davon auf die Gläubigen ausgeht. Davor hat er schon ein Jahr zuvor, im Mai 1516, in seiner Vorlesung über den Römerbrief gewarnt: Das ungebildete Volk würde von dummen Predigern in die Irre geführt, in dem falschen Glauben, sich durch eine »Zwei-Groschen-Spende die Vergebung der Sünden« erhoffen zu dürfen! Für den bibelkundigen Wittenberger Professor gilt allein das Paulus-Wort: »Denn wenn man von Herzen glaubt, so wird man gerecht.«[1] Die beste Buße sei das fröhliche Vertrauen auf Christus und die Einsicht in die eigene Nichtigkeit. Alles andere, das Nachäffen guter Werke, der Versuch, sich aus eigener Kraft vorbildlich zu verhalten, sei töricht und auf Sand gebaut, letztlich Gotteslästerung. Der gute Wille komme – als »Gnadengeschenk« – allein von Gott. Aus sich selbst heraus, mahnt Luther, ist der sündige Mensch nichts, nur wenn er vorbehaltlos an das Wort Gottes glaubt, kann er erlöst werden. Ansonsten wird er zum Werkzeug des Teufels! Besteht die List des Satans denn nicht darin, uns einzuflüstern, es sei möglich, überhaupt nicht zu sündigen? Uns ganz in Sicherheit zu wiegen, das kleine Glück der Lauheit zu versprechen, ein Leben ohne Gottesfurcht? Sollte das Gute denn nicht aus eigener Kraft, ohne Gott, geleistet werden können? Dies also, predigt Luther seinen Wittenbergern seit Jahren von Katheder und Kanzel herab, sei die geheime Mission des Satans: die endgültige Trennung des Menschen von seinem Schöpfer.

Solch ein Werkzeug des Teufels ist für Luther auch Johannes Tetzel. Der Ablassverkäufer aus dem sächsischen Pirna schneidet mit seinen Machenschaften den Weg zu Gott ab, indem er vorgibt, man könne sich freikaufen von der Reue. Und weiter sündigen ohne schlechtes Gewissen. Päpste und Priester verschwendeten die durch das Blut Christi und der

Märtyrer angesammelten Gnadengaben, klagt Luther ganz im Sinne seines Lehrmeisters Augustinus. Statt jenen unverdienten Gnadenschatz zu vermehren und selbst zu ihm beizutragen. Der wahrhaft Reumütige suche nicht die Vergebung, sondern die Erfüllung der Strafen. »Ihr seht also, was für eine gefährliche Sache das Rühmen der Ablässe ist, das nur eine verkürzte Gnade lehrt, nämlich Genugtuung und Strafe zu fliehen.«[2] Am Ende lerne das Volk aus der verschwenderischen Austeilung der Ablässe nur, die Strafe für die Sünde zu fürchten, nicht aber die Sünde selbst. Eine seiner Predigten hatte Luther mit dem Ausruf beendet: »O, die Gefahren unserer Zeit! O, schnarchende Priester!«[3] Im Oktober 1517 will er nun einen Weckruf in die verdorbene Christenheit hinaussenden mit dem ganzen Selbstbewusstsein eines Mannes, der seinem Gespür für das Erkennen des rechten Schriftsinns vertraut. Und der auf sein Recht pocht, als Doktor der Theologie der Wahrheit auf die Sprünge zu helfen.

Nach wenigen Minuten Fußmarsch durch die geschäftige Collegiengasse ist Luther am Augustinerkloster angekommen. Die von den Wittenbergern Schwarzes Kloster genannte Anlage liegt im äußersten Osten der Stadt, direkt am Elstertor. Luthers Studierzimmer befindet sich in einem zur Elbseite hin errichteten Turm und ist nur über eine enge Steintreppe zu erreichen. Auf dem Heimweg hat der Bibelprofessor einen Plan gefasst. Er will sich direkt an jene wenden, die Nutznießer des Ablassunwesens sind, die Bischöfe und Landesherren. Luther weiß, dass er hierfür viel diplomatisches Geschick benötigt, denn wer den hohen Herren das Geschäft verdirbt, bewegt sich auf dünnem Eis. Nicht der moralisch emporgereckte Zeigefinger des Predigers ist hier gefragt, sondern die Expertise des Theologen. Deshalb hat er – gewissermaßen als lehramtliche Replik auf eine ihm in die Hände gefallene Ablassinstruktion des Erzbischofs von Mainz – in den vergangenen Wochen 95 Thesen verfasst, die dem Missbrauch theologisch auf den Grund gehen. Als ärmlich lebender Bettelmönch, dem als Prediger der Stadtkirche gerade einmal acht Gulden im Jahr zustehen, während sein Kontrahent Tetzel das Zehnfache allein im Monat einstreicht, kann ihm niemand Bigotterie unterstellen im Unterschied zu manchem Ablass-kritiker, der sich selbst nimmt, was er kriegen kann. Luther besitzt nicht einmal eigene Bücher, selbst das Tuch für eine neue Kutte muss er sich von seinem Landesherren schenken lassen.

So beginnt sein Brief an den Kurfürsten Albrecht IV. von Brandenburg, Erzbischof von Mainz, den er am 31. Oktober 1517 niederschreibt, mit den entsprechenden Demutsformeln. Luther bezeichnet sich als den »Geringsten einer«[4] und entschuldigt sich, überhaupt so unverschämt zu sein, an »Eure über die Maßen erhabene Hoheit« einen Brief zu richten. Doch kommt er rasch zur Sache, die er in ungewöhnlicher Deutlichkeit vorträgt. Die Glaubensgewissheiten, die er sich in den vergangenen fünfzehn Jahren als Student, Mönch, Priester und schließlich als Professor der Theologie in Magdeburg, Eisenach, Erfurt und Wittenberg erarbeitet hat, drängen nun auf Verteidigung außerhalb der Mauern der Gelehrtenstube. Während Luther die Feder in das Tintenfass taucht, gehen seine Gedanken zurück in jene Zeit, als er sich durch seine Bibelstudien Stück für Stück entfernt hatte von den Gewissheiten der scholastischen Tradition, die unter seinem scharfsinnigen Blick zu sophistischen Klügeleien und Halbwahrheiten zerfielen. Aber war er, bevor er sich so intensiv der Bibel, der eigentlichen Quelle aller Glaubenswahrheit, gewidmet hatte, nicht selbst durch eine Nebelwand des Zweifels, der tausendfachen Anfechtung gegangen, die ihn innerlich fast zerrissen und, schlimmer noch, um ein Haar den Ränkespielen des Teufels ausgeliefert hätte? Schon als Knabe hatte ihn dieses unablässige Kreisen in sich selbst gequält, diese fürchterliche Gedankenschwere, die kaum abzuschütteln war – trotz seines eigentlich geselligen Gemüts, mit dem er der Welt offenherzig entgegentrat. Aber da war eben auch dieses ständige Hin- und Hergeworfensein zwischen Selbstgewissheit und Selbstzweifel, ein trotziges Rechthabenwollen, das viel zu oft die Konfrontation und den Widerspruch suchte, heimlich aber auf Zustimmung und Zugehörigkeit hoffte.

Die Familie, in die Martin Luder – so lautet sein eigentlicher Familienname – hineingeboren wurde, vermittelte dem feinfühligen Kind zwar materielle Sicherheit, aber wenig Geborgenheit. Der Vater, Hans Luder, entstammt dem thüringischen Dorf Möhra bei Eisenach und musste den Hof verlassen, um sein Glück im Bergbau zu versuchen. Nach Jahren als hart schuftender »Häuer« in Mansfelder Schächten brachte er es zu bescheidenem Wohlstand und konnte sich 1491 sogar in eine kleine Bergwerksgesellschaft einkaufen. In Eisleben bewohnte die Familie anfänglich ein bescheidenes Haus in der Langen Gasse, wo Luther am 10. November 1483 das Licht der Welt erblickte. 1484 zog die Familie dann nach Mansfeld. Seit 1509 durfte Hans Luder sich »Hüttenmeister« nennen und ist seitdem an den Gewinnen aus mehreren Schächten beteiligt und besitzt zwei Schmelzöfen.

Sein Aufstieg vom nicht erbberechtigten Bauernsohn zum Unternehmer ist aber nicht allein seinem starken Willen und seinem Fleiß zu verdanken, sondern auch einer klugen Heirat. Martin Luthers Mutter Margarete, geborene Lindemann stammt aus einer Unternehmerfamilie und kann so ihrem Mann in der Mansfelder Kupferbergbauregion manche Tür öffnen. Ihr Vater ist der Eisenacher Ratsherr Johann Lindemann, ihr Onkel Antonius Lindemann hat das einflussreiche Amt eines Bergrats inne. Trotz ihrer bürgerlichen Herkunft ist sich die junge Frau in den ersten, harten Jahren ihrer Ehe nicht zu schade, auch schwere körperliche Arbeit zu verrichten. Klaglos sammelt sie Brennholz im Wald und schleppt es auf dem Rücken nach Hause, wie ihr Sohn später respektvoll berichten wird. Mit viel Energie kümmert sie sich um die Kinder, zwei Söhne und drei Töchter. Sie kann mit Geld umgehen, unterstützt ihren Mann bei der Buchführung und gilt als tüchtige und bescheidene Frau. Während der Hausarbeit pflegt Margarete ein Liedchen vor sich hin zu singen, das ihre demütige Haltung bezeugt: »Mir und dir ist niemand hold, / das ist unser beider schuld.«

Da die Geschäfte Hans Luders immer besser gehen, verfeinert sich auch der Hausstand der Familie. Sie besitzt nun wertvolles Keramik-

Als die Eltern 1527 Luther in Wittenberg besuchten, malte Cranach deren Doppelporträt. Es arbeitet die Ähnlichkeit des Vaters Hans Luder mit seinem Sohn durch die ausgeprägte Kieferpartie und die tief liegenden Augen stark heraus und betont die Ehrbarkeit der Mutter Margarete, die aus einer angesehenen Eisenacher Familie stammte, durch die weiße Haube, den Verzicht auf Schmuck und die schlichte Kleidung. Ihr etwas gekrümmter Rücken lässt Luthers Erinnerung »an seine Mutter, die all ihr Feuerholz auf dem Rücken getragen hat«, glaubhaft erscheinen.

geschirr, böhmische Trinkgläser, und in der Küche stehen sogar aus Bronze gefertigte Dreibeinpfannen und -töpfe, in denen die Speisen gegart werden. Gemüse und Obst bezieht man von Gärten außerhalb der Stadtmauern, das Fleisch stammt aus eigener Viehhaltung. Als besondere Leckerbissen gelten Singvögel wie Drossel, Goldammer, Rotkehlchen und Buchfink. Zur Jagd, an der sich auch Martin und seine Geschwister gern beteiligen, benutzt man aus Gänseknochen geschnitzte Lockpfeifen. Die Kleinvögel werden durch die zwitschernden Töne angelockt und mit Schlingen und Netzen eingefangen. Auch wenn die Kinder in den familiären, oft harten Arbeitsalltag eingespannt sind, bleibt genügend Zeit zum Spielen. Dazu dienen Puppen und Tierfiguren aus Holz oder Keramik, Murmeln aus gebranntem Ton und zierliche, aus Holz gefertigte Armbrüste, mit denen man im Haus Wettschießen auf extra aufgeschichtete Knochenkegel veranstalten kann.

Trotz dieses auch nach außen sichtbaren Wohlstands erlebt der junge Luther sein Elternhaus als Ort der Sparsamkeit und Strenge. Für die inneren Kämpfe seines Ältesten hat der viel beschäftigte Vater keine Zeit, und die fromme Mutter beargwöhnt Martins Grübeleien als Einfallstor des Bösen. Den Teufel sieht sie überall am Werk, und als ihr erstes Kind, Johannes, stirbt, macht sie dafür den Schadenzauber einer alten Frau in der Nachbarschaft verantwortlich, die das Kind in der Wiege verhext habe. Auch Hans Luder berichtet von teuflischen Umtrieben böser Geister im Bergwerk. Das qualvolle Sterben eines im Schacht Verunglückten stürzt ihn in tiefes, lange nachwirkendes Entsetzen. Immer muss man auf der Hut sein, gerade unter Tage, wo der Tod jeden Augenblick mit Schlagwetter, Einsturz und Wassereinbruch droht. Auch wenn in Schule und Kirche ständig von Gott die Rede ist, so sind das Böse und der Böse viel fassbarer, alltäglicher und auch faszinierender, gerade für den kleinen Martin, der gebannt den Erzählungen seines Vaters lauscht. Auch die immer wieder in Eisleben und Mansfeld auftauchenden Bußprediger und Bettelmönche malen farbige Bilder des Teufels an die Wand, der jede denkbare Gestalt annehmen kann, um die Menschen ins Verderben zu ziehen. Alles Sündige, jede Krankheit, jeder Schmutz ist Teufelsdreck – und natürlich auch der sündige Mensch selbst, der wie Luzifer aus der ursprünglichen Schöpfungsordnung herausgefallen ist und nun sehen muss, wie er sich Gott wieder gefällig machen kann.

Die Eltern haben, was dieses gottgefällige Handeln betrifft, nur das anzubieten, was von jeher als sicheres Rezept gilt, um Gottes Strafe und damit der Hölle zu entgehen: das Einhalten der Zehn Gebote, Fleiß und Rechtschaffenheit. Faulheit und Müßiggang dagegen gelten als Todsünde. Dass man sich den Himmel verdienen muss, dabei aber nie sicher sein kann, am Jüngsten Tag auch wirklich zur Rechten Gottes Platz zu finden, ängstigt den Knaben. In der Mansfelder Kirche, in der Wölbung über der Apsis im Chor der St. Georg-Kirche, ist Christus auf seinem Richterstuhl über dem Regenbogen abgebildet, die Lebenden und die Toten nach ihren Werken richtend: »Er wird die Spreu vom Weizen trennen und den Weizen in seine Scheune bringen; die Spreu aber wird er in nie erlöschendem Feuer verbrennen.« Auf Martins Frage, warum Gott den Teufel überhaupt über die Welt herrschen lasse, weiß Hans Luder keine Antwort, wie übrigens auch die Pädagogen und Priester nicht, denen solche Fragen schon als Gotteslästerung gelten.

Im Hause Luder hält man sich an das, was seit Generationen von der Kanzel herab für verbindlich erklärt wird: Die Welt ist der Tanzboden des Bösen, ein Ort von Versuchung, Sünde und der ihr auf dem Fuße folgenden Bestrafung. Aber jede Region hat ihre eigene Dämonie. Im Mansfelder Land ist viel von boshaften Berggeistern und Kobolden die Rede. Naturereignisse wie Gewitter, Hagelschauer und Überschwemmungen sind ebenfalls ein Werk des Teufels, der mit solchem Unglück den Gottesglauben zu unterminieren sucht. Zur Abwehr dieser und anderer Schrecken suchen die Luders Zuflucht in uralten Abwehrriten. Man kreuzt Palmzweige über dem Feuer, isst geweihte Kräuter oder besprengt Haus und Hof mit Weihwasser. Als besonders beliebtes Mittel, böse Geister fernzuhalten, gilt die Anrufung der von den Bergleuten verehrten heiligen Anna, der Mutter Marias. Hans Luder, ein nüchterner Mann, der eigentlich wenig mit Glaubensdingen anfangen kann und gern über faule Priester und Mönche spottet, hält sich eisern an die religiösen Regeln, um dem Bösen das Handwerk nicht allzu leicht zu machen. Aus diesem Grund hat er seinen Sohn schon einen Tag nach der Geburt in der Eislebener St. Petrikirche auf den Namen des Tagesheiligen Martin taufen lassen. Das sollte das Kind davor bewahren, im Falle seines plötzlichen Todes ungetauft in die Vorhölle oder gleich in die Hölle zu kommen – ein entsetzlicher Gedanke, den sich auch und gerade die Ablassverkäufer zunutze machen. Für das Seelenheil ihrer Kinder, das weiß Hans Luder, sind ja vor allem die Eltern verantwortlich. Nicht zufällig gehört zum Taufritus auch der Exorzismus, der dem Teufel den Weg zur Seele des Kindes versperren soll.

Der Tod ist in der Familie Luder ein vertrautes Ereignis. Zwei Brüder und eine Schwester starben früh, und immer ist auch die Mutter im Kindbett bedroht. Der kleine Martin lernt mit diesen Ängsten zu leben. Doch gesprochen wird darüber wenig. Der Junge muss alles mit sich selbst ausmachen, auch wenn gerade ihm das Böse und seine rätselhafte Ursache besonders zu schaffen macht. Für kleinste Verfehlungen wie dem Diebstahl einer einzigen Nuss wird er von seiner Mutter bis aufs Blut »gestäupt«, und Hans Luder verprügelt seinen Sohn mehrfach so hart, dass der Junge sich tagelang vor ihm versteckt, bis der über sich selbst erschrockene Vater ihn besänftigend zu sich zurückholt. Diese Erfahrung von Sünde, Strafe und gnädiger Versöhnung prägt den jungen Luther zutiefst. Vater und Mutter, die Welt der Eltern sind für ihn »Gesetz«, sich ihnen zu widersetzen ist eine Todsünde, die schlimm geahndet wird. Wenn aber zwischen Unnahbarkeit und Strenge plötzlich Fürsorge aufscheint, die schlagende Hand sich in eine liebende verwandelt, dann stellt sich dem Kind immer drängender die Frage nach dem Grund, aus dem diese wunderbare Wandlung hervorgeht, die mit der Welt versöhnt.

Willkür hinzunehmen ist Martins Sache nicht. Bald stellt er fest, dass der Vater nur nach außen, als erfolgreicher Unternehmer und anerkanntes Mitglied der Bürgerschaft, eine rundum achtbare Persönlichkeit darstellt. Geschickt versteht er es, Kompromisse zu schließen, um seine Interessen durchzusetzen, Fürsprecher zu gewinnen und Kontrahenten auszuweichen. Zu Hause tritt meist sein herrschsüchtiges, kompromissloses Wesen in Erscheinung. Der bestimmende Grundzug ist Misstrauen. Der untersetzte Mann mit den wachen Dachsaugen erhitzt sich schnell, und wenn ihm etwas zuwiderläuft, wird er in seinem Jähzorn zu einer furchterregenden Gestalt. Diese Impulsivität ist ein Familienerbe; auch der »Klein-Hans« genannte jüngere Bruder, Martins Onkel, neigt zu aggressivem Überschwang und steht immer wieder vor Gericht. Bei einer Wirthausschlägerei kommt er schließlich zu Tode. Dieses Ende muss den kleinen Martin schon deshalb beunruhigen, weil er selbst zu Gefühlsausbrüchen neigt und alles Nichtbeherrschbare und Chaotische hasst – auch bei sich selbst. Martin beobachtet aber auch eine andere, weichere Seite an seinem Vater. Gelegentlicher Alkoholgenuss wirkt bei Hans Luder als Stimmungslöser, dann tritt ein fröhlicher, ja witziger Zug seines Wesens in Erscheinung. Gern erzählt er bei Bier oder Wein Geschichten, die er mit viel Gespür für Pointen vorträgt, um seine Zuhörer zum Lachen zu bringen. In solchen Stunden liebt Martin seinen Vater, auch wenn er weiß, wie vergänglich diese Glücksmomente sind. Froh ist er auch, wenn die Mutter singt; mit der Musik verflüchtigen sich seine inneren Bedrückungen, das Gedankenquälerische, Melancholische fällt von ihm ab.

Angespornt vom Vorbild der Lindemanns, deren Aufstieg sich vor allem der Bildung verdankt, entschließt sich Hans Luder, seinen Ältesten auf die Schule zu schicken. Am 12. März 1491 wird der Siebenjährige in die sogenannte Trivialschule in Mansfeld aufgenommen. Nicht weit von der Schule bewohnt die Familie ein großes Haus, einen repräsentativen Vierseitenhof. Das Gebäude ist mit farbigen Butzenscheiben und Kachelöfen ausgestattet. Wenn die unbefestigten Straßen vom Regen verschlammt und fast unpassierbar sind, trägt ein Freund den schmächtigen Jungen Huckepack zur Schule, einem einstöckigen Bau im Schatten der Pfarrkirche. Dort lernt Martin nicht nur das Lesen, Schreiben und Rechnen; entsprechend dem »Trivium« – der Grammatik, der Logik und der Rhetorik – wird er auch in jene drei Disziplinen eingeführt, die später an den Universitäten als Teil der *artes liberales*, als freie Künste gelehrt werden. Unterrichtsprache ist Latein, ohne das eine Karriere, ob geistlicher oder weltlicher Art, gar nicht denkbar ist.

Martin freut sich auf die Schule. Das begabte Kind ist voller Neugier und erhofft sich endlich Antworten auf seine vielen Fragen. Doch stattdessen erwarten ihn stumpfsinnige Paukerei und tägliche Prügel. An einem einzigen Vormittag sei er von einem betrunkenen Schulmeister fünfzehnmal geschlagen worden, »mit Ruten in die Äfftern«, wird er im Rückblick auf seine unglückliche Schulzeit berichten. Geschlagen zu werden ist Martin von zu Hause gewohnt, doch die Brutalität seiner Lehrer übersteigt jedes Maß. Kann man Kindern mit solchen Methoden die christliche Lehre nahebringen, die frohe Botschaft von Liebe und Erlösung? »Eselsstall und Teufelsschule« nennt Luther die Mansfelder Schule, geleitet von »Tyrannen und Stockmeistern«, eine »Hölle und ein Fegfeuer«. Besonders auffällige Schüler müssen zur Abschreckung eine »Eselsmütze« tragen. Zur Unbarmherzigkeit der Lehrer kommt ein ausgeklügeltes Denunziantentum, zu dem ältere Schüler (»Wölfe«) angestiftet werden, um kleinste Disziplinverstöße zu melden. Wer statt des lateinischen ein deutsches Wort gebraucht, wird ebenso denunziert wie der, der falsch dekliniert oder konjugiert. Einmal in der Woche halten die Lehrer anhand der Sündenregister Gericht und bestrafen ihre Schüler mit grausamer Härte. Im Religionsunterricht müssen die Schüler das Aufsagen von Gebeten üben, lernen das Glaubensbekenntnis, das Vaterunser und die vielen Heiligentage auswendig. Das endlose Repetieren ist von quälender Eintönigkeit. Allein der gemeinsame Chorgesang und das Lesen antiker Autoren bringen ein wenig Freude in den düsteren Schulalltag.

Auch Hans Luder erkennt bald, dass der Unterricht nichts taugt. Er beschließt, dem pädagogischen Elend ein Ende zu machen. Längst hat er den Plan gefasst, seinen ältesten Sohn zum Juristen ausbilden zu lassen, weil dies auch ihm selbst und seinen Geschäften nützen könnte. Dazu muss Martin zuerst eine ordentliche Lateinschule besuchen und danach die Universität. Luder bespricht sich mit dem befreundeten Hüttenmeister Peter Reinicke, der ein paar Häuser weiter wohnt. Sein Sohn Hans ist ein Mitschüler von Martin. Warum nicht die beiden nach Magdeburg schicken? Ein Verwandter der Reinickes ist Gerichtsvikar in der dortigen erzbischöflichen Kanzlei und könnte die Verbindung zur renommierten Domschule herstellen. Als die Schüler in Begleitung von Hans Luder an einem kalten Februartag des Jahres 1497 ins siebzig

Kilometer weit entfernte Magdeburg aufbrechen, fällt Martin der Abschied nicht schwer. Die Zeit der Demütigung und der Angst ist zu Ende.

Drei Tage später tauchen am Horizont die Kirchtürme der Elbstadt auf. Quartier nehmen die Schüler bei den »Nollbrüdern«, die nach ihren spitzen Kapuzen, den »Nollen«, benannt sind. Die Gemeinschaft der »Brüder vom Gemeinsamen Leben« fühlt sich einer aus Holland stammenden Glaubensrichtung, der *devotio moderna*, der modernen Frömmigkeit, verpflichtet. Ausgehend von der Nichtigkeit des Menschen, fordert die Reformbewegung Abkehr von der Welt und religiöse Hingabe. Ihren Lebensunterhalt verdienen die Laienbrüder mit dem Abschreiben theologischer Lehrbücher und beschäftigen sich dabei auch intensiv mit der Bibel. Im Brüderhaus kommt Luther zum ersten Mal mit der monastischen Lebensweise in Berührung, den Stundengebeten und Meditationen, die ihn tief beeindrucken. Hier schwingt jener spirituelle Geist, den er in seinem ganz aufs Zweckmäßige ausgerichteten Elternhaus und in der Paukanstalt in Mansfeld so sehr vermisst hat.

Die Schule lehnt sich an die Südseite des Doms an, dessen Türme noch immer eingerüstet sind, aber vor ihrer Vollendung stehen. In den Straßen um den mächtigen Kirchenbau wimmelt es von Geistlichen, dazwischen Geschäftsleute aus aller Herren Länder, die nach Magdeburg kommen, um mit dem reichen Klerus und den Bürgern Handel zu treiben. Die Residenzstadt des Erzbischofs mit ihren 15 000 Einwohnern ist eine der erfolgreichsten Handelsstädte des Reiches. Für die jungen Männer vom Land hat sie etwas Einschüchterndes, aber auch Aufregendes. Alles ist neu für Martin, nichts entgeht seinem wachen Blick. Eine Szene, die er auf der Breiten Straße beobachtet, wird er nie vergessen: Ein kleiner, abgemagerter Bettelmönch vom Orden der Franziskaner schleppt einen viel zu schweren Bettelsack und fleht mit schwacher Stimme um Brot. Ein Bild des Jammers, und als Martin hört, dass es sich bei dem zerlumpten Mönch um den Fürsten Wilhelm von Anhalt handelt, zugleich ein leuchtendes Beispiel für die Kraft von Demut und Entsagung. Das Bild des frommen Büßers brennt sich ein: »Wer ihn ansah …, musste sich seines weltlichen Standes schämen.« Hier eröffnet sich dem jungen Mann erstmals der Blick auf eine wahrhaftigere Welt, in der ganz andere Maßstäbe gelten als die, die er bislang erfahren hat. Ansporn für Martin, mit einem Schülerchor singend von Tür zu Tür zu ziehen, um sich seinen Unterhalt selbst zu verdienen.

Der Eindruck, den Martin von den Bettelmönchen gewonnen hat, vertieft sich noch, als er im Frühjahr 1498 nach Eisenach, in die Geburtsstadt seiner Mutter, zieht. Zuerst kommt er bei Verwandten, den Cottas, dann bei der befreundeten Familie Schalbe unter. Auch in Eisenach muss er, um seine Wirtsfamilie (und seinen Vater, der das Schulgeld bezahlt) zu entlasten, »um Brot singen«, also einen Teil seines Lebensunterhalts durch Betteln bestreiten. Als »Partekenhengst« zieht er durch die Straßen und füllt seinen Bettelsack mit Parteken, kleinen Essensgaben. Das von der Mutter geerbte musikalische Talent kommt ihm hierbei zugute. Nebenbei betreut er den Sohn seines Wirts, den kleinen Caspar Schalbe, bringt das Kind zur Schule und gibt ihm Nachhilfe. Das Haus der Schalbes gilt als das frömmste der Stadt, in ihm gehen die Kleriker der Stadt ein und aus. Der fromme Ratsherr und Kaufmann Heinrich Schalbe, der auch das wichtige Amt des Stadtkämmerers ausübt, hat einen Förderkreis ins Leben gerufen, um das am Fuß der Wartburg liegende Franziskanerkloster finanziell zu unterstützen.

Ins Schalbe'sche Kolleg, einer Disputationsrunde, kommt regelmäßig auch der Priester Johannes Braun, Vikar der Marienkirche und einer von Martins Lehrern an der Pfarrschule St. Georg. Er lädt die Schüler zu sich nach Hause ein, wo disputiert und musiziert wird. Martin tut sich als begeisterter Sänger hervor, beeindruckt seinen Lehrer aber auch durch seinen wachen Verstand. Die Domschule ist stark vom aufkommenden Humanismus geprägt. Die neue Strömung wendet sich den Quellen der Antike zu, um eine anspruchsvollere, auch philologisch versierte Bildung zu befördern. So begnügt sich der Lateinunterricht an der Georgenschule nicht mit dem üblichen Vulgärlatein, sondern nimmt sich in

Grammatik und Stil die antike Literatur zum Vorbild. Diese Spracharbeit gefällt Martin, der Fünfzehnjährige liest die Klassiker Cicero, Vergil, Seneca und Horaz, aber auch Petrarca, den Lieblingsdichter der Humanisten, und übt sich mit Erfolg im lateinischen Verseschmieden. Nichts könnte den Geist in Eisenach besser illustrieren als die später immer wieder erzählte Anekdote, Luthers Schulrektor habe beim Betreten des Klassenzimmers aus Respekt vor den Schülern sein Barett abgenommen, »weil Gott manchen von diesen zu einem Bürgermeister, Kanzler, Doktor oder Regenten bestimmt haben könnte«.[5]

In der 4000-Seelen-Stadt unter der Wartburg, die zwar viel kleiner ist als Magdeburg, aber immerhin drei Pfarrkirchen mit fast fünfzig Altären und drei Klöster besitzt, lernt der junge Martin Luther eine völlig vom Glauben durchdrungene Gesellschaft kennen, eine religiöse Gestimmtheit, die in seiner empfänglichen Seele Widerhall findet. Statt Duckmäusertum und Angst herrschen in den Kreisen, in denen er verkehrt, Respekt, Fürsorge und Caritas, ein menschliches und intellektuelles Miteinander, das er in dieser Intensität noch nicht erfahren hat. Auch hier in Eisenach ist es ein besonderes Erlebnis, das ihm im Gedächtnis bleibt: Man erzählt, dass die Franziskaner einen der Ihren lebenslänglich eingesperrt hätten, weil er gefährliche, aus der Bibel entnommene Prophezeiungen in Umlauf gebracht und die Liederlichkeit des Klerus angeprangert habe. Tatsächlich hatte der Franziskanermönch Johann Hilten für das Jahr 1516 (ein Jahr vor Beginn des Ablassstreits!) eine große »Wende« vorausgesagt, das Erscheinen eines Reformators als erstes Wetterleuchten der kommenden Apokalypse. Solche Weissagungen erschließen sich dem jungen Luther – noch – nicht, aber er spürt die unheimliche Kraft, die von ihnen ausgeht.

Drei Jahre lang bleibt Martin in Eisenach. Im Frühjahr 1501 zieht er nach Erfurt, um dort an der Universität zu studieren. Er ist jetzt achtzehn Jahre alt und gut vorbereitet auf das Studium der freien Künste, dem auf Wunsch des Vaters das der Rechtswissenschaften folgen soll. Hans Luders Entscheidung für Erfurt ist gut begründet. Die 1392 ins

Leben gerufene, aus vier Fakultäten bestehende Erfurter Universität – die fünfte im Reich nach Prag, Wien, Heidelberg und Köln – genießt hohes akademisches Ansehen und hat stärkeren Zulauf als jeder andere deutsche Studienort. Besonders die juristische Fakultät hat einen guten Ruf, weit über die deutschen Lande hinaus. Martin bietet sich, als er im April des Jahres 1501 durch das nördliche Johannestor die Stadt betritt, ein imposanter Anblick. *Erfurdia turrita*, das türmereiche Erfurt, mit insgesamt 89 Kirchen und 36 Klöstern die deutsche Stadt mit den meisten Gotteshäusern, wird von dem burgartigen Komplex des Unterbergs beherrscht. Die beiden eng aneinandergebauten Stiftskirchen, der Mariendom und die Severikirche, überragen die Bürgerhäuser und bilden mit ihren sechs spitzen Türmen das weithin sichtbare Wahrzeichen der Stadt.

In Erfurt pulsiert das Leben, weil hier universitäre Gelehrsamkeit auf kaufmännische Tüchtigkeit trifft: Am Kreuzungspunkt aller Handelsstraßen des Reiches gelegen, ist die Stadt an der Gera ein Zentrum des Warenaustauschs und der Handwerkskünste. Ihr Reichtum beruht vor allem auf den fruchtbaren Böden des Umlands, die den Waid hervorbringen. Das Gewächs aus der Familie der Kreuzblütler, auch »blaues Gold« genannt, wird genutzt, um das begehrte Tuch blau und schwarz zu färben. Erfurt besitzt das Monopol für das streng gehütete Färbeverfahren, und die sogenannten Waidherren gehören zu den reichsten Familien der Stadt

Dennoch befindet sich Erfurt in einer heiklen politischen Lage. Nie ist es der reichen und gut befestigten Stadt gelungen, die begehrte Reichsfreiheit zu erwerben, sich vom deutschen Kaiser zur Reichsstadt erheben zu lassen. Erfurt gehört seit rund 500 Jahren zu Mainz und führt das Wappen des Erzbistums, das silberne Rad im roten Feld. Zudem liegt die Stadt auf dem Gebiet des Kurfürsten von Sachsen, der sich zum Schutzherrn der Stadt aufgeschwungen hat. Diese doppelte Gängelung verlangt dem Erfurter Magistrat ein unablässiges Lavieren und Taktieren ab, um eine gewisse Unabhängigkeit zu bewahren.

Martin staunt nicht schlecht, als er die Johannesstraße entlang Richtung Georgenburse geht. Wie bunt das Treiben in dieser Stadt mit ihren zahlreichen Geschäften und Kontoren ist! Mehrstöckige gotische Häuser mit steilen Dächern und vergoldeten Wappen über den Torbögen reihen sich aneinander. Auf der unbefestigten Straße sieht er die ihm wohlbekannten Bettelmönche, wie sie den rumpelnden, mit Waren vollbepackten Fuhrwerken oder eiligen Eselskarren ausweichen, Edelleute zu Pferd, Gaukler und Musikanten, die von Menschentrauben umringt sind. Dazwischen grunzende Ferkel, die im Abfall wühlen, und eine Meute streunender Hunde. Aus offenen Bottichen vor den Braustuben steigen süße Malzdünste auf. Erfurt ist berühmt für sein kräftiges, dunkelbraunes Bier, das der Volksmund wegen seiner besonderen Süffigkeit »Schlunze« nennt. Ein Marktschreier preist seine leicht verderbliche Ware, an den Krallen zusammengebundene Rebhühner und Fasanen, an. Martin biegt von der belebten Hauptstraße in die Augustinergasse ab und steht plötzlich vor einem lang gestreckten Gebäude, der Burse »Zum Sankt Georg«, wegen der Trinkfreudigkeit ihrer Bewohner auch »Biertasche« genannt.

Als *Martinus ludher ex mansfelt* wird der neue Bursianer in die Universitätsmatrikel eingeschrieben. Weil er die Gebühr, immerhin 3 ½ Gulden, sogleich bezahlen kann, wird Martin als vermögend (*in habendo*) eingestuft. Der Pedell belehrt ihn, dass das Leben in den Erfurter Bursen streng reglementiert ist. Der Lehrplan wird vom Rektor festgelegt und von den Magistern überwacht. Jeder Stadtgang muss genehmigt werden. Der Tag beginnt um vier Uhr morgens mit einer Andacht, abends geht es um acht zu Bett. Ab jetzt muss Martin sich an eine Art Klosterleben gewöhnen, das von regelmäßigen Andachten und Gebeten bestimmt ist. Doch wie zu allen Zeiten finden die jungen Leute Wege, aus dem engen Stundenplan auszubrechen. Man trifft sie in den Gasthäusern der Stadt, bei den festlichen Umzügen, aber auch in den höhlenartigen Spelunken am Fuß des Domhügels, den berüchtigten »Kavaten«.

Dass die Studenten nicht der städtischen, sondern der universitären Gerichtsbarkeit unterworfen sind, sehen die Erfurter Bürger nicht gern.

Die Studentenschaft versteht sich als einen eigenen, unabhängigen Stand und achtet auf die Wahrung ihrer Privilegien. Die Bursianer tragen einen schlichten Talar, ähnlich dem der Priester, aber an der Seite auch eine Waffe, ein kurzes Schwert. Es ist nicht allein ein Standessymbol, sondern wird immer wieder bei Raufhändeln oder für die streng verbotenen Duelle benutzt. Nicht selten enden diese Gefechte mit ernsten Verletzungen oder sogar mit dem Tod eines Duellanten. Alkohol spielt dabei eine verhängnisvolle Rolle.

Erst einmal aber muss der junge Mann aus Mansfeld einen Schwur auf die Universitätsstatuten ablegen. Danach hat er eine nicht ganz ernste, aber ziemlich derbe Aufnahmeprüfung zu absolvieren, die »Deposition«. Deportiert, also abgesetzt wird der »tierisch« dumme Nichtstudent, dem man eine Kappe mit Eselsohren aufsetzt, die ihm dann von johlenden Kommilitonen wieder vom Kopf gerissen wird. Eine kalte Dusche aus dem Wasserkübel gilt als Taufe zum neugeborenen Akademiker. Das alles lässt Martin ungerührt über sich ergehen, denn nun hat er endgültig die beschränkte Welt seines Elternhauses hinter sich gelassen, unterstützt von einem ehrgeizigen Vater, für den er stellvertretend den Aufstieg in einen höheren Stand schaffen soll. Diese Erwartung der Familie löst einen ungeheuren Schub an Energie aus. In Erfurt tritt Martin aus der demütigen Bescheidenheit heraus, die ihm die Autorität des Vaters jahrelang auferlegt hat. Aus dem stillen Schüler wird ein selbstbewusster Student.

Schon eineinhalb Jahre nach dem Beginn seiner Studien, am 21. September 1502, legt er sein Examen zum Baccalaureus ab und darf jetzt den Studenten Lateinunterricht erteilen. Die Kommilitonen schätzen seinen Humor, seine witzige Derbheit, sein rhetorisches Talent. Bald gilt er als »Philosoph«, weil er den Dingen auf den Grund geht, die Lehrinhalte nicht einfach hinnimmt, sondern die Schriften der antiken Denker auf ihre Tauglichkeit für das eigene Weltverständnis prüft. Mit Jodokus Trutfetter, dem gebürtigen Eisenacher, hat er einen herausragenden Lehrer, der mit seinem Werk *Sumula totius logicae* als der maßgebliche Kenner der Logik gilt, die eine wesentliche Disziplin der *septem artes liberales*, der sieben freien Künste, ausmacht.

Im Gegensatz zu anderen Universitäten ist die Alma Mater Erfordernsis nicht nach Nationen, sondern nach Fakultäten gegliedert: in die theologische, die juristische, die medizinische und die philosophische Fakultät. Letztere, die Artistenfakultät, vermittelt gewissermaßen das Grundlagenwissen der Zeit. Neben dem Trivium, der Dreiheit aus Grammatik, Rhetorik und Dialektik, steht gleichberechtigt das mathematische Vierblatt, das sogenannte Quadrivium. Es gliedert sich in Arithmetik, Geometrie, Musik und Astronomie. Die nach festen Regeln vermittelten Lehren sollen die gottgewollte Harmonie des Weltalls erklären: den sicheren Umgang mit den scholastischen Sentenzen, die Kenntnis der Gestirne, die musikalische Proportionenlehre. In diesem traditionellen Weltbild ist der Mensch der Mittelpunkt in einem von kreisförmigen Sphären gebildeten und in sich bewegten Universum. Gott wird als eine außerhalb von Raum und Zeit wirkende, in seiner Allgegenwart jedoch auch an jedem beliebigen Ort präsente Kraft vorgestellt.

Gegen das Spekulative solcher Vorstellungen, wie sie von den Vertretern der *via antiqua* und besonders von den Kirchenlehrern Thomas von Aquin und Duns Scotus formuliert wurden, wendet sich die *via moderna* der Nominalisten. Die Nominalisten bestreiten, dass den allgemeinen Begriffen, den *nomen*, Realität zukommt, für sie sind Bezeichnungen wie »Menschheit«, »Pflanzen« oder »Tiere« nur Abstraktionen der Vernunft. Als Luther in Erfurt zu studieren beginnt, hat sich der Nominalismus weitgehend durchgesetzt, ohne das scholastische Denken ganz verdrängt zu haben. Martin, der sein Denken an Aristoteles geschult hat, beginnt zu begreifen, dass philosophisches und religiöses Reden über die Welt trotz des scholastischen Versuchs, Offenbarung und Erkenntnis zusammenzudenken, unvereinbar sind, dass Glauben und Wissen unüberbrückbare Vorstellungswelten darstellen. Der Grundsatz der Scholastik, *credo ut intelligam* (ich glaube, um zu verstehen), erschließt sich ihm nicht. Die Welt des Zufälligen, des von den Sinnen und der Vernunft Erkennbaren, verbindet nichts mit dem Reich der geoffenbarten Glaubenswahrheiten. Und auch von den Universalien, den Allgemeinbegriffen, mit deren Hilfe – so die Ansicht der Anhänger des »alten Weges« – alle Einzelerscheinungen auf eine höhere, geistige, objektive Einheit gehoben werden können, führt kein Weg zu Gott.

Für Luther wird Wilhelm von Ockham, der englische Begründer des Nominalismus, zur entscheidenden Autorität seiner Erfurter Studienzeit. Von ihm lernt er, dass der menschlichen Vernunft radikal zu misstrauen ist und man die Welt als Ausdruck von Gottes Allmacht sehen müsse; ohne diese sei die Schöpfung eine Anhäufung von Zufälligkeiten. Auch die auf Tugendprinzipien begründete Ethik des Aristoteles wird ihm von Ockham her fragwürdig, denn alles Gesetz, so die Lehre des Franziskaners, stamme von Gott und nur aus Gehorsam, nicht kraft individueller Einsicht könne der Mensch moralisch handeln. Der natürlich-vernünftigen Moral der Philosophie stellt der Nominalist die geoffenbarte Moralität des Glaubens gegenüber.

Für den jungen Luther ist die Auseinandersetzung mit den konkurrierenden methodischen Strömungen eine wichtige Schule im Ringen um den eigenen Weg. Die regelmäßigen Übungen in der *disputatio* schärfen sein dialektisches Vermögen, das ihm später helfen wird, sich gegenüber eloquenten Widersachern zu behaupten. Doch der Widerspruchsgeist des Hochbegabten, der seine Prüfungen in allerkürzester Zeit absolviert, wird schnell offenbar und führt zu unschönen Szenen. Martins Überheblichkeit trägt ihm den Ruf eines Rechthabers und Ehrgeizlings ein. Schon seine körperliche Erscheinung hat etwas Entschiedenes: Aus dem schmalen Jungen ist ein untersetzter, kräftiger Mann mit breiten Schultern geworden. Das Gesicht ähnelt immer mehr dem des Vaters. Martin hat dessen niedere Stirn, die vorstehenden, slawisch wirkenden Backenknochen, den breiten Unterkiefer mit dem vorstehenden Kinn. Über der fleischigen Nase deutet sich eine Zornesfalte an. Die mandelförmigen Augen haben etwas Feminines, aber wenn er sich in Rage redet oder vom

31

Jähzorn gepackt wird, verengen sie sich und blitzen kämpferisch. Wie sein Vater muss auch Martin mit Stimmungsumschwüngen zurechtkommen. Mal ist er in sich gekehrt, wirkt geradezu verstört, um plötzlich in einen heftigen Wortschwall auszubrechen, der seine Freunde erst erschreckt, dann mitreißt und begeistert.

Martin ist ein großartiger Redner, wohlgesetzte Rede und beißende Spottlust wechseln einander jäh ab, aus sachlicher Argumentation wird Polemik und schließlich offener Streit. Meist stürzt er nach solchen Exzessen in völlige Niedergeschlagenheit, verzweifelt an der eigenen Unduldsamkeit. Dann erinnert er sich an die Zeit in Eisenach, an die Gespräche mit seinen früheren Lehrern, die das verkörperten, was ihm selbst fehlt, wenn er sich in solche Behauptungskämpfe verstrickt: Gottvertrauen. Warum verfügt er nicht über deren wunderbare Gelassenheit, warum ruht er nicht wie sie in einer Wahrheit, die nicht herbeizudisputieren ist, sondern wie ein Samenkorn in der Seele aufgeht und die Macht des Willens bricht? Stattdessen bedrängt ihn Nacht für Nacht die berüchtigte *tentatio tristitiae*, die teuflische Versuchung, sich ganz der Verzweiflung zu überlassen. Auch der Gedanke an den rettenden Gott bringt keine Erlösung, sondern löst wieder und wieder nur die ihn seit der Kindheit bedrängende Furcht vor dem Jüngsten Gericht aus: »Ich kandte Christum nicht mehr denn als einen gestrengen richter, für dem ich fliehen wolt und doch nicht entfliehen kundte«, wird Luther über diese Erfurter Seelenkämpfe schreiben.[6]

Als unentwegter Grübler und Zweifler geht Martin in Erfurt wieder bei den Humanisten in die Schule, die dem Suchenden mit ihrer philologischen Methode, dem Prinzip *ad fontes*, neue Perspektiven eröffnen. So weist ihn der Dozent Bartholomäus Arnoldi von Usingen auf die Schriften des aus Spanien stammenden Karmelitermönchs Giovanni Battista Spagnoli von Mantua hin, der sich 1463 mit seinem Vater überworfen hatte und statt Jura zu studieren ins Kloster eingetreten war. Als Ordensreformer predigte er in Rom gegen die päpstliche Korruption, verfasste ein entsprechendes Werk mit dem Titel *De calamitas temporum* und setzte sich in seiner medizinisch-theologischen Schrift *De patientia* mit seelischen und spirituellen Pathologien auseinander. Seine an Vergil angelehnte bukolische Dichtungen machten ihn berühmt und zum Vorbild vieler Autoren. Die phänomenale Mischung aus dichterischer Kraft und theologischem Ernst berührt Luther tief, erkennt er doch darin auch seine eigenen Fragen und Verwirrungen.

Die Erfurter Humanisten nennen sich »die Poeten« und dichten auf Lateinisch. Zu ihnen zählt sich auch Luthers Studienfreund Johannes Jäger. Er gibt sich den latinisierenden Namen Crotus Rubeanus, eine Anspielung auf seine Herkunft aus Dornheim bei Arnstadt. Angespornt durch seinen dichtenden Freund, der später als Verfasser der antischolastischen *Dunkelmännerbriefe* eine gewisse Berühmtheit erlangen wird, legt sich auch Luther einen Humanistennamen zu und nennt sich Martinus Viropolitanus, Martin aus Mansfeld. Zum humanistischen Freundeskreis, der Sodalitas Erfordensis, gehören auch der wegen seiner exzellenten Griechischkenntnisse geschätzte Johannes Lang sowie die Brüder Heinrich und Peter Eberhard. Der Vater der beiden, ein wohlhabender Erfurter Arzt, steht dem Humanismus nahe und bestärkt seine Söhne in ihren humanistischen Neigungen. Der Zirkel, zu dem neben den Töchtern des Gastgebers auch deren Freundinnen Zutritt haben, kommt regelmäßig im Haus Eberhard zusammen. Hier trifft Martin auf junge Frauen, deren Bildung und Scharfsinn ihn beeindrucken. Man liest und diskutiert, singt und musiziert. Das Weibliche bekommt eine andere, positivere Färbung als in der geschlossenen Männerwelt der Universität.

Viele der Studenten schauen neidisch auf die Kleriker, über deren Bigotterie sie tuscheln, die sie insgeheim aber bewundern. Die reichen Pfründen erlauben den Klerikern ein weltliches, fast luxuriöses Leben. Statt der Messe lesen die hohen Herren lieber Rentbriefe und Zinsregister. Während der Gottesdienste thronen die Domherren gelangweilt auf den kunstvoll geschnitzten Chorsitzen. In ihren schönen Häusern verfügen sie über reich gefüllte Weinkeller und Konkubinen, die ungeniert und aufgeputzt durch die Straßen Erfurts stolzieren. Ausgestattet mit

Privilegien des Erzbischofs von Mainz, können sich die meist adligen Domherren über die Gesetze und Konventionen der Stadtgemeinschaft hinwegsetzen. Als Sinnbild für diese Unterhöhlung der Moral gelten die Lasterhöhlen der Kavaten, jene Gewölbe direkt unter dem Domberg. Im Rückblick wird Luther sie als Nester der Unzucht, Erfurt sogar als Ort der Verderbnis brandmarken: »nichts denn ein hurhaus und bierhaus«.

Martin schwankt zwischen der Sehnsucht nach einer mystisch gefärbten Gottesliebe, wie er sie aus den Psalmen kennt, und der bohrenden Neugier auf die körperliche Lust, die viele der Studenten in die Bordelle der Stadt treibt. Er hält dieses Treiben – »wen der teuffel kompt und reytzt das fleysch an und entzunt es«[7] – zwar für eine schändliche Anfechtung, der er unbedingt widerstehen will, liest aber heimlich Ovid und die Sappho und ist immer wieder entflammt, denn »innwendig war ich voll boser brunst«. In solchen Augenblicken der Versuchung, wenn die Kommilitonen von ihren erotischen Eskapaden im »Mumenhaus«, dem größten Bordell Erfurts, berichten, erschrickt er: Wenn sein Leben jetzt enden würde, mit diesen schmutzigen Gedanken, wäre er dann verloren, hätte er dann die ewige Verdammnis verdient? Schon der Gedanke an diese Verlockungen ist ja, wie ihm sein Beichtvater erklärt, eine schwere Sünde. Er legt ihm nahe, die *Bekenntnisse* des Augustinus zu studieren, der sich eindringlich mit der Sündhaftigkeit des Menschen auseinandergesetzt habe. Seine Konversion zum Christentum habe der Kirchenvater einer zufällig aufgeschlagenen Seite im Römerbrief des Paulus verdankt: »Lasset uns ehrbar wandeln als am Tage, nicht in Fressen und Saufen, nicht in Unzucht und Ausschweifung, nicht in Hader und Neid, sondern zieht an den Herrn Jesus Christus und wartet des Leibes, doch also, dass er nicht geil werde.«[8]

Sofort spürt Martin: Das ist ein mir verwandter, zweifelnder Geist mit demselben schaudernd-lustvollen Blick in die Abgründe der eigenen Seele. Doch bei dem großen Mann findet sich bei allem Tasten und Suchen auch der wunderbar schlichte Satz: »Unruhig ist unser Herz, bis es Ruhe findet in Dir, o Herr.« Darf er wirklich darauf hoffen, wie

Augustinus verspricht, dieser Gnade teilhaftig zu werden, seinen Frieden zu machen mit dem unerbittlichen Richtergott? Wo ist das Verbindende zwischen Geschöpf und Schöpfer, ist es der Geist, mit dem Gott mich beschenkt hat, damit ich seine Allgegenwärtigkeit spüre und erfasse? Bin ich wirklich ein von Gott geschaffenes Wesen mit einer *Geistseele* aus Vernunft, Wille und Herz – so, wie ich bin, von ihm gewollt und gemeint, zu keinem Zeitpunkt mir selbst überlassen? Entsprungen aus der Liebe des allmächtigen Schöpfers, der den Menschen sich selbst zum Geschenk macht, damit dieser seinerseits mit schenkender Liebe antwortet? Bei Augustinus liest er: »Ich wäre also nicht, mein Gott, ich wäre gar nicht, wenn du nicht wärest in mir. Oder nein, ich wäre nicht, wenn ich nicht wäre in dir, *aus dem alles, durch den alles, in dem alles ist.*«[9] Plötzlich begreift er: Gott duldet keine Selbstmächtigkeit, er erwartet Demut, Anerkennung und Dankbarkeit. Nicht mein Wille, sein Wille gilt, denn wir sind alle aus Gott geschaffen und streben zu ihm zurück! Das Verlangen nach Gott ist das eigentlich Menschliche, diese schmerzliche Sehnsucht nach Einheit und Erlösung – in Ihm. Die Lust, das Fleisch kettet den Geist an die Materie und verhindert, dass die Seele sich zu Gott aufschwingt. Liebe entartet in Gier, die Lust führt immer weiter weg von Gott. *Post coitum omne animal triste est.*

Als Zweiter von siebzehn Absolventen besteht Martin am 7. Januar 1505 das philosophische Examen, auch das in ungewöhnlich kurzer Zeit. Von Fackelträgern begleitet, ziehen die frisch promovierten Magister durch Erfurt, stolz und mit der Aussicht auf eine glänzende Zukunft. Vier Wochen später bekommt er vor versammelter Universität feierlich das braunrote Magisterbarett aufgesetzt und hält seine Antrittsvorlesung. Hans Luder ist darüber so glücklich, dass er seinen Sohn jetzt mit »Ihr« statt mit »du« anredet und ihm als Anerkennung und Ansporn den *Codex Iuris Civilis* des Justinian schenkt. Eine kostbare Edition des römischen Rechts, ergänzt um die zahllosen Glossen gelehrter Kommentatoren, für die Hans Luder ein kleines Vermögen bezahlt hat. Noch immer hofft er, dass sein Sohn einmal zum Rechtsberater am Hof oder in einem der Magistrate aufsteigt. Was er nicht weiß: Gerade die angehenden Juristen sind es, die Luther hasst, sie sind für ihn rabulistische Karrieristen ohne Prinzipien und Werte, fern von jedem Glauben und nur darauf aus, mit ihren Sophistereien das Recht für ihre Zwecke zu verbiegen.

Erhitzt vom Alkohol und dem fröhlichen Zusammenhocken in einer der Erfurter Bierschwemmen, geriet er einmal an einen Juristen, der die Vorzüge seines Rechtsstudiums gegenüber der brotlosen Theologie pries und ihm in der Hitze der Debatte die Kappe vom Kopf stieß. Martin parierte die Attacke gewohnt schlagfertig mit der lateinischen Sentenz *Omnis Iurista est aut nequista aut ignorista* (Jeder Jurist ist entweder ein Schalk oder ein Esel). Doch der Beleidigte forderte Genugtuung, und so stürzten sie alle hinaus vor die Tür. In seiner Erregung zog Martin seine Waffe und haute auf seinen Kontrahenten ein, der aber ein viel geschickterer Fechter war und ihn mit einem Stich am Schenkel so stark verletzte, dass das Blut bloß so herausquoll. Die Kameraden schleppten den schwer Verwundeten in die Burse. Schnell kam man überein, dass Martin sich selbst verletzt habe, um ihm eine harte Strafe oder gar die Relegation zu ersparen.

Erneut ist er also seinem Jähzorn erlegen, und fast hätte eines seiner apodiktischen Urteile eine Katastrophe ausgelöst. Die Wochen im Bett nutzt Martin, um sich das Lautenspiel beizubringen. Musik, das weiß er seit seiner Kindheit, beruhigt, macht das Herz leicht und wirkt wie Medizin. Und mehr noch: Die Musik spiegelt die Harmonie des Weltalls wider, es gibt einen Zusammenhang zwischen Musik, Mathematik und Astronomie. Die Gestirne rollen nach harmonischer Gesetzmäßigkeit und erzeugen eine wunderbare »Sphärenmusik«. Das hat er in den Vorlesungen über die Musiktheorie des Johannes de Muris gehört. Beim Musizieren fühlt er, dass zwischen Klang und Einklang tatsächlich eine geheimnisvolle Verbindung besteht. Die Welt erscheint ihm dann wie verzaubert. Die Laute, auf der er jetzt täglich übt, hat ihm ein Kommilitone geschenkt, ein schönes Instrument mit sechs doppelt bespannten

Saiten. Der Freund hatte ihm auch die schwierigen Griffe und die Noten beigebracht. Wenn Martin spielt, verscheuchen die Töne seine dunklen Gedanken, und es scheint ihm, als würde der Teufel, der Geist des Trübsinns, Reißaus nehmen vor ihnen.

Zwei Monate hat Martin nun Zeit, über die Fortsetzung seiner Studien und seine berufliche Zukunft nachzudenken. Am 20. April wird er seine erste Vorlesungsreihe im Rahmen der *artes liberales* beginnen, und am 19. Mai soll er nach Wunsch des Vaters sein Studium der Jurisprudenz aufnehmen. Als *Magister artium*, als Magister der freien Künste, stehen ihm alle Bibliotheken der Universität offen, die er nun eifrig nutzt, um die erneut aufkommende Schwermut zu bekämpfen.

Wieder klopft der Tod an: Eine heimtückische Krankheit rafft einen Freund hinweg, und aus Mansfeld kommt die Nachricht, dass dort die Pest wütet. Wieder fühlt Martin sich von all den ungelösten Fragen umzingelt, auf die er keine schlüssigen Antworten findet. Warum musste gerade dieser Mensch sterben, der andere aber nicht? Warum überhaupt diese Heimsuchungen? Auch die vom Vater auferlegte Verpflichtung, das Studium mit dem Doctor juris abzuschließen, löst wachsende Beklemmung aus, je näher der Tag des Studienbeginns rückt. So sucht er Zuflucht in der Lektüre, für ihn neben der Musik das beste Gegenmittel in Zeiten der Anfechtung. Immer wieder ist er von seinen Lehrern auf das philosophische Werk des Gelehrten und Politikers Boethius hingewiesen worden, dessen Lehrbücher zur Logik, Mathematik und Musik auch in Erfurt Grundlagen des Studiums der freien Künste sind. In seiner persönlichen Situation, die er als eine Art Gefangenschaft im Kerker seiner Ängste empfindet, liest er die Botschaft von Boethius' berühmtestem Werk, der *Consolatio philosophiae* (Trost der Philosophie), wie ein Signal der Befreiung.

Boethius war 523 n. Chr. wegen einer angeblichen Verschwörung gegen den Gotenherrscher Theoderich verhaftet und in den Kerker geworfen worden, wo er fast zwei Jahre lang auf seine Verurteilung warten musste.

Im Gefängnisturm zu Pavia, immer die drohende Hinrichtung vor Augen, verfasste er seine neuplatonisch inspirierten Trostgedanken. Boethius lässt darin die Seelenärztin Philosophia auftreten, die den Verzweifelten belehrt, dass es seine Verstrickung in die Welt, die Jagd nach Reichtum, Würde und Macht, gewesen sei, die ihn ins Unglück gestürzt habe. Dauerhaftes Glück könne der Mensch nur erlangen, wenn er sich um die Wahrheit bemühe. Nur in Gott, dem Ziel aller Dinge und dem höchsten Gut, finde er vollkomme Glückseligkeit. Habe ich dies, fragt sich Martin, nicht alles schon bei Augustinus gelesen? Was rührt mir dennoch so unvergleichlich stärker ans Herz, warum fühle ich mich jetzt persönlich angesprochen? Martin versteht das philosophische Zwiegespräch als Krankheitsgeschichte, in der er sein eigenes Leiden wiedererkennt. Erschütternd auf ihn wirkt der Gedanke, es gebe zwar die Freiheit der Entscheidung, aber die Fäden der Vorsehung halte allein Gott in Händen. Ob die Gebete durchdringen, die Taten tatsächlich gut sind, bleibt ein Leben lang ungewiss. »Auch bleibt, alle Dinge von oben überblickend, ein vorauswissender Gott, und die immer gegenwärtige Ewigkeit seines Schauens trifft mit der zukünftigen Beschaffenheit unserer Handlungen zusammen, den Guten Belohnungen, den Bösen Strafen austeilend. Nicht vergeblich bauen also Hoffnung und Gebet auf Gott. Sie können, wenn sie richtig sind, nicht unwirksam bleiben. Widersteht also den Lastern, pfleget die Tugenden, erhebt den Geist zur rechten Hoffnung, richtet demütige Gebete nach oben. Euch ist, wenn ihr euch nicht betrügen wollt, eine gewaltige Notwendigkeit, rechtschaffen zu sein, auferlegt, da ihr vor den Augen des allessehenden Richters handelt.«[10] Der Mensch, mahnt Boethius, müsse um seiner unsterblichen Seele willen ernst machen mit dem Streben nach Gott. Gefangen in selbstsüchtiger Beschränktheit, riskiert er, das Ganze zu verspielen. Verträgt sich solch eine apodiktische Forderung mit den ehrgeizigen, ganz auf weltlichen Erfolg und Reichtum gerichteten Zielen des Vaters? Martin spürt, dass er sich bald entscheiden muss, welcher Autorität er zu folgen hat.

ZWEITES KAPITEL

Studienkrise. Martin liest die Bibel. Blitzschlag bei Stotternheim: »Hilff du,
Sankt Anna, ich will ein monch werden!« Novize im Augustinerkloster.
Beten, Beichten, Büßen. Mit der Heiligen Schrift gegen die Anfechtungen.
Sündenangst. Profess und Primiz. Wiedersehen mit dem Vater. Studium der
Theologie. Thomas von Aquin und Wilhelm von Ockham. Philosophie-
dozentur in Wittenberg. Martins Mentor Johannes von Staupitz.
Aristoteles und Augustinus. Zurück nach Erfurt.

Zusammen mit seinen Kommilitonen und den Professoren der juris-
tischen Fakultät feiert Martin am 19. Mai 1505 im Erfurter Dom den
Semesterbeginn. Stolz schaut er auf den Magisterring an seiner rechten
Hand. Noch einmal wird ihm bewusst, welches Privileg es ist, in dieser
Stadt und an dieser berühmten Universität studieren zu dürfen.

Am Tag darauf beginnen die juristischen Lektionen am Collegium
Marianum. Im Mittelpunkt steht das römische Zivilrecht. Martin muss
sich mit den *Glossa Ordinaria* auseinandersetzen, einem bewährten Lehrbuch, das der Bologneser Scholastiker Accursius Mitte des 13. Jahrhunderts zusammengetragen hat. Die Sammlung enthält rund 97 000 Glossen, in denen die Gesetze des *Corpus Iuris Civilis* erläutert und ihre
vielfältigen Anwendungen kommentiert werden. Schnell lernt Martin,
dass vor Gericht nicht der ursprüngliche Wortlaut der Gesetze, sondern
allein die Autorität des Glossators zählt, der sie auslegt. Was die Glosse
nicht anerkennt, erkennt das Gericht auch nicht an. Accursius ist die
unumstößliche Autorität der Rechtsprechung.

Bald wird Martin erfahren, dass dieses autoritative Verfahren in gleicher Weise auch von den Theologen praktiziert wird. Nur selten werden die originalen Texte der Bibel gelesen, dafür umso mehr die Erläuterungen der Kirchenväter. Der Rückgriff auf die Bibel verwirre nur, meinen die Scholastiker. Unter allen Umständen, heißt es in einer päpstlichen Bulle, ist zu verhindern, dass der Mensch »mehr wissen wolle, als nötig ist«.

Von Woche zu Woche wächst Martins Widerwille gegen den aufgezwungenen Studiengang. Immer wieder zieht es ihn in den freien Stunden in die Bibliothek, wo er die Heilige Schrift in lateinischer Sprache, die Vulgata, in die Hand nimmt. Mit einer Kette ist sie an das Pult geschlossen, damit keiner sie mitnehmen und eigenmächtig lesen und studieren kann. Beim Blättern stößt er zufällig auf den Lobgesang der Hanna, in dem sie Gott dankt, dass er ihr den Sohn Samuel geschenkt hat: »Es ist niemand heilig wie der Herr. Außer Dir ist keiner. Lasset euer großes Rühmen und Trotzen, lasset aus eurem Munde das Alte. Der Herr tötet und macht lebendig, führt in die Hölle und wieder heraus.« (1 Samuel 2, 1–10) Martin ist fasziniert von dem Gedanken, Gottes Wort selbst in Händen zu halten, das zu ihm spricht, ohne kluge Vermittler, die die Urgewalt des Gesagten mithilfe ihrer Deutungsapparate sogleich wieder entschärfen. Bei den Humanisten hat er gelernt, sich an die Quellen zu halten und diese mit philologischem Geschick aufzuschließen.

In dieser Situation erinnert er sich an den Lebensweg des Karmelitermönchs Giovanni Battista Spagnoli von Mantua, der von den Humanisten als »Mantovanus« geschätzt, ja verehrt wird. Hatte der sich nicht 1463 gegen den eigenen Vater durchgesetzt und war, statt Jura zu studieren, Mönch geworden?

Mitten im Semester bittet Martin den Rektor, nach Mansfeld reisen zu dürfen. Er will seinen Vater um die Erlaubnis bitten, von der juristischen in die theologische Fakultät zu wechseln. Wie schwierig diese Unterredung werden wird, ahnt er, denn Hans Luder hat beim letzten Zusammentreffen angedeutet, dass er für ihn, den künftigen Doktor der Rechte, eine wohlhabende Frau im Auge habe, mit der könnte er eine standesgemäße Verbindung eingehen. Als Martin am 20. Juni zu Fuß aus Erfurt aufbricht, ist er eher verzagt. Seine bisherigen Leistungen haben höchste Erwartungen geweckt: er ist das Pferd, auf das alle gesetzt haben. Als Karrierejurist könnte er sogar in den Adel aufsteigen und damit die ganze Familie nobilitieren. Und diese Hoffnungen wird er jetzt zerschlagen.

Zehn Tage verbringt Martin in Mansfeld. Er versucht seinem Vater zu erklären, warum er auf keinen Fall Jurist werden könne. Dass er seinen eigenen Weg zu Gott finden müsse. Hans Luder aber lässt sich nicht überzeugen. Viel Geld habe er in den vergangenen vier Jahren aufgewendet, um Martin das Studium zu ermöglichen, schimpft er. Nun dürfe er auch Dankbarkeit und Gehorsam erwarten. Was der Herr Sohn denn mit einem Theologiestudium anzufangen gedenke? Noch nie hat Martin seinen Vater so erregt, so außer sich gesehen. Seine Enttäuschung zeigt er auch dadurch, dass er Martin wieder mit »Du« anspricht. Die ganze Familie ist fassungslos, fragt sich, was diesen Sinneswandel ausgelöst haben mag. Aber Martin schweigt. Er muss rasch zurück nach Erfurt, um sich dort seinen Lehrern zu erklären, seine verzwickte Lage mit den Freunden zu besprechen. Hier, in Mansfeld, bekommt er keinen klaren Kopf, hier gibt es nur Ja oder Nein, Gehorsam oder den Bruch mit der Familie. Sogar die Mutter droht, sich von ihm loszusagen, falls er diesen Irrweg einschlage.

In den frühen Morgenstunden des 2. Juli 1505 bricht Martin auf, um in einem Tagesmarsch Erfurt zu erreichen. Am Abend, als er eben das Dorf Stotternheim im Norden Erfurts passiert hat, türmt sich im Westen eine schwefelgelbe Gewitterfront auf, die rasend heranzieht und sich direkt über ihm entlädt. Hat er eben noch den Roten Berg und die anderen Erhebungen der Stadt greifbar nahe vor sich liegen sehen, so fällt das Wasser jetzt in dichten Schleiern vom Himmel herab. Ungeschützt steht er auf freiem Feld inmitten eines Infernos aus Blitz und Donner. Martin wirft sich den Mantel über den Kopf und rennt los, doch dann schlägt ein Blitz so dicht neben ihm ein, dass er, vom grellen Lichtschein geblendet, zu Boden stürzt. Entsetzliche Angst vor dem Tod erfasst ihn, und er schreit: »Hilff du, Sankt Anna, ich will ein Monch werden!« Zitternd liegt Martin auf dem Boden, bis das Gewitter weitergezogen ist und der Himmel sich aufhellt. Als er die Augen aufschlägt, wird ihm klar: Er hat in Todesangst ein Gelübde abgelegt, das ihm die Tür öffnet in jene Glaubenswelt, die so lange in ihm herangereift ist, dass sie nun zwingend von ihm Besitz ergreift.

Schon am nächsten Tag beginnt er an seinem Versprechen zu zweifeln. Ist der Blitzschlag ein Himmelszeichen – oder nicht doch eine teuflische Versuchung zum Ungehorsam gegenüber dem Vater? Hat er nicht sogar die Schutzpatronin der Bergleute, die heilige Anna, missbraucht, um eine Entscheidung, die er innerlich schon längst getroffen hat, mit höheren Weihen zu versehen? Vielleicht ist dieses Gelübde gar nicht der Todesangst entsprungen, sondern einem unbewussten Kalkül, trotzig den eigenen Weg gehen zu können?

Als Martin am Morgen darauf den Freunden von dem dramatischen Zwischenfall erzählt, raten die meisten ihm davon ab, sich an das Versprechen zu halten. Er habe es unter Zwang gegeben, und das Kirchenrecht suspendiere von solchen Verpflichtungen. Andere erinnern ihn an das Bekehrungserlebnis des Saulus auf der Reise nach Damaskus. Auch der spätere Apostel Paulus sei von einem Lichtstrahl zu Boden geworfen worden und habe sich, von Gott direkt angerufen, zum christlichen Glauben bekehrt. Martin solle dem Weg des Apostels folgen und in ein Kloster eintreten. Aber in welches? In Erfurt gibt es sechs Männerklöster: das der Benediktiner auf dem Petersberg, die Kartause im Süden der Stadt, den Konvent der Dominikaner am linken und den der Franziskaner am rechten Ufer des Breitstroms. Schließlich die kleine Gemeinschaft der Serviten am Krämpfertor sowie das Schwarze Kloster der Augustinereremiten im Nordosten der Stadt. Vier davon – Dominikaner, Franziskaner, Serviten, Augustiner – sind Bettelorden, die in Erfurt die meisten Prediger, Lehrer und Seelsorger stellen.

Das Schwarze Kloster, wenige Schritte von der Georgenburse entfernt in der Comthurgasse gelegen, zählt zur strengsten Observanz; die Augustinereremiten verstehen sich als Reformer und grenzen sich entschieden von den anderen Gemeinschaften des Ordens ab. Konsequent versuchen sie den ursprünglichen Regeln des Gründers wieder Geltung zu verschaffen. Gehorsam, Armut und Keuschheit sind auch ihre monastischen Ideale. Zudem machen sich die Reformklöster verdient um Wissenschaft und Theologie, besonders in Erfurt, wo die Augustiner eine Ordensschule betreiben. Und im benachbarten Wittenberg haben sie die Universität mitbegründet. Tag für Tag hat sich Martin aus eigener Anschauung von der gelebten Askese dieser hageren Männer überzeugen können, hat gelegentlich ihre Predigten gehört und die niederen Brüder beobachtet, wenn sie mit dem Bettelsack über der Schulter an der Burse vorbeizogen.

Dennoch sind selbst die Verständigsten unter den Kommilitonen entsetzt, als er ihnen seine Entscheidung eröffnet, ins benachbarte Augustinerkloster einzutreten. Warum ausgerechnet zu den Bettelmönchen der ärgsten Sorte, fragen sie ungläubig. Warum nicht lieber zu den sanften Franziskanern oder den kontemplativen Benediktinern? Martin wählt unbeirrt den härtesten Weg – auch um dem Vater zu beweisen, dass er es ernst meint mit seiner Umkehr. Wie könnte er Hans Luders Bild von den Mönchen als »faulen Bäuchen«, deren Hauptbeschäftigung das Saufen, die Völlerei und das Herumhuren seien, besser widerlegen als mit der eigenen Existenz als vorbildlicher Mönch der strengsten Observanz?

Nachdem er seine Habe verschenkt und alle Bücher verkauft hat, lässt Martin sich aus der Matrikel der Universität streichen. Am 16. Juli, einem warmen Sommerabend, lädt er zum Abschiedsessen in die Kavaten ein. Er spendiert seinen Freunden Bier in vollen Humpen, man schwatzt und scherzt. Martin spielt ein letztes Mal die geliebte Laute, wieder und wieder versucht er seinen Entschluss zu erklären, aber keiner will ihm glauben, dass er, der Hochbegabte, der Eloquenteste aller Magister, der geistreiche Spaßvogel, sich an sein fatales Gelübde der Weltentsagung auch tatsächlich halten wird. Betteln, Beten, Büßen – ist das wirklich eine angemessene Tätigkeit für diesen vitalen jungen Mann? Noch immer glauben sie an einen schlechten Scherz.

Als der Morgen dämmert, müssen ihn alle bis zur Pforte des Augustinerklosters begleiten. Als Martin laut gegen das Tor klopft, brechen die Freunde in Tränen aus und umarmen ihn. »Heut seht Ihr mich und nimmermehr«, sind seine Abschiedsworte. Dann schließt sich die schwere Tür hinter ihm. Ein nie gekanntes Gefühl der Leichtigkeit, der Erleichterung durchströmt ihn, als er in das Halbdunkel des Vorraums tritt. Er hat es wirklich getan, er hat es wahrgemacht, nun beginnt ein neuer, verheißungsvoller Abschnitt in seinem Leben! Er wird Gott bald ganz nahe sein. Aber erst einmal lässt der Pförtner ihn warten. Er muss den fremden jungen Mann beim Klostervorsteher anmelden. Wie jeder Neuling soll er eine Aufnahmeprozedur durchlaufen, die sicherstellt, dass es sich nicht um den Kurzschluss eines Verzweifelten handelt, der gar nicht den Willen oder die Kraft hat, gemäß der strengen Ordensregel zu leben. Der Prior verfügt, dass Martin vorläufig in die Klosterherberge, in das *Domus hospitum*, aufgenommen wird, wo man ihm Gelegenheit gibt, sich selbst zu prüfen, ob er bei seinem Vorsatz bleibt. Die Erlaubnis des Vaters ist nach den Statuten nicht nötig, viel wichtiger ist die innere Einstellung des Postulanten, die ihn befähigt, sich in eine solche Gemeinschaft einzufügen.

Gleich am ersten Tag seines Klosteraufenthalts, am 17. Juli 1505, schreibt Martin den Eltern, dass er beschlossen habe, ins Augustinerkloster einzutreten. Er stellt die Familie vor vollendete Tatsachen. Doch bittet er auch um Verständnis und Verzeihung. Bevor eine Antwort aus Mansfeld kommt, unterzieht ihn Prior Winand von Diedenhofen einer Generalbeichte, um seine Seelenverfassung zu prüfen. Dann wird Martin durch die »Rezeption«, eine Art Voraufnahmeprüfung, als Novize zugelassen. Dazu gehört ein Kurzhaarschnitt – noch nicht die Tonsur –, gefolgt von der rituellen Befragung im Kapitelsaal durch den Prior im Beisein aller fünfzig Mönche. Martin kniet vor Winand von Diedenhofen nieder, der ihn vor den Stufen des Altars sitzend erwartet:

»Was begehrst du?«

»Gottes Gnade und Eure Barmherzigkeit.«

Martin darf sich erheben und muss eine Reihe von Fragen beantworten: Ob er verheiratet sei, ob leibeigen oder sonstwie wirtschaftlich abhängig, ob mit einer geheimen Krankheit behaftet. Dann folgt die Belehrung über das Klosterleben, die Pflichten und Härten des mönchischen Alltags, die ihm künftig aufgebürdet würden: karge Nahrung und Fasten, raue Kleidung und ungeheizte Zelle, Stundengebete und Vigilien. Noch einmal wird er gefragt, ob er all dies auf sich zu nehmen bereit und auch befähigt sei; und er antwortet mit fester Stimme: »Ja, Vater, ich will!« Während die Brüder das Ordenslied *Großer Vater Augustinus* singen, wird der Novize in die schwarze Augustinerkutte mit spitzer Kapuze und Ledergürtel gekleidet. »Der Herr ziehe dir einen neuen Menschen an«, betet der Prior beim Kleiderwechsel. In Zweierreihe zieht der Konvent singend aus dem Kapitelsaal und durch den Kreuzgang in den Chor der Klosterkirche, an seinem Ende folgen Prior und Novize. Nachdem Martin sich vor dem Altar mit ausgebreiteten Armen in Christushaltung niedergeworfen hat, zieht ihn Winand von Diedenhofen mit den Worten »Nicht wer angefangen hat, sondern wer beharret bis ans Ende, wird selig werden«, zu sich hoch und gibt ihm den Friedenskuss.

Martin bekommt seine Zelle zugeteilt, einen schmucklosen Raum von drei mal zwei Metern. Darin ein schmales Bett mit Strohsack und Wolldecke sowie ein Holztisch mit Leuchter und einem Stuhl. Das Fenster befindet sich so hoch oben in der Wand, dass es nichts als den Himmel zeigt. Die Zellentüren sind nicht verschließbar und haben große Öffnungen, damit die Mönche jederzeit beobachtet werden können. Zuvor ist er von dem erfahrenen Novizenmeister Johann von Grevenstein in die wichtigsten Gehorsamsregeln des Ordens eingewiesen worden: vor wem er die Knie zu beugen hat, wann er schweigen muss und wann er reden darf, wie man sich in den Räumen der Stille, in der Kirche und im Kreuzgang, durch Zeichen verständigt. Dass der Blick beim Gehen zu Boden gerichtet sein soll, die Hände in den weiten Ärmeln der Kutte zu halten sind. Lachen ist streng verboten, Disputieren und Streiten ebenso. Auch im Refektorium, dem Speiseaal, darf nicht gesprochen, sondern nur der Lectio, der Lesung aus der Bibel, gelauscht werden. Zwei karge Mahlzeiten gibt es am Tag, in den Fastenzeiten abends bloß Brot und Wasser. Der Tag ist exakt nach den Stundengebeten, den Horen, aufgeteilt. Für Martin ist das psalmodierende Singen im chorischen Wechsel – sieben Mal in vierundzwanzig Stunden – eine große Freude. Im Mönchsgesang verbindet sich für ihn die Poesie der Psalmen mit der Schönheit der Musik.

Dann kommt der Brief des Vaters. Hans Luder will sich nicht damit abfinden, dass sein begabter Sohn im Kloster verkümmert. Er missbilligt das klösterliche Probejahr und entzieht ihm wütend »alle Gonst und veterlichen Willen«. Der Teufel habe ihn verhext und gegen den eigenen Vater aufgebracht. Mit nichts anderem hat Martin gerechnet, doch ein paar Tage später erhält er ein zweites Schreiben. Auf die – falsche – Nachricht hin, sein Sohn liege in Erfurt schwer krank darnieder, stimmt Hans Luder dem Klostereintritt »mit einem unwilligen traurigen Willen« doch zu. Nachdem bereits zwei seiner Söhne an der Pest gestorben sind, will er jetzt Frieden mit seinem Ältesten machen. Könnte es nicht sein, dass Martin als Mönch, mit täglichen Gebeten und andauernder Bußfertigkeit, für das Heil der Familie ungleich mehr bewirken kann denn als Jurist im Dienst weltlicher Mächte? Er muss anerkennen, dass sein Sohn einen Gehorsam gewählt hat, der schwerer wiegt als das väterliche oder weltliche Gesetz. Gerade in diesem Punkt ist ja das Evangelium von seltener Schärfe: »Wer Vater oder Mutter mehr liebt als mich, ist meiner nicht wert.« So nimmt Hans Luder nicht ohne Wehmut Abschied von allem, was er sich für seinen Sohn erträumt hat: Macht, Reichtum, Ehre – und natürlich auch Frau und Kinder. Die Entscheidung Martins für das mönchische Leben bedeutet nicht nur die Lösung von der Familie in Mansfeld, sie schließt – durch das Zölibat – auch die Ehe aus, die Hans Luder für ihn von langer Hand vorbereitet hat.

Das Erfurter Augustinerkloster ist kein Armenhaus. Es besitzt Ackerland und Weinberge, allein das Klostergrundstück mitten in der Altstadt ist 7500 Quadratmeter groß. Sämtliche Klöster des Ordens, mehr als

Am 17. Juli 1505 trat Martin Luther in den Augustinerorden ein. Unter den vielen Ordensgemein-
schaften in Erfurt – Franziskaner, Kartäuser, Dominikaner – suchte er sich den nach der strengen Observanz geführten Augustinerkonvent aus, der seinen Sitz im abgebildeten sogenannten
Schwarzen Kloster (Turm links) hatte. Hier lebte Luther, der 1506 das Mönchsgelübde ablegte, bis
1512 als Mönch.

hundert allein in Deutschland, besitzen umfangreiche Güter, meist bewirtschaftet von hauptamtlichen Verwaltern. Der Bettelsack ist ein eindrucksvolles Zeichen der Selbsterniedrigung, mit dem die Mönche ihr Armutsgelöbnis unter Beweis stellen. Zum Unterhalt der Klöster trägt das Betteln aber nur den geringeren Teil bei. Das war nicht immer so. Seit seiner Gründung im Jahr 1256 war dem Eremitenorden des heiligen Augustin wie den anderen Bettelorden die Aufgabe zugefallen, auf die wachsende Kritik am Reichtum der Kirche eine wirkungsvolle innerkirchliche Antwort zu geben. Die asketischen Mönche wollten das christliche Ideal der Demut und der Bescheidenheit in neuer Reinheit vorleben. Bald hatten aber auch diese Orden eine Verweltlichung durchlaufen und aufgrund ihrer Tüchtigkeit und der von Rom gewährten Privilegien selbst einen gewissen Wohlstand erworben. In dieser Situation hatten die Bettelmönche ihre Eremitenexistenz aufgegeben und schlugen ihre Klausen mitten in den Städten auf, die mit einem immer stärkeren Zuzug vom Land kämpften. Dort stellen sie inzwischen die meisten Seelsorger und Prediger.

Die Hierarchie des Erfurter Augustinerklosters spiegelt diese spannungsvolle Entwicklung: Die Mönchsgemeinschaft ist zweigeteilt in die Fratres, die sogenannten Laienbrüder, und die geweihten Ordenspriester. Die einfachen Brüder verrichten in der Klosterwirtschaft die niederen Dienste, die studierten Patres widmen sich dem Singen und Beten, dozieren an der Ordensschule oder bekleiden ein höheres Klosteramt. Um jedem Hochmut des ehrgeizigen Novizen vorzubeugen, muss Martin auf Weisung des Novizenmeisters seine Zelle selbst säubern und bald auch die Latrinen des Klosters. Das tägliche Putzen ist eine harte Prüfung, die von den Laienbrüdern mit Häme beobachtet wird. Die Behändigkeit, mit der dieser wache junge Mann sich die ihm doch gänzlich fremden Regeln in kurzer Zeit angeeignet hat, weckt Misstrauen und Neid. Die Fratres argwöhnen, dass der als Magister Artium eingetretene Bruder für höhere Ämter vorgesehen ist und das Kloster nur als Sprungbrett für eine Klerikerkarriere nutzen will.

Doch noch sitzt Martin auf den Bänken der Laienbrüder, schuftet mit ihnen in der Küche oder zieht wie sie mit dem Bettelsack durch die umliegenden Dörfer. Gemeinsam beten sie in der Morgenandacht zur Gottesmutter Maria, wie es der Zisterzienserabt und Reformer Bernhard von Clairvaux allen Angefochtenen empfohlen hat: »Erheben sich die Stürme der Versuchung, befindest du dich inmitten der Klippen der Trübsale, blicke auf zum Stern des Meeres, rufe Maria zu Hilfe! Wirst du auf den Wogen des Hochmutes, des Ehrgeizes, der Verleumdung, des Neides hin- und hergeworfen, blicke auf den Stern, rufe Maria an. Wenn der Zorn, der Geiz, die Fleischeslust das Schiff deiner Seele hin- und herschleudern, blicke auf Maria! Bist du über die Schwere deiner Sünden bestürzt, über den elenden Zustand deiner Seele beschämt, bist du von Schrecken erfasst bei dem Gedanken an das Gericht, beginnst du immer tiefer in den Abgrund der Trostlosigkeit und der Verzweiflung zu sinken, denke an Maria!«

Johann von Grevenstein entgeht nicht, dass dieser übereifrige Novize die Gnade Gottes herbeizwingen möchte. Der erfahrene Novizenmeister weiß, wie man den Willen umlenken, geistlich fruchtbar machen kann. Er drückt Martin ein rot eingebundenes Exemplar der lateinischen Bibel in die Hand und ermahnt ihn, täglich darin zu lesen. Das Herzstück des mönchischen Lebens sei die Beichte. Im Bußsakrament würden die Spinnfäden des Bösen durchtrennt. Die meisten gerieten nämlich dadurch unter die Kontrolle des Satans, dass sie die Furcht vor den Folgen ihrer Schuld verloren hätten. Die Beichte ist ein Akt der Lossagung, wie es im Psalm heißt: »Das Opfer, das Gott gefällt, ist ein zerknirschter Geist, ein zerbrochenes Herz.« Von dieser Erleichterung des Gewissens erhofft sich auch Martin einen tieferen Zugang zu Gott, dem sein Sündenbekenntnis doch gefallen müsste. Gehört nicht die Suche nach dem gnädigen Gott zum Selbstverständnis der Augustiner? Martin ist sich sicher, dass von der Bußpraxis ein direkter Weg zur Gottgefälligkeit führt.

An jedem Freitag wird das »Schuldkapitel« abgehalten. Jeder einzelne Mönch muss im Chor der Klosterkirche vor den Prior treten und bekennen, welche klösterlichen Regeln er missachtet hat. Zu den leichteren Vergehen zählen das Einschlafen bei liturgischen Handlungen oder das Brechen der Schweigepflicht; schlimmer sind unsittliche Gedanken oder Trunkenheit, ganz schlimm und mit Auspeitschung oder Kerker zu ahnden sind Urkundenfälschung, Bruch des Beichtgeheimnisses und die »Fleischessünde«. Dass diese Geständnisse im Gegensatz zur Beichte öffentlich, also vor der gesamten Bruderschaft, vorzubringen sind, soll das Gemeinschaftsgefühl stärken. So werden die Schwächen jedes Einzelnen offenbar und sind künftig besser zu kontrollieren. Jeder Mönch ist verpflichtet, alles was er an Verstößen bemerkt, sofort zu melden, damit der Betroffene Gelegenheit erhält, dazu Stellung zu nehmen.

Für Martin ist die Einhaltung der äußeren Regeln kein Problem. Hierin gilt er als geradezu vorbildlich, nichts ist ihm vorzuwerfen. Die persönliche Beichte dagegen ist eine viel größere Herausforderung. Zu Anfang seines Noviziats hatte Martin das Bekennen seiner Sünden als befreiend empfunden. Aber je mehr er in der fordernden Stille der Zelle über sich selbst nachdenkt, desto lauter werden seine Selbstzweifel, die hinter jedem Gedanken ein teuflisches Täuschungsmanöver wittern. Und je lauter das innere Stimmengewirr, umso fragwürdiger will ihm die Beichte selbst erscheinen, von der er sich doch die Befreiung von seinem allzu starken, streitbaren Ich erhofft hat. Er legt sich zwar nicht mit den Brüdern an, befindet sich jetzt aber in einem viel quälenderen Streit mit sich selbst, im Kampf mit den eigenen Widersprüchen, Motiven und Absichten. Könnte es sein, dass man als Mönch mehr um sein Seelenheil bangen muss als ein Weltmensch? Der unablässige Zwang, Rechenschaft abzulegen, unterhöhlt die Sicherheit, das Rechte zu tun. Jede kleine Abweichung erscheint ihm nun als schwere Verfehlung. Die da draußen halten sich mehr oder weniger an die Gebote, gehen zur Messe und leben im Vertrauen darauf, dass sie, als getauftes Glied der Kirche vor Gott gerechtfertigt, von ihrem Schöpfer angenommen sind. Wie schnell dagegen hier, in der Stille des Klosters, die Gedanken in die Sünde abschweifen und wie schwer es ist, Tag für Tag die Verlockungen des Fleisches abzuwehren. Dabei ist der Leib ein Geschenk Gottes, das Gefäß des Geistes, durch den der Logos, das welterschaffende Wort, erst Widerhall findet! Hat Gott die von ihm geschaffene Materie in Christi Gestalt denn nicht endgültig geheiligt? Warum dann aber das Fleisch abtöten, um gottgefällig zu werden? Sind das schon Einflüsterungen des Teufels, fragt sich der verwirrte Novize, oder vielleicht doch notwendige Prüfungen auf dem Weg zur Gnade, in der alle Widersprüche aufgehoben sind?

Martin hungert und peitscht sich, betet unablässig, in fast unmenschlicher Ausdauer. Aber niemand hört und keiner erhört ihn. Man raunt im Kloster, dieser Novize sei viel zu ehrgeizig, er wolle zwölf Kegel treffen, wo doch nur neun dastünden. Offenbar glaube er, Gott durch Extraleistungen gnädig stimmen zu können. Martin fällt in seiner Zelle vor Erschöpfung zu Boden, wird ohnmächtig, versäumt das Stundengebet und wird von einem Mitbruder gefunden, wegen seines Übereifers gescholten und verlacht. Dieser irre Blick aus den schwarzen Augen, dieses blasse, fanatische, durchnächtigte Gesicht! Wieder hat ihn die grässliche *tentatio tristitiae*, die schwarze Melancholie, gewürgt und in den Abgrund des Trübsinns geschleudert. Dort wälzt sich alles in den dunklen Farben der Hoffnungslosigkeit, der Verzweiflung und des Todes. Wenn er wieder zu sich kommt, ist er voller Selbsthass, legt sich mit den Mitbrüdern an. Weil sie nichts ernst nehmen, für alles eine Beschwichtigung haben, keinen Zweifel und auch keinen echten Zorn kennen. Ist er nicht ganz anders als diese bigotten Faulsäcke, viel strenger zu sich selbst, frömmer, gottgefälliger? Bis Martin bemerkt, dass er dem Teufel erneut in die Falle gegangen ist mit seinem geistigen Hochmut und falschen Stolz – auf was? Auf sein monströses Ich, seine Selbstgefälligkeit, die selbst Gott keinen Ausweg mehr lassen, Ihn aus seinem Versteck scheuchen, stellen und widerlegen will, damit Er endlich erkennt, was er seinen Geschöpfen antut mit seinem bösen Schweigen. Besser gar keinen Gott als diesen! Ein Gott, der mir so übel mitspielt, kann kein guter Gott sein.

An manchen Tagen verliert Martin sich so sehr in diesem Gedankendickicht, dass er allen Mut verliert. Sein Herz »zittert und zappelt«, er fühlt »rechte knotten« in der Seele, fürchtet sich vor dem Zorn Gottes. Die Angst um sein Seelenheil setzt ihm immer stärker zu. Wenn der Priester nach der Beichte *deinde te absolvo* flüstert, ihm die Absolution erteilt, verspürt er keinerlei Erleichterung. Hat Gott ihm seine Sünden wirklich vergeben? Er ist doch noch immer derselbe Mensch, so unrein wie zuvor! Deshalb beichtet er bei einem anderen Pater gleich noch einmal. Nicht nur, was er getan, sondern auch, was er insgeheim beabsichtigt habe. Zwanghaft gerät er so immer tiefer in das Bewusstsein unaufhebbarer Sündhaftigkeit hinein.

Für solch schwere Fälle hält Johann von Grevenstein die bewährten mönchischen Erbauungsbücher bereit, die *Vitae patrum*, eine Sammlung von Biografien vorbildlicher Mönche der frühen christlichen Jahrhunderte. Er gibt Martin auch die von Bischof Athanasius verfasste Lebensbeschreibung des Stammvaters aller Mönche, des heiligen Antonius, zu lesen, um ihn aufzurichten. Dieser zähe Bauernsohn hatte in der Wüste gegen einen ganzen Schwarm von Dämonen gekämpft und letztlich über sie triumphiert. Und Grevenstein bestärkt ihn, an seinem Studium der Bibel festzuhalten, was ja schon Augustinus, der Ordensheilige, empfahl. Gott zürne ihm gar nicht, tröstet der Novizenmeister seinen Schützling, vielmehr hege er, Martin, einen unberechtigten Groll gegenüber Gott. Das sei ein böser Irrtum, denn der Herr gebiete dem Menschen zu hoffen. Und schenke ihm am Ende die Gnade.

Im Gleichmaß der Stundengebete, Schweigezeiten und Exerzitien verrinnt das Noviziatsjahr. Martins Bitte, zur Profess, zur Ablegung der ewigen Ordensgelübde zugelassen zu werden, stößt im Konvent auf keinen Widerspruch. Nicht nur Prior und Novizenmeister haben den Eindruck gewonnen, dass der strebsame Bruder Martinus das Zeug zum vollwertigen Mönch hat.

An einem Septembertag des Jahres 1506 versammeln sich die Mönche im Kapitelsaal. Winand von Diedenhofen zieht Martin, dem man zuvor die Tonsur geschnitten hat, die Novizenkleidung aus und legt ihm die

AETHERNA IPSE SVAE MENTIS SIMVLACHRA LVTHERVS
EXPRIMIT·AT VVLTVS CERA LVCAE OCCIDVOS
·M·D·X·X·

Als Mönch gelobte Luther Keuschheit, Armut und Gehorsam. Er trug eine Tonsur und eine Mönchskutte, eine Soutane aus rauer Wolle. Der strenge Tagesablauf und die Schlafunterbrechungen, um die
Matutin zu beten, waren für ihn nur schwer mit seinen akademischen Arbeiten zu vereinbaren.

Mönchstracht an, zu der auch das Skapulier gehört, zwei vorn und hinten bis auf die Füße herabfallende weiße Tuchstreifen. Endgültig ist er nun »der Welt gestorben« und als Mönch neu geboren worden. Wieder erklingt die Ordenshymne *Magne pater Augustine*, dann gelobt Martin, sein Leben in Armut, Gehorsam und Keuschheit zu führen. Der Prior verspricht ihm dafür das ewige Leben. Zum Schluss beglückwünscht ihn der Konvent, dass »er nun wie ein unschuldig Kind sei, das eben aus der Taufe käme«. Alle seine Sünden seien vergeben, er stehe jetzt rein und unschuldig vor seinem Schöpfer. Nachdem man ihn in feierlicher Prozession in die Klosterkirche geleitet hat, geben ihm die Mitbrüder den Friedenskuss und weisen ihm seinen Platz im Chorgestühl an.

Bald nach der feierlichen Profess eröffnet ihm Prior Diedenhofen, dass er für das Priesteramt vorgesehen sei. Generalvikar Johannes von Staupitz, der bei einem Besuch des Augustinerklosters auf den begabten Novizen aufmerksam wurde, habe dem bereits zugestimmt. Nun solle er sich auf die Priesterweihe und die Primiz (*prima missa*), die Zelebration seiner ersten Messe, vorbereiten. Martin muss sich intensiv mit der Liturgie, besonders mit dem Messkanon beschäftigen, denn als Priester hat er mit allen liturgischen Vorschriften vertraut zu sein. Zur Vorbereitung händigt ihm sein Lehrer Johann Nathin das Handbuch des Tübinger Theologen Gabriel Biel aus, die *Expositio canonis missae*, in dem der Messkanon in 89 Lektionen detailliert erklärt wird. Schon beim ersten Lesen überkommt ihn die Schreckensvorstellung, dass er beim »Messwunder«, wenn Brot und Wein sich in den Leib und das Blut Christi verwandeln, Gott selbst entgegentreten wird, der ja nach kirchlicher Lehre leibhaftig anwesend ist beim Abendmahl. Die Gegenwart des Allmächtigen zu spüren, ohne die Fassung zu verlieren: das erscheint ihm schon jetzt als geradezu titanische Aufgabe, vor der er nur versagen kann. »Wenn ich darinnen las«, wird Luther im Rückblick auf seine Lektüre von Biels Erklärung des Messkanons sagen, »da bluttete mein hertz«.

Am 19. Dezember 1506 wird Martin vom Erfurter Weihbischof Johannes Bonemilch von Laasphe zum Subdiakon, am 27. Februar 1507 zum Diakon und am 4. April schließlich zum Priester geweiht. Weniger als zwei Jahre sind vergangen, seitdem er an die Pforte des Klosters geklopfte, und nun wird er in Kürze seine erste Messe zelebrieren! Angst überkommt ihn in den Tagen vor dem großen Ereignis. Wird er sich als würdig erweisen, wenn er als »Mittler« zwischen Gott und die Gemeinde tritt, um stellvertretend das Messopfer zu vollziehen? Bei Gabriel Biel hat er gelesen, dass jedes Versprechen, jedes Stocken und jede falsche Wiederholung die vorgeschriebenen Worte und damit den Vollzug des Messopfers unwirksam machen würden. Und drastischer noch: Wer Todsünden nicht gebeichtet hat, darf das Messopfer nicht zelebrieren. Auch eine nächtliche »Pollution«, die körperliche Verunreinigung durch einen unbeabsichtigten Samenerguss, würde es ihm verbieten, die Messe zu lesen.

Martin kennt seine Neigung, irgendwelche Verfehlungen zu (er)finden und sich selbst Stolpersteine in den Weg zu legen, zu gut, um nicht das Schlimmste zu befürchten. Jeder abschweifende oder sündhafte Gedanke birgt bei der Zeremonie die Gefahr, das Sakrament zu entwerten, »Gottesraub« zu begehen. Wie würde er also die Primiz bestehen können? Schließlich hat man ihm auch noch empfohlen, seine Familie zu Ehren dieses Tages einzuladen. Hat ihm sein Vater tatsächlich verziehen, wie sein letzter Brief nahezulegen scheint? Verunsichert, fast panisch erwartete Martin den Tag der Primiz. Ein Misslingen des Messopfers würde nicht nur die an der Eucharistie Teilnehmenden schädigen, sondern vor allem auch den Priester selbst, der sein Seelenheil aufs Spiel setzt: »Wer also unwürdig von dem Brot isst und aus dem Kelch des Herrn trinkt, macht sich schuldig am Leib und am Blut des Herrn und zieht sich das Gericht zu.«

Am Sonntag Cantate, dem 2. Mai 1507, ist es so weit. Hans Luder kommt zur Feier der ersten Messe seines Sohnes mit zwei Dutzend Begleitern von Mansfeld nach Erfurt geritten. Der reiche Hüttenmeister gibt dem armen Bettelmönch die Ehre! Der Klosterküche spendet er für das Festmahl zwanzig Gulden, einen überaus großzügigen Betrag. Darin drückt sich der Stolz des Vaters aus, dass sein Sohn es nun doch zu etwas gebracht hat. Martin ist nicht einfacher Frater geblieben, sondern wird bald ein geweihter Priestermönch sein. Als spirituellen Beistand hat Martin den väterlichen Freund Johannes Braun aus Eisenach eingeladen, mit dem er in der Nacht vor der Primiz betet und den Ritus in allen Einzelheiten durchspricht, um ja keinen Fehler zu machen.

Die Heilige Messe ruft Leiden, Sterben und Auferstehung Jesu Christi ins Gedächtnis der Gemeinde und wiederholt in der Eucharistie, dem Abendmahl, den Opfertod des Erlösers – nicht symbolisch, sondern ganz real. Die Zeit wird aufgehoben, wenn in der Transsubstantiation, in der Umwandlung der Oblate und des Weines in Leib und Blut Christi, das Vergangene lebendig, der Auferstandene ganz und gar gegenwärtig wird. Zugleich weist die Eucharistie voraus auf die Wiederkunft Christi am Ende der Geschichte. Gottes Sohn ist in doppelter Gestalt beim Mahl anwesend, als Erlöser *und* Richter. Nachdem der Weihbischof dem Neupriester die Hand aufgelegt und den Kelch gereicht hat, steht auch dieser in der Reihe der Apostel, die das Heil, die Erlösung von der Sünde und das ewige Leben, weitergeben: »Nimm hin die Gewalt, zu opfern für die Lebenden und Toten.«

Martin zittert, als er vor den Altar tritt, die Gemeinde, seine Verwandten und vor allem den strengen Blick des Vaters im Rücken. In seinen Händen wird Christus Gestalt annehmen, mit Gott selbst wird er jetzt kommunizieren, um unter Anrufung des Heiligen Geistes das Opfer zu erneuern. Wie ein Schlafwandler vollzieht er die vorgeschriebenen Riten, hebt die Arme, kniet nieder, schlägt das Kreuz, spricht leise die Wandlungsworte – doch plötzlich wird das aus den farbigen Fenstern des Chores fließende Licht heller und heller, fast blendet es ihn, eine Ohnmacht deutet sich an, ein Schwindel, der ihn starr werden lässt. Es ist ihm, als sei er in einem doppelten Würgegriff, erfasst von der Autorität Gottes und bedrängt von der des eigenen Vaters. Blitzartig durchfährt ihn der Gedanke, dass der Gehorsam gegenüber dem einen nur möglich wurde durch den Ungehorsam gegenüber dem anderen. Für einen kurzen Augenblick will er flüchten, heraus aus dem flutenden Licht ins schützende Dunkel seiner Zelle. Da schaut er in die Augen des Priors, der ihm mahnend zunickt und ein Zeichen gibt, im Ritus fortzufahren. Martin nimmt die Hostie in beide Hände, hält sie hoch über seinen Kopf, sichtbar für die Gläubigen, die in diesem Augenblick zur Gemeinde, zur Kirche zusammenwachsen, erhebt dann auch den Kelch. Nun ist er ganz ruhig, auch er ist verwandelt, als Priester hat er stellvertretend den Bund zwischen Gott und den Menschen erneuert, das Opfer dargebracht.

Nach der Messe begibt man sich zum Festmahl in das Refektorium, den Speisesaal des Augustinerklosters. Die Klosterbrüder, die Doktoren und Magister der Universität und die Familie nehmen Platz an der Tafel, der junge Priester setzt sich zwischen den Prior und seinen Vater. Martin, erleichtert, ja stolz, dass er seine erste Messe überstanden hat, glaubt nun endgültig mit seinem Vater versöhnt zu sein. Warum wäre er sonst hier? Unbefangen fragt er ihn, warum er sich denn so hart und zornig seinen Wünschen widersetzt habe, nun sei doch alles zu einem guten Ende gekommen. Er fühle sich als Mönch und Priester von Gott angenommen, alles sei »wohl geraten«. Die Gespräche verstummen, alle Anwesenden drehen die Köpfe zu Vater und Sohn. Hans Luders Gesicht verhärtet sich, er fühlt sich brüskiert. Dann sagt er scharf zu den Doktoren und Magistern gewandt: »Ihr Gelehrten, wisst ihr denn nicht, wie geschrieben steht, dass man Vater und Mutter ehren soll?« – »Vater«, sagt Martin leise, »Gott selbst hat mich doch berufen in Stotternheim.« Ein junger Doktor springt ihm bei und ruft: »Man muss Gott mehr gehorchen als den Menschen!« – »Und wenn das Gewitter«, antwortet Hans Luder scharf, »nur ein Gespenst, ein teuflisches Blendwerk gewesen wäre?«

Martin zuckt zusammen, das ist ein Schlag, der sitzt. Er weiß genau, dass er bereits vor dem Gewitter in Stotternheim entschlossen war, den Weg ins Kloster zu gehen. Wieder schwankt der Boden, auf dem er seine neue Existenz als Diener Gottes aufgebaut hat. »Du trafst mich wieder so geschickt und passend, dass ich in meinem ganzen Leben von einem Menschen kaum ein Wort gehört habe, das kräftiger in mir geklungen und fester gehaftet hat«, wird der spätere Reformator seinem Vater über diesen Schlagabtausch schreiben. Jetzt, am Tag der Primiz, spürt er mit Erschrecken, wie sehr dieser noch immer Macht über ihn hat, wie leicht es ihm gelingt, seine Selbstzweifel zu bestärken – und dass die väterliche Stimme maßgeblicher für ihn zu sein scheint als die Gottes, der noch immer schweigt.

Unbeirrt von der Szene im Refektorium bestimmt Winand von Diedenhofen in Abstimmung mit Generalvikar Johannes von Staupitz, dass Martin Theologie studieren soll. Man hat noch einiges vor mit dem vielversprechenden jungen Mönch. Mit dem Ordensstudium treten die Reformklöster dem Verfall der Priesterbildung offensiv entgegen und sorgen in ihrem Bereich für theologisch gut ausgebildete Seelsorger, denn der Spruch »Pfaffen, so dumm wie die Affen« ist längst ein geflügeltes Wort. Martin wohnt als Theologiestudent weiter im Augustinerkloster, sein Hauptlehrer ist Pater Johann Nathin, Schüler des Tübinger Ockhamisten Gabriel Biel. Martin wird jetzt anhand der Sentenzen des Petrus Lombardus systematisch in die Scholastik eingeführt. Die Herausgeber der sogenannten Sentenzenwerke stellen Zitatsammlungen aus der Bibel und von den Kirchenvätern zu bestimmten Themen zusammen, kommentieren und erläutern sie. Die Zitate sollen Dogmen, Dekrete und Konzilsbeschlüsse als Autoritätsbeweise stützen. Für die Bibelerklärung steht der imposante, fünf Bände umfassende Kommentar *Postillae perpetuae* des Franziskaners Nikolaus de Lyra zur Verfügung. Die Kenntnis der Bibel selbst ist für das Studium der Theologie nicht maßgeblich, sie verwirre nur, meinen die scholastischen Theologen. Die eigenmächtige Lektüre stelle die Weisheit der Kirchenväter infrage. Und wer wollte an der Autorität der Kirche zweifeln, die sämtliche Lehrsätze in einem langen Prozess der Kanonisierung festgeschrieben hat?

Um ihm mehr Zeit für das Studium zu geben, stellt Prior Winand von Diedenhofen Bruder Martin vom Betteln und an den Vorlesungstagen auch von den klösterlichen Gottesdiensten frei. Aber der Student der Theologie muss als Zeichen seiner Demut gegenüber den Mitbrüdern weiter Latrinendienst leisten. Inzwischen ist auch Martins Studienfreund, der Gräzist Johannes Lang, ins Augustinerkloster eingetreten und durchläuft das Noviziat. Langs Griechischkenntnisse werden bald wichtig für Martin werden bei seiner Lektüre des Neuen Testaments, das ja ursprünglich nicht in Latein, sondern auf Griechisch abgefasst wurde.

Bestätigt fühlt sich Martin in seinem Bibelstudium durch Wilhelm von Ockham, den englischen Nominalisten, dessen Werke er bereits im Grundstudium kennengelernt hat. Gegen die kausal-logischen Spekulationen der Scholastiker setzte Ockham, der von seinen Zeitgenossen als »unüberwindlicher Doktor« gerühmt wurde, die konkrete Offenbarung, wie sie in der Heiligen Schrift überliefert ist. Ockhams Gott ist nicht ein abstraktes *summum bonum*, das höchste Gut, sondern er fasst ihn biblisch-konkret als unberechenbaren »Jahwe« des Alten und als Fleisch gewordenen Gottessohn des Neuen Testaments. Als Franziskaner war Ockham dem Kreatürlichen zugewandt, denn die franziskanische Liebe richtet sich auf das Einzelne, das Unscheinbare und Verlorene, auf das wandelbare Sosein der Dinge. Die großen Franziskaner in Oxford waren in gewisser Weise die ersten Materialisten, verstanden sich – im Gegensatz zu den Platonikern mit ihren unwandelbaren Ideen – als Erfahrungswissenschaftler, führten erste physikalische Experimente durch. Damit wurden sie zum Wegbereiter des Nominalismus, der sich von den allgemeinen Begriffen und Ideen abwandte, um stattdessen den geoffenbarten Willen Gottes und dessen tausendfältige Schöpfung ernst zu nehmen.

Unter dem Einfluss Ockhams beginnt Martin, die Sentenzenwerke der Scholastiker zu überprüfen und stellt bald fest, dass so manches Zitat der Kirchenväter in einen falschen Zusammenhang gerückt ist. Durch diese manipulierten Bezüge erscheint ihm der Sinn der ursprünglichen Bibeltexte geradezu entstellt. Johann Nathin, ein pedantischer und enger Kopf, sieht Martins Selbststudium mit Misstrauen, denn die Selbstständigkeit des Lernens und Forschens entspricht nicht den Regeln und Anforderungen des traditionellen Theologiestudiums. Schon während der Noviziatszeit hatte Martins Lehrer Bartholomäus von Usingen Anstoß an seinem intensiven Bibelstudium genommen und ihm geraten, stattdessen »die alten Lehrer« zu lesen, denn diese hätten »den Saft der Wahrheit aus der Bibel gesogen«. Die Bibel allein richte nur Aufruhr an.

Dass man denjenigen, der mit der Heiligen Schrift gegen die Kirche argumentiert, ganz schnell als Häretiker auf den Scheiterhaufen zu bringen wusste, lehrte ihn der Fall des böhmischen Gelehrten und Predigers Jan Hus, den man auf das Konzil von Konstanz gelockt und dort am 6. Juli 1415 wegen seiner »Blasphemien« hatte hinrichten lassen. Auf die Predigten des »Erzketzers« wurde Martin von Novizenmeister Grevenstein hingewiesen; er hat in ihnen allerdings nichts gefunden, was der Bibel widersprochen hätte. Hus' Lehre von der Prädestination, der Heilsvorsehung, leuchtete Martin sogar in höchstem Maße ein, denn dass der allwissende Gott dem Menschen von Anfang an ins Herz zu schauen vermag und offenbar längst sein Urteil über ihn gesprochen hat, empfand er ja gerade als Herausforderung, das eigene Handeln dauernd zu überprüfen.

Auch das Studium der philosophischen Werke von Platon und Aristoteles gehört zum Pensum der Theologiestudenten. Thomas von Aquin hatte die Mysterien des Glaubens der Theologie zugeordnet, die »natürlichen« Wahrheiten jedoch der Philosophie, die er zur »Magd« der Theologie erklärte. Freies Philosophieren gibt es für die Scholastiker nicht, allenfalls nutzt man die methodischen Mittel der Philosophie, um die ewigen Wahrheiten des Glaubens wirkungsvoll darzulegen. Für den Dominikaner Thomas von Aquin bestand kein Zweifel daran, dass die Weltordnung auf Glaube *und* Vernunft aufgebaut ist. Gott und Geist sind eins. Die sichtbare Welt ist Materialisation der *essentia*, des göttlichen Geistes, in dem die Potenzialität alles Seienden immer schon enthalten ist. Die Dinge selbst sind so Realisationen einer höheren geistigen Wirklichkeit, des »Allgemeinen«.

Die strenge Logik und das Spekulative in der Theologie des Aquinaten stoßen Martin ab, zumal Aristoteles der philosophische Gewährsmann des Kirchenlehrers ist. Zu Aristoteles hatte Martin schon als Student der freien Künste keinen emotionalen Zugang gefunden. Über diesen ungeliebten Philosophen muss er jetzt aber als philosophisch ausgebildeter Magister und im Rahmen des klösterlichen Generalstudiums seinen Mitbrüdern Unterricht erteilen! Martin doziert über die »Dialektik«, die Technik des logischen Schließens, und führt in die aristotelische Lehre von der »Entelechie«, der Selbstvollendung alles Werdenden, ein. Eigentlich, das wissen seine Zuhörer jedoch nicht, befremdet ihn die Vorstellung des Aristoteles, man könne aus der Tatsache, dass die Natur aus unendlich vielen, zielgerichteten Bewegungsprozessen besteht, auf ein erstes und oberstes Prinzip schließen, den »unbewegten Beweger«. Für Martin ist dies lediglich eine leere Konstruktion. Sein Gott soll so lebendig sein, wie er sich in der Bibel geoffenbart hat. Noch immer hofft er auf die persönliche Gottesbegegnung und will sich nicht mit einem philosophisch-logischen Gottesbild begnügen.

Im Wintersemester 1508 wird Martin völlig unerwartet nach Wittenberg beordert, um die Vertretung einer vakanten philosophischen Professur zu übernehmen. An der 1502 gegründeten »Leucorea« – der gräzisierte Name der Universität bedeutet »Weißen(Witten)berg« – soll der 24-Jährige den Studenten die Moralphilosophie des Aristoteles, die *Nikomachischen Ethik*, vermitteln. Berufen hat ihn Johannes von Staupitz, Generalvikar der reformierten Augustinereremiten und Professor der Bibelwissenschaft. Der Sachse Staupitz ist ein Jugendfreund des Kurfürsten und wirkte als dessen Ratgeber bei der Universitätsgründung mit. Der sanfte, joviale und humorvolle Mann, rund zwanzig Jahre älter als Martin, war nach Studien in München und Tübingen, wo er seinen Doktortitel erworben hatte, schließlich dem Ruf von Kurfürst Friedrich der Weise nach Wittenberg gefolgt. Staupitz hat als Vikar dem Novizen Martinus gelegentlich die Beichte abgenommen und kennt dessen hochsensible, aber auch ehrgeizige Natur. Staupitz' väterliches Verständnis für seine Seelennöte ist dem jungen Dozenten in bester Erinnerung. So erhofft sich Martin von seinem Lehrauftrag in der Provinzstadt nicht nur den Beginn einer akademischen Karriere, sondern auch spirituellen

Beistand. Dafür ist Johannes von Staupitz tatsächlich der richtige Mann. Sein Glaube ist biblisch fundiert, aber durch die Erfahrung seiner Klosterämter und den Kontakt zum kurfürstlichen Hof auch von Weltklugheit geprägt. Sein optimistisches, versöhnliches Christusbild könnte dem jüngeren Mitbruder den Ausweg aus seinen Ängsten weisen, denn im Zentrum der Staupitz'schen Christologie steht nicht Christus als Richter und Weltenlenker, sondern der leidende, den Menschen das Heil bringende Erlöser.

WITTENBVRGA
Saxoniæ oppidum, Vniuersali literarii studio celebre

Wittenberg, von einem Graben umgeben, überragt von dem kurfürstlichen Schloss. Links außen das Augustinerkloster und die Universität, deren Lehrpersonal überwiegend aus diesem Orden und dem der Franziskaner herangezogen wurde. Das fünfstöckige Rathaus wurde erst 1535 fertiggestellt. Wittenberg war zu Luthers Zeit eine einzige Baustelle. In den neun Straßen der Stadt und an der Stadtmauer wurde ständig gebaut und erweitert.

Wittenberg ist eher ein großes Dorf als eine Stadt. Als der 25-jährige Student nach vier Tagen Wanderung über Weimar und vorbei an Naumburg und Halle schließlich durch das Elbtor die Stadt betritt, erinnert der unscheinbare Ort ihn eher an das ländliche Mansfeld als an eine Residenz-stadt. Besonders willkommen fühlt er sich nicht. Über die unfreund-lichen Bürger berichten Reisende, sie seien »roh, versoffen und gefrä-ßig«. Auch das moorige und sandige Umland wird als »Wüstenei« be-schrieben. Wittenberg ist eine einzige Baustelle, denn Kurfürst Fried-rich III. hat ehrgeizige Pläne. Dazu gehört auch die frisch gegründete Universität mit ihrem eindrucksvollen Kollegiengebäude. Die niedri-gen Häuser und schmalen Straßen werden überragt vom Schloss Fried-richs des Weisen, auch dieser Bau ist wie der Turm der Schlosskirche von Gerüsten eingefasst. Das Städtchen beherbergt knapp 2 000 Ein-wohner, nur 382 davon sind steuerpflichtig, was einen Hinweis auf die Ärmlichkeit der Verhältnisse gibt. Wittenberg lebt vor allem von der Brauerei, der Landwirtschaft und dem Handel und besitzt zwei Kirchen und drei Kapellen. Die Kleriker verteilen sich auf die beiden Klöster der Franziskaner und Augustiner, das Stift Allerheiligen und die Pfarrkirche St. Marien.

Der größte Schatz der Stadt befindet sich in der Schlosskirche, die über eine Empore mit dem Schloss verbunden ist: die Reliquiensamm-lung des Kurfürsten. Insgesamt 1443 Jahre Ablass gewähren die 5 000 Re-liquien denen, die nach Wittenberg pilgern und für ihre Verehrung gutes Geld bezahlen. In den kunstvollen Behältern und Heiligenschränken befinden sich nicht nur neun Dornen aus der Dornenkrone und 35 Split-ter vom Kreuz Christi, sondern auch ein Halm vom Stroh der Krippe Christi, einige Haare der Muttergottes und ein Tropfen ihrer Milch. Sogar der einbalsamierte Leichnam eines der von Herodes ermordeten Kinder aus Bethlehem soll in einem Schrein ruhen. Der Markt, auf dem solche »Schätze« erworben werden, ist fast grenzenlos, der Glaube an sie ebenso. Einige der kostbaren Reliquien hat Friedrich selbst von einer Wallfahrt ins Heilige Land mitgebracht; seitdem wird die Samm-lung durch ständige Ankäufe vermehrt. Trotz guter Einkünfte hat der Landesherr geschickt einen Teil der Kosten für seine Universität den Klöstern und dem Stift aufgebürdet: das Stift muss zwölf, die beiden

Klöster haben drei Professoren zu stellen. Der Gründer selbst kommt nur für sieben Lehrkräfte auf. Die Augustineremiten besetzen die Bibelprofessur – ihr Inhaber ist Johannes von Staupitz – der theologischen Fakultät und den Lehrstuhl der Moralphilosophie in der Artistenfakultät.

Als Martin seinen Dienst antritt, hat die Universität Wittenberg zwei Dutzend Professoren, aber nur 300 Studenten und ist sechs Jahre nach ihrer Gründung noch immer eine fast unbekannte Größe. Aber das soll sich bald ändern, denn Kurfürst Friedrich will sich mit der Leucorea vor allem gegenüber seinem Vetter, dem Herzog Georg von Sachsen, profilieren. Georg der Bärtige kann mit Leipzig eine der ältesten und angesehensten Universitäten vorweisen. Wittenberg soll ihr künftig den Rang ablaufen. Dass er dabei einmal die Hauptrolle spielen wird, ahnt Martin nicht, als er viermal wöchentlich um zwei Uhr nachmittags im Collegium Fridericianum eine Stunde lang Vorlesung zur *Nikomachischen Ethik* des Aristoteles hält. Sein Vorbehalt gegenüber dem antiken Philosophen, den die Scholastiker für unentbehrlich halten, um die eigenen moralischen Postulate philosophisch zu untermauern, bestätigt sich auch beim Studium von dessen Tugendlehre. Kann man wirklich aus eigener Kraft zu einem guten Menschen werden, indem man die Tugenden gleichsam methodisch einübt, wie Aristoteles in seiner Schrift darlegt? Ist das nicht eine papierne Forderung, der keiner nachkommt, wenn er nicht einen von Gott gegebenen Willen dazu hat? Reicht die Vernunft, um das Gute zu tun – oder bedarf es dafür nicht auch einer bestimmten seelischen Disposition, die nur von außen kommen kann?

Für Martin ist die Verstandesethik des Aristoteles das Ergebnis eines weltfremden Denkens. Die subtile Zergliederung der menschlichen Affekte, die pedantische Aufzählung sämtlicher Einzel- und Untertugenden, die systematische Entfaltung des aristotelischen Handlungsbegriffs kann er seinen studentischen Zuhörern zwar begreiflich machen. Aber er selbst bleibt unberührt von einer Philosophie, deren Menschenbild allein von der Vernunft bestimmt ist. Dass der Mensch aufgrund seiner vernünftigen Natur von vornherein auf das Gute angelegt ist, erscheint ihm höchst fragwürdig. Er kann mit dieser nüchternen Handlungslogik nichts anfangen, seine Alltagsmoral entwickelt sich nicht nach Maßgabe der Vernunft, sondern ist von spannungsvoller Irrationalität bestimmt, mal mitfühlend und großzügig, dann wieder kalkulierend und selbstsüchtig und viel zu oft antriebslos oder gleichgültig. Das eigene Handeln ist nicht »folgerichtig«, sondern von Willkür und Widersprüchen bestimmt. Wird, wer Gutes tut, am Ende wirklich gut? Für Aristoteles, das wird ihm im Verlauf seiner Vorlesungsreihe von Tag zu Tag klarer, ist das Böse, das ihn selbst unablässig beschäftigt, gar kein Problem, dem Philosophen des »Mittleren« und des »Maßes« geht es allein darum, affektfrei und zielstrebig alle Widerstände zu überwinden, um das höchste Ziel, die Glückseligkeit, zu erreichen. Dazu bedarf es keiner Götter, sondern allein der Vernunft.

Die Lehrtätigkeit an der philosophischen Fakultät macht ihm wenig Freude. Am 17. März 1509 schreibt Martin an den Freund Johannes Braun: »Wenn Du nun meinen Zustand kennenzulernen wünschst: es geht mir, Gott sei Dank, gut, nur ist das Studium angreifend, besonders der Philosophie, welches ich von Anfang an am liebsten mit der Theologie vertauscht hätte, mit derjenigen Theologie, sage ich, welche den Kern der Nuß, das Innere des Weizenkorns und das Mark der Knochen erforscht.«[1] Zudem fühle er sich durch Studium, Lehrtätigkeit, sein Predigtamt und die regelmäßigen Disputationsstunden überlastet. Das Leben in der wenig einladenden Stadt macht Martin zu schaffen; er lebe an der »Grenze der Zivilisation« und »nahe der Barbarei«, klagt er den Freunden. Immerhin lehrt sein früherer Eisenacher Lehrer Jodokus Trutfetter, der von den Studenten den Ehrentitel »Fürst der Aristoteliker« erhalten hat, ebenfalls in Wittenberg. Über ihn findet Martin doch noch einen Zugang zu Aristoteles, allerdings beschränkt auf die »Physik«, über die Trutfetter ein Lehrbuch verfasst hat. Es reicht von der Astronomie über die Anatomie, Zoologie, Botanik, Mantik und Geografie bis zur Physiognomie und umfasst so alle naturwissenschaftlichen Kenntnisse der Zeit. Der Schwerpunkt des Studiums aber bleibt die

Bibellektüre bei Johannes von Staupitz, bei dem Martin schließlich am 9. März 1509 den Titel *baccalaureus biblicus* erwirbt, den untersten theologischen Grad, der ihn autorisiert, Bibelunterricht zu erteilen. Schon ein halbes Jahr später legt er auch die Prüfung zum *Baccalaureus sententiarius ab* und darf jetzt auch selbst die Sentenzen des Scholastikers Petrus Lombardus erläutern.

Bevor er seine Antrittsvorlesung in diesem Fach absolviert, erreicht ihn ein Befehl aus Erfurt, unverzüglich in den Konvent zurückzukehren. Der Tod eines Lektors mache es nötig, dass er seine Tätigkeit als Sententiar nun im Rahmen des Ordensstudiums ausübe. Doch dies ist nur ein vorgeschobener Grund: In Erfurt hat man erfahren, dass sich Johannes von Staupitz zum Provinzial der sächsischen Augustinereremiten hatte wählen lassen, mit denen das Erfurter Reformkloster verfeindet ist. Deshalb soll der gut ausgebildete und begabte Mönch zurück in sein Stammkloster, um nicht die Gegenseite zu stärken. In Erfurt stehen ihm in den nächsten Monaten ungewohnte und erschreckende Erfahrungen bevor: Nicht nur ein erbittert ausgefochtener Ordenskrieg, sondern auch ein blutiger Bürgerkrieg in der Stadt, die er längst als Heimat empfindet.

DRITTES KAPITEL

Ordensschisma. Antrittsvorlesung in Erfurt. Mit Augustinus
gegen Aristoteles. Bürgerkrieg in Erfurt. Als Ordensemissär nach Rom.
»Ein sehr fruchtbar, gut und lustig Land!«. Quartier im Augustinerkloster
Santa Maria an der Porta del Popolo. Die große Wallfahrt. Lügen
und Laster der Päpste. Helm statt Tiara: Papst Julius II. als Kriegsherr.
Rückkehr nach Erfurt. Johannes von Staupitz beruft Martin als
Ordensprediger nach Wittenberg. Promotion zum Doktor der Theologie.
»O Sünde, Sünde, Sünde«: Neue Versuchungen. Durch Mystik zu Gott?
Vorbereitung auf die erste Vorlesung als Bibelprofessor.

Als Martin im Herbst 1509 nach Erfurt zurückkehrt, steht das Augustinerkloster im Zentrum eines erbittert geführten Ordensstreits. Johannes von Staupitz ist überraschend zum Provinzial der Ordensprovinz Saxonia gewählt worden. Damit ist der Kopf der Reformierten – Staupitz war 1503 an die Spitze der sächsischen Augustinerobservanten berufen worden – zum Führer auch der Konventualen geworden, ein beispielloser Vorgang in der langen Geschichte des Augustinerordens. Zuvor war der Versuch des Generalvikars, die Kongregation ganz aus dem Ordensverband zu lösen und mithilfe befreundeter italienischer Ordenskapitel einen direkten Zugang zur Kurie zu erlangen, am Widerstand des römischen Ordensgenerals gescheitert, der bei Papst Julius II. intervenierte. So entwickelte Staupitz – inzwischen war der seinen Ideen gegenüber aufgeschlossenere Egidio da Viterbo zum General der Augustinereremiten gewählt worden – den Plan, sich mithilfe Roms zum Provinzial der sächsischen Konventualen wählen zu lassen, um sie dann Schritt für Schritt den Reformvorstellungen der Observanten anzunähern.

Dass solch eine Zusammenführung dringend nötig ist, wird von keiner Seite bestritten. Denn die letzten Jahrzehnte waren bestimmt von einem lähmenden Schisma des Ordens, der zudem immer mehr in die Auseinandersetzungen der deutschen Fürsten mit der Papstkirche hineingezogen wurde. Eigentlich sind die Bettelklöster vom jeweiligen Bischof ihrer Provinz unabhängig und die Leiter der Ordensprovinzen, die Provinziale, allein ihrem Ordensgeneral in Rom verpflichtet. Die Zweiteilung in unreformierte – »konventuale« – und reformierte – »observante« – Klöster hatte das Machtgeflecht noch komplizierter gemacht, weil nun dem größeren Provinzialverband eine Reformkongregation gegenübersteht, zu der ein gutes Dutzend Konvente der vier deutschen Ordensprovinzen Sachsen-Thüringen, Köln, Rheinland-Schwaben und Bayern gehören. Vom Papst mit weitgehenden Privilegien ausgestattet, zu denen auch die Wahl unabhängiger Generalvikare gehört, hatten die Reformklöster begonnen, sich auch der Gehorsamspflicht gegenüber dem römischen Ordensgeneral zu entziehen. Einzige Autorität für die Reformkongregation blieb der Papst, der mit seinem Lavieren die Spaltung noch beförderte.

Der Streit zwischen Reformierten und Konventualen hatte sich also lange vor Staupitz' Amtszeit angebahnt, es gab sogar Exkommunikationen von Mönchen und Prioren, die sich weigerten, der Reformkongregation beizutreten. Am Streit der beiden Parteien beteiligten sich auch Fürsten und Herzöge, die Klöster ihres Herrschaftsbereichs unter Druck setzten und bisweilen unter ihren »Schutz« stellten. So hatte sich Kurfürst Herzog Wilhelm von Sachsen 1474 entschieden gegen den Ordensgeneral der Augustinereremiten gewandt, der einige zu den Observanten gewechselten Klöster wieder in den Verband der Konventualen zurückholen wollte. Die umstrittenen Klöster verblieben schließlich doch in der Reformkongregation.

In dieser Situation muss die Personalunion der beiden Ämter allen Beteiligten als besonders kühner Schachzug erscheinen. Die sich als Speerspitze der Reformierten fühlenden Erfurter Augustinereremiten verstehen das allerdings nicht als Wendepunkt in der verfahrenen Ordenspolitik, sondern als Provokation. Von Anfang an stellen sie sich gegen den Wittenberger Staupitz, von dem sie sich verraten fühlen. Sie befürchten, die Union mit den Konventualen könnte ihre eigene Reformposition schwächen und sie deren verderblichem Einfluss ausliefern. Doch bevor er selbst in den Ordenskrieg hineingezogen wird, hat Martin erst einmal um die Anerkennung seiner akademischen Prüfungen zu kämpfen, die er in Wittenberg absolviert hat. In Erfurt verlangt man dafür Gebühren, die er als kleiner Mönch gar nicht bezahlen kann. Ihm kommt jedoch seine Fähigkeit zugute, die Sentenzen der Scholastiker mit außergewöhnlicher didaktischer Begabung auslegen zu können. So wird er als Dozent angenommen.

Seine Antrittsvorlesung hält Martin im »himmlischen Auditorium« über dem Kreuzgang des Erfurter Doms, die sich daran anschließenden Vorlesungen dann im kleineren Hörsaal des Augustinerklosters vor Mitbrüdern, die dort zum Ordensstudium eingeschrieben sind. Gegenstand sind die Sentenzenwerke des Petrus Lombardus, seit drei Jahrhunderten Pflichtlektüre für angehende Theologen. Sorgfältig notiert Martin mit feiner, schwungvoller Schrift an den Rand der Glossen eigene Anmerkungen, die seinen skeptischen Geist bezeugen, besonders was die Vorstellung des freien Willens betrifft. Deutlich formuliert er gegenüber den Studierenden seine Kritik der aristotelischen Philosophie, deren Vernunftgläubigkeit er ablehnt. »Unterstreichet, bitte! Notieret, bitte!«, heißt es da in direkter Anrede an die Studenten. Angeregt von seinem früheren Lehrer Johann Nathin, studiert Martin nebenbei die Werke von Thomas von Aquin und Duns Scotus, aber auch die Schriften *Opuscula*, *De civitate Dei* und *De trinitate* des Augustinus, dessen *Confessiones* er schon im Grundstudium mit großer Begeisterung gelesen hatte. Von dem Kirchenlehrer fühlt er sich in seiner grundsätzlichen Kritik der aristotelischen Philosophie bestätigt. Rückblickend auf seine Studienzeit wird er Jahrzehnte später in aller Schärfe urteilen: »Der ganze Aristoteles verhält sich zur Theologie wie Schatten zu Licht.« Menschliches Vernunftdenken, das ist Martins feste Überzeugung, reicht nicht aus, um das Heil zu erlangen, sondern allein der Glaube, wie er in der biblischen Offenbarung übermittelt ist. Um auch das Alte Testament in der originalen Überlieferung lesen zu können, beginnt der junge Dozent Hebräisch zu lernen. Als Lehrbuch nutzt er hierfür die *Rudimenta* des schwäbischen Humanisten Johannes Reuchlin.

Mitten in diese Studien platzt der Aufstand der Erfurter Bürger und Handwerker gegen den »alten Rat«, den sie im Januar 1510 aus dem Amt jagen. Misswirtschaft und Steuererhöhungen haben das Fass wie an vielen anderen Orten im Reich zum Überlaufen gebracht, sodass es am 24. Juni sogar zur öffentlichen Hinrichtung des städtischen Schatzmeisters kommt, dem ein Angriff der wütenden Bürger gegen das Hauptgebäude der Universität folgt, das am 4. August zerstört wird. Bei blutigen Straßenschlachten verwüsten die von Mainz finanzierten Landsknechte auch die Bibliothek, in der Martin während des Grundstudiums erstmals eine Bibel in die Hand genommen hat.

Der Aufstand, dem sich auch Teile der Studenten anschließen, richtet sich gegen die Erfurter Patrizierfamilien, deren Bezeichnung als »Gefrunden« (Befreundete) einen Hinweis gibt auf ihre als klüngelhaft empfundene Herrschaft. Das dauernde Gegeneinander der beiden Schutzmächte – Kursachsen unterstützt den Rat, Mainz das »niedere Volk« – scheint nun endgültig zugunsten von Mainz entschieden zu sein, das den Aufstand mitgesteuert hat. Martin erlebt den Sturm auf das Universitätsgebäude mit ohnmächtigem Entsetzen und ergreift sogleich die Partei des Rats. Aufrührer, die sich gegen die gesetzesmäßige Obrigkeit stellen, sind ihm zuwider. Das »tolle Jahr« von Erfurt bestätigt seine tief sitzende Abneigung gegen jedwede Revolte, gegen Chaos und Anarchie.

Wie schwer es ist, bei einem aufbrechenden Konflikt auf der richtigen, als legitim empfundenen Seite zu stehen, erfährt er jedoch auf einem ganz anderen Kampffeld. Als Generalvikar Johannes von Staupitz am 30. September 1510 eine in Rom erwirkte Bulle veröffentlicht, die ihn ermächtigt, mehr als zwanzig nicht reformierte Klöster der Provinz Saxonia mit der sächsischen Reformkongregation zu vereinigen, weigern sich sieben Konvente, darunter die beiden größten und einflussreichsten, Nürnberg und Erfurt, dieser Weisung zu folgen. Der Erfurter Konvent beschließt, seine beiden redegewandtesten und theologisch versiertesten Brüder, Johann Nathin und Pater Martin, nach Halle zu entsenden, um vom Erzbischof von Magdeburg die Erlaubnis zu erbitten, eine Appellation an den Papst richten zu dürfen. Julius II. soll den verhassten Zwangszusammenschluss aufheben. Die Erlaubnis wird ihnen jedoch nicht erteilt. Die opponierenden Konvente geben aber nicht auf und treffen sich zu einer Konferenz in Nürnberg. Die Rebellen beschließen, trotz des Verbots an den Papst zu appellieren und dazu zwei Brüder nach Italien zu entsenden. Man verzichtet aus guten Gründen darauf, gemäß den Statuten der Kongregation die Genehmigung des Generalvikars einzuholen. Johannes von Staupitz ist ja der eigentliche Gegner in dieser Auseinandersetzung.

Dass er anstelle von Johann Nathin, der aus Altersgründen den Strapazen solch einer Reise nicht gewachsen wäre, nach Rom reisen soll, stürzt Martin in einen tiefen Loyalitätskonflikt. Sein Auftrag lautet ja, die von seinem Seelsorger und Förderer Staupitz angestrebte Neuvereinigung des Ordens zu hintertreiben. Gehört er doch jetzt dem Erfurter Konvent an und hat dessen Weisungen zu befolgen. Andererseits: Ist dies nicht eine unerwartete Auszeichnung für einen 27-Jährigen, der eben noch um die Anerkennung seiner Wittenberger Examina hat kämpfen müssen? Nun darf er sogar als Emissär in die Ewige Stadt reisen, um eine ordenspolitisch heikle Mission zum Erfolg zu führen!

Die Aussicht, all die weltberühmten Heiligtümer mit ihren wundertätigen Reliquien sowie die Begräbnisstätten der Märtyrer und Päpste, das Petrusgrab mit eigenen Augen sehen, die legendäre Wallfahrt zu den sieben Hauptkirchen Roms mitmachen zu können, erscheint ihm fast unwirklich. Die Pilgerreise nach Rom stellt den absoluten Höhepunkt im Leben eines Gläubigen dar, ganz abgesehen von den Sündenablässen, die der Pilger für die Lieben zu Hause erwirken kann. Nicht einmal eine Pilgerfahrt zum Heiligen Grab in Jerusalem könnte eine vergleichbare Entlastung erbringen.

Allerdings birgt das Unternehmen auch erhebliche Risiken, denn schon die Route über die Alpen und den Apenin mitten im Winter ist für Wanderer äußerst strapaziös, zumal man auch als Bettelmönch Räubern in die Hände fallen kann. Und wie wird der Ordensgeneral, der Staupitz zugeneigte Egidio da Viterbo, auf das rebellische Ansinnen der sieben Klöster reagieren? In Rom gibt es einen gefürchteten Ordenskerker, aus dem im schlimmsten Fall kein Weg zurück in die Freiheit führen würde.

Mönchsregeln sehen vor, dass Reisende immer mindestens zu zweit sein müssen, um sich gegenseitig zu beaufsichtigen oder gegebenenfalls beizustehen. Martins Begleiter ist Johann von Mecheln, ein Mitbruder aus Nürnberg, der Italienisch spricht und die Verhandlungen führen soll. Der Reiseweg folgt einer Linie, die von den Augustinereremiten-Klöstern vorgegeben ist, in denen die beiden übernachten können. Anfang November 1510 brechen die Mönche von Nürnberg aus auf. Erste größere Station ist Ulm, wo sie das unvollendete Münster aufsuchen, das aber, so Martins Eindruck, wegen seines gewaltigen Kirchenschiffs, in dem weit über 10 000 Menschen Platz finden, und seiner mangelhaften Akustik zum Predigen ungeeignet ist. Durch Oberschwaben führt der Weg über Graubünden und den Septimerpass nach Mailand, zur ersten großen italienischen Stadt. Im Herbst, wenn in den Alpen der erste Schnee fällt, ist die Überquerung der Berge zu Fuß ein echtes Wagnis. Kreuze am Weg verweisen auf die Opfer, manchmal müssen die Wanderer im Freien übernachten, wenn sie vor Einbruch der Nacht keine Hütte erreichen. Das Schweizer Bergvolk empfindet Martin als körperlich »robust«, ihren Charakter als »lebendig und aufrichtig«.

Als es durch die Flusstäler in die lombardische Ebene hinabgeht, begeistert die Wanderer das südliche Licht, die weiche, wärmere Luft. Das satte Grün der von Kanälen durchzogenen Landschaft kommt ihnen geradezu paradiesisch vor. »Ein sehr fruchtbar, gut und lustig Land!« In der Lombardei heißt man sie in den befreundeten Klöstern willkommen, die sich wie Erfurt und Nürnberg zu den Observanten zählen. Besonders beeindruckt ist Martin von der reichen Abtei San Benedetto Po bei Mantua. Dort dürfen die Rompilger übernachten. Die Menschen dort seien lebendiger, zugewandter und auch viel besser angezogen als in Thüringen, berichtet Martin von seiner ersten Begegnung mit Italien. In Mailand können die beiden Emissäre zwischen den Klöstern Santa Maria dell'Incoronata und Santa Maria de Castro wählen; dabei missfällt Martin, dass er in der lombardischen Metropole als Dank für die überstandenen Gefahren keine Messe lesen darf. Statt des römischen Ritus, den er beherrscht, praktiziert man hierzulande den ambrosianischen, der nach dem heiligen Ambrosius benannt ist.

Über Bologna, Florenz und Siena geht die Reise weiter Richtung Rom, durch die Bergwelt des rauen Apenin, der sie mit Kälte und Schneeregen empfängt. Durch das Trinken verunreinigten Wassers zieht sich Martin eine Darmverstimmung zu. Dabei lernt er die Sauberkeit und Effizienz der florentinischen Hospitäler schätzen, in denen »gelehrte Ärzte« ihre Patienten in »sauberen Betten« kurieren. Für die Pracht der Renaissancestadt Florenz hat der Kranke keine Augen. Die beiden Wanderer wählen, wie viele tausend Pilger vor ihnen, als Route die berühmte Via Cassia, die wegen der Kaiser, die auf ihr nach Rom zur Krönung zogen, auch Via Francigena, Frankenstraße, genannt wird. Mit ihren von abertausend Pilgerfüßen, Hufen und Rädern glatt geschliffenen Pflastersteinen zieht sie sich als weithin sichtbares Band durch die Ebenen und Täler Latiums. Zum ersten Mal erblickt Martin die ihm von biblischen Bildern her vertraute mediterrane Vegetation, den Zitronenbaum als Sinnbild Christi, Feigen- und Olivbäume, die schlanken Zypressen und ausladenden Pinien.

Die Reise geht über das Pilgerstädtchen Aquapendente, das den nördlichsten Vorposten des Kirchenstaats markiert, vorbei am Lago di Bolsena, wo 1263 ein »Blutwunder« geschehen sein soll. Beim Abendmahl hätten sich, so die fromme Legende, Blutströme aus dem gebrochenen Brot über den Altar ergossen. Seitdem wird Fronleichnam in Bolsena besonders feierlich begangen. Die Lehre von der realen Präsenz von Fleisch und Blut im Abendmahl gilt ja, wie Bruder Martin als Theologe weiß, seit dem vierten Laterankonzil von 1215 als kanonisch, wird aber von vielen Gläubigen als zu abstrakt empfunden. Weil sich das eucharistische Wunder hier in Bolsena nun so konkret und sinnfällig vollzogen hatte, wirkte das Ereignis weit über die Region hinaus und zog zahlreiche ähnliche Blutwunder, auch in Deutschland, nach sich. Von der Blutwunderkirche im brandenburgischen Wilsnack weiß Martin durch seinen Vater. In der Wilsnacker Kirche St. Nikolai sollen drei blutige Hostien ein zerstörerisches Feuer überstanden haben. Durch dieses »Hostienwunder« wurde der bis dahin gänzlich unbekannte Ort zum »Gnadenort«, an dem Gott ein weithin ausstrahlendes Zeichen für die Gläubigen gesetzt hatte.

Für die beiden Emissäre ist das Heiligtum vom Lago di Bolsena nur eine Zwischenstation; an ihm vorbei eilen sie ungeduldig ihrem großen Ziel entgegen, das jetzt bald hinter den Bergen auftauchen muss: Roma aeterna, die Ewige Stadt. Die frühere Papstresidenz Viterbo lassen sie rechts liegen, um den kürzeren Weg über die Via Cimina zu nehmen, die direkt über die Berge, um den kleinen Lago di Vico herum und durch Ronciglione führt, Sitz der späteren Papstfamilie Farnese. Der einsame Weg windet sich durch eine urtümliche, von steilen Felsformationen geprägte Landschaft, in der mauerbewehrte Städtchen wie das etruskische Sutri auf hohen Tuffspornen sitzen. Am Fuß der Siedlung verläuft die Via Cassia. Hier soll im Jahr 799 der Frankenkönig Karl der Große mit Papst Leo III. zusammengetroffen sein, der ihn wenig später zum Kaiser gekrönt und damit das Imperium Romanum wiederbelebt hatte. Hinter dem Örtchen La Storta, nur noch einen Tag Fußmarsch von Rom entfernt, gabelt sich die Straße. Der Wanderer kann der alten Via Cassia folgen, die sich kurz vor dem Tiber mit der Via Flaminia vereinigt, über die Milvische Brücke den Fluss quert und schließlich an der Porta del Popolo die Stadt erreicht. Die beiden Mönche wählen jedoch die Via Triumphalis, die von Norden her über den Monte Mario führt. Von den Pilgern wird er Mons Gaudii, Berg der Freuden, genannt. Erst wenn der Reisende diese Höhen erreicht hat, liegt die entbehrungsreiche Anreise endgültig hinter ihm. Es ist auch für die beiden Mönche aus Deutschland ein bewegender Augenblick. »Sei gegrüßt, heiliges Rom!«, ruft Martin und wirft sich zu Boden, als er die Stadt im Tal erblickt.

Die beiden Mönche betreten die Ewige Stadt also nicht durch die Porta del Popolo, von alters her Porta Flaminia genannt, sondern wandern vom Monte Mario herab durch das nordwestlich des Tibers sich ausbreitende Stadtviertel Borgo. Wie die meisten Pilger streben sie direkt zur Peterskirche, die sich ihnen überraschend als Baustelle präsentiert. Die 312 von Kaiser Konstantin erbaute Grabkirche soll nach dem Willen von Julius II. durch einen neuen, von einer imposanten Kuppel überwölbten Bau ersetzt werden, von dem aber zu Jahresbeginn 1511 erst vier riesige Pfeiler stehen.

Rom ist im Baufieber, die reichen Kardinäle wetteifern mit der Errichtung von im Renaissancestil erbauter Palazzi, Titularkirchen und privater Kapellen um Ruhm und Einfluss. Besonders prächtig geraten ist die Kardinalsresidenz von Raffaele Riario in der Via del Pellegrino zu Füßen des Kapitols. 100 000 Dukaten, von denen er einen erheblichen Teil im Glücksspiel gewonnen haben soll, hat der blutjunge und ehrgeizige Kardinal investiert, um die mehr als tausend Jahre alte Basilika Santa Lorenzo in Damaso abreißen und an ihrer Stelle einen feudalen Palast mit Privatkapelle errichten zu lassen. Die Kirche musste also einem Protzbau weichen, was bei den an Prachtentfaltung gewöhnten und vom Wandel und Handel profitierenden Römern keinen Protest auslöste. Sie lassen sich im Übrigen gern durch die Subventionierung der Brotpreise ruhig stellen. Die bettelarmen Mönche aus Deutschland allerdings nehmen diese Repräsentationsbauten mit Verwunderung zur Kenntnis und fragen sich: Was ist der spirituelle Sinn solch sündhaft teurer und luxuriöser Gebäude, was vermögen sie zum Heil der Christenheit beizutragen?

Für Bruder Martin ist Rom keine Gelegenheit zum Studium einer Weltmetropole mit großer Geschichte und glanzvoller Architektur, sondern ein idealer Ort für die Generalbeichte, die einmalige Chance, das persönliche Seelenheil zu finden. Rom, das ist die Stadt von Petrus und Paulus, der ersten Christen und jener Märtyrer, die für ihren Glauben mit ihrem Blut bezahlten. Über dem Grab Petri ließ Kaiser Konstantin eine Basilika errichten, als Ankerpunkt einer neuen Religion, deren erster Zeuge einen Steinwurf von dieser Kirche sein Martyrium erlitten hatte. Aus aller Welt strömen die Christen herbei, um dieses zentrale Heiligtum zu sehen und sich von seiner Aura im Glauben bestärken zu lassen. Immer war die Peterskirche auch bevorzugte Grablege der Päpste.

Der neue Geist weltlicher Machtansprüche und maßloser Selbstverherrlichung, der die sogenannten Renaissancepäpste seit Sixtus IV. erfüllt, schien seinen Höhepunkt zu erreichen, als Papst Julius II. nicht nur die 1 200 Jahre alte Peterskirche abreißen und durch einen Neubau zu ersetzen befahl, sondern im Jahr 1505 bei Michelangelo auch sein eigenes Grabmal in Auftrag gab. Dieser hatte es unmittelbar über dem schlichten Petrusgrab, im Zentrum der neuen Peterskirche, zu platzieren. Ganz aus weißem Carrara-Marmor sollte es sein, ein pyramidenförmiges, pompöses Mausoleum, ringsum geschmückt mit 48 Statuen und bekrönt von einem triumphalen Monument des Papstes. Ist es diese Hybris, die Martin Luther später ausrufen lässt, wo Gott eine Kirche baut, baue der Teufel gleich daneben eine Kapelle?

Der Petersdom wurde zu dieser Zeit neu gebaut. Der Mainzer Erzbischof Albrecht von Brandenburg trug dazu 21 000 Dukaten bei, die er sich von den Fuggern lieh. Die Schulden wollte Albrecht mit Geldern aus Johannes Tetzels Ablasshandel begleichen.

Papst Julius II. ließ die alte Petersbasilika ab 1503 abreißen, um von seinem Architekten Donato Bramante den neuen Petersdom erbauen zu lassen. Bis zur Vollendung hundert Jahre später standen Alt und Neu nebeneinander.

Als Quartier für ihren Romaufenthalt wählen die beiden Mönche das Augustinerkloster Santa Maria an der Porta del Popolo. Es steht den lombardischen Reformklöstern nahe und nimmt die Deutschen bereitwillig auf. Bruder Johann sucht sofort die Verbindung zum Konvent von San Agostino, der auch Sitz des Ordensgenerals Egidio da Viterbo ist. Er bittet den Prokurator, die Appellation der sieben deutschen Klöster dem General, der sich gerade auf einer Dienstreise befindet, nach dessen Rückkehr vorzulegen. In der Zwischenzeit kann Martin etwas für sein Seelenheil tun. Obwohl Gast im Kloster, nimmt er vom ersten Tag an am Chordienst und an den Andachten teil. Dass der Geist der Renaissance auch vor den Kirchen der Augustinereremiten nicht haltmacht, erfährt Martin beim Betreten der neu erbauten Kirche Santa Maria del Popolo, die mit ihrer stolzen Kuppel wenig zum Armutsideal eines Bettelordens zu passen scheint. In den Seitenkapellen befinden sich Grabmäler für die Kardinäle aus der einflussreichen Familie der Rovere, die die Nähe des Ordens zur Kurie und zum Papst anzeigen.

Mit San Agostino, dem Ordenssitz, besitzen die Augustiner einen weiteren, noch prächtigeren Neubau in der Stadt, unweit der Piazza Navona gelegen. Für den Renaissancebau musste das mittelalterliche Kirchlein San Trifone weichen. Neben dem Neuen stehen die Relikte des Alten, die Überreste der antiken Stadt, die jetzt als Steinbruch genutzt werden oder zu Burgtürmen der römischen Adelsgeschlechter umgebaut sind. Meterhohe Schutthalden lassen die einstige Größe der antiken Millionenstadt ahnen, die inzwischen nicht einmal mehr 50 000 Menschen beherbergt und wirtschaftlich unbedeutender ist als Nürnberg, Augsburg oder Erfurt. Die äußeren Mauern des Kolosseums sind noch intakt, ebenso die runden Mauern der Thermen und des Pantheons. Auf dem von Gras und Sträuchern überwucherten Ruinenfeld des Forum Romanum weiden Rinder und Ziegen, hausen Obdachlose und räuberisches Gesindel. Um nicht Opfer von Überfällen zu werden, tun sich die Pilger zu kleinen Gruppen zusammen. Martin geht ohne Anteilnahme an den Überresten des antiken Roms vorüber, nur in die Katakomben der Stadt steigt er hinab, um dort die Gräber der Märtyrer zu sehen, die bei den zahllosen Christenverfolgungen umgekommen sind. Die Knochen von Tausenden Christen ruhen dort in riesigen Beinhäusern.

Unter Anleitung des Pilgerführers *Mirabilia urbis Romae*, den ihm ein Mitbruder zugesteckt hat, hastet Martin durch die Straßen und über die Plätze der Stadt, um die wichtigsten Heiligtümer Roms aufzusuchen. Mehrmals führt sein Weg vorbei an der von Sixtus IV. errichteten und nach ihm benannten Kapelle. In dem unauffälligen Bau neben dem Papstpalast ist der berühmte Florentiner Künstler Michelangelo Buonarroti dabei, die Decke im Auftrag des amtierenden Papstes Julius II. mit Fresken der Schöpfungsgeschichte zu schmücken. Zwar haben die Augustinereremiten die Aufsicht über die Sixtinische Kapelle, doch für die Kunst des Michelangelo interessiert sich der deutsche Wallfahrer nicht. Von den neuesten Kunstschätzen Roms ist in den Reiseführern nichts zu lesen, weder von den Werken Michelangelos und Raffaels noch von den Bauten des Architekten Donato Bramante, des Erbauers des Petersdoms. Nur kurz verweilt Martin im heruntergekommenen Pantheon, dem Heiligtum aller antiken Götter. Mit Genugtuung vermerkt er, dass sie durch Christus für immer von ihrem Thron gestoßen worden sind. Unablässig ist er unterwegs, um die Generalabsolution zu erlangen. Hier in Rom, hofft er, kann er sich von der ihn immer noch niederdrückenden Sündenangst befreien.

Die große Wallfahrt zu den sieben Hauptkirchen Roms scheint dazu das am besten geeignete Mittel zu sein. Allerdings muss man dieses Pensum an einem einzigen Tag schaffen – nur dann winkt als Belohnung der vollständige Ablass. Obwohl weite, oft unbefestigte Wege zurückzulegen sind, muss der Pilger die strengen Fastenregeln einhalten. Der Rundweg beginnt am frühen Morgen mit der Basilika San Paolo fuori le Mura im Südwesten der Stadt, wo der Apostel Paulus von römischen Soldaten enthauptet wurde, dann wandern die Wallfahrer über die Strada delle sette Chiese weiter zur Märtyrerkirche San Sebastiano. Sie ist dem von Pfeilen durchbohrten heiligen Sebastian geweiht. Von dort geht es zum Lateran, über die Kirche Santa Croce mit ihren Kreuzreliquien nach San Lorenzo fuori le Mura und schließlich zur Kirche Santa Maria Maggiore. Dort wird ein Teil der Krippe Jesu als »Herren-Reliquie« verehrt. Der Pilgerweg endet mit der Ausreichung der Kommunion in St. Peter. Wer es als wallfahrender Priester schafft, an all diesen Orten die Messe zu lesen, der erhält maximalen Ablass vom Fegefeuer. Diesen erhofft sich auch der Emissär des Augustinerordens, denn davon würde seine Familie in Deutschland profitieren. Ein seltsamer, eigentlich ganz unangemessener Gedanke bedrängt ihn angesichts der so greifbaren Absolution: Martin bedauert insgeheim, dass seine Eltern noch leben, »denn ich hätte sie gern aus dem Fegefeuer erlöst mit meinen Messen und anderen trefflichen Werken und Gebeten mehr, aber es gab einen zu großen Zudrang und ich konnte nicht dran kommen«.

Ausgerechnet in der Kirche San Giovanni in Laterano, einem der ältesten christlichen Heiligtümer Roms, wird er weggescheucht. »Passa, Passa, weg da, mach dass du fortkommst!«, rufen die römischen Priester. Der Weg zum berühmten Altar der Kapelle Sancta Sanctorum, wo angeblich die Häupter von Petrus und Paulus aufbewahrt sind, bleibt ihm versperrt. Dafür rutscht Martin, wie es der Pilgerbrauch vorsieht, auf Knien die 28 Stufen der heiligen Treppe des Lateranpalastes hinauf, auf jeder Stufe ein Vaterunser betend, um die Seele seines Großvaters Heine Luder aus dem Fegefeuer zu erlösen. Die Treppe soll einmal in Jerusalem gestanden und zum Richthaus des Pilatus geführt haben. Engel, so die Legende, hätten sie durch die Lüfte nach Rom getragen. Jede einzelne Stufe, über die auch Christus gegangen sei, verspricht neun Jahre Ablass aller Sünden. Als Martin oben angelangt ist, beschleichen ihn Zweifel, ob all diese Versprechungen wahr sein können. Die Bußpraktiken kommen ihm recht mechanisch vor. Was ihm vor allem missfällt, ist der nachlässige, ja zynische Umgang mit dem Heiligen, das Geschäftsmäßige der Messen und Ablasspraktiken. Die Geistlichen reißen Witze über das Abendmahl und verspotten die hochheiligen Einsetzungsworte, die ihn bei seiner ersten Messe im Erfurter Augustinerkloster in Furcht und Schauder versetzt hatten. »Brot bist Du und Brot wirst Du bleiben, Wein bist du und Wein wirst du bleiben«, hört er sie bei der Eucharistiefeier sagen. Dass sie »so fein rips raps kunnten Meß halten, als trieben sie ein Gaukelspiel« schmerzt ihn sehr. Ein Priester liest in einer Stunde acht Messen, wo man doch für eine Messe mindestens fünfzehn Minuten benötigt!

Im Kloster erzählen die Mönche noch ganz andere Geschichten über das weltliche Treiben der Kurialen und Kleriker in dieser heiligen Stadt. Vor allem der Papst selbst gibt kein gutes Vorbild ab. In Rom scheint die Meinung über den Stellvertreter Christi noch schlechter zu sein, als Martin es von Deutschland her kennt. Die Päpste beschimpfen regelmäßig ihre Vorgänger, um deren Familien wichtige Ämter zu entreißen und sie ihren eigenen Verwandten zuzuschanzen. Zu den Gerüchten, die aus den »Lügenstübchen« der Papstsekretäre gezielt ins Volk getragen werden, kommen die Spottverse römischer Bürger, die an der Pasquino-Statue, einer Meckerecke an der Piazza Navona, angeheftet werden, um dem allgemeinen Ärger Luft zu machen. Man wettert gegen Ämterhäufung und Machtmissbrauch, und was Martin über den Lebenswandel der Päpste zu hören bekommt, übertrifft alles, was zu Hause in Umlauf ist. So lässt der amtierende Papst Julius II. über den 1503 verstorbenen Borgia-Papst Alexander allerlei Bösartigkeiten ausstreuen, um das gotteslästerliche Treiben des Spaniers zu geißeln. Das Volk erfährt, dass der angeblich sexbesessene Papst schon als junger Kardinal Inzest begangen und es sogar mit Hexen getrieben habe. Kein schlimmerer Vorwurf ist denkbar: Der künftige Pontifex im Bund mit dem Teufel!

Es heißt, Alexander IV. habe Dutzende Mätressen und zahlreiche uneheliche Kinder gehabt, die er allesamt als »Neffen« mit Ämter und Pfründen versorgt habe. Sein Sohn Cesare, der berüchtigtste Spross der Borgia-Familie, sei sogar ein Brudermörder gewesen. Erwürgen, Erstechen, Vergiften gilt als die fatale Dreieinigkeit dieser aus Spanien stammenden Papstsippe, die ihre Gegner grausam aus dem Weg räumt, um ihre Macht zu sichern. Über die Schwester von Cesare Borgia, Alexanders heiß geliebte Tochter Lucrezia, sind ebenfalls unzählige Verleumdungen im Umlauf. Sie, die für ihren nur an Politik und Machterhalt interessierten Vater zeitweilig die Amtsgeschäfte im Vatikan führte, sei »die größte Hure Roms« gewesen, eine notorische Ehebrecherin, Giftmischerin und Blutschänderin. Die Fama berichtet, Juan Borgia, Herzog von Gandía, sei der leibliche Sohn von Vater und Tochter.

Aber auch der amtierende Papst Julius II. wird keineswegs geschont. Man nennt ihn in Rom nur *Il Terribile*, den Schrecklichen, weil er ein mindestens ebenso rücksichtsloser Machtmensch wie Alexander IV. ist. Die Armee des Kirchenstaats kommandiert er als Feldherr persönlich. Eben steht er mit 6 000 Schweizer Söldnern im Kampf gegen den Franzosenkönig Ludwig XII., um seine Herrschaft in Norditalien auszuweiten. Unentwegt führt Julius Krieg, trägt mehr den Helm als die Tiara. Auf den Stuhl Petri ist der Kardinal aus dem Hause Rovere durch Bestechung gelangt – um kurz nach Amtsantritt, im Jahr 1503, die Simonie, den Ämterkauf, unter schwere Strafe zu stellen. Niemand soll ihn künftig an Korruption übertreffen können! Den durch Intrigen erworbenen Reichtum stellt Julius ungeniert aus, seine beiden aus purem Gold gewirkten Tiaren sollen allein 300 000 Dukaten gekostet haben. Der von seinen Gegnern als Syphilitiker verunglimpfte Papst verfügte per Bulle die Errichtung eines Bordells für 5 000 Dirnen, um sich neue Geldquellen zu erschließen – aber er gilt auch als der Verschönerer Roms, der die größten Künstler und Baumeister der Zeit in die Stadt holt. Auch sie unterwirft er seinem harten Regiment: Als der große Michelangelo sich weigert, Haupt und Knie vor dem Papst zu beugen, schlägt er ihn eigenhändig mit dem Stock und lässt ihn hinauswerfen. Ariost, dem großen italienischen Dichter, droht er, ihn wie einen Hund im Tiber ersäufen zu lassen, falls er schreibt, was dem Pontifex missfällt. »Ein dem Trunk ergebener und böser Papst«, schmäht ihn sein zeitweiliger Verbündeter, Kaiser Maximilian I., der den Krieger auf dem Papstthron wegen dessen unberechenbarer Bündnispolitik verabscheut.

Für den vom römischen Treiben hingerissenen Erfurter Mönch ist alles glaubhaft, was ihm berichtet wird. Sogar die fantastische Geschichte von der in Rom niedergekommenen Päpstin Johanna, angeblich eine Deutsche aus Mainz, nimmt er eher mit Verwunderung als mit Abscheu zur Kenntnis. Das »Mönchsgeschwätz« kann seine Papsttreue nicht erschüttern. Für ihn ist der Kirchenstaat nicht Sodom und Gomorrha, sondern ein straff geführtes Gemeinwesen. Am Regiment des Papstes schätzt er die gut organisierte Verwaltung und vor allem die von der Polizei eisern aufrechterhaltene Ordnung: »Der Bargell, der Hauptmann und Richter, reitet alle Nacht mit dreihundert Dienern in der Stadt umher, hält die Scharwache stark. Wen er auf der Gasse erwischt, der muss herhalten; hat er eine Wehr bei sich, so wird er entweder gehängt oder ertränkt und in den Tiber geworfen.«

Vom Funktionieren der öffentlichen Ordnung schwärmen alle Deutschen, die Martin während seines Aufenthalts in Rom trifft. Mit dem Pfarrherrn der deutschen Nationalkirche Santa Maria dell'Anima kann er sich in seiner Landessprache unterhalten und dort die Messe lesen. Erstaunt nimmt er zur Kenntnis, dass deutsche Kurtisanen in der Pfarrei verkehren und die Mönche und Wallfahrer ungeniert mit pikanten Anekdötchen über das Treiben rund um die Kurie versorgen.

Mit der enttäuschenden Nachricht, dass der Appell der deutschen Reformklöster an den Papst vom Ordensgeneral untersagt wird, endet der Aufenthalt der beiden Emissäre in der Ewigen Stadt. »Den Deutschen wird aufgrund der Gesetze verboten zu appellieren«, lautet der Beschluss von Egidio da Viterbo. Johannes von Staupitz hat auf der ganzen Linie obsiegt. Dem von ihm angestrebten Zusammenschluss der nicht reformierten Klöster mit der sächsischen Reformkongregation scheint nichts mehr im Wege zu stehen. Die Forderung der Observanten nach Eigenständigkeit ist endgültig vom Tisch. Mitte Februar 1511 – vier Wochen hat das Warten auf die Entscheidung der Ordenskanzlei gedauert – brechen Martin und Johann auf, um den Fehlschlag der Mission ihren Auftraggebern zu vermelden. Sie reisen über Florenz, Bologna, Verona und den Brenner nach Innsbruck und von dort über Schongau und Augsburg nach Nürnberg, das sie Anfang März erreichen.

In Nürnberg werden die Rückkehrer mit großer Spannung erwartet. Obwohl die Nachricht aus Rom eindeutig ist, schöpft der Konvent neue Hoffnung aus den Berichten der beiden Emissäre, die auf einer Versammlung der sieben opponierenden Klöster ausführlich über ihre Verhandlungen berichten. Johann von Mecheln zeichnet ein so freundliches Bild des Ordensgenerals Egidio da Viterbo, dass man beschließt, erneut eine Delegation nach Rom zu entsenden. Erleichtert, dass seine Mission als nicht gänzlich gescheitert erscheint, reist Martin nach Erfurt, um dort seinen Verpflichtungen als Dozent nachzukommen. Fünf Monate war er abwesend, nun kann er endlich seinen Ersatzmann ablösen. Längst ist ihm der Konflikt zwischen den Ordensparteien lästig geworden; die Zeit in Rom hat ihn eher der Position seines Lehrers Staupitz näher gebracht: Einheit statt Zwietracht, Gehorsam statt Rebellion. So ist er erleichtert, als er von Versuchen des Generalvikars hört, trotz der eindeutigen Anweisungen aus Rom einen Vergleich zwischen den Konventualen und den Observanten herbeizuführen.

Er wolle zwar weiterhin auf das Provinzialat der Saxonia nicht verzichten, erklärt Johannes von Staupitz im Juli 1511 den Deputierten auf einer Konferenz in Jena, aber er werde sein Versöhnungsangebot, das eine gewisse Eigenständigkeit in Aussicht stellt, den sieben revoltierenden Reformkonventen – Nürnberg, Erfurt, Himmelpforten im Harz, Kulmbach, Nordhausen, Sangerhausen, Steinberg in Mecklenburg – innerhalb von zwei Monaten vorlegen. Für Martin ist dies eine Brücke, über die auch die Erfurter gehen können, ohne das Gesicht zu verlieren. Das sieht die Mehrzahl der Mönche jedoch ganz anders, und zusammen mit seinem treuen Freund Johann Lang wird Martin von seinen Mitbrüdern zum Abtrünnigen erklärt. Für sie ist aus dem Paulus wieder ein Saulus geworden, der die eigene Sache verrät. Martin argumentiert, weiterer Widerstand sei mit der Gehorsamspflicht gegenüber dem Generalvikar nicht vereinbar. Aber, schimpfen seine Gegner, hat er denn vor wenigen Monaten nicht selbst gegen diese Pflicht verstoßen? Besonders Johann Nathin greift seinen früheren Schüler heftig an: Er falle seinem Konvent in den Rücken und stütze damit einen Mann, der selbst eine Kehrtwende vollzogen habe.

Martin ist als ein anderer aus Rom zurückgekehrt. Er hat gelernt, die Dinge von verschiedenen Seiten aus zu betrachten. Vieles erscheint ihm plötzlich in neuem Licht. Alles es ist beweglich, nichts unverrückbar. Rom hat ein Janusgesicht, alles ist verwirrende Vielfalt und Fülle. Aber einen verlässlichen Grund, die *eine* Wahrheit muss es doch geben! Verlassen kann man sich offenbar nur auf die Treue weniger Menschen – und auf das eigene Gewissen. Diesem Ruf des Gewissens ist er jetzt auch in seinem Widerstand gegen die Mehrheitsmeinung des Erfurter Konvents gefolgt. Besonders Johannes von Staupitz ist für Martin solch ein treuer, gewissenhafter Mensch: immer auf Ausgleich bedacht, aber fest in der Sache, die er sich nicht verbiegen lässt. Dieser sanfte Mann hat es verstanden, aus einer großen Niederlage doch noch einen kleinen Sieg zu machen: Im Mai 1512 wird er in Köln vom Ordenskapitel erneut zum Generalvikar gewählt und verlegt seinen Sitz umgehend in das Hauptquartier seiner hartnäckigsten Gegner, ins Nürnberger Augustinerkloster. Künftig wird er den Brandherd von innen bekämpfen. Den von ihm geschätzten Bruder Martin, der so unerschrocken für seine Sache in Erfurt gekämpft hat, holt er als Subprior und Studienleiter des Schwarzen Klosters nach Wittenberg. Nach der Promotion zum Doktor der Theologie soll er sein Nachfolger als Wittenberger Bibelprofessor werden.

Martin geht das alles viel zu schnell. Mithilfe des ebenfalls nach Wittenberg gewechselten Gräzisten Johann Lang will er erst einmal seine Bibelstudien vorantreiben. In Rom hatte er erlebt, wie schnell sich das Heilige zur Fratze des Gemeinen verzerrt, wenn das Fundament des Glaubens, die Heilige Schrift, in Vergessenheit gerät. Zurück im Kloster, erscheint ihm die Wahrheit des geoffenbarten Wortes stärker als alle Ablässe: sie allein ist der wahre Weg zum Heil! Das Wort Gottes muss aber auch ein Echo in der Seele finden. Es ist Aufgabe des Predigers, für diesen Widerhall zu sorgen. »Herr Magister, Ihr müsst Doktor und Prediger werden, so kriegt Ihr etwas zu schaffen«, bedrängt ihn Johannes von Staupitz, der spürt, dass Martin unter dem Bruch mit seinem Heimatkloster leidet und vielleicht sogar hofft, eines Tages nach Erfurt zurückkehren zu können. Sollte er in Wittenberg promoviert werden, wäre diese Rückkehr versperrt.

Das Gespräch findet am 17. September 1512 im Klostergärtchen an der Wittenberger Stadtmauer statt, unter einem Birnbaum, in dem die Vögel zwitschern. Um seinen Stellvertreter ein wenig aufzumuntern, verweist Staupitz auf die Schönheit der Natur, für die der Mensch Gott jeden Tag zu danken habe. Die Freude an der Schöpfung sei das beste Gotteslob.

Johannes von Staupitz (1465–1524) war Theologe, Beichtvater und Förderer des jungen Martin Luther. Als Generalvikar der deutschen Oberservantenkongregation stieß er auf Widerstände, als er versuchte, den Augustinerorden zu reformieren. Staupitz reiste viel für den Orden, unterhielt gute Kontakte zu den Fürstenhöfen und war ein brillanter Prediger, der auch aus der mystischen Tradition eines Meister Eckhart oder Johannes Tauler schöpfte.

Das tue er ja, antwortet Martin, aber die Aussicht, als Theologe, der mit dem Herrn selbst noch nicht im Reinen ist, Studenten unterweisen zu müssen und zudem der Gemeinde das Wort Gottes zu predigen, erschrecke ihn. Er brauche Zeit, um ernsthafter glauben und tiefer in die Bibel und die Theologie eindringen zu können. Nur mit ernsthaftem Studieren, befeuert durch eigenes, hartnäckiges Fragen, komme er der Wahrheit näher, widerspricht Staupitz, nur durch die Pflicht, vor seinen Studenten Rechenschaft ablegen zu müssen über das erworbene Wissen, werde er am Ende seine Zweifel und Anfechtungen überwinden und ein vertrauensvolles Verhältnis zu Gott finden.

Aber er sei doch körperlich geschwächt von der langen Romreise, seelisch zermürbt von den Querelen mit den Mitbrüdern in Erfurt, klagt Martin, und am Ende werde er die akademische Prozedur vielleicht sogar mit dem Leben bezahlen

Dieses Risiko müsse er freilich eingehen, scherzt Staupitz: »Wisst Ihr nicht, dass unser Herrgott viele große Sachen auszurichten hat? Dazu bedarf er kluger Leute, die ihm raten müssen. Solltet Ihr sterben, so werdet Ihr im Himmel in seinen Rat kommen, denn er muss auch einige Doktores haben.«

Der Ermahnung seines Lehrers, Gott selbst erwarte von ihm Großes, kann Martin letztlich nichts entgegensetzen. Er bezieht sein »Stüblein« im Turm zwischen Wehrgraben und Stadtmauer, einen bescheidenen, aber beheizbaren Raum in der Südwestecke des Klosters. Dort bereitet er die erste Predigt vor, die er im Refektorium vor den Mönchen zu halten hat. Ganz ungewöhnlich für einen jungen Gelehrten ist der Ton, den er dabei anschlägt. Die Kirche habe eine Reform bitter nötig, mahnt er, aber es gehe ihm gar nicht um den allgemeinen Sittenverfall, sondern darum, den Priestern die Achtung vor der göttlichen Wahrheit zurückzugeben: »Hier möchte mir jemand sagen, die Hurerei und das Saufen, Spielen und dergleichen große Laster ... der Geistlichkeit seien tadelnswert. Ich gebe es zu, dies sind große Dinge, sie müssen bestraft werden, sie müssen geändert werden: Aber dies wird von allen anerkannt, es sind grobe, leibliche Dinge, die man mit Sinnen wahrnehmen kann, darum bewegen sie auch die Gemüter. Aber ach! Dieser Schandfleck und dieses Verderben ist unvergleichlich schädlicher und greulicher, dass man das Wort der Wahrheit nicht handelt oder es verfälscht, und dies Übel wird nicht erkannt, bewegt niemand, schreckt nicht …«[1]

Am 4. Oktober erhält er vom Kurfürsten die Genehmigung, die Prüfung zur Erlangung der Doktorwürde abzulegen. Wenige Tage später holt er sich in Leipzig beim kurfürstlichen Kämmerer fünfzig Gulden ab, die in Wittenberg als Promotionsgebühr zu bezahlen sind. Johannes von Staupitz hat dem Landesherrn zuvor versichern müssen, dass der künftige Doktor lebenslang die *Lectura in Biblia* ausüben wird. Zwei Tage lang dauert die Promotion, zu der auch eine dreistündige Disputation gehört. Vollzogen wird sie am 18. und 19. Oktober 1512 von Martins Doktorvater Andreas Bodenstein von Karlstadt, mit Festakten in der Aula und in der Schlosskirche, festlichem Glockengeläut und Aufzügen durch die Stadt. Der Doktorand muss schwören, Rom gegenüber Gehorsam und Treue zu üben, keine abweichenden Lehren zu verbreiten und sich um Frieden unter den Gelehrten zu bemühen. Dann werden ihm als Insignien seiner neuen Würde eine Bibel, der goldene Doktorring und ein wollenes Barett überreicht. Die Eidesformeln seien sehr ernst zu nehmen, beschwört ihn Karlstadt. Denn bei Inquisitionsprozessen gelte der Bruch dieser Treue als eine der schlimmsten Verfehlungen. Das empfindet auch Martin so: Niemals wird er es zulassen, dass seine Treue zur Schrift in Zweifel gezogen wird! Doch im Herzen fühlt er sich keineswegs würdig für dieses Amt eines Doktors der Theologie. Das Auslegen der Heiligen Schrift ist eine mindestens so hohe und verantwortungsvolle Aufgabe wie die Einhaltung des Mönchsgelübdes.

In den Wochen nach der Promotion beginnen ihn plötzlich wieder seine früheren Ängste zu quälen. Trotz aller Gelehrsamkeit wird ihm die so sehnlich herbeigewünschte Gnade Gottes, dieses Gefühl des Gerettet- und Gerechtfertigtseins *in christo*, nicht zuteil. Oder vielleicht gerade deswegen? Noch immer bleibt Gott hinter einer Wand aus Gesetz und Strafe verborgen. Martin spürt nur immer wieder Gottes Zorn und die eigene Angst vor dem Gericht. »Schon ist die Axt an die Wurzel der Bäume gelegt, und jeder Baum, der keine gute Frucht bringt, wird umgehauen und ins Feuer geworfen.« Gott ist so vieldeutig, so voller Widersprüche, heute ein gütiger Gottvater, morgen ein rächender Richter, vor dem kein schwacher Mensch bestehen kann. Wieder stürzen die altbekannten Fragen auf ihn ein: Wie kann man ganz ohne Sünde sein? Gänzlich frei von allem, was Gott missfällt? Wie kann man Vollkommenheit erreichen, das »heiligmäßige« Leben, wie es die Ordensregeln fordern? Hat Gott mich vielleicht schon längst verworfen, egal, ob ich mich an seine Gebote halte oder nicht? Bin ich von Anfang an ein Verdammter? Und wäre es da nicht besser, gar nicht erst geboren zu sein – oder nur ein Tier, ohne Gedanken und Hintergedanken, ohne Angst der Seele und um das Seelenheil? Hatte Hiob nicht recht, als er den Tag seiner Geburt verfluchte? Warum gibt es keine Freiheit, Ja oder Nein zu seiner Existenz zu sagen? Aber gerade das könnte eine der vielen Einflüsterungen des Teufels sein: Selbst entscheiden zu wollen, statt dankbar zu sein, dass einem das Geschenk des Lebens überhaupt zuteilwurde.

Martin glaubt, Gott habe ihn verlassen – aber hatte er sich nicht selbst immer weiter von Gott entfernt, seitdem er im Kloster ist? Ist Gott grausam, weil er seine Verwirrung zulässt? Oder ist er, Martin, nicht vielmehr grausam gegen sich selbst, weil er das Liebesangebot Gottes nicht annehmen kann, wie es Paulus so tröstlich ausgedrückt hat: »Und wenn ich prophetisch reden könnte und alle Geheimnisse wüsste und alle Erkenntnis hätte; wenn ich alle Glaubenskraft hätte und damit Berge versetzen könnte, hätte aber die Liebe nicht, wäre ich nichts.« Diabolus, der große Verwirrer, sitzt ihm im Nacken. Wieder weiß er nicht, wer da spricht, der Teufel oder der Erlöser, die böse oder die gute Macht. Beide gehen in ihm aus und ein, und er ist unfähig, sie zu unterscheiden. Wie beim heiligen Antonius, der Tag und Nacht gemartert wurde von der Versuchung, Gott in Gedanken zu fliehen. Ganz bei Gott zu sein, nur ihn zu denken, sich in seiner Liebe aufgehoben fühlen, ist ganz unmöglich. Das Unvollkommene findet nicht zum Vollkommenen. Das menschliche Bewusstsein erscheint ihm wie eine Mühle des Bösen, in der Gottes Güte zermahlen wird. Im Rückblick auf diese Zeit der tiefsten Anfechtung wird er sein Leiden mit den schlimmsten Höllenqualen vergleichen, die dem Menschen auferlegt werden können: »Wenn dies Leiden auch nur eine halbe Stunde, ja nur den zehnten Teil einer Stunde währte, so würde er gänzlich zunichte werden und sein Gebein sich in Asche verwandeln. Da erscheint Gott über alle Begriffe furchtbar in seinem Zorn. Und wie Gott, so die ganze Kreatur. Keine Flucht ist möglich. Nichts ist da, was trösten könnte, alles klagt an.«

Nach einer dieser Nächte, in denen er mit Gott, vielleicht auch mit dem Teufel gerungen hat, stößt Martin beim Lesen des Alten Testaments auf die Geschichte von Jaakob, der seinen Vater getäuscht hat und nun einen langen nächtlichen Kampf kämpft, um seine Ehre wiederherzustellen. Bis zur Morgendämmerung ringt er am Fluss Jabbok mit einem Unbekannten, einem Wesen zwischen Engel und Teufel, das ihn mit einem Schlag auf die Hüfte zu Fall bringen will. Jaakob lässt seinen Gegner jedoch so lange nicht los, bis dieser ihn segnet und ihm einen neuen Namen gibt: »Israel«, Gotteskämpfer. Gesegnet, aber mit ausgerenkter Hüfte als Zeichen seiner Auserwähltheit, erkennt Jaakob, dass er mit Gott selbst gekämpft hat. Gott hat ihm seine Macht gezeigt, aber auch den Weg, der zu ihm führt: den des Zweifels, des Widerspruchs und des Kampfes. Erst in der Anfechtung, in der direkten Herausforderung Gottes, werde ich meiner Unterlegenheit, meiner Nichtigkeit gewahr. Hinke nicht auch ich, fragt sich Martin, gehe nicht auch ich gezeichnet aus diesen elenden Nächten hervor – bis mir Gott eines Tages die schiefe Hüfte einrenkt? Bis ich Segen und Gnade finde in ihm? Muss nicht jeder Mensch diesen dunklen Weg zu Gott zurückgehen, um im Morgengrauen wie Jaakob zu erkennen, dass es ihn und seine Liebe wirklich gibt? Ist man, wenn man von Gott am weitesten entfernt zu sein scheint, ihm vielleicht am nächsten?

»Geh nicht nach draußen, geh in Dich zurück, im inneren Menschen wohnt die Wahrheit«, hat er bei Augustinus gelesen. Von dem verehrten Kirchenvater hat Martin gelernt, dass im Selbst nicht nur von Gott trennende Bosheit, sondern auch die Möglichkeit steckt, schließlich doch zu Gott, zurück in die Einheit zu finden. Mit dem Einzelnen begann der Abfall von Gott, aber auch ein Einzelner, Jesus, erlöste die Menschen von der Erbsünde! Ebenso ist der Nächste ein Einzelner. Immer treten wir Gott mit unserem Selbst entgegen: Wir werden als Einzelne geboren, geliebt, gehasst, verworfen und erlöst. Nicht die Menschheit, sondern der individuelle Mensch wird am Tag des Jüngsten Gerichts gewogen und als Gerechter angenommen oder als Ungerechter verworfen. Hat nicht der erste Mensch mit seinem rebellischen Verhalten den Bund der göttlichen Liebe aufgekündigt und durch diese Ursünde die gesamte Schöpfung mit in den Abgrund gerissen? Seit Adam ist jeder Sünder, die menschliche Bosheit Folge des adamitischen Neins zum Gehorsam gegenüber dem Schöpfer. Menschsein, so verkündet es der Apostel Paulus, ist Schuldigwerden am Bösen der Welt – allein durch Existenz, die bestimmt ist von Bosheit, Schwäche und Selbstsucht. Mit der Geburt Jesu hat Gott diesen Teufelskreis der Erbsünde durchbrochen und jedem seiner Geschöpfe die Aussöhnung mit dem Schöpfer angeboten. Es ist dies der in jedem Menschen angelegte Weg zurück zu Gott. Ergreifen aber muss er, Martin, die göttliche Hand selbst. Nicht die Kirche, sondern die persönliche Buße weist den Weg zu Gott! Für Augustinus, dessen Werk über die Dreieinigkeit Martin voller Zustimmung studiert hat, ist der Heilige Geist das Mittel, dem gefallenen Menschen seinen Anteil am Göttlichen bewusst zu machen. In der Offenbarung erkennt der Gläubige, dass zur Wesenheit Gottes nicht nur das Sein, sondern auch das Lebendige, das Seiende gehört, das sich mit Körper, Geist und Seele als Gott zugehörig erkennt.

Doch wie kann man diese Einheit spüren, ergreifen? Wo ist der Ort, an dem sich die Gegensätze auflösen? Wie finden Kreator und Kreatur zusammen? Wieder ist es sein Lehrer Staupitz, der Martin eine Tür öffnet.

Es gebe neben der Leistungsfrömmigkeit, die dem Mönch ein Leben lang abverlangt wird, auch den Heilsweg der Mystik, wie ihn Meister Eckhart, der heilige Bonaventura und natürlich auch Augustinus gelehrt hätten. Mit der Seele Gott zu schauen, sich in seiner Liebe aufgehoben und angenommen zu fühlen, diese *unio mystica* sei freilich Geschenk, bedürfe eines offenen, bereiten Herzens. Sie könne nicht erzwungen werden.

Martin liest begierig die empfohlenen Andachtsbücher, um dieses Einswerden mit Gott erleben zu dürfen. Er meditiert, spürt auch vage das Gefühl einer Entrückung, um am Ende »schier toll« zu werden über seine Unfähigkeit, Gottes Wesen in sich zu spüren. Er bleibt gefangen in seinem quälenden Denken, das der Liebe keinen Raum lässt. Die unmittelbare Berührung mit Gott gelingt selbst durch größte Anstrengung nicht. Martin fragt sich, wie es die großen Mystikerinnen erreichen konnten, in Visionen und Ekstasen Gott zu schauen und dabei sogar den Leib Christi liebend zu umfassen?

»O meine Sünde, Sünde, Sünde!«, klagt er gegenüber Staupitz, weil er wieder jene Mauer nicht hat überwinden können, die ihn von Gott trennt. Er müsse nun endlich einen Schritt weitergehen, mahnt Staupitz, von der Sündenangst zu aufrichtiger Buße! Die ewigen Selbstanklagen helfen nicht weiter, sie seien in seinen Augen nur eine versteckte Art des Sündenstolzes, seien eingebildet, ja lächerlich. Seine eigentliche Sünde sei die maßlose Übertreibung. »Du willst ohne Sünde sein und hast doch keine rechte Sünde! Christus ist die Vergebung rechtschaffener Sünde, als da sind: die Eltern ermorden, öffentlich lästern, Gott verachten, die Ehe brechen usw. Das sind die rechten Sünden! Du musst ein Register haben, darin rechtschaffene Sünden stehen, soll Christus Dir helfen. Musst nicht mit solchem Humpelwerk und Puppensünden umgehen und aus jeglichem Bombart eine Sünde machen.«

Staupitz ist fünfzehn Jahre älter als Martin. Als langjähriger Pastor und Prediger weiß er, dass man Glaubensgewissheit nicht erzwingen oder »lehren« kann. Auch die Gottesliebe nicht. Der Seelsorger muss den Blick auf das Zentrum lenken, auf den leidenden Christus, der zum

Mitleiden einlädt und in dem sich der Gläubige in seiner Schwäche erkennen kann. Christus ist – das hatten auch die leidenschaftlichen Mystikerinnen erfahren – die einzig tragfähige Brücke zu Gott. »Der Vater ist zu hoch, hängt Euch an den Christum«, rät er Martin. Mit der dem eigenen Sohn auferlegten Passion habe Gott vor aller Welt gezeigt, dass er an seiner Schöpfung Anteil nimmt. »Die wahre Buße beginnt mit der Liebe zur Gerechtigkeit und zu Gott.«

Dieser Satz seines Mentors prägt sich Martin tief ein, denn in ihm wird, anders als in der allvereinenden Mystik, sogleich der tiefe Rangunterschied zwischen Gott und dem Menschen offenbar: Er ist der Vater, ich bin der Sohn. Er ist der Schöpfer, ich sein Geschöpf. Buße bedeutet Einsicht in die eigene Sündhaftigkeit, tiefe Reue über den Ungehorsam, der nur mit der vollkommenen Unterwerfung unter Gott, der vorbehaltlosen Anerkennung seiner Macht als Schöpfer zu überwinden ist. Man kann Gott nicht aus freiem Willen lieben, man muss demütig an die Gottesliebe glauben in der Hoffnung, gnädig erhört und schließlich angenommen zu werden. Und Christus bleibt dabei der einzige, von Gott gesandte Helfer.

Er müsse arbeiten, »schaffen«, um aus seinen Anfechtungen herauszufinden, hatte Staupitz gefordert. Martin sei nun Bibelprofessor und Ordensprediger, und die Auslegung der Heiligen Schrift eröffne einen Weg, auch das eigene Heil zu finden. Das sei sogar eine besonders gottgefällige Art der Verkündigung, denn nur wer an sich selbst das Wort geprüft habe, dürfe es auch mit gutem Gewissen an die Studenten und die Gemeinde weitergeben. Martin beschließt, sich in seiner Antrittsvorlesung mit den Psalmen zu beschäftigen. Schon immer zählten sie für ihn zum Liebsten in der Bibel, und vor allem sind sie ihm von den Stundengebeten her vertraut. Er hält sie in ihrer Weisheit für eine »kleine biblia«, in der alles enthalten ist, was ihn bewegt: Lobgesänge und Gebete, Warnung vor der Sünde und Verdammung der »Frevler«. Die Psalmen vermitteln Freude und setzen voll Vertrauen auf Gott. Aber weder er selbst noch frühere Exegeten haben sie ganz verstanden, da ist er sich sicher.

Wort für Wort, Satz für Satz will er »abklopfen«, um den rechten Schrift-sinn herauszulesen, sich dabei aber nie allein auf seinen Verstand und seine Gelehrsamkeit verlassen, um am Ende nicht vom Teufel in die Irre geführt zu werden. Denn auch der klügste Theologe bleibt Sünder, ge-fangen in menschlicher Blindheit und unfähig, die ganze Wahrheit der Bibel zu erfassen. Auf die allein aber kommt es ihm an.

VIERTES KAPITEL

Psalmenvorlesung: Lob der Dankbarkeit. Zu Tode geängstigt vom
»zürnenden Gott«. Martin verteidigt den Humanisten Johannes Reuchlin
gegen die Kölner Inquisitoren. Anfechtungen des Teufels. Erschrecken bei
der Begegnung mit Christus. Römerbrief-Vorlesung: Der Knoten ist gelöst!
»Mit kindlicher Liebe Gott lieben wie einen Freund«. Mit Augustinus
gegen die »Sautheologen«. Feldzug gegen den verhassten Aristoteles.
Die Mystik des Johannes Tauler. Martin liest den Wittenbergern
die Leviten. Die Pest wütet in Wittenberg.

In der mehrere Tausend Bände umfassenden fürstlichen Bibliothek findet Martin die exegetischen Werke, die er zur Vorbereitung seiner Psalmenvorlesung braucht: die Schriften des Franziskaners Nikolaus de Lyra, das fünfsprachige Psalterium des Faber Stapulensis sowie Augustinus' Buch *De spiritu et littera*. Dazu liest er die entsprechenden Bibelkommentare der Kirchenlehrer Chrysostomus, Hieronymos und Ambrosius. Ein ganz neues und für ihn sehr nützliches wissenschaftliches Hilfsmittel ist Johannes Reuchlins Lehrbuch der hebräischen Sprache *De rudimentis Hebraicis*. So vorbereitet, beginnt Martin am 16. August 1513 seine *Dictata super Psalterium* genannte Deutung mit einer Vorrede, in der er – durchaus in scholastischer Tradition – die prophetische Qualität der Psalmen herausstellt: Der alttestamentarische Psalter weist voraus auf das apostolische Zeugnis vom Erlöser. Christus wird in dieser »Praefatio Jhesu Christi« sogar als Beter des Psalms vorgestellt, damit der gegenwärtige Betende den Psalm nicht nur von David, dem Psalmendichter, sondern von Christus her zu verstehen lernt.

Diese Ausrichtung auf Christus verdankt Martin seinem Lehrer und Seelsorger Johannes von Staupitz. Er nimmt auch dessen Hinweis ernst, im Psalter all jene Wahrheiten zu finden, mit deren Hilfe seine ganz persönlichen Fragen zu beantworten sind. Gleich zu Anfang, in Psalm 1, stößt Martin auf seine ureigene Problematik, das zwanghafte »Fragen ohne Ende«, auf »das teuflische Warum«. Statt hochmütig an Gott zu zweifeln, müsse der Gläubige einfach Gott gehorchen, heißt es dort. Die »Größe des Gehorsams«[1] dürfe jedoch nicht als persönliche Leistung verherrlicht werden, wie dies die Bigotten tun, sondern müsse der demütigen Einsicht entspringen, dass dieser Gehorsam Gott fraglos zusteht: »Gott will nicht Opfer, sondern Gehorsam.« Auch das kleinste, auf manchen vielleicht lächerlich, ja geradezu verächtlich wirkende Gebot könne alle Weisheit Gottes enthalten. Der »hässlichste Ungehorsam« aber stecke oft in einem »großen und ansehnlichen Werk«, mit dem der Gehorsame sich vor Gott besser machen möchte, als er eigentlich ist. »Darum bestehen die Gottlosen nicht im Gericht«, zitiert Martin Vers 4 des ersten Psalms und fragt nach der Art des Gerichts, das hier gemeint sein könnte. Jetzt kommt zur Sprache, was ihn selbst so heiß beschäftigt und seit seiner Zeit als Novize in Erfurt immer neu in Todesangst stürzt: die Gerechtigkeit Gottes! Am Beispiel der Juden, die das Heilsangebot Gottes verwerfen, versucht er seinen Schülern zu verdeutlichen, dass es hierbei nicht um das Jüngste Gericht am Ende der Zeiten geht, sondern um die tägliche Bewährung vor dem Selbstgericht. Diese »innere Auferstehung« nach dem Vorbild Christi bleibe den Juden versagt, weil sie sich rechtfertigen und entschuldigen bei Gott, statt sich selbst anzuklagen und ihre Sünden zu bekennen. Denn nur die andauernde Selbstanklage führe zu echter Reue, Buße und Umkehr. Nur derjenige, der am Ende dankbar die gerechte Strafe annehme, sei gerechtfertigt. Den wahren Gerechten erkenne man daran, dass er sich dem »Wille(n) des Vaters« vollkommen unterwirft. Als Vorbild nennt Martin die Heiligen, denen es nachzustreben gelte, weil sie sich in vorbildlicher Weise »auf Demut und Bekenntnis stützen«. Hierin lehnt er sich an seinen Lehrer Augustinus an, der in seinen *Confessiones* davor warnt, »sich selbst in seinem Herzen als Götzenbild« aufzustellen.

Nicht nur an dieser Stelle spricht der Exeget, Augustinus zitierend, von sich selbst, spielt auf seinen Ehrgeiz als Student und Priester an, als er es besser als alle anderen hatte machen wollen, um sich mit außergewöhnlichen Leistungen vor Gott zu rechtfertigen. Martins Psalmenvorlesung ist keinesfalls nur eine akademisch-theologische Veranstaltung, sie soll vor allem auch der Selbsterforschung und Selbstvergewisserung dienen, wie sie sein Mentor Staupitz von ihm fordert. Gleich im ersten Vortrag erlaubt sich Martin einen Seitenhieb auf die ehemaligen Mitbrüder in Erfurt. Groß sei der Schaden, den die allzu Beflissenen und Selbstgerechten mit ihrem Hang zu eitler Werkgerechtigkeit anrichteten: »Es ist zu befürchten, dass solcher Art heute alle Observanten sowie die von bischöflicher Oberhoheit Befreiten oder mit Vorrechten Versehenen sind. Was diese der Kirche schaden, ist noch nicht zutage gekommen, wenn es auch geschehen ist. Aber es wird zu seiner Zeit offenbar werden.« So mancher Mönch meine wohl, weil er streng nach der klösterlichen Ordensregel lebe, sei er »vom Gehorsam beurlaubt«.

Auch hier erweist sich der junge Bibelprofessor als loyaler Gefolgsmann seines Vorgesetzten Staupitz. Er weiß, dass er von diesem bald zum Distriktsvikar ernannt werden wird und damit die Möglichkeit erhält, sich selbst ein Bild vom inneren Zustand der Reformklöster zu machen. Um dann mit Strenge alles ahnden zu können, was sich von den Idealen der Reformer entfernt hat. Trotz dieser aktuellen Bezüge steht Christus der Erlöser im Zentrum der Exegese, wie Martin mit der ihm eigenen bildhaften Deutlichkeit an den Rand seines Skripts zur ersten Psalmenvorlesung notiert: »Ich jedoch, wann immer ich einen nussartigen Text habe, dessen Schale mir hart ist, werfe ihn alsbald an den Felsen (Christus) und finde den köstlichsten Kern.«[2] Alles soll von Christus her verständlich sein, alles wird auf ihn hin interpretiert. Und wieder führt

Martin die Juden als besonders abschreckendes Beispiel der Gottesferne an. Ungehorsam und Hochmut zeichne das Volk Gottes aus. Erst wenn der Mensch sich als Werkzeug Gottes verstehe, nicht aber als selbstverantwortlich Handelnder, der den Instinkten »des Fleisches« folgt, um teuflische »Götzenbilder« aufzurichten, handle er im Sinne seines Schöpfers. Die Juden verherrlichten im Grunde nur sich selbst. Ihr Aufstand sei immer auch Missachtung des Glaubens an Christus, der gesandt ist, um den Menschen den Weg zurück zu Gott in Schmerz und Demut zu weisen. Christus verkörpere jene, »einst im Gesetz«, also im Alten Testament von den Propheten »versprochene Wahrheit«. Statt sich vom »hellen Glanz des Evangeliums« überwinden zu lassen, erwarteten die heutigen Juden noch immer ihren Messias, der ihnen dazu verhelfen soll, sich in der Welt einen Vorteil zu verschaffen. Der echte Christ dagegen erhoffe sich allein »geistliche Güter«. Auch hier liefert ihm sein Gewährsmann Augustinus zuverlässig die Stichworte.

Um seine Hörer, meist nicht mehr als ein starkes Dutzend, nicht zu überfordern, dauert eine Vorlesung nicht länger als zwei Stunden. Sie beginnt im Sommer um sechs Uhr morgens und im Winter ab sieben. Den lateinischen Psalter lässt Martin beim Wittenberger Drucker Johannes Gronenberg drucken, der im Augustinerkloster eine kleine Werkstatt besitzt. Die Arbeitsexemplare der Studenten sind mit vergrößertem Zeilenabstand und breitem Rand versehen, damit sie die Kommentare ihres Lehrers hinzusetzen können. In das eigene Exemplar des Psalters schreibt Martin mit der Hand zwischen die Zeilen und an den Rand Worterklärungen sowie Anmerkungen zu einzelnen Textstellen, die er dann in der Vorlesung seinen Studenten diktiert. In eine zusätzliche Handschrift notiert er sogenannte »Scholien«, längere Kommentare zu wichtig erachteten Versen oder Teilversen. Martin hält sich methodisch an den in der scholastischen Exegetik üblichen »vierfachen Schriftsinn«, denn jeder Text der Heiligen Schrift hat nicht nur eine buchstäbliche, sondern auch eine allegorische, eine moralische und eine anagogische, also heilsgeschichtliche Bedeutung. Der Grundgedanke besteht darin, dass die Heilsgeschichte die Ausfaltung eines weisen göttlichen Planes ist, der sich dem Menschen nicht auf den ersten Blick erschließt. Der Mensch versteht nur einen begrenzten Teil, Gott aber durchschaut das Ganze. Der Anfang enthält schon das Ende, jedes Detail trägt zum Ganzen bei. Die scholastische Theorie vom vierfachen Schriftsinn soll verhindern, dass das Heilsversprechen durch ein oberflächliches Verständnis verdunkelt wird, dem sich die biblische Geschichte als verwirrendes Nebeneinander zusammenhangloser Ereignisse darstellt.

In einer Randglosse verweist Martin auf den fundamentalen Unterschied von Geist und Buchstabe, von *spiritus et littera*. Erst in der *meditatio*, in der von Körper *und* Geist inspirierten Aneignung der Schrift, enthülle sich der eigentliche Sinn des Bibelwortes: »Im Umgang mit der Heiligen Schrift ist das Wichtigste, den Geist vom Buchstaben zu unterscheiden. Das nämlich macht in Wahrheit einen Theologen.«[3] Der Leser soll vom Text persönlich ergriffen werden, um das Bibelwort für seine Lebenspraxis wirksam zu machen. Das Lesen der Heiligen Schrift, lehrt Martin seine Studenten, darf nicht folgenlos bleiben: Es soll zum Glauben und damit zum Evangelium, zur Erlösungsbotschaft Christi hinführen. Entscheidend sei, dass der Mensch demütig die Rangordnung anerkennt, die Gott gesetzt hat: hier der Schöpfer, dort sein Geschöpf, dem er mit der Fleischwerdung des Sohnes die Hoffnung geschenkt hat, in der Welt trotz aller Sündhaftigkeit eine Heimstatt zu finden. Um am Ende von dieser Welt erlöst zu werden.

Mit seiner ersten Vorlesung gelingt dem gerade dreißig Jahre alt gewordenen Dozenten eine grundsätzliche Klärung der Stellung des Gläubigen zu Gott. Martin führt seinen Hörern die fundamentale Abhängigkeit des sündigen Menschen von seinem Schöpfer vor Augen, dem er alles verdankt, was er ist. Wie der sich am Ende demütig in sein Schicksal ergebende Hiob preist Martin die göttliche Gnade, überhaupt existieren zu dürfen. Der Mensch sei nichts aus sich selbst: »Denn wenn Du an jedem Tag und zu jeder Stunde Gottes Wohltaten hingenommen hast, nämlich Leben, Sein, Gefühl, Verstand, dazu Nahrung und Kleidung und den Dienst von Sonne, Himmel und Erde und von allen Elementen in ihrer großen Mannigfaltigkeit, dann ist offenbar, das du für all das Empfangene Dank schuldig bist. Aber wer wollte nicht hier seine unzähligen Unterlassungen und Undankbarkeitsbeweise erkennen? Denn wer hat auch nur einen Tag genügend Dank dargebracht?«[4] Selbstgewissheit und Selbstsucht verstellten diesen demütigen Blick auf die Schöpfungsordnung, in der alles nach Maßgabe des Allmächtigen geordnet ist. Wer seine Sündhaftigkeit durch Selbstgerechtigkeit zu verdecken suche, sei schon des Teufels. Erst in der Anfechtung, in Ausgrenzung, Verfolgung und Schmerz erfährt der Mensch seine Nichtigkeit und schaut auf zu Gott, der allein ihn retten und erlösen kann. Mit dem Lob der Schwachen und Verfolgten hält Martin seinen Zeitgenossen, den vermeintlich starken, in Wirklichkeit aber lauen »Buchstabenchristen« den Spiegel vor: Mit ihrer Trägheit des Herzens, ihrem Stolz auf Wohlstand, Friede und Sicherheit betrieben sie das Geschäft des Satans. Dass der Mensch sich über Gott erhebt und in trügerischer Sicherheit wiegt, ist der teuflische Plan. Damit kann der Versucher Gottes Geschöpfe zu sich herabziehen in den Sumpf der Gottesferne und des Lasters. Auch die Amtsträger der Kirche seien davor nicht gefeit! Beten, Danken und die Anerkenntnis der Allmacht Gottes, so der seine Zuhörer mitreißende Bibelprofessor, sind die zentralen Gebote für den wahren Christenmenschen. Wer sie missachtet, über den kommt der »Zorn Gottes«.

Mit seinem Lob der Dankbarkeit hat Martin schließlich doch einen positiven Zugang zu Gott gefunden, der ihm bislang verwehrt blieb. Und vor allem auch mit sich selbst, seiner früheren Selbstbezüglichkeit abgerechnet. Aber noch immer ist dieser machtvolle Gott für ihn ein *deus absconditus*, ein verborgener, sich entziehender Schöpfergott, den man zwar anbeten, aber nicht wirklich lieben kann. Auch Christus, den ihm sein Mentor Staupitz so sehr ans Herz gelegt hat, bleibt in dieser entscheidenden Phase seiner theologischen Selbstfindung als lebendige Gestalt seltsam blass. Martin verweist auf das Gebot der *imitatio christi*, fordert seine Hörer auf, Christus, der am Kreuz den Opfertod für die Menschheit gestorben ist, in die Hölle nachzufolgen, also selbst den Weg des Märtyrertums zu gehen. In seinem Christusbild dominiert noch immer die Furcht, weniger die Liebe, die doch der Kern der christlichen Botschaft ist. Die Kirche soll eine Märtyrerkirche sein, der Gläubige seinem Erlöser nachsterben, um sich von Hybris frei zu halten. Nicht der selbstgewisse, furchtlose Mensch ist Christus nahe, sondern der von einem »zürnenden Gott« zu Tode geängstigte: »Wann immer du nicht so gestimmt bist, als seist du schon im Feuer der Hölle und der Verdammnis oder lägest im Sterben, wirst du solche Gebete nicht geziemend sprechen können. Bilde dir nicht ein, du seist vollkommen. Denn je ausdrücklicher und inbrünstiger du so gestimmt sein kannst, desto weiter schreitest du fort, je kälter du aber bist, umso mehr fällst du zurück. Daher hast du hier die beste Gelegenheit, dich zu demütigen. Denn wenn du nicht in der Hölle oder im Tode bist, kannst du gewiss den Zorn Gottes fürchten und darfst noch nicht auf seine Barmherzigkeit hoffen. Daraus folgt, dass alle, die nicht vom Geschlecht Christi sind, nicht gerichtet werden, sondern schon gerichtet sind ...«[5]

Dennoch klingt in der versöhnlichen, die Vorlesung abschließenden Deutung des Psalm 84 etwas an, was von dieser Vergeltungslogik wegführt und hinleitet zu einem leidenschaftlichen Glaubenwollen, in dem die Liebe Christi bereits eingeschlossen ist als größtmögliche Wirkmacht, die das Dasein des Gläubigen vollkommen zu verwandeln vermag. Dass Martin diese Vorstellung erneut nur in Abgrenzung zur jüdischen Gesetzesreligion gewinnen kann, zeigt das Konstruierte, nur schwach Empfundene seines Glaubenspostulats. Andererseits deutet sich hier eine erste große theologische Entdeckung an, der Gedanke nämlich, dass allein der Glaube an Jesus Christus das freizusetzen vermag, was der junge Bruder Martin von Beginn seiner mönchischen Laufbahn an argumentativ hatte herbeizwingen wollen: die Liebe zu Gott und zu den Menschen, die selbstlose gute Tat, das fröhliche Gottvertrauen und die Gewissheit, wirklich angenommen zu sein.

Bei der Ausarbeitung seiner Psalmenvorlesung ist Martin noch einmal deutlich geworden, wie wichtig die Kenntnis der Quellen ist: Um die Schrift richtig zu verstehen und zu deuten, muss man den Urtext lesen können. Diesen philologischen Sinn hatte er schon bei den Erfurter Humanisten zu schätzen gelernt; nun bewährt sich auch hier, bei der wissenschaftlichen Exegese, die Kenntnis des Hebräischen und Griechischen, die er sich in den zurückliegenden Jahren angeeignet hat. Martins wachsende Ablehnung der scholastischen Lehre erhält neue Nahrung, als er im März 1513 vom Konflikt des von ihm sehr geschätzten Humanisten Johannes Reuchlin mit den Kölner Dominikanern hört. Reuchlin hatte sich in einem Gutachten gegen die Vernichtung jüdischer Schriften gewandt, die der zum Katholizismus übergetretene Kölner Jude Johannes Pfefferkorn gefordert hatte. Reuchlin stellte die fachliche Eignung Pfefferkorns in dieser Sache infrage, was diesen so verärgerte, dass er gegen den Schwaben eine üble Polemik verfasste. Pfefferkorn ließ nun sogar Gutachten gegen den anerkannten Hebraisten Reuchlin selbst drucken, in denen dieser als »Ketzer« verunglimpft wurde. So gingen Pamphlete und Gegenpamphlete hin und her, bis der Kaiser am 7. Oktober 1512 Reuchlins Schriften mit einem Verbot belegte. Man drohte ihm in Köln sogar mit einem Ketzerprozess. In seiner Not appellierte Reuchlin an Papst Leo X., der daraufhin den Bischof von Speyer beauftragte, den Sachverhalt zu prüfen. Der nahm das Publikationsverbot zurück und ließ Reuchlin am 29. März 1514 von einem Speyrer Gericht von allen Vorwürfen freisprechen.

Während dieser für Reuchlin höchst gefährlichen Kontroverse lässt Friedrich der Weise durch seinen Privatsekretär Georg Spalatin bei seinem Bibelprofessor Martin Luder anfragen, ob Reuchlin tatsächlich ketzerisches Gedankengut in die Welt setze. Denn seine Wittenberger Universität steht in Gefahr, in Ketzerverdacht zu geraten, weil hier das jüdische Schrifttum, unter anderem der Talmud, studiert wird. Martins Antwort an den humanistisch ausgebildeten Juristen Spalatin ist ein-

IOANNES REVCHLINVS `+ 1522`
V.I.D. *Triumvir Sueviæ.*

Johannes Reuchlin (1455–1522) war neben Erasmus von Rotterdam wohl der bedeutendste Humanist seiner Zeit. Als überragender Kenner der hebräischen Sprache ebnete er einem neuen Verständnis des Alten Testaments den Weg.

deutig: Er schätze, ja liebe Johannes Reuchlin, der sei ein hochgelehrter Mann, in dessen Schriften ihm absolut nichts begegnet sei, »was gefährlich wäre«.[6] Reuchlin habe doch nur ein Gutachten verfasst, schreibt er empört, und sollte das nicht mehr möglich sein, so bestehe die Gefahr, »diese Inquisitoren möchten etwa endlich nach Belieben anfangen, Kamele zu verschlucken und Mücken zu seihen (zu sieben, A. d. V.) und die Rechtgläubigen zu Ketzer zu erklären«.[7]

Das ist in eigener Sache gesprochen, denn Martin erkennt sofort, dass nicht nur Reuchlins, sondern auch seine eigene Freiheit als Gelehrter bedroht ist. Die Kölner wüten aus reinem Machtinstinkt gegen den Freigeist Reuchlin. Der Schluss seines Briefes an Spalatin zielt auf das eigentliche Problem, von dem durch solche Manöver abgelenkt werde solle: auf den Sittenverfall in der Kirche, auf die »Gotteslästerungen auf allen Gassen Jerusalems« – damit ist Rom gemeint – und die allgemeine Götzendienerei. Martin greift die Dominikaner, die sich traditionell für die Rechtgläubigen halten und der Inquisition zuarbeiten, direkt an: »Haben denn die unseligen Kölner in der Kirche selbst keine unerledigten und völlig verwirrten Dinge, an denen sie ihre Wissenschaft, ihren Eifer und ihre Liebe üben könnten«?[8] Damit hat er einen Ton angeschlagen, der künftig in allen seinen Predigten, Vorlesungen und Schriften zu hören und zu lesen sein wird: die meist harsche Kritik am Klerus und den Missständen in den Institutionen der Kirche.

Neben seiner Gelehrtentätigkeit, die auch Disputationen mit Studenten, Doktoranden und Kollegen einschließt, nimmt Martin das Amt als Prediger im Augustinerkloster außerordentlich ernst; im Frühjahr 1514 wird er außerdem vom Rat der Stadt Wittenberg zum Prediger der Stadtkirche gewählt. Für diese Tätigkeit erhält er jährlich acht Gulden und zwölf Groschen, eine unbedeutende Summe, die in keinem Verhältnis steht zu dem geistigen Aufwand, den ihm das Amt abfordert. 170 Predigten werden es am Ende des Jahres sein. Zu Martins Aufgaben gehört auch die Aufsicht über das Generalstudium, das ihm jeden Tag mindestens eine Übungsstunde mit den Mönchen abverlangt. Und als *Lector mensae* hat er bei den gemeinsamen Mahlzeiten im Refektorium aus der Bibel vorzulesen. Als er am 1. Mai 1515 auf dem Kongregationskapitel des Ordens in Gotha schließlich auch noch auf drei Jahre zum Distrikts-vikar über zehn Konvente bestimmt wird, scheint ihn diese Aufgaben-fülle zu überfordern, wie er seinem Freund Johannes Lang schreibt: »Ich brauche fast zwei Schreiber oder Kanzler. Ich tue den ganzen Tag bei-nahe nichts weiter als Briefe schreiben … Ich bin Klosterprediger, Predi-ger bei Tisch, täglich werde ich auch als Pfarrprediger verlangt; ich bin Studien-Rektor, ich bin Vikar, d. h. ich bin elfmal Prior, Fischempfänger in Leitzkau, Rechtsanwalt der Herzberger in Torgau, halte Vorlesungen über Paulus, sammle (Material für) den Psalter, und das, was ich schon gesagt habe: die Arbeit des Briefschreibens nimmt den größten Teil meiner Zeit in Anspruch. Selten habe ich Zeit, das Stundengebet ohne Unter-brechung zu vollenden und zu halten. Dazu kommen die eigenen An-fechtungen des Fleisches, der Welt und des Teufels.«[9]

Trotz des theologischen Fundaments, das er sich inzwischen erarbeitet hat, wird Martin noch immer von Anfechtungen gequält. Aber anders als in seiner Frühzeit als Mönch hat er sich jetzt ein Verständnis dieser Heimsuchungen erarbeitet, das ihnen einen Platz im göttlichen Heils-plan zuweist. In einer Predigt vor Weihnachten 1514 thematisiert er das, als Grundlage dient ihm Psalm 60, Vers 10: »Moab ist der Kochtopf mei-ner Hoffnung«.[10] Die Moabiter seien ein gefährlicher Feind der Israeli-ten, die beklagen, dass Jahwe ihnen in diesem schweren Kampf nicht beisteht. In bildhaft-allegorischer Auslegung deutet Martin den Koch-topf als »Welt«, die drei Füße des Kochtopfes verkörpern die drei bösen Begierden: die Fleischeslust, die Lust der Augen, den Hochmut. Der Koch ist Christus selbst, das Fleisch, das er kocht, sind die Menschen, besonders die Märtyrer. Christus schürt das Feuer, den Gottlosen zur Genugtuung, denen der Schmerz der Heiligen eine diabolische Freude ist. Um den Siedepunkt des Wassers zu erreichen, setzt Christus dem Topf einen Deckel auf, das heißt, er steigert noch die Anfechtungen.

Der aufsteigende Dampf symbolisiert ihre Gebete, die sie in ihrer Qual an Gott richten.

Solch drastische Bilder haben für Martin nichts Abschreckendes, im Gegenteil: Sie enthüllen das wahre Wesen alles Irdischen, der Welt als Ort des Schmerzes und der Prüfung, von dem der Glaubende erlöst werden wird, wenn er den Weg des Leidens in der Nachfolge Christi bis zum Ende geht. Erst in der völligen Hoffnungslosigkeit, etwas aus eigener Kraft in der Welt bestellen zu können, wächst die Bereitwilligkeit, auf Gott zu setzen. Diese gleichsam therapeutische Wirkung der Anfechtung ist die verschlüsselte Botschaft, die Martin dem Psalm entnimmt. Im Rückblick wird er behaupten, seine Lehre im Kampf gegen den Teufel und in der Abwehr der – von Gott gebilligten – Anfechtungen erworben zu haben: »Ich hab mein Theologiam nicht auf einmal gelernt, sondern hab immer tiefer und tiefer grübeln müssen, da haben mich meine *tentationes* hingebracht ... weil man ohne die lebendige Anwendung nichts lernen kann. Das fehlt den Schwärmern und Rotten auch, dass sie den rechten Widersprecher nicht haben, den Teufel, der lehrt's einen wohl.« Die schlimmste Anfechtung sei, gar keine Anfechtung zu erfahren! Der Teufel gehört zur Weltordnung, allerdings nicht als Gegenspieler Gottes, sondern als dessen Werkzeug, um dem sündigen Menschen immer neu seine Boshaftigkeit vor Augen zu führen und ihn damit zur Umkehr zu bewegen.

Die Interpretation in der Gelehrtenstube des Bibelprofessors ist das eine, die Begegnung mit Christus selbst etwas ganz anderes. War Luther nicht bei seiner Primiz angesichts der verkündeten Gegenwart Christi bei der Eucharistie um ein Haar aus der Kirche geflüchtet? Acht Jahre später holen ihn diese Versagensängste wieder ein. Im Juni 1515 nimmt er während einer Visitationsreise mit Johann von Staupitz an einer Fronleichnamsprozession in Eisleben teil. Beim Anblick der Hostie in der von Staupitz getragenen Monstranz überfällt ihn so großes Entsetzen, dass ihm der Schweiß ausbricht und er vor Angst wie damals in Erfurt fast zu Boden sinkt. Den als leibhaftig vorgestellten Erlöser vor Augen, versag sein theologischer Sinn, sein Christusglaube erweist sich als nicht stark genug. Nicht körperlicher Schmerz, sondern der Seelenschmerz des Kleingläubigen ist die wahre, ihn tief erschütternde Anfechtung, die er in seiner Predigt so auslegungsstark beschrieben hat! Erfreut sich Christus tatsächlich an seinem, Martins, Schrecken, an seiner verzweifelten Unfähigkeit, das Erlösende, Befreiende des Evangeliums anzunehmen, ja es überhaupt zu spüren? Wieder ist es Staupitz, der ihn beruhigt: »Es ist nicht Christus, was Dich ängstigt, denn Christus schreckt nicht, sondern tröstet nur.« Er müsse auf Christi Wunden sehen, der Gottessohn sei nicht als Richter gekommen, sondern um mit seinem Opfer den sündigen Menschen den Weg zurück zum Vater zu weisen.

Wie aber kann Martin diesen quälenden Zwiespalt zwischen dem göttlichen Richtertum und der erlösenden Liebe des Gottessohnes auflösen? Wie diese furchtbare Angst überwinden, am Ende trotz allen Bemühens doch verdammt zu sein? Er solle über die Brücke Christi zu Gott gehen, hatte ihm Staupitz wieder und wieder ans Herz gelegt, doch noch immer kann Martin Christus nur als richterliche Instanz sehen. Das strenge, apokalyptische Gottesbild seiner Kindheit behauptet sich zäh unter der Oberfläche seiner akademischen Erkenntnisse. Zwar hat Christus den Zorn Gottes auf sich genommen – aber vielleicht nur als Fürsprecher des Menschen, nicht als Erlöser von der Erbsünde. Wen soll er befragen in seiner Not? Wo findet sich der rettende Hinweis, wie man göttliche Gnade erringen kann, ohne sich selbst zu betrügen?

Da tut sich plötzlich, mitten in der Vorbereitung auf eine neue Vorlesung, in den Schriften des Apostels Paulus, der wie er selbst durch ein äußeres Ereignis zum Christusjünger wurde, eine Tür auf, einen Spalt breit zwar nur, aber durch ihn kann Martin sich in jenen Raum der Wahrheit hineintasten, der ihm bislang so hartnäckig verschlossen blieb. Angeregt durch die Lektüre der Werke seines Lehrmeisters Augustinus, liest er den Missionsbrief des Paulus an die Gemeinde in Rom und findet dort jenen Satz, der ihm zum Schlüssel wird für ein neues, wunderbar klares Verständnis von Rechtfertigung und Gnade. Alle Zwielichtigkeiten sind hinweggewischt, hell überstrahlt von einem einzigen Satz, der ihm ohne jedes Zutun geschenkt wird als Gnadenerweis, den er seit seinem Eintritt ins Kloster unablässig hatte herbeizwingen wollen: »Der Gerechte wird aus Glauben leben.«[11] Dieser scheinbar einfache Satz (Römer 1, 17) löst mit einem Schlag den Knoten, der ihm aus falschem Rechtfertigungsverständnis und mangelndem Christusglauben unauflöslich verschlungen schien. Vor Gott gerechtfertigt, als Geschöpf trotz aller Sündhaftigkeit angenommen zu sein: Das wird nicht in einem künftigen Weltgericht geschehen, sondern ist von Gott – durch Christi Opfer – dem wahrhaft Gläubigen längst gewährt worden! Aber der Mensch muss an diese in der Bibel verheißene Gotteskindschaft, an diese Befreiung aus selbst verschuldeter Sünde *glauben,* er kann von dieser Erlösertat nicht *wissen* oder sich gar durch gute Werke für diese Gnade qualifizieren. Der Glaube ist ein Geschenk, das wir in kindlichem Vertrauen auf die Wahrheit des Evangeliums annehmen dürfen. »Der rechte Glaube lässet sich nicht mit unseren Gedanken machen, sondern er ist ein lauter Gottes Werk, ohne alles unser Zuthun, in uns.« Man muss den ins eigene Gewissen versenkten Glaubensschatz heben, in sich hineinhorchen, um die Stimme Christi zu vernehmen, der verspricht, den Sünder zu seinem Schöpfer zurückzuführen. Glauben bedeutet Hingabe und Vertrauen, ein Sich-fallen-lassen in die Hand Gottes! Jahre nach seinem nächtlichen Ringen, hat Gott ihm nun die Hüfte wieder eingerenkt, nun darf er sich gesegnet fühlen wie Jaakob nach dem Kampf mit dem Engel. Aber, das spürt Martin sofort, dies ist kein Sieg, sondern die demütige Anerkenntnis, dass Gott eben mächtiger, stärker und unendlich viel besser ist als der Mensch. Zum Glauben gehört untrennbar die Gewissheit, dass wir Sünder sind. Deshalb muss der Christ, fordert Martin in unmissverständlicher Schärfe, sich »selbst fortwährend anklagen, richten, verdammen und als böse erkennen … damit Gott in uns gerechtfertigt werde.«[12] Gott rechtfertigen heißt, unsere Nichtigkeit erkennen, um Gott in seiner Allmacht anerkennen zu können. Der Glaubende entfernt sich von sich selbst und öffnet sich für Gott.

Martin beschwört seine jungen Zuhörer, sich nicht selbst zu betrügen, nicht den einsichtsvollen Sünder zu spielen, nur um sich selbst zu erhöhen, indem man sich öffentlichkeitswirksam erniedrigt. Wer sich als Sünder bekenne, der müsse auch im Alltag Nachteile und Verfolgung auf sich nehmen, sonst bleibe man in der Lüge: »Wenn dir also Schmähung oder Schimpfwort, wenn dir Geißelung, Unrecht, Schade, Krankheit begegnen und du sagst: Das habe ich nicht verdient, warum soll ich es dulden? Mir geschieht Unrecht, ich bin unschuldig – leugnest du dann nicht, dass du sündig bist, leistest Gott Widerstand und wirst aus deinem eigenen Munde als Lügner überführt, da Gott dich mit diesem allen (gleichwie mit seinen Worten, denn wenn er spricht, so geschieht's, Psalm 33, 9) als Sünder anklagt und bestätigt, indem er dir das zufügt, was den Sündern zukommt.«[13] Die Auserwählten erkenne man daran, dass sie von der Welt gehasst werden. Nicht nur an dieser Stelle seiner Vorlesung zieht Martin die Schlussfolgerung aus seinem Fehlverhalten als junger Mönch, als er seine Sündhaftigkeit gar nicht hatte empfinden können und das Seelenheil von dem peniblen Einhalten der Gebote, von der sogenannten Werkgerechtigkeit erwartet hatte. Jetzt weiß er, dass die »Konkupiszenz«, die Todsünde der Selbstbezüglichkeit, unausrottbar ist. Die Sünde, diese von Adam begonnene Revolte gegen den Schöpfer, trennt den Menschen von Gott. Sünde ist Unglaube, Verkrümmtsein in sich selbst, die boshafte Unwilligkeit, Gott als Welt schöpfende, aber auch gnadenspendende Macht anzuerkennen. Der Mensch kann es nicht aus eigener Kraft schaffen, diesen Abgrund zu überbrücken: Das Seelenheil kann man sich nicht verdienen! Und nun die erlösende Entdeckung, dass er, Martin, nicht weiter seinen schwachen Willen überfordern, sondern sich einfach nur der Majestät Gottes hingeben muss. Wie konnte er in seiner Verblendung übersehen, dass Gott selbst den Abgrund überwunden hat, indem er sich dem Menschen in Gestalt seines Sohnes zuwendet, ihn mit helfender Liebe umfängt? Christus als Helfer führt den Irrenden zurück zum Vater! Was sein Lehrer Staupitz unentwegt gefordert hatte, das blinde Vertrauen auf Christus, ist ihm nun durch einen einzigen Satz des Apostels zur Gewissheit geworden: Man muss *glauben*, dass Christus der Erlöser ist, die Vernunfterkenntnis ist ein Irrweg, der von der Wahrheit wegführt. »Da fühlte ich mich völlig neugeboren«, wird er im Rückblick auf diese Entdeckung schreiben, »und durch die offenen Türen in das Paradies eintreten. Die ganze Schrift gewann ein neues Aussehen, und wenn vorher die ›Gerechtigkeit Gottes‹ mich mit Hass erfüllt hatte, so wurde sie mir jetzt unaussprechlich süß und liebenswert. Dieser Satz des Paulus wurde mir zu einer Paradiespforte.«[14]

Mit der Erkenntnis der *iustitia passiva*, der Gerechtigkeit, die nicht erworben, sondern von Gott geschenkt ist, hat Martin für sich eine theologische Urfrage gelöst, die auch in der Scholastik für widerstreitende Positionen gesorgt hatte. So stehen sich, was das Verständnis von Rechtfertigung betrifft, Augustinus und Thomas von Aquin gegenüber. Martin schlägt sich auf die Seite seines Lehrmeisters Augustinus, der nicht nur in seiner Schrift *De spiritu et littera* die Werkgerechtigkeit verwirft, weil der Mensch aus sich heraus gar nichts Gutes tun könne. Martin greift die »Sautheologen« an, die suggerierten, man könne durch Beichten und sonstige Sündenerlasse gerechtfertigt werden. Zwar sei die Rechtfertigung für die Kirche ein Werk Gottes, aber Gott anerkenne, so die Überzeugung der Scholastiker, nur Verdienste, die durch eine moralische Anstrengung erworben sind. Für den Wittenberger Bibelprofessor ein verhängnisvoller Fehlschluss. Als sei eine natürliche, aus dem Menschen kommende Sittlichkeit überhaupt möglich! Moralisches Handeln ist immer durch Selbstsucht und Eitelkeit beschmutzt, lehrt Augustinus, der die Sündenlehre des Paulus zur Grundlage seiner Verkündigung machte. Ob der Mensch das Gesetz beachtet hat oder nicht, das wird Gott bei seinem Rechtfertigungsurteil gegenüber dem Sünder nicht beeinflussen. Ein geradezu blasphemischer Gedanke, Gott mit solch einer Zurechnung überhaupt in Verbindung zu bringen! Zwischen Gott und dem Menschen gibt es kein Rechtsverhältnis, das abgegolten werden könnte. Es gibt nur Gnade, kein Recht. Gottes Allmacht zeigt sich in der Liebe, mit der er dem Sünder Erbarmen schenkt – oder ihn verdammt nach seinem unergründlichen Ratschluss. Nur wenn wir vorbehaltlos glauben, dass Gott uns erlösen wird, dürfen wir hoffen, dem Zorn Gottes zu entgehen.

Der Glaube, dass die guten Werke des Menschen allein von Gottes Gnade herrühren, bedeutet zugleich auch die Absage an den freien Willen. Der radikalen Hingabe des Menschen an Gott folgt die Preisgabe des Selbst. Der gläubige Christ gibt jeden Autonomieanspruch auf. Dafür belohnt er sich mit einer Zuversicht, die dem Kreuz folgt, weil es mehr verspricht als nur irdische Gerechtigkeit. Um dieses neue Lebensgefühl mit aller Kraft empfinden zu können, das ist Martin bei seinen Studien immer deutlicher geworden, muss der im Glauben erneuerte Mensch sich von den Fesseln der Philosophie befreien, die behauptet, man könne sich durch Vernunft und Erkenntnis selbst vervollkommnen und so ein »gutes Leben« realisieren. Wieder ist es Aristoteles, den er seinen Schülern als Hauptfeind präsentiert. Das bedeutet jedoch auch eine Kampfansage an die gesamte scholastische Theologie – und gleich noch an den Humanismus, der sich der Philosophie des freien Willens verpflichtet fühlt. Gnade oder freier Wille – beides zugleich ist für Martin nicht zu haben, denn wo die Gnade waltet, kann es keinen freien Willen geben! Die Willensfreiheit sei eine Fiktion der Philosophen und eine Einflüsterung des Teufels, der dem Menschen suggeriere, in der Welt Entscheidungen treffen zu können, die von ihm allein verantwortet sind. Martin beruft sich auch hier auf seinen Kronzeugen Paulus: »Die größte Gefahr bringt uns heute die freche, mit der ausdrücklichen Feststellung des Apostels im Widerspruch stehende Behauptung, wir brächten selbstständig gute Absichten zuwege, als ob wir in der Lage wären, selbstständig, auch nur einen Gedanken zu denken. Sie ist der Grund dafür, dass wir unbesorgt, im Vertrauen auf unseren freien Willen dahinschlafen: da wir ihn bei der Hand haben, können wir ja fromme Absichten haben, wann wir wollen … Nein, auf deinen Knien musst du Gott in deinem Kämmerlein mit allen Kräften bitten, er möge dir die (gute) Absicht, die du dir vorgenommen hast, auch schenken … Der ganze Irrtum hierbei liegt also darin, dass wir nicht bedenken, dass wir dies alles nicht unter dem Zwang der Notwendigkeit oder aus Furcht, sondern aus einem fröhlichen Herzen und ganz aus freiem Willen tun müssen, wenn es Gott gefallen soll.«

Von sich aus ist der sündige Mensch zu nichts wirklich Gutem fähig. Gottes Liebe, die ihn zu guten Werken befähigt, wird in die Herzen der Menschen eingesenkt durch den Heiligen Geist. Hat nicht schon Augustinus die Gesetzesreligion als »tötenden Buchstaben« verworfen, wenn nicht »der lebendig machende Geist« hinzutritt? Wurde das im Alten Testament verkündete Gesetz denn nicht erst durch die Kraft des Evangeliums, mit der von Gott geschenkten Gnade, erfüllt? Sind die Israeliten nicht immer wieder daran verzweifelt, das Gesetz nicht erfüllen zu können, weil sie die Gnade nicht kannten? Der Sinn des Gesetzes bestand ja von Anfang an darin, die Schwachheit des Menschen sichtbar zu machen! Um ihn an sich selbst, seiner Selbstmächtigkeit zweifeln zu lassen. Reue, Umkehr und Buße führen zu Christus, an dessen Erlösungstat der Mensch glauben muss, um ihm nachfolgen zu können. Aus dem Schrecken vor dem Gesetz wird Liebe, der Mensch wächst über sich hinaus und kann diese Kraft weitergeben an seine Mitmenschen. Das Gute erwächst aus dem Guten, das der Christusgläubige von Gott geschenkt bekommt.

Martin scheut in seiner Interpretation auch vor einer paradoxen Schlussfolgerung nicht zurück: Die gute Tat, das fromme Werk, wird ohne den Glauben zur Sünde! »Wenn nicht der Glaube ihn erleuchtet und die Liebe ihn frei macht, kann der Mensch das Gute also weder wollen noch haben oder tun, sondern nur das Böse, auch dann, wenn er Gutes tut.«[15] Gott sieht nicht auf das Werk, sondern auf die Gesinnung, in der es geschieht. Heftig attackiert er den britischen Theologen Pelagius, der im 5. Jahrhundert nach Christus gegen die Sündenlehre des Augustinus Position bezogen und die – später – in Rom als häretisch verworfene Ansicht vertrat, der Mensch sei wesenhaft gut und könne sich in

112

freier Selbstbestimmung moralisch vervollkommnen. Die Botschaft des Paulus, wie er sie versteht, fasst Martin in aller Schärfe zusammen: »Die Summe dieses Briefes ist: zu zerstören, auszurotten und zu vernichten alle Weisheit und Gerechtigkeit des Fleisches … wie sehr sie auch von Herzen und aufrichtigen Sinnes geübt werden mag, und einzupflanzen, aufzurichten und groß zu machen die Sünde.«[16] Der Mensch habe allein die Freiheit, sich für Gut oder Böse, für Gott oder den Teufel zu entscheiden. Der auf sich selbst vertrauende Einzelne dagegen besitzt nur Scheinfreiheit: die Freiheit, zwischen verschiedenen Triebbefriedigungen zu wählen. Er bleibt ein an seine Obsessionen ausgelieferter, in sich selbst verkrümmter Egoist: *incurvatus in se ipso*.

Der Römerbrief-Kommentar ist als eine Art Repetitorium gedacht, denn was der junge Dozent aus der zentralen Schrift des Paulus herausarbeitet – die Forderung nach dauernder Selbstanklage und Bußfertigkeit, das Gebot der Dankbarkeit gegenüber Gott, die Verwerfung der Werkgerechtigkeit, Judenschelte und Kirchenkritik, die Attacken auf die Vernunftgläubigkeit der Philosophen und die Irrtümer der Scholastik –, das alles ist bereits in der Psalmenvorlesung ausführlich behandelt worden. Neu ist der von Paulus aus und in Kenntnis der Schriften des Kirchenlehrers Augustinus gewonnene Zusammenhang von Rechtfertigung und Gnade, neu auch die Leidenschaft, mit der Martin sich Christus nähert. Im Kommentar zum neunten Kapitel des Römerbriefs entwirft er eine Typologie der Liebe, mit der die Selbstliebe scharf von der Gottesliebe unterschieden wird. Wahre Liebe ziehe den Hass der Christusgegner auf sich; um die Glaubensfeinde zu Christus zu bekehren, würde der echte Liebende sogar auf das eigene Heil verzichten. Nur absoluter Selbstverzicht führt zu Gott: »Denn diese Liebe, die vom Gegner her denkt, ist die stärkste und äußerste; tut er hier doch durch Bezeigung des tiefsten Hasses gegen sich selbst die innigste Liebe zum Mitmenschen kund.«[17] Wer Gott wahrhaft liebe, »mit kindlicher Liebe und wie einen Freund«, werde niemals verdammt, »denn es ist unmöglich, dass einer, der sich dem Willen Gottes ganz und gar ergeben hat, in der Gottesferne bleibt. Denn er will, was Gott will, und darum gefällt er Gott wohl.« Wenn der Gläubige Gott gefällt, dann ist er auch auserwählt. Und »wenn er auserwählt ist, dann ist er auch erlöst«.[18] Mit einer einzigen Volte hat Martin die ihn so lange schon erschreckende Prädestinationslehre seines Lehrers Augustinus außer Kraft gesetzt.

Wieder ist es ein Buch, das den Boden bereitet hat für diese überraschende Wendung. Im Frühjahr 1516, mitten in seiner Arbeit am Römerbrief-Kommentar, hatte sich Martin intensiv mit den Predigten des Mystikers Johannes Tauler beschäftigt. Er fand dort, was ihn selbst umtreibt: die Gewissheit von der demütigen Nichtigkeit des Sünders und das schrankenlose Vertrauen auf Jesus Christus. Wie Martins Lehrmeister Augustinus verwirft Johannes Tauler – Schüler des berühmten Mystikers Meister Eckhart – die Werkgerechtigkeit und fordert andauernde Bußfertigkeit. Das Heil könne nur durch die Gnade Gottes und mithilfe Christi erwirkt werden. Unter diesem Eindruck rückte Martin den Begriff der *poenitentia*, die Forderung nach Umkehr und Buße, ins Zentrum seines Pauluskommentars. Die leidenschaftliche Liebe zu Christus, wie Johannes Tauler sie lebte und lehrte, beeindruckt Martin tief. Der Zugang zu Gott führt nicht über einen Vermittler, die Kirche oder deren Autoritäten, er führt einzig über das eigene Herz! Der mystische Weg von der Freude an der Schöpfung über die notwendige Erfahrung von Zweifel und Schmerz bis zum »Durchbruch« zur Wahrheit, mit dem der Abgrund zwischen Geschöpf und Schöpfer in der erlösenden *unio mystica* aufgehoben wird, leuchtet Martin auch deshalb ein, weil er seinen eigenen spirituellen Werdegang zu spiegeln scheint. Der Weg endet beim »süßen« Christus und gipfelt in der *imitatio christi*, in der tätigen Nachfolge im Geist von Liebe und Barmherzigkeit.

Die Verbindung von Heilsversprechen und Caritas überzeugt den früh an die Verantwortung für seine Mitbrüder gewöhnten Mönch. In Erfurt, als er sich erstmals mit der Mystik beschäftigte, war ihm der Zugang zu

Der Dominikaner und Theologe Johannes Tauler (1300–1361) übte mit seinen Schriften über die innere Einkehr und Gotteserfahrung auch auf Luther Einfluss aus. Luther schätzte insbesondere Johannes Taulers *Thelogia deutsch*, schrieb in die Augsburger Ausgabe der Werke Taulers einige Randbemerkungen und zitierte ihn auch später des Öfteren.

dieser leidenschaftlichen Form der Gottesgläubigkeit durch seine Ich-besessenheit noch versperrt. Doch nun hat Johannes Tauler ihm die Augen geöffnet! Dem Ordensbruder Georg Spenlein sendet er einen begeisterten, geradezu missionarisch formulierten Brief, um ihn für den mystischen Weg zu gewinnen. Ins Zentrum des Schreibens stellt er ein Dankgebet, das die geheimnisvolle Wechselbeziehung zwischen Christus und Sünder herausstellt: »Du, Herr Jesus, bist meine Gerechtigkeit, ich aber bin deine Sünde; du hast das Meine auf dich genommen und mir das Deine gegeben; du hast angenommen, was du nicht warst, und mir gegeben, was ich nicht war.«[19] Später wird er diesen Austausch im Geist der Liebe den »fröhlichen Wechsel« nennen. Am 14. Dezember 1516 schwärmt Martin gegenüber Spalatin: »Denn ich habe weder in lateinischer noch in unserer Sprache eine Theologie gesehen, die heilsamer und mit dem Evangelium mehr übereinstimmend wäre.«[20] Die deutschen Theologen seien doch die besten! Um Johannes Tauler in Deutschland noch bekannter zu machen, gibt er unter dem Titel *Theologia teutsch* eine Sammlung von Schriften Taulers und anderer Mystiker heraus. Im Vorwort vergleicht er Tauler mit Augustinus und bekennt, die Predigten des Straßburger Mystikers hätten ihm, »was Gott, Christus, Mensch und alle Dinge« betreffe, so viel gegeben wie die Bibel. Allerdings schränkt er seine Bewunderung gleich wieder ein, indem er warnt, die Mystiker sollten nicht glauben, sich eine Gleichrangigkeit mit Gott anmaßen zu können. Die Vergöttlichung des Menschen bedeute nicht, dass er auch Gottes Höhe und Allmacht erlange. Der Weg zurück zur Einheit mit Gott sei ein Gnadenerweis, ein Geschenk, kein Willensakt des Menschen.

Den Kampf gegen den freien Willen will Martin von nun an mit allen akademischen Mitteln führen. Der eigentliche Feind bleibt Aristoteles, den er schon als Dozent in Erfurt einen »ranzigen Philosophen« und *fabulator* genannt hatte. Martin will die Theologie aus den Fesseln der Philosophie befreien, in die sie durch die Scholastik hineingeraten ist. Es könne doch nicht sein, schimpft er, dass Glaube, Hoffnung und Liebe nicht aus reiner Gnade Gottes, sondern aus eigenmächtiger menschlicher Überzeugung und philosophisch geschulter Übung kommen! Um der Eindeutigkeit des Glaubens willen müsse hier auch eine eindeutige Unterscheidung getroffen werden! Über seinen Freund Johann Lang wendet sich Martin am 8. Februar 1517 an seinen früheren Erfurter Lehrer Jodocus Trutfetter, um ihm seine Thesen über die Scholastik vorzutragen. Bevor er selbst in Wittenberg zum Angriff ansetzt, will er vorfühlen, wie man in Erfurt über die scholastische Verknüpfung von Logik, Philosophie und Theologie denkt, über »das verderbte Studium unserer Zeit«. Ob man denn »immer und ewiglich mit den Toten schweigen, alles glauben, immer zuhören müsse und nie auch nur mit kleinem Vorgefechte den Aristoteles oder die Sentenzen angreifen und gegen sie mucksen dürfe«? Er sei dabei, dem »oberste(n) aller Verleumder«, die griechische Maske herunterzureißen, »mit der er so sehr die Kirche geäfft hat«. Er, Martin, leide darunter, dass hochbegabte Studenten sich an diese Komödie verschwenden und einem Gaukler aufsitzen. »Dazu hören auch die Universitäten nicht auf, gute Bücher zu verbrennen und zu verdammen; wiederum schlechte zu verfertigen, ja zu erträumen.« Er habe schon seine Zettelkästen gefüllt und stehe bereit, mit Zitaten und Argumenten gegen die Irrtümer der Aristotelesbewunderer vorzugehen.

Zu seiner Freude schwenken zuerst die Professoren in Wittenberg um, allen voran sein Doktorvater Andreas Karlstadt. Der veröffentlicht 151 Thesen über den freien Willen, über Werkgerechtigkeit und Gnade, Gesetz und Buße, die ganz im Geist des Augustinus formuliert sind – obwohl er zuvor ein glühender Gegner der augustinischen Sündentheologie gewesen war! Ein Jahr später wird Karlstadt sogar eine kommentierte Ausgabe von Augustins Schrift *De Spiritu et Littera* herausbringen. Am 18. Mai 1517 kann Martin dem Erfurter Freund Johannes Lang vom Sieg der augustinischen Theologe in Wittenberg berichten: »Unsere Theologie und Augustin machen unter Gottes Beistand gute Fortschritte und herrschen an unserer Universität. Aristoteles steigt nach und nach herab, neigt sich dem Untergang und ist ihm für ewig nahe. Auf erstaunliche Weise werden die Vorlesungen über die Sentenzen verschmäht, sodass niemand auf Hörer hoffen kann, der nicht über diese Theologie, d. h. über die Bibel, über Augustin oder einen anderen Lehrer von kirchlicher Autorität lesen will.«[21] In Erfurt empören sich die Professoren Trutvetter und Arnoldi von Usingen über ihren früheren Schüler, der zu zerschlagen beginnt, was sie aufgebaut haben.

Zur Bühne für seinen eigenen Angriff auf die aristotelische Ethik macht Martin eine Disputation, die am 4. September 1517 in Wittenberg stattfindet. Anlass ist die Prüfung des Doktoranden Franz Günther, der zum *baccalaureus biblicus* promoviert werden soll. Das wissenschaftliche Streitgespräch hat eine klare Ausrichtung: *Schlussfolgerungen gegen die scholastische Theologie.* Mit 97 Thesen fordert der 34-jährige Wittenberger Bibelprofessor die traditionelle Theologie seiner Zeit heraus. Vorsichtshalber versichert Martin, dass er sich mit seiner Position nicht in Widerspruch zur Kirche setzen will, denn sämtliche Thesen stimmten mit der Kirchenlehre überein. Tatsächlich führt er aber nur Augustinus als Kronzeugen an, denn andere Größen wie Thomas von Aquin, William von Ockham oder Gabriel Biel können für seine radikale Gnadenlehre kaum vereinnahmt werden. Niemals könne sich der Wille »von Natur aus« nach der Vorschrift der Vernunft richten, verkündet er gleich zu Anfang. Ohne Gnade sei überhaupt keine gute Handlung möglich, sondern nur eine böse. Denn der Wille sei nicht frei. Mehr noch: Der sündige Mensch könne von Natur aus gar nicht wollen, dass Gott Gott ist; er möchte vielmehr, dass er selbst Gott ist! Ganz im Geist von Augustinus ist die These 95 formuliert: »Gott lieben heißt, sich selbst hassen und außer Gott nichts wissen.«[22] Keine philosophische Logik sei stichhaltig bei Aussagen über göttliche Dinge. Es sei ein schwerer Irrtum, zu behaupten, ohne Aristoteles könne man nicht Theologe werden. Martin stellt dem Philosophen, was seine Nützlichkeit für die Theologie betrifft, ein niederschmetterndes Zeugnis aus: »Fast die ganze Ethik des Aristoteles ist höchst schlecht und Feindin der Gnade.«[23] Denn Gerechtigkeit vor Gott erlange der Mensch nicht, weil er gerechte Handlungen vollbringe, sondern erst nachdem er von Gott gerecht gemacht worden sei, vollbringe er gute Werke.

Die Disputationsthesen fassen in zugespitzter Form zusammen, was Martin sich in den beiden großen Vorlesungsreihen fünf Jahre lang erarbeitet hat. Für seine Studenten und Schüler keine Überraschung, aber für den jungen Bibelprofessor der erste Schritt aus dem Hörsaal hinaus in die Öffentlichkeit. Seine Thesen sendet er sogleich nach Erfurt, um ihre Wirkung außerhalb seines Einflussbereiches zu erproben. Wieder ist es Johannes Lang, den er als Vermittler einsetzt. Im Begleitbrief vom 4. September verschweigt er keineswegs die ängstliche Spannung, mit der er die Aufnahme seiner antischolastischen Attacken erwartet; er befürchte, dass seine Thesen den Erfurtern »widersinnig, ja ketzerisch vorkommen«. Er werde, falls gewünscht, sofort nach Erfurt reisen, um an der Universität oder im Kloster öffentlich zu disputieren. Der persönliche Ehrgeiz, sein Wunsch, endlich über Wittenberg hinauszuwirken, ist unüberhörbar: »Sie sollen nicht glauben, ich wolle dies in einen Winkel hineinmurmeln, wenn nämlich unsere Universität so gering ist, dass sie für einen Winkel gehalten werden könnte.«[24]

Als er von der theologischen Fakultät in Erfurt keine Reaktion erfährt, verschickt er seine Thesen auch nach Ingolstadt, nach Heidelberg und Köln. Aber auch dort hält man es nicht für angebracht, den wenig bekannten Professor aus Wittenberg zu einem Streitgespräch einzuladen. Offensichtlich hat keiner der Adressaten die Sprengkraft der Thesen erkannt. Martin ist fest davon überzeugt, dass er »rechtgläubig« argumentiert, denn mit seiner Kritik sei er nur dem Vorbild gefolgt, das die Scholastiker selbst gegeben hätten. Zornig schreibt er Johannes von Staupitz: »Wenn es dem Duns Scotus, dem Gabriel Biel und anderen erlaubt ist, mit Thomas nicht übereinzustimmen, wenn es wiederum den Thomisten erlaubt ist, der ganzen Welt zu widersprechen, wenn schließlich unter den Scholastikern so viele Sekten sind wie Köpfe, ja wie Haare auf dem Kopf sind, warum erlauben sie mir nicht dasselbe gegen sie?«

In Wittenberg ist der hagere Mönch mit den schwarzen, bohrenden Augen eine Autorität. Seine Predigten sind nie erbaulich, immer zupackend und fordernd. Lauheit ist Martin ein Gräuel. Er nimmt Bezug auf das, was in Wittenberg geschieht, schont auch den Klerus und bisweilen sogar seinen Landesherrn nicht, dem sein Berater Spalatin unverzüglich berichtet, was den Zorn des Bibelprofessors erregt. Als er hört, dass der sächsische Kurfürst beabsichtigt, seinen Beichtvater Staupitz zum Bischof von Chiemsee zu ernennen, geißelt Martin diese Berufung in einer für einen Priester gefährlichen Schärfe. Bischof zu sein bedeute »Schwelgerei, Sodomiterei und nach römischer Weise zu leben«. Schon in seinem Römerbrief-Kommentar hatte er die römische Kurie angegriffen und geklagt, sie sei »gänzlich verderbt und verseucht, ein ungeheuerliches Chaos aller erdenklichen Liederlichkeiten, Schlemmereien, Gaunereien, Ambitionen und sakrilegischen Frevel«. In einer Predigtreihe über die Zehn Gebote formuliert er Kritik an der Heiligenverehrung, dem Wallfahrtswesen und der kirchlichen Moral. Das geht auch gegen Friedrich den Weisen, der von seinem Reliquienschatz lebt.

Auch das Ablasswesen wird verurteilt. Das ist eine deutliche Kritik an Papst Leo X., der kurz zuvor mit seiner Ablassbulle *Sacrosancti salvatoris et redemptoris nostri* sein Vorhaben, den Neubau des Petersdomes durch Ablässe zu finanzieren, mit fadenscheinigen theologischen Argumenten begründet hat. Von der Kanzel herab schimpft Martin über das Treiben der Studenten, die zu viel trinken und den Mädchen nachstellen, was ihm den Beifall der Wittenberger Bürger einträgt. Martin schont aber auch sich selbst nicht. Wenn er von seinen Visitationsreisen zurückkehrt, versucht er die versäumten Horen und Gebete nachzuholen – durchaus im Widerspruch zu dem, was er als Theologe über die Werkgerechtigkeit lehrt. Manchmal wacht er nachts schweißgebadet auf, weil er befürchtet, sich nicht perfekt auf seine Predigt vorbereitet zu haben. Noch immer steht er unter dem Zwang, es allen recht zu machen.

Martins Besuche in den thüringischen und sächsischen Klöstern, die er zu beaufsichtigen hat, sind gefürchtet. Er duldet keine Abweichungen von den Regeln, und besonders hart geht er mit jenen Brüdern ins Gericht, die andere denunzieren, um sich selbst ins rechte Licht zu rücken. Die Erinnerung an seine Zeit im Erfurter Augustinerkloster ist noch sehr lebendig, schon damals hatte er sehr schnell zwischen Sein und Schein zu unterscheiden gelernt. Er setzt unfähige Priore ab und neue ein. Dabei sind rasche, oft riskante Entscheidungen zu treffen, denn von außen ist schwer zu beurteilen, wer fähig ist und wer nicht. Als Distriktsvikar, der Verantwortung trägt für fünfhundert Augustinereremiten, muss Martin sich auch um »verlaufene Mönche« kümmern, um jene bemitleidenswerten Gestalten, die aus den Klöstern geflüchtet sind und nun nicht wissen, wovon sie leben sollen. Das verlorene Schaf wiederzugewinnen ist Martin wichtiger als die Strafe, reumütige Umkehr erscheint ihm wertvoller als Abschreckung. Die Reisen fördern seine Menschenkenntnis, denn er ist ja als Wanderer unterwegs, auf sandigen und morastigen Wegen, kaum geschützt vor Sonne, Regen und Schnee, mit der einfachen Bekleidung des Bettelmönchs, der froh ist, wenn er alle paar Jahre von seinem Fürst eine neue Kutte geschenkt bekommt. Martin lernt auf seinen Märschen quer durch Deutschland auch das einfache Volk kennen, die »rohen Sachsen«, die nicht zu seinem gewohnten Lebenskreis gehören. Diese Begegnungen bereichern nicht nur sein Wissen von Land und Leuten, sondern vor allem auch seine Sprache, in die nun Wendungen einfließen, die sie kräftiger und farbiger machen. Das kommt auch seinen Predigten und Vorlesungen zugute.

Als Wittenberg von der Pest heimgesucht wird, weigert Martin sich, die Stadt zu verlassen. Das ist eine mutige Entscheidung, denn aus eigener Erfahrung kennt er die Gefahr, sich anzustecken. Zwei Brüder hat er durch die schreckliche Epidemie verloren. Immerhin bekleidet er mehrere öffentliche Ämter und kann sich dem Kontakt mit den Menschen kaum entziehen. Als Priester muss er die Sterbekramente spenden, die Toten beerdigen. Gegenüber Johannes Lang begründet er seinen Entschluss mit der Gehorsamspflicht des Mönchs und Priesters. Aber er macht sich nicht zum Helden oder Märtyrer: »Denn ich bin nicht der

Apostel Paulus, sondern nur jemand, der Vorlesungen über den Apostel Paulus hält.« Gott halte sein Schicksal in Händen, und wenn er, Martin, zugrunde gehe, werde »die Welt nicht zusammenstürzen«. Zwischen den Zeilen klingt die Hoffnung an, es könne sich dabei um ein Gottesurteil handeln, mit dem sich zeigt, ob Gott noch etwas mit ihm vorhat.

FÜNFTES KAPITEL

Das Netzwerk der Freunde. Zahlmeister Deutschland. Ist der Ablass wirklich ein Gnadenmittel? 95 Thesen gegen das »heilige Geschäft«. Martin schreibt mahnende Briefe an die Bischöfe. Aus Martin Luder wird Martin Luther, der »Befreite«. Die Thesen verbreiten sich in ganz Deutschland. »Sermon von dem Ablass und Gnade«. Tetzel droht: »Der Ketzer soll mir in drei Wochen ins Feuer geworfen werden!« Studienreform in Wittenberg. Philipp Melanchthon. Zur Disputation beim Augustinerkapitel in Heidelberg. Römische Thesen gegen Luther. Martin schreibt Papst Leo X. Verhör durch Kardinallegat Thomas Cajetan in Augsburg.

Mit seinen provozierenden Thesen über die Scholastik ist Martin außerhalb Wittenbergs nicht durchgedrungen. Das ist auch von seinen Gegnern hämisch vermerkt worden, die den Aufstieg des ehrgeizigen Professors mit Neid beobachten. Aber längst hat Martin sich ein Netzwerk von Freunden und wohlgesonnenen Kollegen aufgebaut, mit denen er sich im Geist humanistischer Offenheit austauscht. Dazu gehört ein Kreis von Gelehrten in Nürnberg, zu dem er über Johannes von Staupitz Zugang fand, der dort als Seelsorger und Prediger tätig ist. Zur »Sodalitas Staupitziana« zählt auch der Jurist und Ratskonsulent Christoph Scheurl. Scheurl sendet Martin regelmäßig die von ihm aus dem Lateinischen übersetzten Staupitz-Predigten nach Wittenberg und knüpft den folgenreichen Kontakt zu Johannes Eck, Professor der Theologie in Ingolstadt. Für Martin ist dieser hochgelehrte, diskussionsfreudige Mann von besonderem Interesse, weil er über das in der Scholastik umstrittene

Problem der Prädestination forscht, das auch ihn umtreibt. Als er hört, dass Eck bei einer Disputation über die Trinitätslehre entschieden Stellung gegen die Autoritäten Thomas von Aquin und Duns Scotus bezogen hat, flößt ihm das größten Respekt ein. Scheurl hatte Eck früher schon mit Martins Mitstreiter Andreas Karlstadt bekannt gemacht, der ebenso souverän wie Johannes Eck *contra communem*, also gegen die scholastischen Gewissheiten, zu argumentieren versteht. Für Martin eröffnet sich durch diese vielfältigen Verbindungen die Möglichkeit, irgendwann doch über Wittenberg hinauszuwirken, den eigenen Erkenntnissen überall in Deutschland Geltung zu verschaffen. In Erfurt steht mit dem alten Freund Johannes Lang ein weiterer Helfer bereit, der jederzeit für ihn tätig werden kann.

Martins Seele ist in Aufruhr. Sein Herz ist erfüllt von der Kraft des Glaubens, das stärkt ihn. Mit seinem Herrn an der Seite kann er jetzt noch mutiger auftreten, nicht nur als Prediger und Seelsorger, sondern auch als Gelehrter. Nicht mehr die Angst, sondern Vertrauen ist nun sein bestimmendes Lebensgefühl. Martin fühlt, dass Gott in ihm arbeitet, und auch, dass dies eine Verpflichtung bedeutet, in der Welt Zeugnis abzulegen für das, was er selbst erfahren hat. Seine Theologie soll ja nicht akademisch bleiben, sondern die Menschen bewegen. Der zündende Funke, das Glaubensfeuer zu entfachen, kommt aus der Seelsorge. Seit dem Frühjahr 1517 reibt er sich an dem Thema Ablass, auch als Mahner von der Kanzel herab. Doch dabei bleibt es nicht. Denn was ihm als Beichtvater berichtet wird, lässt ihn die ganze Dimension des Skandals erkennen, der hier Platz greift und die Grundfesten des Glaubens erschüttert. Ist die Möglichkeit, sich von den Sündenstrafen freizukaufen, wirklich ein »Gnadenmittel«, wie die Ablassprediger behaupten, um die Kassen ihrer Herren zu füllen? Muss der wahre Gläubige die Strafen nicht vielmehr als das dem Sünder Gemäße freudig auf sich nehmen? In der Nachfolge Christi leiden, um am Ende erlöst zu werden? Bei so viel Verwirrung – eine dogmatisch bindende Deutung des Ablasses gibt es nicht – kann es für ihn als Bibelprofessor nur darum gehen, erst einmal für sich selbst eine theologische Klärung herbeizuführen. Das Streitthema Ablass bietet ihm die Gelegenheit, seine Gnadentheologie mit der kirchlichen Realität zu konfrontieren. Dafür muss er sich intensiv mit dieser theologisch umstrittenen Finanzquelle beschäftigen. Der Ablass, die *indulgentia*, ist nicht vom amtierenden Papst eingeführt worden. Es handelt sich um ein jahrhundertealtes Gnadenmittel, das erfunden wurde, um den Gläubigen die Angst vor den Höllenstrafen zu nehmen, sie zu gottgefälligem Verhalten anzuleiten und nebenbei die Kassen der Kirche zu füllen. Dabei wurde von den Kanonikern früh zwischen den ewigen Strafen der Hölle und den zeitlichen Strafen des Fegefeuers unterschieden. Von den Höllenstrafen kann man durch »reuige Buße« loskommen, das Fegefeuer, der Ort, an dem die Seelen gereinigt werden auf dem Weg zu ihrer letzten Bestimmung, kann nur durch die Kirche verkürzt werden. Dafür sind »Satisfaktionen«, Wiedergutmachungen, zu leisten, die den – in der Beichte eingestandenen – Sünden zugerechnet werden. Die auferlegten Bußstrafen bestehen aus Fasten, Beten, Almosenspenden, Stiftungen, Wallfahrten und der Teilnahme an Kreuzzügen. Von all diesen Kirchenstrafen kann sich der Sünder freikaufen, mit dem »Kreuzablass« sogar von der Christenpflicht zur Heerfahrt ins Heilige Land.

Wie aber ist dieser »Heilige Handel« theologisch zu rechtfertigen, warum darf man sich seiner Sünden durch Geld entledigen? Die Antwort der Kirche ist einfach: Weil die Heiligen, die Jungfrau Maria und vor allem Christus selbst so viele gute Werke angehäuft haben, dass dieser »Schatz der Kirche« nun Stück für Stück auf den Sünder übertragen werden kann! Dieser Übertrag ist der Ablass, für den der Sünder bezahlt, um die von der Kirche verhängten Strafen, die guten Werke und Bußübungen, nicht selbst leisten zu müssen. Und dieser Kirchenschatz ist, wie Christi Verdienste, unendlich! Für die Kurie ist es mit dieser Argumentation ein Leichtes, immer neue Ablässe zu verkünden. Als die Kriege gegen die Heiden aufhörten, erfand Rom den »Jubelablass«, um den Gläubigen Geld für die Nichtteilnahme an kirchlichen

Feiern abzufordern. Die Päpste scheuten auch nicht davor zurück, »Beicht-
briefe« auszustellen, eine Art Versicherungszertifikat für Sünden, die
noch gar nicht begangen wurden. Der Beichtbrief wurde rasch zu einem
der populärsten und für die Kurie außerordentlich ertragreichen Geld-
beschaffungsmittel.

Als besonders einfallsreich erwies sich Papst Sixtus IV. Er geneh-
migte 1476 den Ablass für Verstorbene, deren Leidenszeit im Fegefeuer
mit der Zahlung einer entsprechenden Summe (»Totenablass«) verkürzt
werden konnte. Diese Neuerung verlieh dem Ablasshandel einen gewaltigen Aufschwung, war aber nur Auftakt zu weiteren Geschäftsideen,
die sogleich realisiert wurden: Die Kurie führte den sogenannten But-
terbrief ein, der erlaubte, in der Fastenzeit zwar kein Fleisch, dafür
aber reichlich Butter, Käse und Eier zu verspeisen. Auch Eigentums-
delikte wie Betrug und Hehlerei konnten jetzt mit Geld kompensiert
werden.

Für Martin sind solche Praktiken nichts Neues, er erlebt sie auch in
Wittenberg, wo in der Schlosskirche an Allerheiligen die von Friedrich
dem Weisen zusammengetragen Reliquien gezeigt werden, um den Gläubigen Ablässe zu gewähren. Was die Pilger berappen, muss zu einem
nicht unbeträchtlichen Teil an Rom abgeführt werden, das sich das Recht
der Ablassgewährung teuer bezahlen lässt. Auch die Banken verdienen
am »heiligen Geschäft«, an der Spitze die Familie Fugger in Augsburg,
die Bischöfen und Fürsten Kredite gewährt. Die Organisation des Ab-
lasswesens übernimmt das Bankhaus gleich mit, damit die Darlehen
rasch und mit Gewinn zurückfließen.

Martin hat nicht nur Kenntnis von den theologischen Hintergründen
dieser Geldbeschaffungsmaßnahmen, er weiß auch sehr genau, warum
Albrecht von Brandenburg seine Werber ausschwärmen lässt, um möglichst viel Geld einzunehmen. Der 24 Jahre alte Bruder des Brandenburger Kurfürsten Joachim war am 30. August 1513 zum Erzbischof
von Magdeburg gewählt worden und kurz danach, am 9. September,
auch zum Verweser des Bistums Halberstadt. Als junger Mann gleich

zwei Bistümer zu führen, ist nichts Ungewöhnliches, denn die Ämteranhäufung, die Simonie, obwohl streng verboten, gehört inzwischen zur Praxis kirchlich-territorialer Herrschaftsausübung. Allerdings muss dafür eine Sondererlaubnis, der Dispens, eingeholt werden, die sich der Papst fürstlich bezahlen lässt – für Albrecht, Spross des aufstrebenden Hauses Hohenzollern, kein Hindernis. Als der Erzbischof von Mainz, Uriel von Gemmingen, überraschend am 9. Februar 1514 starb, meldete Albrecht von Brandenburg umgehend seine Kandidatur an, um sich auch noch an die Spitze der rheinischen Erzdiözese zu setzen. Dies würde eine gewaltige Machtfülle bedeuten, denn der Erzbischof von Mainz ist zugleich Kurfürst, Vorsitzender im Wahlkollegium, Erzkanzler des Reiches und *Primas Germaniae!* Mainz, das viel Geld für die Amtsbestätigung der letzten drei Kurfürsten an Rom bezahlt hatte und nun, nach dem frühen Tod Uriels, erneut zahlen sollte, überlegte fieberhaft, wie man diesmal die eigenen Kassen schonen konnte. Diese Verunsicherung nutzte Albrecht für seinen Plan: Um das Wahlgremium für sich zu gewinnen, ließ er den Mainzern zusichern, dass die Kosten für das Pallium, das Amtsabzeichen des Bischofs, diesmal nicht zu Lasten der Diözese gehen sollten, sondern von ihm selbst, dem Kandidaten, übernommen würden.

Am 9. März 1514 wurde Albrecht von Brandenburg schließlich gewählt. Ein junger, politisch unerfahrener Mann übt jetzt die Herrschaft über zwei Erzbistümer und ein Bistum aus. Das ist auch für Wittenberg, wo mit Friedrich dem Weisen ein Gegner Albrechts residiert, ein heiß diskutiertes Ärgernis. Denn Mainz und Magdeburg gehörten einmal zum Herrschaftsbereich der Wettiner. Für Rom dagegen ist diese Ämterhäufung kein Skandal, sondern eine Chance: Bei der bevorstehenden Kaiserwahl darf man mit der Loyalität des Kurfürsten Albrecht und seines Bruders Joachim rechnen, die für den von Rom akzeptierten Machtzuwachs Gegenleistungen zu erbringen haben. Der Kurie geht es jedoch nicht nur um politische Einflussnahme, sondern vor allem auch um die Gelegenheit, hohe Einnahmen zu erzielen.

Unter Papst Leo X. (1475–1521) war Rom ein Zentrum für Kunst und Kultur – schließlich war er der zweitgeborene Sohn von Lorenzo I. de' Medici. So arbeitete Raffael für Leo X. in den Gemächern des Apostolischen Palastes und den Loggien des Vatikans sowie als Bauleiter und Architekt des Petersdoms. Auf diesem um 1518 entstandenen Gemälde porträtierte er den Papst und seine Cousins, die Kardinäle Giulio de' Medici (links) und Luigi de' Rossi (rechts).

Papst Leo X. führt Krieg und will sein ehrgeizigstes Bauvorhaben, die Vollendung des Petersdomes, endlich abschließen. 60 000 Dukaten jährlich erhält allein der von ihm eingesetzte Baumeister Raffael. Da kommen die Anfragen aus Deutschland nach *Dispens* und *Pallium* genau zur rechten Zeit. Albrecht einigt sich mit dem Augsburger Bankhaus Fugger auf einen üppigen Kredit, um alle Forderungen Roms begleichen zu können. Jakob Fugger, auch »der Reiche« genannt, schießt Albrecht 21 000 Dukaten vor. Im Gegenzug erklärt sich Albrecht gegenüber dem Papst bereit, den Ablasshandel in den eigenen Territorien durchzuführen und die Hälfte der Einnahmen an Rom zu überweisen. Der andere Teil muss an die Fugger abgetreten werden. Die Vereinbarung setzt Albrecht unter Druck. Um seine Schulden in Augsburg – es sind insgesamt 50 000 Dukaten – zu bedienen, müssen jetzt möglichst viele Ablassgelder in die Kassen der Werber fließen. Wie der Papst setzt Albrecht auf die Höllenangst der Gläubigen, die, um das Fegefeuer für sich und ihre Angehörigen zu verkürzen, bereitwillig bezahlen.

Martin ahnt nichts von diesen Absprachen, als er beginnt, sich mit der Ablassfrage zu beschäftigen. Aber er hat lange schon Kenntnis vom Ämterschacher der Mächtigen, weiß um die Klagen über Rom, die aus allen Ständen kommen und immer lauter werden. Alle – Fürsten, Städte, Orden, ja sogar die Bischöfe, die sich ärgern, dass so viel Geld nach Italien fließt – sind sich einig, dass man den päpstlichen Machtanspruch begrenzen muss, um sich Entlastung zu verschaffen. Haben die Franzosen, Spanier und Engländer nicht vorgemacht, wie man den römischen Begehrlichkeiten einen Riegel vorschiebt? Noch immer ist das willfährige Deutschland, das schließlich zum Heiligen Römischen Reich gehört, der Zahlmeister, den man ohne Gegenwehr schröpfen kann. Längst ist Rom in deutschen Landen zum Synonym für Ausbeutung und Fremdbestimmung geworden. Alles, was der Adel den Bauern abzwingt, wird noch überboten von der Gier des römischen Klerus, der auf Kosten der Deutschen in Saus und Braus lebt. Die Beschwerden sind als »*Gravamina* der deutschen Nation« vom Reichstag anerkannt und dem Papst feierlich übergeben worden. Der aber lässt sich wenig beeindrucken, irgendwie ist man mit den »Tedeschi« immer zurechtgekommen, die zwar schwätzen und schimpfen, am Ende jedoch bezahlen, was verlangt wird. Die Geschäfte, da ist sich der Pontifex sicher, würden auch in Zukunft weiterlaufen wie bisher. Das hat ja auch die jüngste Einigung mit Kurfürst Albrecht gezeigt. So kann Leo X. in seiner Ablassbulle selbstherrlich eine Frist von acht Jahren festlegen, während der in den Kirchenprovinzen Mainz, Magdeburg und Brandenburg ausschließlich der Petersablass vertrieben werden darf. Wer den päpstlichen Ablass behindert, macht sich strafbar.

In seiner Zelle, hoch oben im Turm des Schwarzen Klosters, brütet Martin über einer Thesenschrift, mit der er das wahre Bußverständnis theologisch, das heißt schriftgetreu, darlegen und den Ablassmissbrauch anprangern will. Die Thesen sollen die Grundlage für eine wissenschaftliche Disputation bilden. Deshalb versieht er sie mit einer einladenden Erklärung: »Aus Liebe zur Wahrheit und in dem Verlangen, sie ans Licht zu bringen, soll über das Nachstehende in Wittenberg disputiert werden …« Ein deutlicher Hinweis, dass sich der Verfasser noch kein endgültiges Urteil über den Ablasshandel gebildet hat. Martin fordert all jene, die bei der geplanten Disputation nicht dabei sein können, auf, sich schriftlich zu äußern: eine Vorsichtsmaßnahme, um vorzufühlen, was man unter Kollegen von seiner Ablasskritik hält. Und vor allem eine Demonstration prinzipieller Offenheit in dieser hochgefährlichen Causa, denn nur so kann der Thesenschreiber dem Vorwurf entgehen, er, der kleine Professor in Wittenberg, wolle den vom Papst beschlossenen Petersablass behindern.

Wie lebensbedrohlich die Infragestellung des Ablassgeschäfts ist, hatten lange vor ihm die Katharer und Waldenser erfahren müssen, die als Ketzer verfolgt wurden. Auch der später zum Häretiker erklärte englische Reformer John Wyclif verdammte den Ablass als unchristlich. Noch viel mehr exponierte sich der Theologieprofessor Jean Laillier von der Sorbonne in Paris: Er behauptete bereits 1484, der Papst habe keineswegs die Autorität, »Pilgern durch Ablässe alle Strafen zu erlassen, die sie sich aufgrund ihrer Sünden zugezogen haben, auch wenn diese Ablässe angemessen und gerecht erteilt wurden«.[1] Der junge Priester stellte sogar die Unfehlbarkeit der Päpste infrage und erklärte ihre Dekrete für null und nichtig. Ähnlich abfällig über das Finanzgebaren der Kurie urteilte der Franziskaner Jean Vitrier, als er 1498 verkündete, dass Ablässe »Höllenwerk« seien.[2] Beide Kritiker wurden von ihren Oberen streng ermahnt, aber nicht verurteilt. Ihnen half, dass der französische Klerus weit unabhängiger von Rom war als der deutsche und dementsprechend freier agieren konnte.

Martin benötigt also eine überaus kluge Strategie, um seine wissenschaftliche Expertise ohne böse Folgen für sich selbst in Umlauf zu bringen. Zwar gibt es noch keine lehramtliche Festlegung der Kirche zum Ablass, aber es liegen eine Reihe von päpstlichen Dekreten und bischöflichen Instruktionen vor, die davor warnen, die Heilskraft der Ablässe und das Verfügungsrecht des Papstes über den Schatz der Kirche infrage zu stellen. Wer immer dies unternehme, werde als Ketzer behandelt. Deshalb hatte er sich ein Jahr zuvor, am 31. Oktober 1516 beim Ablassfest an Allerheiligen, von der Kanzel der Schlosskirche herab recht vorsichtig ausgedrückt: Der Ablass sei nichts weiter als der Freikauf von den bei der Beichte dem Sünder auferlegten Kirchenstrafen. Diese Wiedergutmachungen seien vom Priester, also von der Kirche, ausgesprochen und könnten so auch von der Kirche – nach Bezahlung eines Ablasses – wieder zurückgenommen werden. Die entscheidende Frage sei aber, ob dies wahrer Buße nicht abträglich sei, denn wer über seine Sünden wirkliche Reue empfinde, der wolle die Strafen nicht meiden, sondern freudig auf sich nehmen. Etwas gewunden hatte er den Papst damals von seiner Kritik ausgenommen: »Ich stelle jedoch ausdrücklich fest: die Absicht, die der Papst bei der Spendung von Ablässen im Auge hat, ist gut – wenigstens so weit sie aus dem Wortlaut der Ablassbullen zu ersehen ist.«

In seinem Thesenpapier weiß Martin nun aber genau zwischen Absicht und Realität zu unterscheiden. Jedes seiner Argumente ist ein

Schlag gegen das Beichtgeschäft. Gleich mit der ersten These fegt Martin die Illusion hinweg, als Christ könne man sich von der Buße freikaufen: »Unser Herr und Meister Jesus Christus wollte mit seinem Wort ›Tut Buße‹ usw. (Matthäus 4,17), dass das ganze Leben der Gläubigen Buße sei.«[3] Solange der Mensch lebe, müsse er das »Kreuz der Buße« tragen, so, wie Christus das Leiden der Welt stellvertretend für die Sünder auf sich genommen habe. Konsequent lauten deshalb die letzten beiden Thesen: »Man soll die Christen ermahnen, dass sie ihrem Haupte Christus durch Strafe, Tod und Hölle mit Freuden nachfolgen und so ihr Vertrauen eher darauf setzen, durch viel Leid als durch sicheren Frieden in den Himmel einzugehen.«[4] Zwischen dieser radikalen Schlussfolgerung, die die Christusnachfolge ins Zentrum des Glaubens stellt, und der kirchlichen Lehre von der Wiedergutmachung – der »sakramentalen Buße« – gibt es für Martin keine Vermittlung. Nicht der Priester, sondern Gott allein entscheidet, ob die Reue angenommen oder verworfen wird. Auch der Fegefeuerablass habe weder einen theologischen noch einen seelsorgerischen Sinn: Wenn der Papst, fragt Martin, kraft seines Amtes über den »Schatz der Kirche«, also über das durch die Heiligen und Christus selbst angehäufte Heil verfüge, wie die Scholastiker behaupten, warum »macht (er) dann das Fegefeuer nicht ganz leer um der heiligen Liebe und der höchsten Not der Seelen willen«? Statt die Seelen zu retten, verwende er, der vermögender sei »als der reichste Krassus«, das Ablassgeld für den Bau einer Basilika! (Thesen 82 und 86) Und wenn die Totenablässe so sicher wirkten und es doch Unrecht sei, für die bereits Erlösten weiter zu beten: Warum würden trotzdem Totenmessen gelesen und die Jahrestage der Verstorbenen begangen? Und warum gibt der Papst die damit verbundenen Stiftungsgelder nicht zurück? (These 83)

Stück für Stück hinterfragt Martin mit seinen Lehr- und Leitsätzen die Bußpraxis der Kirche, im Ton konziliant, aber in der Sache von schneidender Eindeutigkeit. Im Zentrum der Kritik steht die vom Mainzer Erzbischof herausgegebene Ablassinstruktion. Und die durch sie legitimierten Missbräuche der Ablassprediger. Der Papst wird mehrfach gegen Verleumdungen in Schutz genommen, aber es wird auch nicht verschwiegen, dass die Missbräuche in seinem Namen begangen werden. Dazu zählt der Autor (Thesen 8 bis 29) auch die Verkürzung des Fegefeuers, denn der Papst könne den armen Seelen keinen Strafnachlass gewähren, sondern ihnen nur seine Fürbitte zuwenden. Ob Gott sie erhört, sei ungewiss. Überhaupt unterscheidet Martin klar zwischen göttlichem und menschlichem Handeln, göttlichen und kirchlichen Strafen – mit größter Bedeutung für die heilsgeschichtliche Wirkung der Buße. Gegen die *instructio*, die den Anschein erweckt, als könne der Gläubige erst durch die Ablässe Anteil am Gnadenschatz Christi erlangen, betont Martin, dass jeder Christ nur durch wahre Reue, durch Umkehr, völlige Vergebung von Strafe und Schuld findet. Auf den Ablass dürfe man kein Vertrauen setzen, sonst wiege man sich in falscher Heilssicherheit (Thesen 36 und 37). Der wahre Schatz der Kirche sei das Evangelium (These 62), und nur die schlimmsten Feinde Christi könnten es, wie in der Mainzer Ablassinstruktion geschehen, verbieten, während der Zeit der Ablasspredigt in den Kirchen das Wort Gottes zu verkünden (Thesen 53 bis 55).

In wuchtigen, glasklaren Sätzen wird der Missbrauch des Ablasshandels (Thesen 62 bis 66) angeprangert – mit deutlichen Seitenhieben gegen die Reichen und Mächtigen: »Der wahre Schatz der Kirche ist das allerheiligste Evangelium von der Herrlichkeit und Gnade Gottes. Dieser aber ist naturgemäß überaus verhasst, weil er aus den Ersten die Letzten macht. Der Schatz des Ablasses aber ist dagegen hoch beliebt, weil er aus den Letzten die Ersten macht. Also sind die Schätze des Evangeliums das Netz, mit dem man einst reiche Menschen fing. Die Schätze des Ablasses sind das Netz, mit dem man jetzt den Reichtum der Menschen fängt.«[5]

Bevor Martin seine explosiven Thesen öffentlich disputiert, will er sie Albrecht vorlegen, um ihm die verheerende Wirkung des »heiligen Geschäfts« vor Augen zu führen. Im Begleitbrief, den er am 31. Oktober 1517 abschickt, nimmt Martin kein Blatt vor den Mund, warnt den Erzbischof von Mainz und Bischof von Magdeburg vor der »Schmach«, die ihm droht, wenn er es weiter zulasse, dass statt des Evangeliums in den

Kirchen der Ablass gepredigt wird. Das Seelenheil der ihm anvertrauten Gläubigen sei in höchster Gefahr! Er solle das »Büchlein«, die Ablassinstruktion, rasch aus dem Verkehr ziehen und den Ablasswerbern neue Weisungen geben. »Ach lieber Gott, so werden die Seelen unter Eurer Obhut, teuerster Vater, zum Tode unterwiesen, strenge und immer größer werdende Rechenschaft wird von Euch für alle diese Seelen gefordert werden.«[6] Noch nie dürfte der mächtige Erzbischof eine so harsche Kritik aus dem Mund eines einfachen Priesters vernommen haben, auch wenn der Briefschreiber beteuert, er sei sich sicher, dass das »Ablassgeschrei« ohne Wissen Albrechts stattfinde. Martin bittet den »Hochwürdigste(n) Vater in Christus«, doch einen Blick auf die beigelegten 95 Thesen zu werfen, »auf dass deutlich werde, eine wie zweifelhafte Sache die Lehre vom Ablass sei«[7], die von seinen Predigern verbreitet wird. Im Grunde wirft er Albrecht Ketzerei vor – im Namen des Evangeliums! Gibt es einen schlimmeren Verrat als den an Christus selbst, an den »Werke(n) der Frömmigkeit und Nächstenliebe«? Dass der Ablass Gott direkt herausfordert, ist auch eine Kernaussage der Disputationsschrift (These 45): »Man soll die Christen lehren: wer einen Bedürftigen sieht und ihm nicht hilft, und stattdessen sein Geld für Ablass gibt, der hat sich nicht des Papstes Ablass, sondern Gottes Zorn erworben.«[8]

Martins Vorwurf, der Erzbischof und Kurfürst von Mainz verletze sein Amt als Bischof, ist ungeheuerlich. Seine einzige Legitimation, die er ins Feld führt, ist die Bibel selbst. Und seine Berufung als »Doktor der heiligen Gottesgelehrtheit«. Darf man als Professor denn nicht zur theologischen Disputation herausfordern, die akademische Freiheit einfordern? Dafür kann er, Martin Luther, doch nicht als Ketzer verurteilt werden! Er stelle nur Fragen, formuliere Thesen, gebe keine endgültigen Antworten, die in Gegensatz zu dem stünden, was die Kirchenlehrer dekretiert hätten. Zumal auch diese einander widersprechende Positionen vertreten, die er nun neu zur Disposition stellt.

Wie aber wird Albrecht reagieren? Nicht ohne Bangen erwartet Martin die Nachricht aus Mainz. Sein Schreiben gelangt aber erst einige Wochen später in die Hände des Erzbischofs, der sofort ein Gutachten der Universität Mainz über die Thesen des »vermessenen Mönchs« einholen lässt, um dieses dann an die Kurie in Rom weiterzuleiten. Gleichzeitig wird ein *processus inhibitorius* eingeleitet, ein Verbot, sich weiterhin in dieser Frage zu äußern. Dunkle Wolken ballen sich über dem »Mönchlein« in Wittenberg zusammen, das sich im Dienst an der Wahrheit mutig aus seiner Gelehrtenstube herausgewagt hat.

Bevor aus Mainz eine Antwort in Wittenberg eintrifft, verschickt Martin seine Thesen unter dem Titel *Von der Kraft der Ablässe* auch an seinen Diözesanbischof Hieronymus Schulze von Brandenburg, dem Wittenberg kirchlich untersteht, und an den Bischof Adolf VII. von Merseburg. Während der Brandenburger Bischof Martin warnt, er würde mit seinen Thesen der Kirche »Gewalt« antun und sich dabei selbst in Gefahr bringen, billigt der Merseburger Martins Vorgehen und schlägt sogar vor, die Thesen an vielen Orten anzuschlagen, um Tetzel Einhalt zu gebieten.

Den für ihn persönlich wichtigsten Brief sendet Martin am 11. November an seinen Freund, den Augustinerprior Johannes Lang mit der Hoffnung, seine Thesen zum Ablass würden, anders als die Thesen gegen Aristoteles und die Scholastik, in Erfurt eine lebhafte Debatte auslösen. Er unterschreibt nach Art der Humanisten gräzisierend als »Martin Eleutherius«, sieht in seiner Unterschrift einen symbolischen Akt, möchte damit einen neuen Abschnitt in seinem Leben einleiten. Aus Martin Luder wird Martin Luther, angelehnt an das griechische Wort *eleutheros*, der Freie, der Befreite. Doch auch die Lesart »der Befreier« schwingt mit bei dem Kampfnamen, der ankündigen soll, dass dieser Martin Luther eine Mission hat, die er gegen alle Widerstände erfüllen wird. Denn er hat sich von allem befreit, was ihn fesselte, von der einschnürenden Autorität der Scholastik, von seinem falschen Gottesbegriff, der ihm den Weg zu Christus versperrte, vom Werkzwang und dem Ehrgeiz, es allen recht zu machen. Von heute an versteht er sich als Apostel der Wahrheit, so wie Paulus dies in seinem ersten Brief an die Korinther als seinen Auftrag formuliert hatte: »Denn wiewohl ich frei bin von jedermann, habe ich doch mich selbst jedermann zum Knechte gemacht, auf dass ich ihrer viele gewinne. Den Juden bin ich geworden wie ein Jude, auf dass ich die Juden gewinne. Denen, die unter dem Gesetz sind, bin ich geworden wie unter dem Gesetz, auf dass ich die, so unter dem Gesetz sind, gewinne. Denen, die ohne Gesetz sind, bin ich wie ohne Gesetz geworden (so ich doch nicht ohne Gesetz bin vor Gott, sondern bin in dem Gesetz Christi), auf dass ich die, so ohne Gesetz sind, gewinne. Den Schwachen bin ich geworden ein Schwacher, auf dass ich die Schwachen gewinne. Ich bin jedermann allerlei geworden, auf dass ich allenthalben ja etliche selig mache.« Die Menschen zu ihrem Seelenheil führen, auch wenn man dabei gefährliche Wege gehen muss, versteht Martin Luther auch als seinen Auftrag. Er wird wie Paulus künftig nur aus dem Glauben leben, der alleiniger Maßstab ist für das, was auch in der Welt zu gelten hat.

Vierzehn Tage lang hat Martin geduldig auf die Antwort der Bischöfe gewartet. Aber die Antwortschreiben bleiben aus. Und das Ablassgeschäft geht ungehindert weiter. So reicht Martin Luther seine Thesen an Freunde und Kollegen weiter, und bald läuft die Schrift in ganz Deutschland um. Christoph Scheurl lässt sie in Nürnberg ohne Wissen des Verfassers kurz vor Weihnachten 1517 publizieren, und kurze Zeit später wird sie in deutscher Übersetzung auch in Leipzig und Basel gedruckt. Nun ist eingetreten, was Martin unbedingt verhindern wollte: Die Disputationsthesen erreichen eine breitere Öffentlichkeit, bevor die Betroffenen dazu Stellung genommen haben. An allem ist er interessiert, nur nicht an Aufruhr! Am 5. März 1518 schreibt er verärgert an Christoph Scheurl: »Es war weder meine Absicht noch mein Wunsch, sie zu verbreiten. Sondern sie sollten mit wenigen, die bei und um uns wohnen, zunächst disputiert werden, damit sie so nach dem Urteil vieler entweder verworfen und abgetan oder gebilligt und herausgegeben würden. Aber jetzt werden sie weit über meine Erwartung so oft gedruckt und herumgebracht, dass mich dieses Erzeugnis reut.« Er sei zwar dafür, dass die Wahrheit unters Volk komme, aber ob es das Geschriebene verstehe, sei doch recht ungewiss. Sogar ihm selbst sei noch manches zweifelhaft, was er geschrieben habe.

Als einer der sieben Reichsfürsten, die den Kaiser wählten, war Kurfürst Friedrich der Weise (1463–1523) ein bedeutender Machtfaktor. Obwohl Sachsen verglichen mit süddeutschen Territorien leicht rückständig wirkte, hatte es durch die Bergwerke einen gewissen Reichtum erlangt. In Rivalität zu seinem Bruder Georg, der über die andere Hälfte Sachsens mit der Universitätsstadt Leipzig regierte, versuchte Kurfürst Friedrich der Weise, Wittenberg zu einer bedeutenden Universität mit Ausstrahlungskraft zu machen, wobei ihm Luther half.

Die Schnelligkeit, mit der sich seine Thesen im Land verbreiten, ist ihm unheimlich. Was wird sein Landes- und Dienstherr Friedrich zu dem Lärm sagen, den der kleine Professor verbreitet? Die Rücksichtnahme auf Friedrich den Weisen hat Martin schon von einem Druck der Thesen und einer öffentlichen Disputation absehen lassen. Zuerst sollten die eigentlich Verantwortlichen, die Bischöfe sich mit der Sache befassen, erst dann die Kollegen in Wittenberg und anderswo. Auf keinen Fall durfte der Eindruck entstehen, die Thesen seien auf Anordnung Friedrichs gegen seinen Rivalen Albrecht veröffentlicht worden! Doch nun ist es anders gekommen, die ganze Welt spricht über den tollkühnen Ablasskritiker zu Wittenberg. Die streitbaren Humanisten reiben sich die Hände, der Maler Albrecht Dürer bekundet seine Zustimmung, indem er dem Verfasser ein Geschenk zusenden lässt, Erasmus von Rotterdam, ein in ganz Europa berühmter Gelehrter, liest die Ablassthesen des Wittenberger Professors und sendet sie unverzüglich weiter an Thomas Morus, Diplomat im Dienst des englischen Königs Heinrichs VIII. Auch der scharfzüngige Ingolstädter Theologieprofessor Johannes Eck beginnt sich für die Thesen des Wittenberger Kollegen zu interessieren, die überall Rumor und Furor machen.

In Rom, wo inzwischen ein Bericht aus Mainz mitsamt den aufmüpfigen Thesen des Augustinermönchs eingetroffen ist, entscheidet Papst Leo X., Martins Ordensgeneral solle sich mit der heiklen Sache befassen. Er gibt Weisung, das »Mönchlein« in Deutschland zum Schweigen zu bringen, damit sich das Feuer nicht zum Flächenbrand auswachse. Zur gleichen Zeit bekommt auch Johannes Tetzel die Thesenschrift in die Hand und droht als Dominikanerpater und Ketzermeister sofort mit dem Scheiterhaufen: »Der Ketzer soll mir in drei Wochen ins Feuer geworfen werden!« Tetzel lässt an der Universität im brandenburgischen Frankfurt 106 Gegenthesen disputieren, die Martins Kritik in allen Punkten als »irrig« zurückweisen. Die Gelehrten, durchweg Dominikaner, beschließen, den Augustinermönch Martin Luther in Rom als Ketzer anzuzeigen, weil er die Autorität des Papstes angreife. Die *causa*

Lutheri droht zum Zankapfel zwischen den Dominikanern und Augustinern zu werden. Martins Prior ist eingeschüchtert und bittet Bruder Martin, dem Orden keinen Schaden zuzufügen, denn der in Rom einflussreiche Tetzel könnte alle Augustiner in den Geruch der Ketzerei bringen, damit wir »nu auch brennen«.

Gleichsam über Nacht gerät Martin in ein Kreuzfeuer von Zustimmung und Ablehnung, erwachsen ihm Gegner, wo er sie nie vermutet hätte. Als sogar der geschätzte Johannes Eck ihn in einer Gegenschrift als Häretiker und Papstverächter angreift, seine Ablasskritik als ungelehrt und rebellisch heruntermacht, ist der Zeitpunkt gekommen, die eigene Position noch einmal knapp und allgemeinverständlich darzulegen, um den Vorwurf der Ketzerei im Keim zu ersticken. Bislang hat er sich als Bibelprofessor auf Lateinisch geäußert, der Sprache der Gelehrten, hat als »Ansichten« und »Thesen« getarnt, was ihm längst Gewissheit war. Nun schreibt er auf Deutsch, um sich und seinen Überzeugungen auch in weiteren Kreisen Geltung zu verschaffen. Sein *Sermon von dem Ablass und Gnade* wendet sich an das Volk, in zwanzig Artikeln (»Zum ersten, Zum zweiten, Zum dritten …«) fasst Martin zusammen, was in den 95 Thesen und *Resolutionen* detailverliebt, zitatenschwer und oft verklausuliert dargelegt ist. Nun setzt er auf groben Klotz einen groben Keil, schreibt von »faulen und schläfrigen Christen«, nennt die, die ihn einen Ketzer schelten, »finstere Gehirne, die nie an der Bibel gerochen«, und spottet über ihr »Geplärre«. Sollen diese Leute doch in ihren »durchlöcherten und zerrissenen Schulmeinungen« verfaulen! Denn hätten sie irgendetwas von der Sache verstanden, würden sie nicht lästern, sondern zuhören! Und statt für den Ablass zu werben, sollten seine Kritiker die Menschen lieber dazu anhalten, Bedürftigen zu helfen, für ihre Mitmenschen zu sorgen. Caritas, nicht Strafvermeidung sei das Kennzeichen eines echten Christen: »Denn wie gesagt: es ist besser ein gutes Werk getan als viel erlassen.« Erst wenn niemand in der Stadt mehr Hilfe benötige, solle man Geld für Äußerlichkeiten wie Kirchenbauten, für Altäre, Schmuck und Kelche ausgeben. Erst wenn diesen heimischen Erfordernissen Genüge getan sei, dürfe man für die Peterskirche in Rom – »oder anderswofür« spenden.

Dieses »anderswofür« versteht jeder, denn es wird ja vielfach bezweifelt, ob die Ablasszahlungen tatsächlich zum Bau von St. Peter verwendet werden. Damit trifft Martin die Stimmung im Volk, die alles, was nach Rom fließt, als missbräuchlich beargwöhnt. Als der deutsche »Sermon« – der Titel wird sogleich als Strafpredigt gegen die Ablasswerber aufgefasst – mit Billigung des Bischofs von Brandenburg schließlich in Wittenberg gedruckt wird, ist der Siegeszug von Martin Luthers Ablasskritik nicht mehr aufzuhalten. Bis zum Jahresende 1518 werden zwölf Nachdrucke folgen, die das kleine Buch im ganzen Reich verbreiten. Als Verfasser wird in allen Editionen der »würdige Doktor« Martinus Luther genannt. Sein Kampfname, abgeleitet von dem griechischen Wort *eleutheros*, der Befreite, hat sich durchgesetzt. Das wird auch gleich verstanden: In das Wolfenbütteler Exemplar des Sermons schreibt ein Zeitgenosse derb, aber treffend: »Mit dem Buch hat Doktor Martinus dem Papst vor seinen Altar geschissen.«[9]

Als Martin Tetzels Thesen zugeschickt bekommt, wird ihm klar, dass es ernst wird. An Johannes Lang schreibt er nicht ohne Spott: »Die Ablassschwätzer donnern außerordentlich wider mich von der Kanzel, sodass sie endlich nicht genug Märchen erfinden können, die sie mir andichten … Sie geben auch Gegenthesen heraus und ich fürchte, sie werden einmal vor großem und mächtigem Zorn platzen.«[10] Martin kündigt an, einer Einladung seines Ordens nach Heidelberg zu folgen, um dort seine Thesen in einer Disputation zu verteidigen, auch wenn ihm viele davon abraten. Er vertraut auf den Schutz des Kurfürsten. Friedrich wird es nie zulassen, dass man ihn nach Rom verschleppt! Seinem Dienstherrn geht es vor allem um die seit Langem geplante Universitätsreform, mit der die *Leucorea* endlich aus dem Geruch der Provinzuniversität heraustreten soll, um mit Leipzig oder Erfurt gleichzuziehen. Ziel ist die Erneuerung des gesamten Wissenschaftsbetriebes, nicht nur der Theologie, durch Übernahme der humanistischen Bildungsgrundsätze und

Wissenschaftsmethoden. Bei der Zurückdrängung der scholastischen Philosophie und Theologie hat Martin maßgeblich mitgewirkt, jetzt soll noch mehr Nachdruck auf die Pflege der griechischen und hebräischen Philologie gelegt werden. Dazu werden zwei neue Lehrstühle eingerichtet. Der kurfürstliche Sekretär Spalatin und Professor Karlstadt können für den Griechisch-Lehrstuhl den hochbegabten Tübinger Magister Philipp Schwarzert gewinnen, der seinen Namen nach Art der Humanisten zu Philipp Melanchthon veredelt hat. Melanchthons Onkel ist der berühmte Hebraist Johannes Reuchlin. Ihm verdankt er sein philologisches Rüstzeug. Der gerade einmal eineinhalb Meter große, äußerst scheue Gelehrte macht am Anfang wenig Eindruck in Wittenberg, auch Martin betrachtet den erst 21 Jahre alten Pfälzer mit Skepsis. In seinem Behauptungskampf braucht er einen selbstbewussten und kämpferischen Kollegen, keinen introvertierten Wunderknaben, der zwar spielend das Griechische und Hebräische beherrscht, aber sich sonst eher im Hintergrund hält. Dieser Eindruck ändert sich blitzartig, als Melanchthon in seiner Antrittsvorlesung am 29. August 1518 ein so flammendes Plädoyer für die Notwendigkeit philologischer Kenntnisse hält, dass ihm auch sein erfahrener Kollege die Anerkennung nicht verweigern kann, den jungen Mann in höchsten Tönen lobt: »Unser Philipp Melanchthon ist ein so wunderbarer Mensch, einer, an dem fast alles übermenschlich ist.« Er sei ihm nach kurzer Zeit schon völlig »vertraut und befreundet«. Und ein Jahr später wird er ohne Neid einräumen, dass ihn »dieser kleine Grieche« sogar in der Theologie übertreffe.

Luthers Popularität nimmt in Wittenberg gefährliche Formen an, als die Studenten am 21. März hundert Drucke von Tetzels Thesen auf dem Markt verbrennen, um Solidarität mit »ihrem« Bibelpofessor zu bekunden. Martin befürchtet, dass man ihn, Tetzels erbittertsten Gegner, dafür verantwortlich machen wird, ja dass man ihn des Aufruhrs bezichtigen könnte. Mit einer gewissen Beklemmung macht er sich auf die Reise nach Heidelberg, wo für den 25. April das Kapitel seines Ordens anberaumt ist. Werden ihm seine Gegner unterwegs auflauern? Oder warten inquisitorische Verfolger in Heidelberg auf ihn, um ihn nach Rom zu entführen? Seit einiger Zeit wird er schon bespitzelt, von »gräulichen Spähern« aus Rom, wie er gegenüber Freunden klagt, sogar von Mitbrüdern, die sich hinter Türen stellen und seine Gespräche belauschen. Vorsichtshalber hat er in Wittenberg ein Testament hinterlegt, in dem er bekennt: »Es lebe Christus, es sterbe Martinus – wie jeder Sünder ...«

Wie immer marschiert Martin zu Fuß von Wittenberg über Leipzig und Coburg nach Würzburg, wo er von dem ihm wohlgesonnenen Fürstbischof Lorenz von Bibra, einem Humanisten, im Schloss begeistert empfangen wird. Der Fürst hat seine Schriften gelesen und versichert ihm, dass er aus voller Überzeugung hinter ihm stehe. Dieser Martin Luther, schwärmen die Hofleute, sei nicht nur ein hoch gescheiter, mutiger Mann, er versteht auch zu leben, ist gesellig und weiß sich gewandt, ja schlagfertig auszudrücken. Beruhigt setzt Martin seinen Weg über den Odenwald Richtung Neckartal fort und trifft rechtzeitig zum Beginn der Versammlung in Heidelberg ein. Er setzt auf seinen Mentor Johannes von Staupitz, der beim Pfalzgraf ein gutes Wort für ihn eingelegt hat. Im Augustinerkloster warten die Mönche bereits neugierig auf den berühmten Mitbruder, der dem Orden überraschend neuen Glanz verleiht. Der Pfalzgraf lässt es sich nicht nehmen, den Bettelmönch zusammen mit Staupitz als Ehrengast an seine Tafel zu bitten.

Höhepunkt seines Auftritts im Heidelberger Augustinerkloster Ende April 1518 ist die mit Spannung erwartete Disputation, in deren Verlauf Martin Luther den Kern seiner Gnadentheologie in Abgrenzung zur Scholastik und zu Aristoteles darlegt. In 28 Thesen fasst er seine Position zusammen. Die Ablassfrage wird nicht berührt. Wer wie er Augustinus als Gewährsmann ins Feld führt, kann sich des Beifalls seiner Mitbrüder sicher sein. Sogar der Dominikaner Martin Bucer, der eigens gekommen ist, um den »Ketzer« zu hören, kann dem glänzend argumentierenden Redner die Zustimmung nicht versagen – obwohl Martin mit der augustinischen Ansicht, auch gute Werke könnten in den Augen Gottes Todsünden sein, dem scholastisch geschulten Theologen nicht gerade aus der Seele spricht. Auch seine Verwerfung des freien Willens ist eine höchst problematische Position und wird, wie alle wissen, von dem großen Humanisten Erasmus von Rotterdam vehement bestritten. Dennoch sind vor allem die jungen Zuhörer von seiner Theologie des Kreuzes tief berührt. Bucer schwärmt, Luthers Scharfsinn erinnere an die Art des Apostels Paulus, und er übertreffe in der Prägnanz seiner Rede sogar den großen Erasmus. In Heidelberg gewinnt er mit den späteren Reformatoren Martin Bucer, Erhard Schnepf, Johannes Brenz, Martin Frecht und Theobald Billican begeisterte Anhänger, die seinen souveränen Auftritt nie vergessen werden. Die Rückreise darf Martin in einem Pferdewagen antreten, sodass der Gefeierte seinen Triumph in den Satz kleidet: »Ich ging aus zu Fuß und kam im Wagen zurück.«

In Rom hat der rachsüchtige Tetzel inzwischen eifrig sein Gift verspritzt. Von den Augustinern erwartet er nach dem Triumph Luthers bei der Heidelberger Disputation gar nichts mehr. Jetzt müssen seine dominikanischen Inquisitoren die Causa an sich ziehen. In Thesen, die er diesmal selbst verfasst hat, verurteilt er Luthers *Sermon von dem Ablass und Gnade* als häretisch. Wütend verteidigt er die Unfehlbarkeit und absolute Autorität des Papstes. Wer es zulasse, dass sie infrage gestellt werde, mache sich ebenso schuldig wie der, der sie leugne. Geschickt versucht Tetzel einen Keil zu treiben zwischen den verhassten Martin Luther und Kurfürst Friedrich den Weisen, der dem Treiben seines Professors offenbar nicht Einhalt gebieten will. Das muss in Rom, wo die brüchige Loyalität der deutschen Fürsten mit Argusaugen beobachtet wird, Eindruck machen, denn der Wettiner Friedrich gilt nicht gerade als romfreundlich.

Leo X. beauftragt seinen Haustheologen, den siebzigjährigen Dominikaner Sylvester Prierias, eine Schrift gegen Luther zu verfassen. In seinem auf Lateinisch verfassten *Dialog über die vermessenen Behauptungen Martin Luthers über das Papsttum*, einem in drei Tagen zusammengeschriebenen Heftchen, pocht Prierias auf die Machtfülle des Papstes, die der kleine Mönch in Deutschland, dieser »bissige Hund«, mit seinen lächerlichen Schriften anzuzweifeln wagt, zuletzt sogar die

Banngewalt des Pontifex. Diese dürfe niemals für finanzielle Zwecke missbraucht werden. Was erdreistet sich der Provinzler, der keine Frechheit auslässt, um Rom herauszufordern? Zuletzt soll der Sturkopf sogar einen Brief an Leo X. geschrieben haben, der vor falscher Unterwürfigkeit geradezu strotzt, dem aber anzumerken ist, wie sehr der Verfasser gewillt ist, seine falsche Bußlehre sogar dem Heiligen Vater aufzuzwingen! Das Schreiben des Ablasskritikers gipfelt in dem Satz, widerrufen könne er nicht, aber er unterwerfe sich natürlich der Autorität des Papstes, man möge ihn also töten und seine Schriften widerrufen, billigen oder missbilligen, er, Martin Luther, sei mit allem einverstanden. Diese Pose des Märtyrers ist der Gipfel, dem muss die Strafe auf dem Fuß folgen, dem Manne kann geholfen werden! Prierias formuliert Anklagepunkte, die sämtlich zum Feuertod führen müssen, wenn sie nicht widerlegt werden können: Verdacht der Häresie, Geringschätzung der kirchlichen Gewalt und Unbotmäßigkeit gegen das päpstliche Schlüsselamt. Unter Androhung des Bannes wird Luther aufgefordert, binnen sechzig Tagen in Rom zum Verhör zu erscheinen. Martin ist bestürzt, jetzt geht es ums Ganze! Er bittet Johannes von Staupitz, im Namen des Ordens zu intervenieren. In der Sache bleibt er unbeirrt und lässt die Schrift *Resolutiones disputationum de indulgentiarum virtute* erscheinen, um Missverständnisse auszuräumen.

Erstmals wendet er in seiner Argumentation eine raffinierte rhetorische Taktik an, um den gefährlichen Vorwurf, er sei ein Häretiker, zurückzuweisen. So beteuert er, die haarsträubendsten Argumente der Ablassprediger habe er sich vom »unverständigen Volk« berichten lassen, das alles verdrehe, was es höre – eine listige Vertauschung der Positionen, die es ihm erlaubt, besonders deutlich zu werden, ohne sich angreifbar zu machen. So behaupteten die Leute, Tetzel hätte seinen Zuhörern ein schlechtes Gewissen zu machen versucht, indem er predigte: »O ihr wahnsinnigen, hartherzigen Leute, ihr seid ja wie die Tiere, dass ihr diesen Strom der Gnade nicht fassen wollt! Sieh, der Himmel ist nun völlig aufgetan: wann willst du eintreten, wenn dus jetzt nicht tust? Sieh, wieviel arme Seelen könntet ihr loskaufen! Ach, ihr steinharten, geizigen und faulen Leute! Mit zwölf Pfennigen kannst du deinen Vater aus dem Fegefeuer reißen – und du willst so undankbar sein, dass du ihm in seiner großen Pein nicht hilfst? Nun, ich bin beim Jüngsten Gericht ohne Schuld, umso härter aber wird man euch verklagen, dass ihr eine solche Gelegenheit, die Seligkeit zu erwerben, nicht genutzt habt! Ich sage dir, wenn du nur einen einzigen Rock besäßest, so solltest du ihn meines Erachtens ausziehen und in zwei Stücke reißen, damit dir diese großen Gnaden nicht entgehen!«[11] In Wirklichkeit, verteidigt Martin schlau seinen Widersacher Tetzel, verkündeten er und seine Werber das Evangelium in untadeliger Weise, nämlich so: »Vor allen Dingen glaubt an Christus, vertrauet ihm und tut Buße, nehmt euer Kreuz auf euch, folgt Christus nach, tötet eure Glieder ab und lernt es, die Strafe und den Tod nicht zu fürchten! Vor allen Dingen liebt einander und dienet einander, wenn auch der Ablass dabei zu kurz kommt; die Hauptsache ist, dass ihr den Armen und Bedürftigen helft.«

Für den Leser liegt auf der Hand, wer hier das Evangelium verrät, ohne dass der Verfasser den Nutznießern des Ablasses einen Vorwand liefert, ihn selbst als Verleumder anzugreifen. Abschließend entwirft Martin ein apokalyptisches Bild der Kirche: Die Schlüsselgewalt Petri sei in die Hände von Scharlatanen, von falschen Propheten gefallen, und nur Gott wisse, wann und wie eine Umkehr möglich sei. Es sei jetzt die Zeit für eine »*Reformation*« gekommen. »Ich kann also zwar nicht leugnen, dass alles ertragen werden muss, was der Papst tut; aber es tut mir leid, dass ich nicht alles als sehr gut rechtfertigen kann. Immerhin, wenn nur von der persönlichen Meinung des Papstes zu reden wäre und nicht von den Zwischenstellen, die das Geschäft machen wollen, so würde ich kurz und zuversichtlich erklären, dass man das Beste voraussetzen müsse. Die Kirche bedarf einer Erneuerung, und das geht nicht bloß den Papst oder die vielen Kardinäle an, wie die beiden letzten Konzile gezeigt haben, sondern alle Welt oder vielmehr: Gott allein … Die Flut steigt schnell; es ist uns nicht möglich, ihr Einhalt zu gebieten.«[12]

Da der dreiste Papstkritiker in Rom nicht erscheinen will und offenbar seine Irrlehren unverdrossen weiterverbreitet, soll jetzt ein römischer Kardinal, wieder ein Dominikaner, den notorischen Ketzer in Deutschland festnehmen, falls er nicht zum Widerruf bereit ist. Friedrich der Weise wird aufgefordert, den »Sohn der Bosheit« unverzüglich an das päpstliche Gericht zu überstellen, dem der mit dem Ablassthema bestens vertraute Kardinal Thomas Cajetan vorsteht. Erleichtert, dass ihm der Gang nach Rom erspart bleibt, setzt Luther sofort auf Angriff: Der päpstliche Legat soll wissen, dass die römische Widerlegung der Ablassthesen lächerlich ist und an der Sache vollkommen vorbeigeht. Er lässt Prierias' *Dialog* kommentarlos nachdrucken – seine Landsleute sollen sehen, wie man in Rom mit den Deutschen umgeht! – und verfasst ein Traktat gegen den »Schwätzer Sylvester« mit dem Titel *Ad dialogum Silverstri Prieratis*. Darin schlägt er einen Ton an, wie er geringschätziger und papstkritischer nicht sein könnte: »Ich bin traurig, dass ich Tetzel verachtete. Lächerlich wie er war, war er doch scharfsinniger als Du. Du führst keine Schriftsteller an. Du gibst keine Gründe an. Wie ein tückischer Teufel verkehrst Du die Schrift. Du sagst, die Kirche verwirkliche sich im Papst. Welche Scheußlichkeiten wirst Du dann nicht als Taten der Kirche anzusehen haben? Blick auf das grausige Blutvergießen durch Julius II. Sieh auf das schändliche Treiben Bonifatius' VIII., der nach dem Sprichwort lebte ›Kam wie ein Wolf, regierte wie ein Löwe, starb wie ein Hund.‹«[13] Wie könne man die irrige Ansicht vertreten, der »unfehlbare« Papst stünde nicht nur über den Konzilien, sondern sogar über der Heiligen Schrift, die allein aus ihm ihre »Kraft und Autorität« beziehe? Es sei seine, Martin Luthers, christliche Freiheit, diesen *Dialog* »abzulehnen und zu verwerfen«. Luther dreht den Spieß einfach herum und stellt den »Magister Palatii«, den Haustheologen des Papstes, als Häretiker dar! Kardinal Cajetan dämmert es, dass es keine leichte Nuss ist, die er zu knacken hat. Dieser seltsame Mönch wird nicht sofort widerrufen, aber er, der versierte Diplomat, wird ihn dazu bringen, da gibt es für ihn keinen Zweifel.

Das Verhör soll in Augsburg während des Reichstages durchgeführt werden. Kardinallegat Cajetan, Roms höchster Vertreter in Deutschland, ist seit Mai dort, um im Namen des Papstes und mit Unterstützung Kaiser Maximilians von den Reichsständen einen Kreuzzugsablass und eine Kreuzzugssteuer bewilligt zu bekommen. Die beiden Schwerter, das kirchliche und das weltliche, sollen sich vereinen, um Europa vor den Türken zu schützen, die Italiens Küsten unsicher machen und das christliche Ungarn bedrohen. Ägypten ist bereits in den Händen des Sultans, Eile ist also dringend geboten. Am besten, man entreißt dem »Türkenhund« gleich auch noch Konstantinopel und Jerusalem! Die Deutschen sind der ständig neuen Geldbeschaffungsmaßnahmen jedoch überdrüssig und stellen sich stur. Wieder einmal bringen sie ihre Beschwerden vor, legen dem päpstlichen Unterhändler ihre Forderungen nach einer umfassenden Reform der Kirche und ihres Finanzwesens auf den Verhandlungstisch, die »*Gravamina* deutscher Nation«. Und das Konkordat, der Vertrag zwischen Reich und Rom, soll endlich eingehalten werden! Besonders Friedrich der Weise wettert gegen den »falschen, gotteslästerlichen Ablass«. Wem dienen eigentlich die neuen Ablassgelder, fragt man sich in Augsburg: Dem Aufbau des prächtigen Petersdoms, der Bestechung der Kardinäle und Versorgung der nimmersatten Bürger von Rom – oder der Abwehr der heidnischen Heere? Die Causa des Ablasskritikers von Wittenberg ist, verglichen mit den großen Staats- und Finanzaktionen, die in Augsburg verhandelt werden, nur eine Nebenaffäre, die von der kurialen Diplomatie geräuschlos erledigt werden soll. Auch Kaiser Maximilian, der den immer populärer werdenden Wittenberger Professor mundtot machen will, um seinem Feind, dem sächsischen Kurfürsten Friedrich zu schaden, billigt den Plan, Luther auf die Anklagebank zu setzen. Er hat von Anfang an darauf gedrungen, den Ketzer umgehend mit dem Bann zu belegen.

Das alles weiß Luther nicht, als er von seinem Landesherrn die Weisung erhält, sich nach Augsburg zu begeben. Mit dem Wohlwollen des Kurfürsten im Rücken, ist Luther bereit, sich vor dem päpstlichen

Tribunal zu rechtfertigen. Dieses hat inzwischen auch Friedrich anerkannt – unter der Bedingung, dass ihm die Kurie zusicherte, man werde Luther freundlich gegenübertreten und ihn nicht sofort verhaften. Dennoch ist sich Luther der großen Gefahr bewusst, der er sich aussetzt, wenn er nach Augsburg kommt. Denn war dem böhmischen Reformer Johannes Hus vor hundert Jahren nicht ebenfalls freies Geleit zugesichert worden, als er nach Konstanz reiste, um sich vor dem Konzil zu verantworten? Er war dort aber mitsamt seinen Schriften verbrannt worden! Und wie Hus wird auch er seiner Lehre keinesfalls abschwören! »Nun musst du sterben …«, flüstert es in ihm, der Versucher malt ihm alle Grässlichkeiten des Feuertodes aus, dem er entgegengeht. Lohnt sich ein Martyrium, durch das nicht nur der Leib, sondern auch all das mit ihm Gedachte, Geschriebene ausgelöscht wird – um ihn am Ende als Ketzer der *damnatio memoriae* auszuliefern, dem großen Vergessen? Hatte ihn der mit seinem Vater befreundete Graf Albrecht von Mansfeld vor wenigen Wochen denn nicht dringend gewarnt, keinesfalls den Schutz der Stadt Wittenberg zu verlassen? Weil er sonst von seinen Feinden »hinterlistig entweder durch Erdrosseln oder durch Ersäufen zum Tode gebracht« werden könnte? Was sollen seine Eltern von ihm denken, denen er als verurteilter Ketzer Schande macht? Der altbekannte Widerstreit zwischen Angst und Trotz, Zweifel und Gewissenspflicht begleitet Luther auf dem langen Weg nach Augsburg, der Druck schlägt ihm auf den Magen und das Gedärm, er fühlt sich schwach und bang wie lange nicht. Der Teufel, das spürt er deutlich, sitzt ihm im Nacken.

Augsburg, die reiche Handelsstadt im Süden mit ihren Bürgerhäusern, die italienischen Palazzi gleichen, der Reichstag mit den vielen hochwohlgeborenen Herrschaften aus allen Teilen des Reiches: Das ist ein Pflaster, mit dem der Bettelmönch nicht vertraut ist, auch wenn er viel herumgekommen ist seit seinen Erfurter Tagen. Sogar die Kutte muss er sich fürs Verhör ausleihen, weil die alte so speckig und zerrissen ist, dass er es nicht wagt, mit ihr vor den römischen Abgesandten zu treten. Der hat sich bereits über die miserablen Speisen und das rohe Benehmen der

Gastgeber beschwert, der große Cajetan ist es gewohnt, von silbernen Tellern zu speisen, der saure deutsche Wein schmeckt ihm nicht, und das Brot ist ihm nicht hell genug. Und es sei viel zu kalt! Man spottet in der Fuggerstadt, der Italiener habe bereits die Sonne mit dem Bann belegt, weil sie ihm hier in Deutschland zu wenig scheint. Thomas de Vio, nach seiner Geburtsstadt Gaeta im Süden Italiens Cajetanus genannt, ist um die fünfzig, ein hervorragender Kenner der scholastischen Tradition, besonders der Werke des Thomas von Aquin, und ein glühender Verfechter des hierarchischen Gedankens. Über die absolute Autorität des Papstes und dessen Primat über die Konzilien hat er eine Schrift verfasst, die ihn in den Augen der Kurie für sein hohes Amt besonders qualifiziert. In der Tasche führt er ein *Breve* mit sich, ein päpstliches Schreiben, das dem Legaten die Vollmacht erteilt, den bereits als »Ketzer« Bezeichneten bei Verweigerung des Widerrufes festzunehmen. Wer sich dem widersetzt, soll selbst gebannt werden. Falls nötig, auch die ganze Stadt! Zu dieser Zuspitzung soll es aber nicht kommen, »väterlich, nicht richterlich« will er mit dem »schäbigen Bettelmönch« reden, der sich anmaßt, Rom zu belehren. Um ihm goldene Brücken zu bauen, hat er sich sorgfältig in Luthers Schriften eingelesen. Auch wenn für ihn undenkbar ist, mit dem fehlgeleiteten Professor ernsthaft zu disputieren. Hier geht es um die Macht, nicht um die Wahrheit.

Auch Martin bereitet sich auf das Verhör vor. Im Augsburger Karmeliterkloster setzt er sich mit den Räten des Kurfürsten zusammen, die ihm beim Verhör Rechtsbeistand gewähren sollen. Sie haben bereits freies Geleit für die Zeit seines Aufenthalts in Augsburg erwirkt. Wie dann zu verfahren sei, bleibt offen. Alles hängt vom Verlauf der Anhörung ab. Auch Kardinallegat Cajetan sondiert die Lage, bevor er den Mönch vor sein Tribunal ruft. Am 9. Oktober sendet er den Diplomaten Urban de Serralonga ins Kloster, um dem Delinquenten ganz undiplomatisch zu verstehen zu geben, dass es allein darum gehe, der Kirche zu gehorchen, also zu widerrufen. *Revoco!*, »Ich widerrufe!«, das möge Luther erwidern, wenn seine Eminenz ihn befrage. Man wolle gar nicht wissen, wie er seine Ablasskritik begründe, staunt Martin, er sei also den weiten Weg nur angereist, um ein einziges Wort zu sagen? Dieses Verhör sei kein Lanzenturnier, entgegnet ihm Serralonga – oder lege er es etwa darauf an, einen Kardinal aus dem Sattel zu heben? Martin fordert den Emissär, der ihn vor seinen Leuten lächerlich zu machen versucht, auf, sofort das Haus zu verlassen. Dann berät er sich: Ist das nur ein Spiel, ein Versuch der Entmutigung, oder bitterer Ernst? Ein typisch römischer Einschüchterungsversuch, meinen die Räte, arrogant, aber nicht wirklich ernst gemeint.

Martin kennt das päpstliche *Breve* nicht, das ohne Widerruf die sofortige Verhaftung anordnet, als er sich am 12. Oktober 1518 in den Palazzo Fugger begibt, begleitet von seinem Freund Wenzeslaus Link, dem Prior des Augustinerklosters in Nürnberg. Vor dem Gebäude postieren sich einige Brüder, um ihm beizustehen, falls Gewalt angewendet würde. Die beiden Mönche werden durch den von Arkaden gestützten »Damenhof« hinauf in den Empfangssaal geführt, wo sie Kardinal Cajetan mit seinen Hofleuten erwartet. Der große, schlanke Mann ist in sein Purpurhabit gehüllt, in die Cappa magna, und trägt das Rochett, das edelsteinverzierte Goldkreuz auf der Brust. Der von der Reise immer noch geschwächte Mönch in der schwarzen Kutte wirft sich vor ihm auf den Boden, »auf das Gesicht«, wie ihm das Herr de Serralonga bedeutet hatte.

»Erhebt Euch, Doktor Luther! Ich bin nicht Euer Feind. Ich denke, Ihr seid ein sehr junger, tüchtiger Theologe. Und ehrgeizig! Da schießt man einmal über das Ziel hinaus. Wie ich höre, habt Ihr durch Eure Disputation zum Ablass recht viel Unruhe erzeugt? Was Ihr sonst schreibt, also über Christus und die Rechtfertigung, hat niemand beanstandet. Machen wir es kurz: Widerruft in der einen Sache, und damit ist alles erledigt. Ihr werdet weiter viele Schüler haben, ein geschätzter Gelehrter sein.«

»Hochwürdiger Vater! Gemäß der Vorladung seiner päpstlichen Heiligkeit und entsprechend dem Bescheid meines gnädigen Herrn des Kurfürsten von Sachsen, bin ich zu Euch gekommen als untertäniger und gehorsamster Diener der Heiligen Christlichen Kirche …«

»Mein lieber Sohn, Ihr habt ganz Deutschland rebellisch gemacht, also bringen wir das jetzt wieder gemeinsam in Ordnung! Der Heilige Vater, dem Ihr ja so treu ergeben seid und dem Ihr die Tollkühnheit hattet, einen belehrenden Brief zu schreiben, fordert drei Dinge. Erstens: Gesteht Eure Fehler ein, widerruft Eure Irrtümer. Zweitens: Enthaltet Euch künftig der weiteren Verbreitung Eurer Schriften. Drittens: Ruft Euch selbst zur Ordnung und vermeidet alles, was der Kirche schadet.«

»Darf ich die Anweisung des Papstes sehen?«

»Warum das? Du vertraust mir also nicht? Du hast auf freiem Geleit bestanden! Das Wort eines Kardinals gilt Dir wohl nichts? Nein, das sei Dir nicht gestattet.«

»Worin habe ich denn geirrt? Und warum darf ich diese angeblichen Irrtümer nicht erläutern? Ich berufe mich doch einzig und allein auf die Heilige Schrift.«

»Nur der Papst hat die Autorität, die Schrift auszulegen. Sein Urteil ist unfehlbar und das einzig maßgebliche. Du bestreitest wahrheitswidrig, dass der Schatz der Ablässe aus Verdiensten unseres Herrn Jesus Christus besteht. Zum anderen behauptest Du: Der Sünder, der das heilige Sakrament empfängt, müsse an die Gnade glauben, sonst bleibe es ohne Wirkung. Das ist ketzerisch! Weiß denn der Kommunikant, der das Abendmahl nimmt, ob er den rechten Glauben hat? Ob er tatsächlich die Gnade geschenkt bekommen hat? Diesen Zweifel nimmt ihm die Kirche, sie verfügt mit göttlicher Vollmacht über das Heil, nicht das schwache, irrende Individuum!«

»Ich bin gern bereit, mich belehren zu lassen, denn ich bin ein Sünder und kann irren. Legt meine Thesen den Universitäten von Basel, Löwen oder Paris vor …«

»Schluss jetzt! Ich bin nicht hier, um Belehrungen entgegenzunehmen oder gar zu disputieren. Die römische Kirche kann alle, die in die Irre gehen und ihr Schaden zufügen, vernichten. Sie ist der Scheitelpunkt der Welt. Widerrufe also!«

»Eure Eminenz, ich bin von der Reise erschöpft, vergebt mir. Können wir morgen die Unterredung fortsetzen?«

»Widerrufe!«

»Allerheiligster Vater, ich kann, ich darf nicht …«

»Du siehst wirklich krank aus. Ruhe dich aus. Komm zu mir, wenn du wieder bei Kräften bist.«

Eine opulente bildliche Darstellung der Disputation aus dem 19. Jahrhundert, die Luther am 12., am 13. und am 14. Oktober 1518 im Augsburger Fuggerpalast mit dem römischen Kardinallegaten und Theologen Thomas Cajetan führte. Es ging um die Frage, ob der Papst oder die Heilige Schrift oberste Autorität in der Kirche sei: Cajetan berief sich zur Begründung der Ablasslehre der damaligen Kirche auf die päpstliche Bulle *Unigenitus* aus dem Jahr 1343. Luther hingegen zeigte auf, dass diese Bulle keine Argumente aus der Bibel beibrachte. Der zweite Streitpunkt betraf Luthers These, dass die Sakramente nur wirksam seien, wenn der Glaube lebendig sei, während Cajetan behauptete, sie würden immer wirken.

Cajetan ist verärgert, aber er ist eine geduldige Natur. Hier ist nicht Überzeugungskraft gefordert, sondern Hartnäckigkeit. Diese deutsche Nuss wird er knacken, wenn nötig müssen die Daumenschrauben angezogen werden. Der Orden ist die weiche Stelle, da kann der Druck angesetzt werden. Das Mönchlein schwankt, da muss er nur geschickt nachsetzen. Auch Martin spürt, dass jetzt der Punkt gekommen ist, von dem an er ganz allein zu kämpfen hat, nur mithilfe der Schrift und der Kraft seines Gewissens. Das »gnädige Wohlwollen« des Kardinals, der als Legat des Papstes einfach nur einen Auftrag ausführen soll, nämlich den Widerruf zu erzwingen, hat sich als Täuschung erwiesen. Der Diplomat erwartet die Unterwerfung, sonst nichts. Allerdings geht Cajetan recht geschickt vor, wechselt virtuos zwischen Schmeichelei, Lob und blanker Drohung, so wie er es in Rom gewohnt ist. Wie gern würde Martin in Frieden mit seiner Kirche nach Wittenberg zurückkehren, aber wie unendlich schwer macht dieser verbohrte Legat ihm das! Hier in Augsburg wird nicht um einen billigen Einsatz gespielt, es geht nicht um Eitelkeit oder Rechthaberei, es handelt sich letztlich um die Frage nach dem Heil, nach der Quelle der Heilsgewissheit. Und die ist nun einmal die Heilige Schrift, nicht die Kirche oder der Papst, der sich zu Unrecht als Sachwalter des Heilswortes versteht.

Wie sehr ihn dieser drohende Abfall von der Kirche, seiner Kirche, bewegt, das wird in einem Brief an Karlstadt deutlich, dem er am Abend des ersten Verhandlungstages schreibt: »Das weiß ich, dass es mir am allerangenehmsten und liebsten wäre, wenn ich dies einig Wort spräche: ›revoco‹, das ist: ›Ich widerrufe‹. Aber ich will nicht zu einem Ketzer werden mit dem Widerruf der Meinung, durch welche ich bin zu einem Christen worden; eher will ich sterben, verbrannt, vertrieben und vermaledeit werden etc.«

Als das Verhör am nächsten Tag fortgesetzt wird, hat sich Martin gut vorbereitet. Er wird seinem Kontrahenten nachweisen, dass es gar kein lehramtlich bindendes Ablassdogma gibt und seine Thesen Fragen aufgreifen, die erst noch autoritativ geklärt werden müssen. Er will also wieder in die Rolle des Bibelprofessors schlüpfen, der sich von der Lehrfreiheit seines Amtes geschützt weiß. Man muss doch »Ansichten« diskutieren dürfen, wenn gar keine Lehrsätze vorliegen! Aber da sein mächtiger Gegenspieler gar nicht disputieren will, wird er sie ihm einfach in einer Erklärung vorlegen. Dann kann er, der große Theologe, sie in aller Ruhe studieren, ohne in Gefahr zu geraten, von dem kleinen Mönch als unwissend vorgeführt zu werden.

Zur seiner Sicherheit lässt sich Martin von seinem Beichtvater Johannes von Staupitz, dem Ordensoberen, und zwei kurfürstlichen Räten begleiten. Die Räte fordern den Kardinallegaten auf, das Verhör in fairer Weise durchzuführen und Luther eine Erklärung verlesen zu lassen oder diese wenigstens entgegenzunehmen. Cajetan willigt gelassen ein. Seine Stunde wird kommen. Er täuscht sich: Jetzt setzt das »Mönchlein« zum Gegenangriff an! Die von Cajetan immer wieder angeführte Bulle *Unigenitus* von Papst Clemens VI., in der auch die Ablassfrage geregelt ist, qualifiziert Martin als ein nicht in der Schrift begründetes Papstgesetz. Päpste könnten sich irren, hätten sich seit Petrus immer wieder geirrt. Die Irrtümer der Päpste seien später zurückgenommen, neue seien erklärt worden. Zu gelten habe allein, was mit der Schrift begründet werden könne, nicht durch die aktuellen Interessen der Päpste. Cajetan hört sich diese Ungeheuerlichkeiten an, die alles lächerlich machen, wofür er steht, und donnert, die Fassung verlierend: »Widerrufe!« Er droht, als sein Gegenüber ihn mit ebenfalls lauter Stimme zum Disput auffordert, mit Bann und Exkommunikation. Er versteigt sich gar zu der Erklärung, auch die Bibel enthalte Irrtümer. Nun entscheidet sich Martin zu einem allerletzten Schachzug: Er wird den päpstlichen Abgesandten mit seinen eigenen Mitteln schlagen! »Wenn man mir zeigen kann, dass die Bulle *Unigenitus* besagt, die Verdienste Christi seien der Schatz der Ablässe, will ich widerrufen!«, sagt er mit zögerlicher Stimme, als habe er bereits eingesehen, dass der Kardinal recht hat. Cajetan liest triumphierend die entsprechende Stelle vor, die besagt, dass die Verdienste Christi und der Heiligen der Schatz der Kirche seien und deshalb für den Ablass genutzt werden dürften. Halt, unterbricht ihn Luther ungebührlich scharf, es heiße in der Bulle nicht, dass sie der Schatz *seien*, sondern dass die Verdienste Christi den Schatz *erwürben*. Was aber erst erworben würde, könne nicht verteilt werden! Im Text der Bulle, muss Cajetan mit Schrecken feststellen, steht tatsächlich *acquisivit*, kein *est*, wie er es in falscher Erinnerung hat. Solche Wortklaubereien gehören zur Dialektik scholastischer Disputation, und in der hat nun der kleine Mönch den großen Kardinal besiegt – obwohl der doch gar nicht disputieren wollte! Entsetztes Schweigen herrscht im Saal, die Mitarbeiter des Kardinals tuscheln, Staupitz lächelt. Cajetan bittet Luther, um des Friedens der Kirche willen, doch einzulenken und zu widerrufen. Aber auch diese fast flehend vorgetragene Bitte kann Luther nicht umstimmen. Er hat standgehalten, doch muss er jetzt rasch Vorsorge treffen, dass der gedemütigte Cajetan nicht zurückschlägt. Die Macht dazu hat er in einer Stadt, in der sich mit Kaiser Maximilian ein mächtiger Verbündeter des Papstes aufhält.

Am Abend lässt sich Martin durch Johannes von Staupitz von seinen Gehorsamspflichten gegenüber dem Orden entbinden und entlastet damit seine Oberen – und auch sich selbst. Niemand kann ihn nun zum Einlenken zwingen, auch der Augustinergeneral darf ihn nicht nach Rom befehlen! Noch einmal begibt er sich am 14. Oktober in das Fuggerhaus, um Cajetan, der jedes weitere Gespräch über den Ablass ablehnt, seine Schriften zu erneuter Prüfung zu übergeben. Der wütende, von sich selbst enttäuschte Kardinal lässt aber nur Staupitz und die Räte vor, hofft auf eine stille Einigung in Abwesenheit des Wittenberger Sturkopfs. Nun wäre er schon zufrieden damit, wenn Luther wenigstens seine Äußerungen über den Schatz der Kirche widerruft. Dann könnte er nach Rom zurückkehren mit dem Eingeständnis des Rebellen in der Tasche, geirrt zu haben. Das würde man dann propagandistisch nutzen, um das Mönchlein zu diskreditieren. Ein Umfaller wäre er, eingeknickt vor dem Purpur des päpstlichen Legaten. Sehen will er Luther aber nicht mehr, auf keinen Fall! »Ich will nicht länger mit dieser Bestie reden, denn er hat unergründliche Augen und wundersame Spekulationen in seinem Kopf.« Schon am zweiten Tag des Verhörs hatte er begonnen, die Gefangennahme Luthers vorzubereiten. Doch die kurfürstlichen Räte bekommen Wind von der Aktion und raten ihrem Schützling, die Stadt zu verlassen.

Bevor Martin am 20. Oktober mit Unterstützung eines Anhängers durch eine Nebenpforte der Stadtmauer schlüpft und auf einem geliehenen Pferd davonreitet, sendet er Cajetan einen Brief, dem er eine Appellation an den Papst beifügt: Leo X. möge doch bitte seinen Fall wiederaufnehmen, seine Thesen wohlwollend prüfen, statt einen Bann auszusprechen. Seine Heiligkeit sei völlig falsch unterrichtet worden. Die Erklärung lässt er am 22. Oktober auch an die Tür des Augsburger Doms anschlagen. Martin Luther hat gelernt, die deutsche Öffentlichkeit als Mitspieler zu nutzen: aus der *causa Lutheri* ist eine *causa Germaniae* geworden.

SECHSTES KAPITEL

*Martin bereitet seine Flucht nach Frankreich vor. Kurfürst Friedrich lehnt
die Auslieferung seines Schützlings ab. Römische Bestechungsversuche.
Tetzel stirbt in der Klosterhaft. Ist der Papst der Antichrist?
»Kleiner Bruder in Christo«: Brief an Erasmus von Rotterdam.
Neues Ketzerverfahren in Rom. Disputation mit Johannes Eck in Leipzig.
»Wir sind alle unbewusste Hussiten ...«. Gegenoffensive der Humanisten.
Schriften über das Sterben, die Buße, die Taufe, das Abendmahl
und den Wucher. »Sermon von den guten Werken«.*

Am 31. Oktober ist Martin nach einem scharfen Ritt, ohne Sattel und
Sporen, nur mit Kniehosen, wieder wohlbehalten zurück in Wittenberg. In Augsburg hat Kardinal Cajetan noch nicht aufgegeben und
bedrängt Kurfürst Friedrich, Luther auszuliefern. Er droht sogar mit
dem Bann gegen diesen selbst. Besonders verärgert ist der Italiener über
Luthers Appell, man möge ein Konzil in Paris zum Thema Ablass einberufen, um dort eine bindende Lehrmeinung erarbeiten zu lassen. Das ist
eine Kriegserklärung an den Primat des Papstes! Cajetan gibt Weisung,
diese Lehrdeklaration unverzüglich in der Kurie anfertigen zu lassen,
um jede Kritik künftig im Keim zu ersticken. Kernpunkt soll die Autorität des Papstes sein, der Ablässe erteilen kann, wann und wie immer er
will. Martin Luther wird in dem am 13. November 1518 veröffentlichten
Dekret nicht erwähnt; ohne Nennung von Namen werden allgemein
die Irrtümer verdammt, die gewisse Mönche und Prediger verbreiteten.
Jeder, der das Schriftstück liest, weiß, wer gemeint ist.

Der Ausschnitt aus der Predella des Reformationsaltars der Stadtpfarrkirche St. Marien in Wittenberg zeigt unter Luthers Zuhörern links mit langem Bart auch Lucas Cranach den Älteren, darunter Luthers Frau Katharina und Sohn Hans.

In Wittenberg darf Martin dem Kurfürsten – über dessen Sekretär Spalatin – seine Sicht der Dinge erläutern. Er beschwört seinen Dienstherrn, dem römischen Auslieferungsersuchen nicht nachzukommen, das wäre »Mord«. Er lasse sich allein durch die Schrift belehren, anders als seine Gegner argumentiere er aus »Kenntnis und nicht aus bloßer Meinung«. Falls man ihn zu töten versuche oder mit dem Bann belege, habe er alles geordnet und erwarte den Ratschluss Gottes. »Je mehr sie wüten und

den Weg der Gewalt einschlagen, desto weniger werde ich abgeschreckt. Ich werde endlich einmal noch freier sein gegen dieses römische Schlangengezücht.«[1] Er erwägt bereits seine Flucht, vielleicht nach Frankreich, wo man konziliaristisch denkt und seine Ansichten zu Ablass und Primat des Papstes gewiss offen diskutieren würde. Ohne Wissen des Kurfürsten lässt er persönliche Protokolle der Augsburger Verhöre drucken, die *Acta Augustana* – ein weiterer Affront für Cajetan. Und eine Unbotmäßigkeit gegenüber seinem Beschützer, dem Kurfürsten. Denn nun wird das diplomatische Versagen des Kardinallegaten in einer für Rom so wichtigen Sache aller Welt vor Augen geführt. Und der sächsische Kurfürst kann das nicht verhindern.

Friedrich erklärt sich mit Luthers Weggang aus Wittenberg einverstanden. Die Sache ist ihm zu heiß geworden. Martin ist von dieser Wendung nicht überrascht, er kennt die zaudernde Natur seines Dienstherrn und trifft Vorbereitungen zur Abreise. Von der Kanzel herab setzt er die traurigen Wittenberger in Kenntnis, dass er bald verschwinden wird. Freunde und Kollegen lädt er zu einem Abschiedsmahl ins Schwarze Kloster ein. In der Nacht vom 1. auf den 2. Dezember will er die Stadt für immer verlassen. Auf seine Mitstreiter wirkt Martin seltsam gelassen. Warum begehrt er nicht auf? Ganz Wittenberg steht doch hinter ihm! Mitten in die Runde platzt ein Bote mit einer Nachricht von Spalatin, der Kurfürst sei irritiert, dass der Doktor immer noch nicht fort sei. Martin möge seine Abreise unverzüglich antreten. Die Freunde sind betrübt, Martin aber besteht darauf, dass alle zu Ende speisen. Den Krug mit Wein führt er nach Art der Mönche mit beiden Händen zum Mund, nimmt einen langen Zug. Dann setzt er ihn ab und sagt mit fester Stimme: »Vater und Mutter verlassen mich, aber der Herr nimmt mich auf.« Wieder öffnet sich die Tür, ein zweiter Brief wird abgegeben: Der Kurfürst bittet, die Abreise zu verschieben, er habe Wichtiges mit Martin zu besprechen. Friedrich hat sich mit seinen Räten besprochen, die einstimmig dagegen sind, Luther auszuliefern. Er sei doch kein Ketzer! Wieder hat sich Martins Gottvertrauen bewährt. Man fällt sich in die Arme, mit Trinksprüchen und Scherzen klingt das Mahl aus.

Am 7. Dezember antwortet Friedrich schließlich auf das Auslieferungsbegehren des Kardinals. Trotz der Gefahr, selbst vom Papst mit dem Bann belegt zu werden, stellt er sich vor seinen Professor. Er braucht Luther dringend für den weiteren Ausbau der Universität. Das Ansinnen Roms weist er in aller Form zurück: »Wir haben aber bisher von keinem beständiglich und unwiderleglich vergewissert werden mögen, dass Martins Lehre gottlos, unchristlich und ketzerisch wäre, ausgenommen etliche, für deren Privatsache und Geldgewinn seine Lehre nicht dienlich war.« Das ist eine Anspielung auf Johannes Tetzel, von dem Friedrich weiß, dass er inzwischen von Rom wegen seiner Raffgier fallen gelassen worden ist. Er habe im großen Stil Ablassgelder unterschlagen und sei auch sonst durch eine recht »sündige« Lebensweise aufgefallen. Man munkelt von zahlreichen unehelichen Kindern des Mönchs. Das alles ist dem Kurfürst von Karl von Miltitz zugetragen worden, dem neuen Nuntius des Papstes, der Kanonikus in Mainz, Trier und Meißen gewesen ist und die deutschen Verhältnisse sehr viel besser kennt als Cajetan. Miltitz soll das, was der Kardinallegat nicht geschafft hat, doch noch erreichen. Tetzel ist das Bauernopfer, um den guten Willen Roms zu demonstrieren. Jetzt muss Friedrich nachziehen.

Der wendige, erst 28 Jahre alte Sachse Karl von Miltitz ist als Kammerjunker Seiner Heiligkeit für die Lustbarkeiten am Hof zuständig, organisiert die Aufführung frivoler Komödien, bei denen Mönchen auch mal der nackte Hintern versohlt wird. Papst Leo X. liebt solche Späße, ist den schönen Künsten und den Frauen deutlich mehr zugetan als dem Amt eines Bischofs von Rom. Er gilt auch als leidenschaftlicher Spieler, macht Schulden, die den Etat der Kurie belasten. Der leichtlebige Miltitz ist der ideale Unterhalter für den Medici-Papst, denn er trinkt und spielt genauso gern und ist in Rom dafür bekannt, mit den jungen Kardinälen die Nacht zum Tag zu machen. Der Höfling versteht es geschickt, auf allen Klaviaturen zu spielen, was seiner geschmeidigen Natur entspricht, war auch – ein Zufall? – schon dem sächsischen Kurfürsten zu Diensten. Für dessen Sammlung hat er in der Heiligen Stadt Reliquien angekauft, und seit Langem setzt er sich dafür ein, dass Friedrich mit der goldenen Tugendrose geehrt wird, der höchsten Auszeichnung des Papstes. Natürlich weiß Miltitz, dass dieser päpstliche Orden der Herzenswunsch des frommen Fürsten ist. Jetzt soll er ihm endlich ausgehändigt werden. Aber man muss vorher einig werden, was mit dem unbotmäßigen Mönch geschehen soll.

Doch auch ihm, dem gewieften Taktiker, gelingt es nicht, den Kurfürsten zur Auslieferung seines Schützlings zu bewegen. Friedrich sucht nach einem Kompromiss, um das Gesicht zu wahren. Bei einem persönlichen, vom Kurfürsten vermittelten Treffen von Miltitz und Luther im sächsischen Altenburg einigt man sich auf ein Stillhalteabkommen, keine Seite soll sich zum Ablass äußern, um den Streit nicht noch weiter anzuheizen, man will »die Sache sich zu Tode bluten lassen«. Der Nuntius wird sich in Rom dafür verwenden, dass Luthers Causa einem deutschen Bischof übertragen wird. Von Auslieferung und Bann ist nicht mehr die Rede. Beim abschließenden Abendessen räumt Miltitz, dem der Alkohol die Zunge gelöst hat, sogar ein, drei von fünf Menschen, mit denen er auf seiner Reise durch Deutschland gesprochen habe, seien gegen Rom eingestellt. Der Prozess gegen ihn, Martin Luther, sei deshalb recht riskant. Eine dreiste Heuchelei, denkt sich der Umschmeichelte, denn seit wann schert sich der Papst darum, was man in Deutschland denkt? Miltitz fällt seinem Tischgenossen am Ende weinend um den Hals, küsst ihn. Was für eine Posse! Das sei für ihn der »Judaskuss« eines »welschen Heuchelkünstlers«[2], berichtet Martin empört an Staupitz.

Die Gerissenheit des Römers wird ihm vollends deutlich, als er vom Schicksal Tetzels erfährt. Der Apostolische Kommissar für das Ablasswesen ist von Miltitz zu lebenslanger Klosterhaft verurteilt worden. Man hat ihn einfach aus dem Weg geräumt! Der tiefe Fall des einst so erfolgreichen Mannes berührt Martin. Wenige Monate zuvor hatte er noch verächtlich geschrieben, Tetzel behandle die Bibel »wie die Sau einen Habersack«, der Verfasser sei ein »grober Esel«. Nun sendet er dem kranken Tetzel einen mitfühlenden Trostbrief in seine Zelle, ermuntert den alten Gegner, der ihn doch mit allen Mitteln zu vernichten trachtete, den Blick nicht nur auf das eigene Versagen zu richten. Er solle das Geschehene als Chance begreifen, die tieferen Ursachen seiner Irrtümer zu erkennen, denn »das Kind hat einen ganz anderen Vater«. Bald darauf stirbt Johannes Tetzel im Dominikanerkloster St. Pauli zu Leipzig an der Pest.

Dafür erwächst Luther in Johannes Eck ein neuer, viel gefährlicherer Gegner. Eck ist ehrgeizig, ein intimer Kenner der päpstlichen Dekretalien, aus denen er im Stegreif zitieren kann, und vor allem ein hervorragender Rhetoriker, der jeden Disput sofort dominiert und seine Gegner mit lauter, kraftvoller Stimme niederredet. In seinen Schriften erweist er sich als wenig gelehrt, macht das aber durch Aggressivität und Entschiedenheit wett, greift auch gern zu Verleumdungen, die seine Gegner entmutigen. Was Luther an ihm geschätzt hat, seinen Kampfgeist, den Eck mit teilweise heftiger Kritik an den römischen Zuständen und zahllosen Reformvorschlägen bewiesen hat, kehrt sich nun gegen ihn selbst. Schon in seinen *Obelisci* (Spießchen), einer gegen Luthers Ablassthesen gerichteten Schrift, hatte er Luthers Ansichten aufzuspießen versucht. Luther wiederum hatte mit seinen *Astericis* (Sternchen) dagegen gehalten.

Der Ingolstädter Theologieprofessor will die Rivalität zwischen den Universitäten von Leipzig und Wittenberg nutzen, sich selbst in Szene zu setzen. Als Scholastiker steht er der Entwicklung an der Leucorea naturgemäß ablehnend gegenüber. Er lässt zwölf Thesen drucken, um sie mit dem Wittenberger Theologen Karlstadt in Leipzig zu disputieren. Sie richten sich aber vor allem gegen Luther und dessen kritische Haltung gegenüber dem Papst. Eck hofft, den berühmten Wittenberger Professor in die Leipziger Disputation hineinziehen zu können. Es geht ihm dabei gar nicht um den Ablass, sondern um die Superiorität des Papstes, die Luther bestreitet. Damit lockt er ihn auf ein gefährliches Terrain, Kollegen warnen Martin davor, in Ecks Fallen zu tappen. In Thesen und Gegenthesen schaukeln sich die Kontrahenten im Vorfeld der Disputation gegenseitig hoch. Luther klagt gegenüber dem Kurfürsten, seine Gegner, die ihn ständig provozierten, machten es ihm schwer, das mit Miltitz ausgehandelte Stillhalteabkommen einzuhalten.

Dann wendet sich das Blatt. Am 12. Januar 1519 stirbt Kaiser Maximilian, eine Kaiserwahl steht bevor. Die Causa Lutheri tritt in den Hintergrund. Bei der Wahl spielt Kurfürst Friedrich, Luthers Schutzherr, eine Schlüsselrolle. Er ist Reichsvikar und hat großen Einfluss auf das

Wahlgremium. Das weiß auch der Papst, der zu verhindern sucht, dass ein Habsburger auf den deutschen Kaiserthron gelangt. Leo X. favorisiert Franz I. von Frankreich. Falls der Franzose nicht durchzusetzen sei, lässt er den Kurfürsten wissen, werde er ihn, Friedrich, als neuen Kaiser anerkennen – selbst wenn er keine Mehrheit bei den sieben Kurfürsten finden sollte. Am 21. Juni stellt der Papst ihm zudem in Aussicht, einem Mann aus seinem Umkreis den Kardinalshut zu verleihen, falls er in der Wahlfrage Roms Interessen berücksichtige. Miltitz, der die Nachricht überbringt, deutet an, dieser Kardinal könnte auch Martin Luther heißen. Man würde so zwei Fliegen mit einer Klappe schlagen. Wichtigtuerei eines subalternen Kirchendiplomaten oder besonders skrupellose Volte des Papstes? Der Kurfürst hütet sich, Luther über diese bizarre Wendung in Kenntnis zu setzen, die aus dem Ketzer einen Kardinal machen würde.

Das braucht es auch nicht, denn Luthers Meinung über Rom hat einen neuen Tiefpunkt erreicht. Am 13. März schreibt er an Spalatin: »Ich gehe auch die Dekrete der Päpste für meine Disputation durch, und (ich sage es Dir ins Ohr) ich weiß nicht, ob nicht etwa der Papst der Antichrist ist oder sein Apostel. So abscheulich (das ist die Wahrheit) wird von ihm durch seine Dekrete Christus entstellt und gekreuzigt. Es quält mich außerordentlich, dass das Volk Christi unter dem Vorwand des Gesetzes und des christlichen Namens so hinters Licht geführt wird.«[3] Eine Woche zuvor hatte er dem Freund noch geschrieben, er habe nie daran gedacht, vom Papst abzufallen. Er sei ganz einverstanden damit, dass man ihn den »Herrn der Welt« nenne, doch solle er es unterlassen, das Evangelium mit seinen Dekreten zu verwirren. Von Tag zu Tag fällt es Luther schwerer, die Autorität des römischen Oberhauptes anzuerkennen.

In schneller Folge veröffentlicht er jetzt neue Schriften, sodass die Drucker in Wittenberg und Leipzig kaum nachkommen. Drei Sermone befassen sich mit glaubenspraktischen Fragen wie der Ehe, dem Gebet und der Erziehung; er legt eine Deutung des Vaterunsers für Laien vor und gibt seine Kommentare zu den Psalmen (*Operationes in Psalmos*) und zum Galaterbrief heraus. Der Galaterkommentar ist gespickt mit Invektiven gegen Rom, Luther geißelt die Habsucht, Käuflichkeit, Arroganz und Tyrannei der Kurie. Geschickt verbindet er in seiner Kritik die eigene Sache mit dem antirömischen Patriotismus: »Jene gottlosen Windbeutel – Prierias, Cajetan und Genossen – schimpfen uns Deutsche Tölpel, Einfaltspinsel, Hornochsen (*bestiae*) und Barbaren und spotten über die unglaubliche Geduld, mit der wir uns von ihnen betrügen und ausrauben lassen.«[4]

Unverkennbar ist ein zunehmend missionarischer Ton, die Absicht, möglichst viele Menschen anzusprechen und für die eigenen Ansichten einzunehmen. Luther spricht in seinen Schriften als Prediger, Seelsorger und Professor zugleich, das sind für ihn nur verschiedene Formen der Verkündigung. Gegen die falsche Leistungsfrömmigkeit betont er den Wert der Erziehung, es sei viel besser, Kinder in christlichem Sinne zu erziehen, statt Wallfahrten zu unternehmen, Kirchen zu bauen oder Messen zu stiften. Prozessionen solle man überhaupt abschaffen, sie verführten nur zum Missbrauch. Im *Sermon von der Betrachtung des heiligen Leidens Christi* warnt er vor der »Christusminne«, vor dem Schwelgen in Gefühl und Devotion, das mit christlicher Passion wenig zu tun habe. Die in Frauenklöstern verbreitete »Brautmystik« ist ihm ein Gräuel. All das finde sich in der Bibel nicht, sei Fantasterei und Spekulation, Symptom einer verfehlten Glaubenspraxis. Man dürfe nicht die eigenen Affekte verherrlichen, sondern solle Christus in tätiger Liebe nachfolgen.

Die Drucke von Luthers Schriften werden nicht nur in deutschen Landen gelesen, sondern verbreiten sich in ganz Europa. Als Autor beginnt er den hochberühmten Erasmus von Rotterdam zu überflügeln. Als Luther im Frühjahr 1519 einen Huldigungsbrief an Erasmus schreibt, sich dem großen Gelehrten als »kleiner Bruder in Christo« empfiehlt, antwortet ihm dieser höflich, aber kühl – als spüre er, dass ihm hier ein Konkurrent erwächst, der nicht nur über Gelehrsamkeit verfügt, sondern auch den Mut hat, aus der Gelehrtenstube herauszutreten, seine

Erkenntnisse offensiv zu verteidigen. Erasmus zeigt sich in seinem knappen Antwortschreiben verärgert, dass man ihn immer wieder als den Anstifter von Luthers Schriften bezeichnet und er sich so Gegner auf den Hals zieht, mit denen er eigentlich nichts zu tun hat. Statt seinen mutigen deutschen Kollegen zu ermuntern, rät er ihm, vorsichtiger zu sein, bescheidener und sanfter aufzutreten. Irritiert nimmt er zur Kenntnis, dass die Schüler »seiner« Humanisten scharenweise nach Wittenberg eilen, um sich an der jungen, aufstrebenden Universität einschreiben zu lassen. Studenten aus der Schweiz, aus Tirol und der Steiermark, aus dem Elsass und sogar aus Schottland kommen nach Sachsen, um Theologie zu studieren. Nicht der renommierte Karlstadt oder der junge, sprachkundige Melanchthon sind die Zugpferde – sondern allein Doktor Martinus Luther, der streitbare Ablasskritiker, der nicht einmal vor dem Papst zurückweicht. Wird sein unerschrockenes, die Gelehrtenwelt entzweiendes Auftreten dem Glauben nützen oder schaden? Der rasante Aufstieg des unheimlichen Mönchs beunruhigt den stillen Rotterdamer Gelehrten.

Trotz der Zahlung von einer halben Million Dukaten an die Kurfürsten gelingt es Leo X. nicht, seinem Kandidaten, dem französischen König Franz I., eine Mehrheit für die Kaiserwahl zu sichern. Der Franzose, der in Italien erfolgreich Kriege führt, ist den deutschen Fürsten zu mächtig, sie bevorzugen einen schwächeren Kandidaten, den sie zum Spielball ihrer Interessen machen können. Karl von Gent, Enkel des verstorbenen Kaisers Maximilian, erscheint ihnen als besonders geeignet. Er ist jung, unerfahren und kränklich, hat eine spanische Mutter und lebt außerhalb Deutschlands, eine Figur im Schachspiel der Macht, die man nicht zu fürchten hat. Dass der Papst ihn bekämpft, wertet ihn zusätzlich auf. Der Habsburger setzt sich auch deshalb durch, weil er mithilfe des Bankhauses Fugger mehr als das Doppelte an Bestechungsgeldern mobilisieren kann als Rom.

Der sich abzeichnende Sieg des Habsburgers hat auch für Luther Folgen. Als Leo X. erkennt, dass er Karl nicht verhindern kann, sinkt auch die Gunst des Kurfürsten beim Papst. Seine großzügigen Angebote sind wirkungslos verpufft, die päpstliche Tugendrose hat der Undankbare nicht einmal persönlich entgegengenommen, sondern durch einen seiner Räte annehmen lassen. Und Martin Luther, der freche Mönch von Wittenberg, macht weiter Ärger! So setzt der Papst nach der Kaiserwahl am 28. Juni 1519 das schwebende Ketzerverfahren wieder in Gang. Mit Sylvester Prierias und Kardinal Cajetan stehen zwei Theologen bereit, die deutsche »Bestie« ein für alle Mal zu erledigen. Dieses Mal liegt ein Dekret des Papstes bereit, das den Ablass endgültig regelt. Nun kann sich niemand mehr, auch ein Herr Doktor Luther nicht, darauf berufen, es liege kein Lehrschreiben vor. Prierias setzt eine neue Schrift (*Über die Gewalt des Papstes*) auf, die an der absoluten Superiorität des Papstes keinen Zweifel lässt: »Er allein hat seine Macht und Autorität von Gott. Niemand kann ihn absetzen, weder ein Konzil noch sonst eine Gewalt, oder verurteilen, auch wenn er Ärgernis verursachen sollte.«

Das Dokument zeigt, wie gut der Hoftheologe Luthers Schriften kennt, auch seine *Thesen zur Leipziger Disputation*. Besonders die dreizehnte These muss ihm als grundketzerisch erscheinen: »Dass die römische Kirche über alle anderen erhaben sei, wird mit den kraftlosesten, in den (letzten) 400 Jahren entstandenen Dekreten der römischen Päpste bewiesen; gegen diese stehen die beglaubigten Historien von 1 100 Jahren, der Wortlaut der Heiligen Schrift und der Beschluss des Konzils von Nizäa, des heiligsten von allen.«[5] Luther stellt damit die Petrusgewalt überhaupt infrage, mit der sich alle Päpste legitimieren, bezweifelt, dass das Papsttum von Gott eingesetzt sei. Seit 1 400 Jahren habe die griechische Kirche das Papsttum nicht anerkannt. Seien deshalb alle griechischen Christen verdammt? Und hat das erste Konzil von Nizäa überhaupt etwas vom Primat des Papstes gewusst? Mit einem Satz fegt Luther die Position Roms hinweg, die *Una sancta*, die heilige römische Kirche, sei die unumschränkte Herrscherin der Welt, stehe als »mystischer Leib Christi« über allen anderen kirchlichen Gemeinschaften.

Diesen Angriffspunkt hat auch Johannes Eck mit seinem Gespür für die häretische Abweichung sofort erkannt. Nicht der Ablass, sondern der Primat des Papstes ist der springende Punkt! Hier kann der erfahrene Scholastiker den Ketzer im öffentlichen Gespräch stellen und in die Enge treiben. Allerdings muss dafür gesorgt werden, dass Eck sich für die Disputation verfahrensrechtliche Vorteile verschafft, was ihm auch gelingt, denn die Sympathie der veranstaltenden Leipziger Universität gehört von vornherein ihm, dem rechtgläubigen Ingolstädter Professor.[6] Mit Karlstadt steht ihm zwar ein anerkannter Theologe gegenüber, aber mit Luther eben auch ein der Ketzerei verdächtigter Aufwiegler. Eck setzt durch, dass er das Schlusswort sprechen darf und es kein Protokoll geben wird. Falls er wider Erwarten keine gute Figur macht, soll das nicht dokumentiert werden. Auch Herzog Georg von Sachsen ist an dem Schlagabtausch interessiert und erzwingt gegen den Widerstand der Leipziger Fakultät, die den Wittenbergern keine Bühne für ihre »neue« Theologie liefern wollen, das Streitgespräch. Die Einwände des Bischofs Adolf von Merseburg, des Ordinarius, schiebt er zur Seite und pocht darauf, dass an seiner Universität gestritten wird: »Wozu ist ein Soldat nütze, wenn er nicht fechten, ein Hund, wenn er nicht bellen und ein Theologe, wenn er nicht diskutieren darf?« Dieser Spruch gefällt Johannes Eck. Diskutieren, das bedeutet für den immer zum Kampf bereiten Professor scharfes Fechten und lautes Bellen, das man überall im Reich hören soll! Gerade hat er den Fuggern mit einem Gutachten über den Wucher theologische Entlastung für ihre Geldgeschäfte verschafft, als er am 21. Juni in Leipzig eintrifft. Zwei Tage später kommen auch die Wittenberger in zwei offenen Pferdewagen an, in dem einen hockt Doktor Karlstadt inmitten seiner schweren Bücher. Ohne sie ist er verloren, denn das freie Diskutieren liegt ihm nicht. Im zweiten sitzen Herzog Barnim von Pommern, der Ehrenrektor der Universität, Luther und Melanchthon. Begleitet werden sie von zweihundert bewaffneten Studenten, die ihre Professoren vor den Leipziger Studenten schützen sollen.

Sehr willkommen ist die Wittenberger Delegation nicht, niemand lädt sie zum Essen ein, gerade einmal den obligatorischen »Ehrenwein« bewilligt der Rat der Stadt. Ganz anders wird Eck empfangen, man stellt ihm ein Pferd und einen Reitknecht für seine Ausritte und bewirtet ihn großzügig. Er nutzt diese Begünstigungen auch sofort und versucht sich vom herzoglichen Kommissar zusichern zu lassen, dass man die Disputation nicht, wie vereinbart, auf deutsche, sondern auf italienische Art, also in freier Rede und Gegenrede, führen werde. Das wäre eine schwere Benachteiligung, besonders für Karlstadt, dem dieser Schlagabtausch überhaupt nicht liegt. Luther weigert sich, unter diesen von Eck diktierten Bedingungen an dem Streitgespräch teilzunehmen, wird aber von seinen Freunden überzeugt, dass eine Absage als Niederlage gedeutet würde. Den Vorschlag, den Papst als Schiedsrichter zu akzeptieren, den Eck ins Spiel gebracht hat, lehnt er ab. Eine Woche lang muss er ohnmächtig zuschauen, wie Eck seinen Mitstreiter Karlstadt vorführt, der dem hochgewachsenen, den Raum mit großen Schritten durchmessenden und laut dozierenden Eck überhaupt nichts entgegenzusetzen weiß. Das Leipziger Publikum schlägt sich schon nach kurzer Zeit auf die Seite des wortgewaltigen Ingolstädters und lacht über Karlstadt, der unentwegt in seinen Büchern blättert, mit Notizzetteln hantiert und beim Argumentieren den Faden verliert, weil er durch die ständige Suche nach Belegen abgelenkt ist. Hauptthema ist die Frage, ob der Wille des Menschen frei oder unfrei sei, was von dem einen bejaht, von dem anderen heftig bestritten wird. Karlstadt wirft Eck »Pelagianismus« vor, weil er sich für den freien Willen starkmacht, sich gefährlich in die Nähe des Häretikers Pelagius begibt, den schon Augustinus bekämpfte. Eck sieht sich für einen Augenblick in der Defensive, versteht es aber, den viel zu umständlich argumentierenden Karlstadt durch Zwischenrufe zu provozieren und aus der Fassung zu bringen. Die Zuhörer gähnen, wenn Karlstadt redet, und jubilieren bei den fulminanten Auftritten von Johannes Eck. Der schreibt am 1. Juli triumphierend nach Ingolstadt: »Von Karlstadt hofft man hier nichts mehr …«

So plätschert die Disputation einige Tage dahin, bis dann am 4. Juli das eigentliche Duell beginnt. Jetzt geht es nicht um die Wahrheit, auch nicht um Ruhm und Ehre, jetzt geht es um Leben und Tod. Denn Eck, der große Fallensteller, will mit dieser Konfrontation den päpstlichen Bann erzwingen, Luther endgültig in die häretische Ecke treiben, aus der kein Entkommen möglich ist. Für Herzog Georg ist diese lange erwartete Leipziger Disputation ein gesellschaftliches Großereignis, ein Turnier des Geistes, das entsprechend angekündigt und inszeniert wird. Zum Festgottesdienst in die Thomanerkirche kommt die gesamte Ehrbarkeit der Stadt, der Thomanerchor singt eine eigens für die Disputation komponierte Messe. Als Diskussionsbühne hat der Herzog den Rittersaal der Pleißenburg ausgewählt und aufwendig herrichten lassen. Gobelins schmücken die Wände, für Johannes Eck wird die Kanzel mit dem Bild des Drachentöters St. Georg, die von Martin Luther mit dem seines Namenspatrons St. Martin versehen. Hinter den Disputanten thront die gesamte theologische Fakultät, die Vertreter der anderen Fakultäten sitzen im Rund. Im Publikum dabei auch Martins Freund Johannes Lang aus Erfurt, aus Wittenberg sind die Kollegen Melanchthon, Amsdorf, Eisermann und der Magister Fabricius Fach gekommen. Auch der kurfürstliche Rat Johannes Rühel und Amtshauptmann Hans von der Planitz sind als Unterstützer dabei. Im Burghof ist die Bürgerwehr mit klingendem Spiel aufgezogen, um durch ihre Präsenz jeden Tumult im Keim zu ersticken.

Bevor die Disputation beginnt, führt der Professor für Poetik das Publikum in die Kunst des Disputierens ein, erläutert ihre Kniffe und rhetorischen Figuren. Dann erscheinen die Matadore, zuerst der eitle Eck, der sich mit einer schwungvollen Verbeugung dem Publikum vorstellt, dann Luther, der sich mühsam den Weg durch den überfüllten Saal zu seiner Kanzel bahnt. In der Hand hält er ein Nelkensträußchen, als wolle er der tönenden Gewalt seines Kontrahenten Eck die sanfte Kraft der Blume entgegensetzen. Ein Augenzeuge schildert Luthers Auftritt so: »Martinus ist nur mittelgroß, hager und von Sorgen ebenso wie von vielem Studieren so ausgemergelt, dass man in der Nähe alle Knochen an seinem Leibe unterscheiden kann … Seine Stimme klingt hell und klar … Im Umgang ist er fröhlich und freundlich, ganz und gar nicht finster und stolz, jederzeit gut gelaunt, heiter, munter und, wie arg auch seine Widersacher ihn bedrohen mögen, immer sicher und freudig.« Ganz anders fällt das Urteil über Johannes Eck aus: »Er ist ein hochgewachsener Gesell, fest und stämmig gebaut … Mund und Augen, überhaupt seine ganze Physiognomie, sind so beschaffen, dass man eher einen Fleischer oder einen rohen Landsknecht als einen Theologen vor sich zu haben glaubt. Was seinen Geist anbelangt, so hat er ein phänomenales Gedächtnis … Aber es fehlt ihm an Schnelligkeit der Auffassung und Schärfe des Urteils, Eigenschaften, ohne die alle anderen Geistesgaben nichts nützen … Seine Gebärden sind theatralisch, sein Auftreten herrisch, kurz, er macht durchaus nicht den Eindruck eines Theologen, er ist vielmehr nichts weiter als ein dreister, ja unverschämter Sophist.« Das Leipziger Publikum sieht das ganz anders, es erfreut sich an der aggressiven Redeweise des Scholastikers, der seinen Kontrahenten unbedingt aufs Glatteis führen, ihn aus seiner vermeintlichen Sicherheit herauslocken will. Er, Johannes Eck, steht hier stellvertretend für die *Una sancta*, er verteidigt die Superiorität des Papstes, Macht, Ehre und Herrlichkeit Roms!

Als Luther am 4. Juli 1519, um sieben Uhr morgens, auf die Kanzel tritt, ist es mucksmäuschenstill im Saal. Das Nelkensträußchen legt er vor sich aufs Holz. Was die Art des Disputierens betrifft, hat man sich kurz vorher noch auf einen Kompromiss geeinigt: Es wird nicht nach »italienischer Manier« gestritten, sondern auf deutsche Art, das heißt, jeder Satz muss so langsam gesprochen werden, dass der Schriftführer mitschreiben kann. Und es dürfen keine Bücher benutzt werden, was für den Gedächtnisvirtuosen Eck ein großer Vorteil ist. Luther beginnt seine Rede mit einer Anklage: Er sei von Johannes Eck genötigt worden, hier in Leipzig über den Primat des Papstes zu diskutieren, worauf er aus »Ehrfurcht« vor Amt und Kirche gern verzichtet hätte. Mit ein paar freundlichen Floskeln versucht er die Zuhörer für sich einzunehmen und gibt dann rasch das Wort an seinen Kontrahenten ab. Eck geht, wie es seine Art ist, sofort zum Angriff über und wiederholt noch einmal ausführlich, was er an Luthers Thesen auszusetzen hat. Beim Thema Ablass, das alles ins Rollen gebracht hat, tut er so, als stimme er mit Luther überein, ein taktischer Schachzug, um es sich nicht mit dem Publikum zu verscherzen.

Es ist ein erstes, vorsichtiges Abtasten, den entscheidenden Schlag will Eck am zweiten Tag setzen, wenn Herzog Georg auf der Pleißenburg erscheinen wird. Dies ist ein Heimspiel für den Ingolstädter Eck, als Wittenberger steht Luther in Leipzig mit dem Rücken zur Wand. Die Feindseligkeit der Leipziger ist aber nicht nur im Saal zu spüren, sie schlägt Luther auch sonst entgegen. Als er auf dem Weg zu seinem Quartier in eine Kirche tritt und erkannt wird, schafft der Priester eilig seine heiligen Geräte in die Sakristei, als sei ihm der Leibhaftige erschienen, vor dem er die Sakramente retten muss. Luthers Auftritt ist Stadtgespräch, besonders das Nelkensträußchen erregt die Fantasie: Was hat es zu bedeuten? Hat es eine magische, teuflische Bewandtnis damit? Und warum trägt der Bettelmönch einen so großen Ring am Finger? Steckt in der Kapsel ein satanischer Helfer, der ihm Zauberkräfte verleiht? Spottgedichte über den Wittenberger Mönch und sein geheimnisvolles Blumensträußchen kursieren:

Ich stund zu Leipzig einmal auf dem Markt,
Und wollt auf meinen schönen Buhlen wart,
Do kam der Münch dort hergelaufen mit einem Kranz
Ich gedacht: der Münch will jetzund zu dem Tanz.[7]

Johannes Eck hat ein feines Gespür für Stimmungen, deshalb bohrt er am zweiten Tag der Disputation weiter, um seinen Gegner ins Zwielicht zu setzen: Alles, was Luther zum Primat des Papstes zu sagen habe, sei doch in Konstanz, beim Ketzerprozess gegen Jan Hus, bereits widerlegt worden? Wie komme er, der Herr Doktor aus Wittenberg, dazu, die

Ketzereien des Böhmen öffentlich zu wiederholen? Ist er gar ein Anhänger der Hussiten? Luther weist die Unterstellung zurück und hält sich sein Nelkensträußchen unter die Nase, als wolle er zeigen, dass er dem Denunziationsgestank, den Eck verbreitet, etwas Wohlriechendes entgegenzuhalten hat. Eck setzt sofort nach: »Ist der Herr Pater so gegen die Hussiten, wirklich? Warum schreibt er dann nicht gegen sie mit all seinen vorzüglichen Geistesgaben?« Jetzt fühlt sich Luther getroffen und kündigt an, nach der Mittagpause etwas Grundsätzliches zu Hus und zum Konzil von Konstanz zu sagen. Jeder im Saal rechnet damit, dass der Angegriffene sich, beraten von seinen Wittenberger Freunden, ein dialektisches Ausweichmanöver einfallen lässt, um sich keine Blöße zu geben.

Als Luther wieder den Saal betritt, ist die Spannung mit Händen zu greifen. Zum Entsetzen der Zuhörer sagt er: »Unter den Artikeln des Johann Hus und der Hussiten sind viele wahrhaft christliche und evangelische Sätze, die kann die Kirche gar nicht verdammen!« Ein Raunen geht durch den Raum, der Herzog erhebt sich und ruft erregt: »Das walte die Pest!« Gerade für ihn, dessen Mutter eine Tochter des böhmischen Ketzerkönigs Podiebrad gewesen ist und dem man deshalb immer wieder geheime Sympathien für das Ketzerland nachsagt, ist Luthers Erklärung hier, auf seinem Schloss, wie eine schallende Ohrfeige. Den Vorwurf des Hussitentums fürchtet er wie die Pest. Für Eck aber ist sie ein Geschenk des Himmels. Jetzt hat er den Ketzer da, wo er ihn haben wollte! Wie, dröhnt er, Luther halte also daran fest, dass das anerkannte Konzil von Konstanz geirrt habe? Luther unterbricht ihn ebenso lautstark: »Das ist eine unverschämte Lüge!« Er habe nie etwas gegen Konstanz gesagt. Eck erklärt, man könne das leicht aus Luthers Schriften ableiten, und er werde das in den nächsten Tagen auch tun. Er sei, da gebe es nichts zu deuten, ein »Patron der Hussiten«.

In gewisser Weise, das weiß Luther, hat Eck recht. Er kann dies aber hier, in Gegenwart des Herzogs, der die Macht hat, ihn festzusetzen, nicht eingestehen. Es geht um seinen Kopf, da darf er sich keine falschen

Das Streitgespräch zwischen Luther (unterstützt von Andreas Karlstadt) einerseits und Johannes Eck auf der Pleißenburg in Leipzig dauerte fast drei Wochen, vom 27. Juni bis zum 15. Juli 1519. Eck, der groß, kräftig und robust wie ein Soldat wirkte, brachte den vom vielen Studieren hager und ausgezehrt wirkenden Luther immer wieder in Schwierigkeiten, indem er weniger den Ablass

Zugeständnisse erlauben, die dem Gegner einen Trumpf in die Hand geben. Wieder bedauert er, entgegen den Ratschlägen seiner Freunde, nach Leipzig gekommen zu sein. Wie er diese Schaukämpfe hasst, bei denen

thematisierte als vielmehr die Rolle des Papstes und der Konzilien sowie die gefährliche Nähe Luthers zu Jan Hus. Obwohl Luther und Karlstadt von einer ganzen Schar von Mitarbeitern unterstützt wurden – Melanchthon, Lang, drei Juristen und einige Graduierte der Theologie –, behielt Eck doch meistens das letzte Wort.

allein taktische Finessen zählen, nicht aber der Wille zur Wahrheit! Ein eitler Wettstreit der »Zungenfertigkeit und des Gedächtnisses«, wie er später über die Leipziger Disputation urteilen wird. Aber sei's drum: Er wird jetzt in die Offensive gehen und Eck in seiner Selbstherrlichkeit angreifen! Warum, fragt er ihn scharf, spielt Ihr Euch als Richter auf? Ihr seid doch auch nur ein Disputant! Wie komme er, der »Schreier«, dazu, ihm dauernd ins Wort zu fallen? Statt ihn totreden zu wollen, solle Eck bei der Sache bleiben und belegen, dass Konzilien nicht irren könnten. Und Konstanz habe geirrt! Er sei gern bereit, ihm das zu beweisen. Eck ist überrascht, jetzt muss er, der große Ankläger, sich selbst rechtfertigen. Aber schnell hat er sich gefasst und wiederholt einfach nur seinen Ketzervorwurf, um das nach Zuspitzungen gierende Publikum zu beeindrucken. »Hochwürdiger Herr Pater«, erklärt er feierlich, »wenn Ihr glaubt, dass ein gesetzesmäßig zustande gekommenes Konzil geirrt habe und irren könne, so seid Ihr mir wie ein Heide und Zöllner.« Dann hebt er die Stimme und spricht das Wort aus, das alle hören wollen: »Was ein Ketzer ist, brauche ich hier nicht auszuführen!«

Er hat Luther in der Falle, und da soll er bleiben. Er setzt auf die Sturheit seines Gegenübers, und sein Instinkt trügt ihn nicht. Luther schwört nicht ab, manövriert sich erneut in die Ketzerecke: Eck möge ihm beweisen, dass die Artikel der Hussiten, die er als christlich bezeichnet habe, irrig seien. Er sei es satt, immer nur Meinungen zu hören, erwarte Belege aus der Schrift. Die kann Eck nicht liefern, sondern nur Konzilsbeschlüsse und Lehrmeinungen der Kirchenväter, sodass die beiden tagelang aneinander vorbeireden. Aber dem Publikum gefällt das Katz-und-Maus-Spiel, bei dem Eck den Part der Katze übernommen hat, die die Maus jagt.

Weniger dramatisch verlaufen die Streitgespräche über das Fegefeuer, die Ablassfrage und die Bußlehre. Man hat sich drei Wochen lang aneinander gerieben und ist erschöpft, was auch das Publikum spürt. Als sich der brandenburgische Kurfürst Joachim I. am 14. Juli mit Gefolge beim Herzog zum Besuch anmeldet, wird die Disputation eilig geschlossen. Jetzt setzt die Fama ein, Protokolle und Memoranden werden gedruckt, um die öffentliche Meinung in diesem oder jenem Sinne zu beeinflussen. Wegen seines forschen Auftretens und seiner Eloquenz hat

Johannes Eck die Mehrzahl der Zuhörer für sich einnehmen können, das müssen auch Luther und seine Mitstreitern einsehen, als sie nach Wittenberg zurückgekehrt sind und erste Berichte eintreffen. Eck bleibt in Leipzig, um sich als Sieger feiern zu lassen. Der Herzog hat ihm schon während der Disputation einen Hirsch zum Geschenk gemacht und ihn mehrmals an seine Tafel gebeten. Auch der Rat der Stadt zeigt sich großzügig und überhäuft ihn mit Präsenten. Im Triumph reist Eck zurück nach Ingolstadt, wo die »Siegesfeier« munter weitergeht, denn Universität und Stadt sind stolz auf ihren Drachentöter, der das »Untier« zur Strecke gebracht hat. Beflügelt von seinem Erfolg, versucht Eck auch bei Friedrich dem Weisen gegen Luther zu agitieren, bittet ihn bei einem Treffen in Altenburg, die »Resolutionen« verbrennen zu lassen, »ehe das Ungeziefer überhandnehme«. Als der Kurfürst ablehnt, schreibt er an den berüchtigten Kölner Inquisitor Jakob von Hoogstraten und fordert ihn auf, gegen Luther tätig zu werden. In seinem Denunziationsschreiben verkürzt Eck Luthers Aussagen so stark, dass der Ketzerrichter den Eindruck bekommt, Luther habe alles geleugnet, was zu den Grundfesten der Kirche gehört. Dann eilt er nach Rom, um sich selbst in das Ketzerverfahren einzuschalten.

Gefahr droht aber noch von anderer Seite. Bis nach Prag ist inzwischen die Kunde gedrungen, dass ein deutscher Mönch gegen Rom aufbegehrt und sich, wie einst Jan Hus, nicht einschüchtern lässt, ja es gewagt hat, sich in einer öffentlichen Disputation auf Hus zu berufen. Erasmus-Anhänger senden dem »sächsischen Hus« ein Buch des böhmischen Ketzers über die Kirche zu. Der Begleitbrief wird unterwegs geöffnet, und so verbreitet sich das Gerücht, Luther sei nun endgültig zum Hussiten geworden. Der Dresdner Hofkaplan Hieronymus Emser heuchelt in einem offenen Brief Betroffenheit über diese falsche Vereinnahmung Luthers durch die »Prager Utraquisten« (»Kelchler«), gießt damit aber Öl ins Empörungsfeuer. Luther rührt den Band nicht an und sendet als Gegengabe seine in Basel gedruckten sämtlichen Werke nach Prag. Erst einige Wochen später, als das Hus-Buch auch in Deutschland heftig diskutiert wird, nimmt er es schließlich doch in die Hand und ist sofort überwältigt: »Ich habe bisher unbewusst alles, was Hus hat, gelehrt«, schreibt er an Spalatin, »auch Staupitz hat unbewusst das Gleiche getan. Wir sind alle unbewusste Hussiten, auch Paulus und Augustin. Wie schrecklich sind die Gerichte Gottes: Die evangelische Wahrheit ist schon vor hundert Jahren verbrannt, wird heute verdammt, und niemand darf sich zu ihr bekennen!«[8] Was Hus über den Vorrang der Bibel, das Abendmahl, den Laienkelch und die Sakramente schrieb, entspricht genau dem, was auch er im Begriff ist, in mehreren Schriften, die sich an das Kirchenvolk wenden, niederzuschreiben. Doch bevor er sich an die »jungen Leute« wendet, die einmal wie er für die Wahrheit einstehen sollen, müssen unbedingt seine Feinde in Schach gehalten werden: Nur so kann er sein Amt als »Prophet des Evangeliums« ausüben!

Während Eck im Hintergrund weiter die Fäden spinnt, um den Ketzerprozess gegen Luther voranzutreiben, organisieren Karlstadt und Melanchthon die Gegenoffensive. Sie erwecken den Eindruck, als handle es sich hier um eine Fortsetzung der Reuchlin-Affäre, die in Humanistenkreisen noch in frischer Erinnerung ist. Jetzt sei es Martin Luther, dem Unrecht geschehe, der Ablasskritiker sei von der Kölner Inquisition, von Ketzermeister Jakob von Hoogstraten, bedroht. Und haben nicht auch die Franziskaner aus Jüterbog, aufgehetzt durch Eck, schon im Mai beim Bischof von Brandenburg Klage gegen Luthers »ketzerische Schriften« eingereicht? Man muss dem mutigen Mann jetzt beispringen! Die Humanisten spitzen ihre Federn gegen den vermeintlichen Sieger von Leipzig. Mit satirischen Beiträgen machen sie Johannes Eck lächerlich, spielen mit seinem Namen, der ursprünglich J=Eck, also Jeck (Narr) gelautet habe. Der Nürnberger Poet und Humanist Willibald Pirckheimer veröffentlicht eine Satire mit dem Titel *Der abgehobelte Eck*, die überall in deutschen Landen mit Hohngelächter quittiert wird. Auch Karlstadt steuert besonders grobianische Streitschriften bei, was der Sache mehr schadet als nützt. Luther fühlt sich in seinem Element und lässt gleich drei Schriften gegen Eck drucken, eine Neuauflage seiner *Resolutiones*, eine scharfe Zurückweisung der Klageschrift der Jüterboger Mönche sowie einen persönlichen Bericht über die Leipziger Disputation.

Eck kontert mit der Aufforderung, alle diese »Schmähschriften« seien zu verbrennen, und wütet, wo immer er auftritt, gegen die »pestilenzialische Wittenberger Universität«. Doch der immer weitere Kreise ziehende Streit wirkt wie eine Werbung für die Leucorea und ihre Professoren, sodass sich in der Folge zahlreiche Studenten immatrikulieren lassen, ein schwerer Schlag für Leipzig, das den unaufhaltsamen Aufstieg der jungen Wittenberger Universität hinnehmen muss. Auch außerhalb Deutschlands sind die Versuche Ecks, Luther zu diskreditieren, weitgehend erfolglos. Die Pariser Sorbonne lässt sich trotz größter Bemühungen des Herzogs Georg von Sachsen nicht für ein Gutachten gewinnen, und auch die Universität Erfurt lehnt das Ansinnen, sich gegen Luther in Stellung bringen zu lassen, ab. Im Dezember 1519, ein halbes Jahr nach dem vermeintlichen Sieg Ecks gegen Luther in Leipzig, hat sich das Blatt gewendet: In den Kreisen der Gebildeten triumphiert Luther, während Eck ganz allein dasteht, dem Spott der Öffentlichkeit preisgegeben. Aber einen Teilerfolg hat der Dominikaner doch errungen: Er hat die Nachbarn Kursachsens, den Kurfürsten von Brandenburg und den Herzog Georg von Sachsen, gegen Luther aufgebracht, sie zum Todfeind des Wittenbergers gemacht.

Ermutigt durch den Beistand seiner Freunde, antwortet Luther mit einem Plakatdruck auf die Angriffe des Kölner Inquisitors Jakob Hoogstraten, der Papst Leo X. aufgerufen hat, etwas gegen den Wittenberger zu unternehmen. Luther schlägt mit äußerster Grobheit zurück: »Darum gehe hin, du unsinniger, blutdürstiger Mörder … erforsche und suche Roßkäfer (nicht fromme Christen) in ihrem Mist, bist du lernest, was Sünde, Irrtum, Ketzerei sei.«[9] Mit Hoogstraten hat Luther nun auch die Universitäten Köln und Löwen gegen sich, die unter dem Einfluss des Ketzermeisters stehen, aber das bekümmert ihn nicht. Er weiß seinen Landesherrn hinter sich, das genügt ihm. Doch auch diese Bastion

179

ist gefährdet. Friedrich der Weise, länger schon an Gicht und Nierenkoliken leidend, ist von den Anstrengungen des Reichstags gezeichnet und liegt seit Wochen mit Fieber im Bett. Am Hof rechnet man schon mit seinem frühen Tod, denn der Kurfürst ist erst 56 Jahre alt. Was kann sein Schützling tun, um ihn aufzurichten? Luther verfasst für den Totkranken die Schrift *Vierzehn Trostgründe für die Mühseligen und die Beladenen*, in der er darlegt, wie gering menschliches Leiden sich ausnimmt gegenüber der Passion, die Christus zu erdulden hatte. Christi Vorbild soll den Kranken aufrichten und ihm Zuversicht schenken.

In schneller Folge verfasst Luther auf Bitten des Kurfürsten weitere Sermone über das Sterben, die Buße, die Taufe, das Abendmahl und den Wucher. Im *Sermon von dem Wucher* beklagt er das Zinsnehmen, wie es vom Bankhaus Fugger, das bis zu zwanzig Prozent Zins einstreicht, so erfolgreich praktiziert wird. Das Verhalten des Christen müsse von Liebe, nicht vom Gewinnstreben bestimmt sein. Gerade die Kirche verstoße mit ihren Geschäftspraktiken unentwegt gegen die christliche Lehre! Auch im Verständnis der Sakramente geht Luther einen völlig neuen, ja geradezu revolutionären Weg, der deutlich aus der katholischen Kirche herausführt. Für ihn ist das Sakrament lediglich ein Zeichen, das ohne den Glauben keine heilsame Wirkung entfaltet. Nicht die Kirche spendet das Sakrament, sondern die Gnade Gottes. Die Taufe bedeutet nicht nur Teilhabe an der Kirche, sondern in erster Linie Vergebung der Sünden und Aufnahme in den Ewigen Bund mit Gott; das Abendmahl ist in ganz ähnlicher Weise Kommunion, Einswerden mit Christus, der bei der Feier gegenwärtig ist. Von der Transsubstantiation, der mystischen Verwandlung von Brot und Wein in den Leib Christi, ist nicht die Rede. Für Luther ist dieser aus der Naturphilosophie übernommene Begriff der katholischen Sakramentenlehre reine Spekulation, für die es keinerlei Begründung in der Bibel gibt. Dringend müsse die Form der Eucharistie, der Kultus der Abendmahlsfeier reformiert werden. Ein künftiges Konzil solle festlegen, dass man allen Menschen, nicht nur den geweihten Priestern, Brot und Kelch reiche. Damit bestätigt Luther seinen Verfolger

Eck in allen Punkten: Dieser Reformvorschlag ist reines Hussitentum, denn der Laienkelch ist ja das Symbol der ketzerischen Böhmen!

Aber Luther geht in dieser Frage noch sehr viel weiter: Statt sieben soll es künftig nur noch drei Sakramente geben: Buße, Taufe, Abendmahl. Das Sakrament der Ehe, die Firmung, die Krankensalbung und die Priesterweihe seien in der Bibel nicht bezeugt und somit Erfindungen der Kanoniker, »nichts als welsche Fabelei«, um die Macht der Priester zu vergrößern! Am 3. Februar 1520 schreibt er an Spalatin, es sei ein Irrtum, die Priesterweihe, die Ordination, zu einem Sakrament zu erklären, denn zwischen Priestern und Laien gebe es keinen wirklichen Rangunterschied: »Geistliche und Laien unterscheiden sich, wie es scheint, nur dadurch, dass die Ersteren den Auftrag haben, die Sakramente und das Wort Gottes zu verwalten. Sonst sind sie einander völlig gleich. Petrus und Johannes sagen ja auch direkt: Alle sind Priester.«

Damit öffnet Martin Luther eine letzte Tür, die in eine Kirche führt, die mit der römischen nur noch wenig gemein hat, aber viel mit dem ursprünglichen Evangelium, wie es in der Schrift geoffenbart ist. Der Reformer stellt in seinen neuen Schriften fast alles infrage, was das Selbstverständnis der Kirche seiner Zeit ausmacht: Priestertum und Hierarchie, Papstamt, Zölibat und sogar das Mönchstum! Wie sollen die Gläubigen das verstehen: Da verkündet ein Mönch des Schwarzen Klosters, dass die Glaubenspraxis seines Ordens ein Irrtum sei, denn der wahre Christ bewähre sich im Alltag, in Beruf und Familie, nicht in der mönchischen Absonderung, in der man Gott durch Extraleistungen gnädig zu stimmen versuche. In einer Predigt im sächsischen Kemberg führt er aus, was in seinen Augen echte Frömmigkeit ist: »Wer seine Berufspflichten vernachlässigt, dem nützt alles Fasten, Wallfahren, Rosenkranzbeten, Messestiften, und was dergleichen ›guten Werke‹ mehr sind, nichts. Sorge erst für dein Weib, deine Kinder und die Armen und dann wallfahre gen Rom, stifte Kerzen, Messen, neue Altarbilder usw.! Stattdessen zankst du unausgesetzt mit deinem Weibe und lässt dich von dem Teufel verblenden, solch schillernde gute Werke zu tun.«

Diese klare, auf das Lebensgefühl des einfachen Menschen zielende Belehrung von der Kanzel herab kommt gut an. Auch die Forderung, statt Bettlern Geld zu geben, sich besser in Vereinen und Bruderschaften der Armenpflege zu widmen, leuchtet jedermann ein. Die Verquickung glaubenspraktischer Vorschläge mit einer radikalen Reform des Kultus – ein Kennzeichen der hussitischen Bewegung – wird in ihrer Gefährlichkeit von Luthers Gegnern sofort erkannt. Sein Ansinnen, den Laienkelch einzuführen, erregt Herzog Georg so sehr, dass er sich bei Kurfürst Friedrich persönlich über den »heimlichen Hussiten« beschwert. Auch die Bischöfe von Meißen und Merseburg machen auf seinen Wink gegen den »sehr pragischen« Sermon vom Abendmahl mobil. Friedrich der Weise ist besorgt und fordert Luther auf, ihm eine beschwichtigende Erklärung vorzulegen, die den Vorwurf der Ketzerei entkräftet. Luthers Erläuterung liest sich aber eher als Verspottung seiner Gegner und erzürnt den Bischof von Meißen erst recht. Spalatin, seinem Vertrauten sonst sehr zugetan, ermahnt ihn im Namen des Kurfürsten, solch böse Scherze künftig zu unterlassen. Luther weist die Kritik zurück: Man schmähe ihn als »Böhme«, beleidige seine Eltern und dichte ihm eine falsche Herkunft an – warum also soll *er* die »höllischen Plagegeister« schonen? Er räumt zwar ein, dass er oft zu heftig sei – aber man reizt einen Hund ja nicht umsonst! Dann würde man eben gebissen. »Das Wort Gottes ist Schwert, Krieg, Fall, Ärgernis, Verderben, Gift!«[10] Als Prophet der Wahrheit muss er sich keinen Maulkorb anlegen lassen! Wenn jedes scharfe Wort eine Lästerung sei, belehrt er Spalatin, dann müsse man auch Christus und Paulus als Lästerer bezeichnen. Er ist allerdings bereit, an die Bischöfe freundliche, abwiegelnde Briefe zu schreiben, die ihre Wirkung nicht verfehlen.

Luther weiß, wie sehr er die Geduld des Kurfürsten auf die Probe stellt. Dass man ihn nicht hat fallen lassen, als Rom ihm mit Ketzerprozess und Bann drohte, verdankt er dem Beistand von Friedrichs Räten, alles »gute Lutherer«. Und vor allem auch Herzog Johann, dem Bruder des Kurfürsten. Wie kann er sich dem treuen Mann, der den schönen

Zusatz »der Beständige« im Namen führt, gegenüber dankbar erweisen? Vielleicht durch eine Erbauungsschrift in deutscher Sprache, denn darauf, lässt man ihn wissen, sei Johann »ganz begierig«. Auf Spalatins Drängen entschließt er sich, seinen gerade entstehenden *Sermon von den guten Werken* dem Herzog zu widmen.

Als er das Werk am 29. März 1520 Johann zueignet, hat er das Gefühl, dies sei das bislang beste seiner Bücher. Es ist der Versuch, eine auch für den Laien lesbare christliche Ethik vorzulegen, in der die falschen und eitlen Werke von den rechten und guten unterschieden werden. Luther tritt damit auch dem Vorwurf entgegen, er verbiete geradezu »gute Werke«, indem er die Werkgerechtigkeit als sündhaft ablehne. Deshalb schreibt er gleich zu Anfang seiner Schrift, das »erste und höchste, alleredelste gute Werk ist der Glaube an Christus«.[11] Wie schon im Römerbrief-Kommentar ausgeführt, kann Luther an den Werken, die ohne christlichen Glauben geschehen, nichts Gutes finden. Denn sie wurzeln in Selbstbezüglichkeit und Eitelkeit, bleiben der Sünde verhaftet. Aus dem Glauben und nur aus dem Glauben fließen die guten Werke! Das großartigste Werk eines Gelehrten, der nicht glaubt, sei nichts wert im Vergleich zu dem, was ein gläubiger Mensch vollbringt, wenn er sein Tagwerk leistet, ob er nun geht oder steht, isst oder trinkt, arbeitet oder schläft. Als Beleg zitiert Luther Prediger 9,7: »Gehe hin fröhlich, iss und trink und wisse, dass deine Werke Gott wohlgefallen. Lass dein Kleid allezeit weiß sein, und das Öl lass deinem Haupt nimmer gebrechen. Brauche das Leben mit deinem Weibe, das du lieb hast, alle Tage dieser unsteten Zeit, die dir gegeben sind.«[12] Weil ich an Gott glaube, gefällt ihm alles, was ich tue! Luther verkehrt die katholische Anschauung in ihr Gegenteil: Gut ist nicht das, was man tut, um Gott zu gefallen, also Fasten, Rosenkranzbeten, Wallfahren, Almosen spenden, Messen stiften, sondern gut ist, was durch Gottes Gnade im Menschen bewirkt wird und dadurch in die Welt hinauswirkt. »Wer glaubt, der sündiget nicht«,[13] schreibt Luther, den Apostel Johannes zitierend. Von nun an ist es dem Gläubigen nicht mehr gestattet, ein Doppelleben zu führen, Alltag und

Glaube sind keine Gegensätze, im Gegenteil: Gelebter Glaube bewirkt die moralische Aufwertung der Lebensarbeit, ihre Heiligung! Frömmigkeit ist Wirksamkeit, die Welt ist der Ort, an dem sich der Glaube zu bezeugen, zu bewähren hat.

Die geheimnisvolle Kraftquelle, aus der das Gute fließt, ist der Glaube an die Liebe Christi. Diese Liebe verwandelt auch mich, aus ihr heraus tue ich vertrauensvoll das Gute – ohne Vorsatz und Gesetz. Der Glaube sei wie ein aus dem tiefsten Inneren strahlendes Licht, das die ganze Existenz des Menschen erleuchtet, schreibt Luther, Matthäus zitierend: »Euer Licht soll leuchten vor den Menschen, auf dass sie eure guten Werke sehen und euren Vater preisen, der im Himmel ist.« Sinnbild dieser verwandelnden Kraft ist die Liebe zwischen Mann und Frau: »Wenn ein Mann oder Weib vom andern Liebe und Wohlgefallen erwartet, und das fest glaubt – wer lehret denselben, wie er sich stellen soll, was er tun, lassen, sagen, schweigen, denken soll? Die *Zuversicht* allein lehret ihn das alles, und mehr als not ist. Da ist ihm kein Unterschied in Werken, er tut das Große, Lange, Viele so gern wie das Kleine, Kurze, Wenige und umgekehrt und dazu mit fröhlichem, friedlichen, sicheren Herzen und ist ganz ein freier Geselle.« In ähnlicher Weise handelt auch der Gläubige: »Ein Christenmensch, der in dieser Zuversicht gegen Gott lebt, weiß ebenso alle Dinge, vermag alle Dinge, nimmt alle Dinge auf sich, was zu tun ist, und tut alles fröhlich und frei, nicht um gute Verdienste und Werke zu sammeln, sondern weil es ihm eine Lust ist, Gott auf diese Weise gut zu gefallen; er dient Gott ganz umsonst, daran zufrieden, dass es Gott gefällt.«[14]

Der wahre Christ ist befreit von dem Zwang, in seinem Tun und Handeln eine Bestätigung zu finden, immer nur um sich selbst zu kreisen. Er ist frei, das zu tun, was ihm die Nächstenliebe aufträgt. Der Vernunftmensch dagegen wägt unablässig den Nutzen seines Handelns ab: »Er läuft zu Sankt Jakob, nach Rom, Jerusalem, hier- und dahin, betet das Brigitten-Gebet, dies und das, fastet diesen und jenen Tag, beichtet hier, beichtet da, fragt diesen und jenen und findet doch nicht Ruhe und tut das alles mit großer Beschwernis, Verzweiflung und Unlust seines Herzens …« Für diese »Zweifler«, so Luther, ist das Gesetz da, sie sollen sich an die Gebote halten, weil ihnen das Gute nicht aus dem Glauben kommt. Über die Kraft der Liebe verfügten nur die starken und reifen Christen, nicht die im Glauben Schwankenden oder gar jene, die das Böse im Herzen tragen. Die Bösen müsse man, wie Paulus fordert, »mit geistlichen und weltlichen Gesetzen wie die wilden Pferde und Hunde zwingen«, und wo das nicht hilft, »durchs weltliche Schwert ums Leben«[15] bringen. Die hartnäckige Weigerung des Sünders, das Gnadenangebot Gottes anzunehmen, sich im Geist Christi veredeln zu lassen, ruft den »Zorn Gottes« hervor. So muss das weltliche Schwert das göttliche Gesetz vollstrecken.

Leitfaden des Textes sind die Zehn Gebote; an ihnen erläutert Luther, was er unter christlicher Moral versteht. Das erste Gebot – »Du sollst keine anderen Götter haben neben mir« – erfüllt sich im Glauben, das zweite im Gotteslob: »Nach dem Glauben vermögen wir nichts Größeres zu tun, als Gottes Lob, Ehre, Namen zu preisen …«.[16] Als Christ solle man sich jederzeit zu Gott bekennen, auch wenn das Verfolgung, ja Martyrium bedeute. Selbst wenn man nicht die Kraft zum Widerstand aufbringe, dürfe man niemals seinen Glauben verleugnen. Das dritte Gebot – »Du sollst den Feiertag heiligen« – nutzt Luther, um Grundsätzliches über den Gottesdienst zu sagen. Es gebe zu viele Feiertage, die zum »Müßiggehen, Fressen und Saufen« einladen. Auch das Fasten müsse neu gelernt werden, nichts sei jedoch schädlicher als die gedankenlose Regel. »Wo nun jemand fände, dass von Fischen sich mehr Mutwillen in sein Fleisch erhöbe als von Eiern und Fleisch, soll er Fleisch und nicht Fisch essen. Wenn es umgekehrt jemand fände, dass ihm vom Fasten der Kopf wüst und leer und toll oder der Leib und Magen verderbt würden oder er dessen nicht nötig hat noch bedarf … soll er das Fasten ganz anstehen lassen und essen, schlafen, müßiggehen so viel ihm zur Gesundheit nötig ist, unangesehen, ob es wider der Kirche Gebot oder die Gesetze von Orden oder Ständen sei.«[17]

Viel wichtiger als alle diese Gebote sei die Verkündigung des Evangeliums. Aber wo sind die rechten Prediger geblieben? Nichts erzürne Gott mehr als der Missbrauch der Messe! Das Murmeln von Gebeten ohne innere Anteilnahme müsse aufhören, wer ohne Glaube und Zuversicht bete, der sündige. Beten, das sei nicht nur das Nachsprechen von Formeln, sondern das lebendige Zwiegespräch mit Gott. Wer nicht bete, sei bereits in den Fängen des Satans, der ihm einblase, er bedürfe der Fürbitte nicht. Ein ehrliches Gebet im Schweinestall sei unendlich viel mehr wert als das feierlich in »hohen, großen, schönen Kirchen« gesprochene! Statt Kreuzzüge gegen die Türken zu organisieren, sollten die Fürsten dafür streiten, dass der Glaube »nicht untergeht, die Liebe erkaltet, Gottes Wort zurücksteht, allerlei Sünde überhandnimmt«. Päpste und Bischöfe versagten im Kampf gegen die verlotterte Geistlichkeit, »die viel ärger als Türken sind«. An dieser Stelle seiner Schrift spricht Luther den Herzog persönlich an, fordert ihn auf, sich an die Spitze zu stellen im Kampf »gegen die Teufel und höllischen Gewalten«.[18] Christus werde am Jüngsten Tag nicht fragen, wie viel die Fürsten für *sich* gebetet hätten, sondern was sie für die Allergeringsten, ihre Nächsten getan hätten.

Noch einmal, bei der Auslegung des vierten Gebots – »Du sollst Vater und Mutter ehren« – kommt Luther auf den Missbrauch der Macht zu sprechen. Schnell wird daraus eine Philippika gegen Adel und Kirche, gegen weltliches *und* kirchliches Regiment. Die Kurie sei zu einem Pfründen- und Ablassmarkt verkommen, die Stellen würden nur noch von »Stallbuben« und »Lustknaben« besetzt. Am besten wäre es, die Fürsten würden erst einmal selbst ihre Kurtisanen abschaffen! Gezielt nutzt Luther den Gegensatz zwischen den deutschen Fürsten und der Kurie in Rom und gibt seinen Reformvorschlägen damit eine nationale Stoßrichtung. Er schont aber auch den Adel nicht: Völlerei und unmäßiger Kleiderluxus seien genauso unchristlich wie Geldgeschäfte und der Bordellbetrieb.

Herzog Johann nimmt die brisante Schrift entgegen, ohne zu ahnen, dass sie nur der erste Fanfarenstoß eines spirituell-moralischen, politisch folgenreichen Angriffs auf die Verhältnisse in Deutschland ist, wie sie auch er und seine Fürstenfamilie verkörpern. Luthers neues Frömmigkeitsideal ebnet den Unterschied zwischen weltlichem und geistlichem Handeln ein, Christsein bedeutet nun, jederzeit und an jedem Ort ernst zu machen, ob im Beruf oder in der Familie, gegenüber der Obrigkeit, der Kirche oder welcher Gewalt auch immer. An die Stelle der Vorstellung, dass die Mönche in den Klöstern durch strenge Exerzitien stellvertretend für die Welt das allgemeine Heil befördern, tritt die Überzeugung, jeder Gläubige habe immer und überall im Geiste Christi zu handeln. Es gibt keinen Unterschied mehr zwischen der gewöhnlichen Moral und der Mönchs- oder Priestermoral. Wie bei der Eucharistie ist die Schranke zwischen den Geweihten und den Laien endgültig gefallen – zumindest im Kopf eines Mannes, der das eigene Gewissen, das Wissen um die wirkende Gnade Gottes, zum alleinigen Maßstab des Handelns macht.

Warum das plötzlich alles aus ihm herausdrängt wie eine magmatische Eruption, ist Luther selbst unbegreiflich. Ist es der überwältigende Zuspruch der Freunde, die Treue der kurfürstlichen Familie, das klägliche Verhalten seiner Gegner, die seinen Argumenten immer nur ihr Machtkalkül entgegenzusetzen haben? Oder die erlösende eigene Gewissheit, vor Gott schließlich doch gerechtfertigt zu sein – allein durch Glauben? Dieser Glaube verlangt von ihm, die Wahrheit *vor* aller Welt und jetzt auch *gegen* die Welt, gegen den »Antichristen« in Rom, zu verkünden. Er hat seine Glaubenswahrheit bereits vor einem Tribunal und in zwei Disputationen verteidigt, gegen den Papst und seine Vertreter, gegen die Verfolger im Reich und die Interessen der Fürsten, für die das Seelenheil weniger wiegt als ihre dynastischen und finanziellen Interessen. Er, der kleine Mönch, hat nichts als die evangelische Wahrheit. Aber sie ist eine Macht, die die Welt aus den Angeln hebt!

SIEBTES KAPITEL

Androhung des päpstlichen Banns. Studentenkrawalle in Wittenberg.
Ulrich Hutten und Franz von Sickingen. »An den christlichen Adel
deutscher Nation«. Porträtiert von Lucas Cranach. Luthers Bücher werden
verbrannt. »Von der babylonischen Gefangenschaft der Kirche«.
Brief an Papst Leo X. »Von der Freiheit eines Christenmenschen«.
Bücherverbrennung auf dem Schindanger. Als Häretiker überführt
und verurteilt. Kaiser Karl V. zitiert Luther nach Worms.

Während Luther in Wittenberg unbeirrt die Verbreitung seiner Reformvorschläge betreibt, arbeiten seine Verfolger in Rom an der Bannbulle. Da sich Friedrich der Weise hartnäckig weigert, seinen Schützling auszuliefern, wird die Androhung des Banns auch auf ihn und Luthers Anhänger ausgeweitet. Nacheinander beschäftigen sich zwei Kommissionen unter dem Vorsitz von Kardinal Cajetan mit den »Irrlehren« Luthers. Sie stützen sich dabei vor allem auf die Verdammungsurteile der Universitäten von Köln und Löwen, die im Februar auf Betreiben des Ketzermeisters Jakob von Hoogstraten ihre Gutachten veröffentlicht haben. Cajetan, immerhin bemüht, zwischen den einzelnen Schriften Luthers zu unterscheiden, will die *causa Lutheri* möglichst ohne Folgen für das schwierige Verhältnis Roms zu den deutschen Fürsten abschließen.

Doch plötzlich erscheint Luthers hartnäckigster Verfolger auf der römischen Bühne: Johannes Eck. Mit seiner Schrift *De primatu Petri* (Über den Primat des Papstes) hat er sich in Rom wieder in Erinnerung gebracht. Auf sein Betreiben setzt der Papst eine dritte Kommission ein, die nun von dem Ingolstädter geführt wird, der als guter Kenner der deutschen Verhältnisse gilt und in Leipzig schon einmal erfolgreich gegen Luther angetreten ist. Seine Kommission besteht aus nur vier Anklägern, darunter Cajetan, und hat den Auftrag, die Bannbulle gegen Luther so rasch wie möglich zu veröffentlichen.

Am 21. Mai legt Eck dem Papst, der sich auf seinem Lustschloss Magliana zur Saujagd befindet, den Entwurf der Bulle *Exsurge Domine* vor. Sie beginnt mit den Worten: »Erhebe Dich Herr ... denn ein Wildschwein trachtet danach, Deinen Weinberg zu verwüsten!« 41 ketzerische Sätze Luthers führt die in sich widersprüchliche Schrift auf, der man anmerkt, dass sich ihre Verfasser aus fremden Gutachten bedient haben, ohne die Quellen zu kennen. Obwohl nicht alle Schriften Luthers von der Verdammung betroffen sind, werden die Gläubigen, auch Kaiser, Könige und Fürsten, aufgefordert sie weder zu lesen noch zu verbreiten, sondern sie sofort zu verbrennen. Begründet werden die Verdammungsurteile nicht, weder aus der Schrift noch aus der kirchlichen Tradition. Man begnügt sich mit der Bemerkung, die Thesen des deutschen Ketzers seien allesamt »eine Beleidigung für fromme Ohren«. Luther, dem jede weitere Predigttätigkeit verboten wird, erhält eine Frist von sechzig Tagen, um zu widerrufen. Weigere er sich, verfalle er als notorischer Ketzer dem Bann.

Der Papst ist hocherfreut über die rasche Erledigung der Arbeit und entlohnt den deutschen Dominikaner mit 500 Gulden und der Aussicht auf eine Pfründe in Ingolstadt. Bevor das Urteil am 15. Juni in der päpstlichen Kanzlei ausgefertigt und am 24. Juni in Rom öffentlich angeschlagen wird, erreicht Luther die Nachricht, dass Sylvester Prieras, der schon einmal mitgewirkt hat, ihn als Häretiker zu entlarven, ein neues Gutachten (*Epitoma responsionis ad Lutherum*) vorgelegt hat. Darin versteigt sich der Scholastiker zu der Behauptung, selbst wenn der Papst an der Spitze seines Trosses in die Hölle einzöge, bliebe das ihm von Christus verliehene Petrus-Amt unangreifbar. Wohl wissend, wie sehr die Kurie

Friedrich den Weisen noch immer bedrängt, seine Hand von ihm abzuziehen, schreibt Luther am 7. Juni an dessen Sekretär Spalatin, jetzt sei das Maß voll: Rom sei eine Hölle voller Teufel! Nun gibt es für ihn keinerlei Zweifel mehr: Im Vatikan regiert der Antichrist! Rasch lässt er das Prierias-Gutachten drucken, versieht es mit eigenen Anmerkungen, die schärfer nicht sein könnten. Nie zuvor hat man von einem Mönch einen so unverhüllten Aufruf zum blutigen Umsturz, zum Kreuzzug gegen das römische Sündenbabel vernommen! »Wenn wir Diebe mit dem Strang, Mörder mit dem Schwert, Ketzer mit dem Feuer bestrafen, warum greifen wir nicht vielmehr mit allen Waffen diese Lehrer des Verderbens an, diese Kardinäle, diese Päpste und die ganze Rotte des römischen Sodom, die die Kirche Gottes ohne Unterlass verderben, und waschen unsere Hände in ihrem Blut?« Als Luther den Druck schließlich in Händen hält, erschrickt er selbst vor dem Furor, der aus diesen Sätzen spricht, als habe der Teufel seine Feder gelenkt. Aber der Satan thront ja in Rom, und diesen gilt es auszumerzen.

Was solche Gewaltfantasien auslösen können, muss er nur wenige Tage später erleben, als Wittenberger Studenten sich wütende Kämpfe mit den Malergesellen von Lucas Cranach liefern. Es geht um ständische Vorrechte, die von den meist adligen Studenten beansprucht werden. Fast ein Drittel der Wittenberger sind Studierende, die das soziale Gefüge der kleinen Stadt zu sprengen drohen. Für Luther sind die Krawalle ein Werk des Satans, wie er am 14. Juli an Spalatin schreibt. Der Kurfürst möge dem Rektor der Universität verbieten, »den Aufruhr des Studentenpöbels gegen den Rat und das unschuldige Volk« zu schüren. Das führe nur zu »Mord und Blutvergießen«. Man habe den aufsässigen Studenten das lange verbotene Waffentragen erlaubt und erlebe nun mit Schrecken, wohin das führe. Luther hat allen Grund zur Sorge, dass man ihm selbst den Aufruhr anlasten könnte, denn er gilt bei seinen Feinden längst als »Hussit«. Die Verheerungen deutscher Lande durch plündernde Hussitenheere haben sich fest ins historische Gedächtnis eingebrannt. Und sind die meisten Studenten nicht wegen ihm, Martin Luther, nach Wittenberg gekommen, wo sie sich nun zusammenrotten und selbstherrlich gegen das Stadtregiment aufstehen? In einer Predigt am Tag nach den Unruhen, am 15. Juli, wendet sich Luther nachdrücklich gegen jede Form des Ungehorsams und lobt »die Gewalt der Obrigkeiten«, die von Gott eingesetzt seien, »dass nicht durch Aufruhr alles verwüstet würde«. Einige Studenten sind enttäuscht von ihrem Idol, das auf dem Katheder von der Freiheit des Gewissens doziert und von der Kanzel herab zum Stillhalten aufruft. Man droht, sollte das Mönchlein noch einmal solch eine Predigt halten, würde man ihm die »Platte polieren«, also den Schädel einschlagen.

Nichts ist Luther so verhasst wie Aufruhr, Gewalt und Krieg. Dagegen wird er immer wieder anschreiben und predigen! Der Mensch lebt unter der Ordo, einer umfassenden Ordnung, die von Gott gesetzt ist. Das gilt für die Gesetzmäßigkeiten im Kosmos und in der Natur, für den hierarchischen Bau der Kirche und für die Rechtsordnung des Staates gleichermaßen. Wer gegen die kirchliche oder staatliche Gewalt aufsteht, ist ein Aufrührer und muss in die Schranken gewiesen werden.

Was aber tun, wenn die Kirche selbst von Kräften unterwandert ist, die diese gottgegebene Ordnung umkehren, die Welt verwirren und in teuflisches Chaos stürzen? Hier zieht Luther, die eigene Verfolgung durch den Papst vor Augen, die entscheidende Trennlinie: Im heilsgeschichtlich notwendigen Endzeitkampf gegen den Teufel und seine Helfer in Rom ist der Umsturz der aus den Fugen geratenen Ordnung nicht nur erlaubt, sondern sogar geboten! Wer sich der Verantwortung entzieht, sei er nun Prälat oder Fürst, macht sich mitschuldig an der babylonischen Gefangenschaft der Kirche. Haben die Päpste in der langen Geschichte Roms nicht vielfach gefehlt, die *Una sancta* sogar ins Schisma, in die Kirchenspaltung, gestürzt, sich dabei gegenseitig verfluchend? Der Papst führt seine Kirche nicht zum Heil, sondern auf geradem Weg in die ewige Verdammnis! Sein Amt ist das Einfallstor des Bösen, der »Heilige Stuhl« zum Thron des Leibhaftigen geworden! Kann überhaupt noch jemand leugnen, dass der Papst ein »Seelenmörder« ist? Ein

End- und Antichrist, vor dem schon die Propheten und der Apostel Johannes warnten?

Lange hat Luther gehofft, dass die Reformen *mit*, nicht *gegen* Rom durchzusetzen seien. Als er erstmals gegen den Ablass auftrat, hatte er den Papst, der offenbar gar nicht wusste, welch schändlicher Missbrauch mit seinem Namen getrieben wurde, noch in Schutz genommen. Nun ist diese Hoffnung zerstoben: Auch Leo X., gerade er, dessen ganzes Interesse der Machtpolitik und Prachtentfaltung Roms gilt, ist Teil der teuflischen Usurpation der Kirche! Seine Weisung, das reformatorische Anliegen mit allen Mitteln zu unterdrücken, beweist doch, wie sehr der Papst bereits in den Fängen des Satans steckt. »Denn was nicht aus Gott ist, muss vom Teufel sein.« Bevor Christus am Tag des Weltgerichts wiederkehrt, muss, wie der Mönch Joachim von Fiore im 12. Jahrhundert vorausgesagt hatte, das neue Babylon von einem durch Gott ermächtigten Glaubenskämpfer in die Knie gezwungen werden. Erst nach dessen Sieg über den Antichrist wird Gottes Reich, das »Zeitalter des Heiligen Geistes«, anbrechen. Ist er, Martinus Luther, dieser Kämpfer, der den Drachen besiegt? Ist das »Mönchlein« der Prophet des echten Evangeliums und der wahren Kirche Christi? Hatte ihn der Zürcher Prediger Huldrych Zwingli nach der Leipziger Disputation denn nicht mit dem endzeitlich wiederkehrenden Propheten Elia verglichen? »Ich bin funden von denen, die mich nicht suchten, und erschienen denen, die nach mir nicht fragten«, verkündet Luther denn auch selbstgewiss nach Art der Propheten. Gott hat ihn auserwählt! Eine schreckliche Last seiner jungen Jahre ist endgültig von ihm genommen: Er muss sich nicht mehr vor dem Weltgericht fürchten, im Gegenteil, mit ganzer Seele sehnt er sich jetzt nach dem »lieben Jüngsten Tag«. Denn dann wird der Antichrist von seinem Thron gestoßen.

Am 10. Juli 1520 berichtet Luther seinem Vertrauten Spalatin, der fränkische Ritter Silvester von Schaumberg habe ihm bewaffnete Hilfe angeboten. Dies ändere seine Situation von Grund auf: Würde er seines Lehramts enthoben, wäre dies für Rom noch viel schädlicher, weil er dann nicht mehr unter Aufsicht des gemäßigten Kurfürsten stünde, sondern unter dem Schutz des romfeindlichen deutschen Adels. Und könne so noch viel »grimmiger gegen die Romanisten wüten«! Entschlossen kündigt Luther an, seinen Krieg gegen das Papsttum jetzt erst richtig aufzunehmen und bis zu dessen Zerstörung fortzuführen: »Nachdem nun einmal die Würfel gefallen sind, wird das Wüten und die Gunst Roms von mir ganz verachtet. Ich will mit ihnen nicht versöhnt werden noch in Ewigkeit mit ihnen Gemeinschaft haben. Sie mögen das Meine verdammen und verbrennen. Ich werde dagegen, wenn ich nur irgendein Feuer haben kann, das ganze päpstliche Recht verdammen und öffentlich verbrennen, d. h. den ganzen Pfuhl von Ketzereien, und die bisher vergeblich erwiesene Demut wird ein Ende haben, mit der sich die Feinde des Evangeliums nicht länger aufblasen sollen.«[1]

Luther kann sich bei seinem Entschluss, den Papst offen herauszufordern, nicht allein auf die Schutzzusage Silvester von Schaumbergs, sondern auch auf die des Reichsritters Ulrich von Hutten und des Condottiere Franz von Sickingen verlassen. Sickingen hatte ihm bereits im März auf einer seiner Burgen Asyl angeboten. Der Pfälzer ist ein legendärer Heerführer, der wechselnden Herren dient und schon viele Male Tausende Ritter und Landsknechte in den Krieg geführt hat. Als frommer Mann setzt er sich für eine Reform der Kirche »an Haupt und Gliedern« ein und versammelt auf seiner Ebernburg regelmäßig reformatorisch gesinnte Theologen und Prediger. Den Humanisten Ulrich von Hutten kennt man in ganz Europa als erfolgreichen Autor, der es versteht, überaus elegant auf Lateinisch zu dichten. Wie Luther ist er dabei, die deutsche Sprache als Mittel der politischen Agitation zu entdecken. Huttens Gedichte greifen polemisch auf, was das »gemeine Volk« umtreibt, und vieles klingt, als habe Luther es geschrieben: »Drei Dinge werden verkauft in Rom: Christus, Priestertum, Frauen. Drei Dinge sind verhasst in Rom: ein allgemeines Konzil, eine Reformation der Kirche und dass den Deutschen die Augen geöffnet werden. Drei Übel erbitte ich für Rom: Pestilenz, Hunger und Krieg. Das sei meine Trinität.«[2] An

Luther, sein Idol, schreibt Hutten fast ehrerbietig: »Was mich angeht, Martin, ich nenne dich oft den Vater des Vaterlandes. Du verdienst es, dass man dir ein goldenes Denkmal errichtet und einen Festtag nach dir benennt – denn du hast es als Erster gewagt, zum Rächer eines Volkes zu werden, das mit kriminellen Irrtümern überhäuft wurde!«[3]

Luther und sein Bewunderer Hutten unterscheiden sich jedoch in einem wesentlichen Punkt: Er, der Bibelgelehrte, wendet sich nicht an den sogenannten niederen Adel, dem der Reichsritter und seine Freunde angehören. Luther richtet seine Aufrufe an die Fürsten und großen Territorialherren, sie sind im Besitz der Macht, sie verkörpern die »Obrigkeit«, und sie befinden sich – wie zuletzt der Reichstag in Augsburg gezeigt hat – wie er selbst auf antikurialem Kurs. Hutten dagegen hasst die Fürsten. Sie schädigen mit ihren zusammengekauften Söldnerheeren den Ritterstand und verfolgen keine deutschen, sondern dynastische Interessen. Der Kampf des Reichsritters gegen Rom ist national ausgerichtet, Hutten versteht sich als »Kaiserlicher«, prangert die Ausplünderung der Deutschen durch die Italiener an, die er als »welsch« und »heimtückisch« verachtet. Luthers Hass gegen Rom ist weniger stark von patriotischen Gefühlen geleitet, im Papst sieht er weniger den Schädiger des Reichs, als vielmehr einen Feind Gottes.

Dennoch gelingt es Luther, beide Anliegen, das nationale und das geistliche, in einer einzigen Schrift so zu vereinen, dass die Wirkung in der Öffentlichkeit durchschlagend ist. Sein auf Deutsch verfasster offener Brief mit der programmatischen Überschrift *An den christlichen Adel deutscher Nation: Von des christlichen Standes Besserung* setzt mit einer Anrufung des jungen Kaisers ein. Karl V. muss die »deutsche Nation« aus den Klauen des Papstes retten! Um nicht zu scheitern wie andere Kaiser vor ihm, soll Karl aber nicht auf Gewalt setzen, sondern sich göttlichen Beistands versichern. »Je größer die Gewalt, desto größeres Unglück, wo nicht in Gottesfurcht und Demut gehandelt wird. Haben die Päpste und Römer bisher durch Teufels Hilfe die Könige ineinanderwirren können, so mögen sies auch noch (einmal) tun, so wir ohne

Gottes Hilfe mit unserer Macht und Kunst (drein) fahren.«[4] Ein nationales Konzil soll verhindern, dass der Papst die Kirche ins Verderben führt. Es müsse von Kaiser und Fürsten einberufen werden, um ein für alle Mal die römische Bastion zu schleifen, die das Papsttum errichtet hat. Luther findet dafür das Bild vom Einsturz der Mauern Jerichos durch die sieben Posaunen: »Nun helfe uns Gott und gebe uns der Posaunen eine … dass wir diese strohernen und papiernen Mauern auch umblasen …«[5]

Bevor das Konzil zusammentritt, stößt Luther schon einmal selbst in die Posaune. Die erste Mauer, die er in seinem im August 1520 veröffentlichten Aufruf einreißt, ist die von Rom behauptete Unterordnung des weltlichen Standes unter den geistlichen Stand. Das bedeutet für die kirchliche Ordnung geradezu einen Umsturz: Nicht nur Papst, Bischöfe, Priester und Mönche, auch der Adel, die Handwerker und Bauern sind »wahrhaftig geistlichen Standes«. Es gibt keinen Anspruch auf eine »höhere Weihe«, die den Geistlichen über den Laien setzt. Durch die Taufe sind alle Christen zum Priestertum berufen und geweiht. Der Christ braucht keinen menschlichen Mittler, um mit Gott zu kommunizieren. Jeder Christ ist fähig und befugt, das Wort Gottes zu verkündigen. Dieser Gleichheit vor Gott habe die vor dem Gesetz zu entsprechen, fordert Luther und greift damit die Immunität der Kleriker an, die vom »weltlichen Schwert« nicht gerichtet werden dürften. »Drum sage ich: dieweil die weltliche Gewalt von Gott geordnet ist, die Bösen zu strafen und die Frommen zu schützen, so soll man ihr Amt frei unbehindert durch den ganzen Körper der Christenheit ohne Ansehen der Person gehen lassen, sie treffe Papst, Bischöfe, Pfaffen, Mönche, Nonnen oder was es ist … Wer schuldig ist, der leide! Was das geistliche Recht dagegen gesagt hat, ist lauter erdichtete römische Vermessenheit. Denn so sagt Paulus Röm. 13,1 allen Christen: ›Eine jegliche Seele (ich halte dafür, des Papstes auch) soll untertan sein der Obrigkeit, denn sie trägt nicht umsonst das Schwert, sie dienet Gott damit, zur Strafe der Bösen und zu Lob der Frommen‹ …«[6]

Luther ebnet den Rangunterscheid zwischen Priestern und Laien mit zerstörerischem Scharfsinn ein, weil er letztlich den Papst treffen will, der sich hinter den Mauern seiner Vorrechte und Privilegien verschanzt hat. Mit seinem Angriff auf die Hierarchie spricht er bewusst die Laien an, die sich aufgewertet sehen wie nie zuvor. Und er nimmt sie in die Pflicht: Muss nicht jeder Christenmensch aufstehen, wenn das Böse triumphiert? Warum protestiert keiner gegen die Amtsanmaßung des Papstes, der sogar seine Schandtaten zu kanonisieren versteht? Nur der Satan selbst könne einen Satz wie diesen ins Kirchenrecht hineinschreiben lassen: »Wenn der Papst so schädlich böse wäre, dass er gleich die Seelen in großer Menge zum Teufel führte, könnte man ihn dennoch nicht absetzen.«[7] Das Böse hat sich in der römischen Bastion verschanzt und für immer unangreifbar gemacht!

Nach diesem vernichtenden Urteil ist es Luther ein Leichtes, auch die zweite Mauer, die »Unfehlbarkeit«, umzustoßen. Nur der Papst sei autorisiert, die Schrift auszulegen? Auch wenn er zutiefst böse ist, die Kirche dauerhaft schädigt? Kann solch ein Papst im Besitz des Heiligen Geistes sein, wie das Dogma behauptet? »Drum ists eine frevelhaft erdichtete Fabel, und sie können auch keinen Buchstaben aufbringen, womit sie beweisen, dass es des Papstes allein sei, die Schrift auszulegen oder ihre Auslegung zu bestätigen. Sie haben sich die Gewalt dazu selbst genommen.«[8] In der Bibel stehe etwas ganz anderes: Jeder darf die Bibel auslegen! Paulus habe verkündet: »Wir haben alle einen Geist des Glaubens.« Manch frommer Laie, höhnt Luther, besitze ein besseres Verständnis für die Schrift als der »ungläubige Papst«. So sollen wir »mutig und frei werden und den Geist der Freiheit (wie ihn Paulus nennet) nicht von erdichteten Worten der Päpste abschrecken lassen, sondern frisch hindurch alles, was sie tun oder lassen, nach unserem gläubigen Verständnis der Schrift richten und sie zwingen, dem besseren und nicht ihrem eigenen Verständnis zu folgen«.[9]

Der dritte Schlag gilt dem Vorrecht des Papstes, ein Konzil einzuberufen. Auch dafür gebe es in der Bibel keinen Beleg. »Die dritte Mauer fällt von selbst, wo diese ersten zwei fallen«, folgert Luther und fordert eine Versammlung aller Bischöfe, die den Papst zwingt, nach der Schrift zu handeln. Das Konzil sei die Feuerwehr, die den Brand, der in Rom ausgebrochen ist, bekämpfen muss. In anschaulichen Bildern wird der Notstand beschrieben, in den die Christenheit geraten ist. Sollen die Bürger tatenlos zuschauen, wenn im Haus des Bürgermeisters ein Feuer ausbricht? Ist nicht jeder verpflichtet, die Gemeinde zusammenzurufen? Wenn der Papst Feuer legt, dann muss das Konzil löschen! Luther spielt dabei auch auf die Zeit des großen abendländischen Schismas an, als sich die Päpste und Gegenpäpste gegenseitig bannten und das Konzil sich als Schiedsgericht verstand, um die Christenheit wieder unter einer Autorität zu vereinen.

Brisant ist schließlich auch Luthers Hinweis auf die Studie des italienischen Humanisten Lorenzo Valla, der als geschulter Philologe nachwies, dass die sogenannte Konstantinische Schenkung eine Fälschung ist. Luther hat Villas um 1440 publizierte Schrift von Hutten erhalten und nutzt das »erdachte Fündlein« sofort, um das betrügerische Selbstverständnis der Päpste zu entlarven. Kaiser Konstantin, der das Christentum zur Staatsreligion erhoben hatte, soll 315/17 Papst Silvester I. Italien und das ganze Abendland übergeben haben, bevor er sich in seine neue Hauptstadt Konstantinopel zurückzog. Die Urkunde dieser angeblichen Schenkung, die den Papst zu dem Lehnsherrn des Kaisers machte und den Vorrang Roms auf ewig festschrieb, ist aber eine Fälschung des 8. Jahrhunderts! Von Papst Stephan II. dem Frankenkönig Pippin vorgelegt, der nicht lesen und schreiben konnte. Die jahrhundertelangen Auseinandersetzungen zwischen Rom und dem Reich, der Investiturstreit – alles unter falschem Vorzeichen, ein blutiger Irr- und Umweg der Geschichte! Auf einer Täuschung, empört sich Luther, beruhe das Recht Roms, sich in die weltlichen Verhältnisse in Deutschland einzumischen. Der Kaiser sei doch nicht der »Steigbügelhalter« des Papstes!

Nachdem er das gesamte »lügenhafte« Gebäude der römischen Kirche auf wenigen Druckseiten zerschlagen hat, fügt Luther noch eine Reihe von Reformvorschlägen an. Er spricht damit allen Unzufriedenen und

Enttäuschten aus dem Herzen. Luther fordert die Priesterehe und eine grundlegende Reform von Klöstern und Orden, des Gerichtswesens und der Armenfürsorge, es soll weniger Festtage und Wallfahrten geben. Die Universitäten sind zu reformieren, Fress- und Trunksucht müssen bekämpft, der unchristliche Kleiderluxus verboten werden. Die Bauern sind von ihren niederdrückenden Abgaben zu entlasten, Wucher müsse verboten und die Wucherer sollten bestraft werden. Vieles hat Luther bereits in früheren Schriften behandelt, nun aber sind seine Vorschläge verbunden mit einem Generalangriff auf Rom und erhalten so eine ganz andere Durchschlagskraft. Der Leser soll begreifen, dass all die Verbesserungen, die hier angeführt werden, nur zu erreichen sind, wenn die Macht des Papstes fällt. Es ist Luthers Stärke, dass er unbeirrt immer auf die einfachen Sätze der Bibel verweist und das in Jahrhunderten errichtete komplizierte dogmatische Gebäude schlicht ignoriert, ja immer wieder als unbiblisch infrage stellt. Das beeindruckt auch die weniger gebildeten Stände, die begierig nach Merksätzen und Parolen für ihren Behauptungskampf sind. Der arme Mann horcht auf, wenn er sein Recht offenbar in die eigene Hand nehmen darf – in Christi Namen!

In dem gewaltigen Kanonendonner von Veränderungen, den Luther in seinem Aufruf ertönen lässt, klingen seine Vorschläge für institutionelle Reformen, die durch ein Konzil auf den Weg gebracht werden sollen, eher harmlos. Gleichwohl zielen auch sie ins Herz der Papstherrschaft: Zwar soll das Amt nicht abgeschafft werden, doch der Anspruch, über alle anderen Gewalten zu herrschen, sei aufzugeben. Der Papst sei nicht das Oberhaupt der gesamten Christenheit, sondern allein der römischen Kirche. Die Macht habe er sich mit den Konzilien, also den Bischöfen, zu teilen, das Kardinalskollegium und das Kirchenrecht seien von Grund auf zu reformieren. Neu geordnet werden müssten auch das päpstliche Bestätigungsrecht zur Einsetzung der Bischöfe und der maßlose Zugriff der Kurie auf die Pfründe in Deutschland: Alles Forderungen, die als »Gravamina der deutschen Nation« immer wieder auf den Reichstagen vorgebracht werden – aber sind sie jemals erfüllt worden?

Als Johannes Lang das Manuskript des Freundes liest, warnt er ihn eindringlich, es drucken zu lassen. Zu radikal erscheint ihm der Aufruf, ein gefährlicher Stoß in die »Kriegsposaune«. Zu spät, Luthers Wittenberger Buchdrucker hat gleich 4 000 Exemplare drucken lassen, die schon nach drei Wochen verkauft sind. Eine zweite Auflage wird Ende August 1520 ausgeliefert und ist ebenso rasch vergriffen wie die erste.

In der Schrift *An den christlichen Adel deutscher Nation* geißelte Luther die Finanzpolitik der Kirche, bezeichnete den Papst als Antichrist, polemisierte gegen Pilger- und Wallfahrten und stellte fest, dass der Zölibat sich nicht auf die Bibel berufen könne – dieser Versuch, Priester von der Ehe fernzuhalten, gleiche dem, Stroh und Feuer nebeneinander existieren zu lassen, aber Rauch und Feuer verhindern zu wollen. Anfang August 1520 erschienen, hatte die Schrift schon nach knapp drei Wochen 4 000 Käufer gefunden.

In Leipzig, Straßburg und Basel wird die Schrift eilig nachgedruckt und verbreitet sich rasend. Luther erhält aus allen Himmelsrichtungen Anerkennungsschreiben, auch von den Fürsten, die ihre eigenen Anliegen in dem Forderungskatalog des Aufrufs erkennen. Selbst Herzog Georg von Sachsen, der Luther für einen Erzketzer hält, kann ihm eine gewisse Anerkennung nicht verweigern. An die Kurie schreibt er: »Es ist nicht alles unwahr, was darin steht, und auch nicht unnötig, dass das an den Tag kommt. Wenn niemand sich getraut, von den Übeln in der Kirche zu reden, und jedermann schweigen muss, so werden schließlich die Steine reden.«[10] Am schnellsten reagiert Jakob Fugger. Sein Bankhaus wird in der Adelsschrift eigens erwähnt. Darf es sein, fragt Luther, dass ein einzelner Mensch durch den »Zinskauf« so große Reichtümer anhäuft? Der Wucher, diese gottlose »Fuckerei«, ist vom Teufel und ganz unchristlich! Das habe schon Paulus gesagt. Doch Jakob Fugger tut das, was alle machen, die sich ihre Geschäfte durch Moralisten nicht verderben lassen wollen: Er lässt das Drucken der Schrift durch den Rat der Stadt verbieten. Und bedrängt den Bischof von Augsburg, gegen Luther zu predigen, was dieser sogleich tut. Auch in einigen anderen Städten greifen Zensurmaßnahmen gegen das »Büchlein« oder es wird, wie in München, beschlagnahmt.

Von all dem lassen Luther und seine Wittenberger Helfer sich nicht beeindrucken. In den vergangenen zwei Jahren hat Luther rund fünfzig Schriften auf Lateinisch und Deutsch veröffentlicht, die in mehr als 250 Ausgaben in ganz Europa erschienen sind. Der Basler Buchdrucker Blasius Salomon schreibt Luther hochzufrieden: »Sechshundert Exemplare haben wir nach Frankreich geschickt und nach Spanien, sie werden in Paris verkauft und von Professoren an der Sorbonne gelesen und gebilligt … Auch hat Calvus, der Buchhändler zu Pavia, ein sehr gebildeter und der Gelehrsamkeit zugetaner Mann, ein gut Teil solcher Büchlein nach Italien gebracht, um sie in allen Städten auszustreuen … Außerdem haben wir deine Bücher nach Brabant und England geschickt … Unsere Exemplare sind bis auf zehn alle verkauft; einen glücklicheren Verkauf haben wir noch nie bei einem Buch erlebt.«[11]

Was Luther in seiner Turmstube mit zierlicher, wie gestochen wirkender Schrift zu Papier bringt, wird ihm von den Druckerlehrbuben aus den Händen gerissen und sofort in die Werkstatt getragen. Luthers Schreibtempo überfordert den Wittenberger Buchdrucker Johannes Rhau-Gronenberg. Der Kurfürst sorgt dafür, dass sich weitere Drucker in Wittenberg niederlassen. Darunter auch der von Luther aus Leipzig herbeigerufene Melchior Lotter Junior, der mit den Großauflagen der Schrift *An den christlichen Adel* gleich einen guten Gewinn macht, obwohl das Heftchen nur ein paar Pfennige kostet. Seine Offizin ist nur ein paar Hundert Meter vom Schwarzen Kloster entfernt; von Anfang an arbeitet er mit dem Hofmaler Lucas Cranach zusammen. Der erfolgreiche Kunst-Unternehmer und Verleger betreibt in Wittenberg seit 1505 eine höchst erfolgreiche Werkstatt mit ein paar Dutzend Gehilfen. Cranach ist vor allem für den Kurfürsten tätig, hat unter anderem ein prachtvoll illustriertes Inventar von dessen Reliquiensammlung erstellt. Doch er nimmt auch Aufträge des mit Friedrich dem Weisen verfeindeten Albrecht von Brandenburg, dem Mainzer Erzbischof und Kurfürsten, an.

Nachdem Luther in kürzester Zeit zur Berühmtheit geworden ist, soll ihm Cranach auf Wunsch von Spalatin ein Gesicht geben. Luther ist zwar eine bedeutende Persönlichkeit in der Welt der Gelehrten, seine Erscheinung aber weitgehend unbekannt. Cranach wittert ein gutes Geschäft und macht sich an die Arbeit. Für sein Porträt wählt er eine klassische Darstellung, stellt Luther in eine architektonische Nische mit Rundbogen, wie sie die Renaissancemaler verwenden, um die Bedeutung der abgebildeten Person zu betonen. Dazu passt die Inschrift unter dem Bild: »Des Lucas Werk ist dies Bild der sterblichen Gestalt Luthers, das Ewige seines Geistes bildete er selbst.« Die behauptete Geistigkeit des Porträtierten wird durch ein geöffnetes Buch in der Hand symbolisiert. Die in Kupfer gestochene Physiognomie widerspricht dieser Idealisierung zum Kirchenlehrer auf sublime Weise, das Bild zeigt einen hageren, erschöpft und mit der breiten Stirn eher ungeschlacht wirkenden Mönch mit Kutte und Tonsur. Die mandelförmigen Augen und der fein geschwungene Mund haben etwas Feines, Weibliches, die breite Stirn dagegen vermittelt den Eindruck des Groben, eine gewisse Durchsetzungsbrutalität. Der Blick ist leicht nach oben, in eine unbestimmte Ferne gerichtet, Gottvertrauen ausdrückend. Cranach, dessen Porträt schnell zur Ikone wird, die man in unzähligen Varianten »abkupfert«, ist etwas ganz Besonderes gelungen: Er hat die inneren Spannungen und Widersprüchlichkeiten eines Mannes ins Bild gesetzt, der sich bislang hinter seinen Worten verbergen konnte. Nun betritt er, für alle sichtbar, die Bühne der Geschichte.

Im Sommer 1520 kommt Urban de Serralonga als päpstlicher Emissär nach Wittenberg. Der Kurfürst solle endlich seine schützende Hand von Luther abziehen. »Jenes Brüderlein«, warnt der Diplomat Friedrich den Weisen, »muss nicht Anlass zu so großer Schande geben.« Man sorge dafür, dass der Ketzer »nicht allein öffentlich ausgejagt, sondern gesteinigt werde«. Die Drohung wird Luther umgehend von Spalatin zugetragen. Statt einzulenken, kündigt Luther an, den *Corpus Iuris Canonici*, die Gesetzessammlung der Kirche, öffentlich den Flammen zu übergeben. Weg mit den endlosen Kirchenstrafen, weg mit der Banngewalt des Papstes! Doch erst einmal werden Luthers Schriften verbrannt.

Johannes Eck und Girolamo Aleander, päpstlicher Bibliothekar und einer der schärfsten Gegner Luthers, sind sofort nach Veröffentlichung der Bannandrohungsbulle als Legaten des Papstes nach Deutschland gekommen, um sie vollstrecken zu lassen. Rasch werden 6000 Exemplare der Bulle gedruckt, die man in allen Städten und Höfen verteilen will. Die beiden Legaten haben sich ihre Kampagne aufgeteilt: Girolamo Aleander bereist die Niederlande und den Westen des Reiches, Johannes Eck Süd- und Mitteldeutschland. Während Aleander am 28. September in Antwerpen von Kaiser Karl V. empfangen wird und durchsetzen kann, dass Luthers Schriften an der Universität Löwen und in Lüttich verbrannt werden, trifft der fanatische Eck auf Vorbehalte, läuft gegen eine Wand aus Misstrauen oder Ablehnung. In Leipzig muss er sich vor einer wütenden Menge zu den Paulinern retten; in Fehdebriefen, die Tag für

Tag im Kloster eintreffen, wird ihm »der Verlust des Leibes und Gutes« angedroht. Und aus Wittenberg rücken fünfzig Studenten an, um den Ketzermeister »zu dressieren«. Nicht einmal in Ingolstadt, seiner Wirkungsstätte, darf er die Bulle öffentlich anschlagen. Nur Köln, Mainz und Trier folgen dem Edikt des Kaisers und ordnen Bücherverbrennungen an. Immerhin gelingt es Eck, die Bulle in Meißen und Merseburg zu veröffentlichen. Vom Bann sind jetzt auch Luthers Wittenberger Kollegen Karlstadt und Doelsch und sogar die Nürnberger Humanisten Willibald Pirckheimer und Lazarus Spengler betroffen, alles persönliche Feinde Ecks. Mit diesem Rachefeldzug macht sich der Dominikaner in Gelehrtenkreisen unbeliebt und steigert so unfreiwillig Luthers Popularität. In Wittenberg erreicht Luthers Beliebtheit einen vorläufigen Höhepunkt. Wenn er predigt, will die ganze Stadt ihn hören. Sein Schutzherr Friedrich der Weise lehnt es angesichts dieser Stimmung ab, den Luther-Verfolger zu empfangen. So muss Eck das päpstliche Dokument dem Bruder des Kurfürsten, Herzog Johann, durch Boten zustellen lassen.

Als er von Ecks Kampagne erfährt, veröffentlicht Luther die mit Polemiken gespickte Flugschrift *Von den neuen Eckischen Bullen und Lügen*. Das ruft sogar den bedächtigen Erasmus von Rotterdam auf den Plan: »Luther schreibt von Tag zu Tag schärfer und scheint deutlich den Aufruhr ins Auge zu fassen ... und doch weiß ich nicht, warum die gegen ihn Schreibenden so gar nichts beibringen, was sich zu lesen lohnt.«[12] Ungerührt legt Luther nach. Aufgestachelt wird er durch eine Streitschrift des Franziskaners Augustin von Alveldt. Der Leipziger Theologe widmet sich der Frage, inwieweit die Kirche den Entzug des Laienkelchs aus der Bibel begründen kann. Für Luther eine gute Gelegenheit, seine in verschiedenen Schriften verstreuten Argumente für die Gewährung des Abendmahls in »zweierlei Gestalt«, also durch Brot *und* Wein, zu einem grundlegenden Traktat über die Sakramente zu bündeln. Die Abhandlung richtet sich dieses Mal nicht an die Laien, sondern an die gelehrte Welt der Professoren, Theologen und Humanisten. Sie ist deshalb im Kirchenlatein verfasst. Schon der Titel ist eine Provokation: *De cap-*

tivitate Babylonica ecclesiae (Von der babylonischen Gefangenschaft der Kirche). Die wahren Christen befänden sich wie einst die Juden im Exil, unter der Fremdherrschaft Roms. So polemisch der Titel wirken muss, so sachlich ist die Schrift selbst gehalten. Es ist zu spüren, dass hier ein mäßigender Einfluss am Werk war. Der junge, bedächtige Philipp Melanchthon sorgt für die Systematik der theologischen Argumentation, mit der ein vollkommen neues, allein auf die Bibel gestütztes Verständnis der Sakramente geboten werden soll.

Im ersten Teil des Traktats behandelt Luther den Missbrauch des Abendmahls, das nicht den Priestern gehöre, sondern jedem Gläubigen. Christus habe, wie von Matthäus, Markus und Lukas übereinstimmend bezeugt, seinen Jüngern Brot *und* Wein gereicht. Daher sei es nicht zulässig, den Laien den Kelch zu verweigern. In einem zweiten Teil erläutert Luther ausführlich die einzelnen Sakramente. Noch einmal wird bekräftigt, dass es nicht sieben, sondern nur drei Sakramente geben könne: Taufe, Abendmahl und Buße. Firmung, Ehe, Priesterweihe, Krankenölung (Sterbesakrament) seien als Heilszeichen nirgendwo in der Bibel belegt und von der Kirche nur deshalb als Gnadengaben zum Sakrament erhoben worden, um das Mittleramt der Priester, die Macht der kirchlichen Hierarchie zu stärken. Keinesfalls dürfe sich die Kirche in die Ehe, die eine weltliche Sache sei, einmischen. Ehehindernisse, wie sie das kanonische Recht vorsehe, seien aufzuheben, ebenso das Recht, Ehestreitigkeiten zu entscheiden. Dann setzt Luther zum Generalangriff auf die Priesterkirche an: Messe und Abendmahl sind nicht, wie das Dogma behauptet, ein *opus operatum*, kein Werk, das allein durch seinen Vollzug wirksam werde. Die Sakramente wirkten nur, wenn sie geglaubt würden! Der Aberglaube an ihre zwangsläufige, gleichsam »magische« Wirksamkeit sei eine schlimme Verirrung, weil sie den Kommunikanten von der *inneren* Mitwirkung am Heilsgeschehen ausschließt, es auf den persönlichen Glauben dabei gar nicht ankommt, sondern allein auf die passive Teilhabe. Der Glaube sei aber das eigentliche, das einzige und wahre Sakrament, Taufe, Buße und Abendmahl nur »Zeichen« der Verheißung Christi auf Vergebung der Sünden und auf ein ewiges Leben. Was sei das Evangelium denn anderes als *promissio*, Verheißung? Diese Verheißung müsse jedoch *geglaubt* werden, um Gott nicht Lügen zu strafen! Wer im Herzen unberührt in die Messe gehe, ohne an das von Christus durch seinen Tod bekräftigte Erlösungsversprechen fest zu glauben, der sei »leer« und gottlos.

Mit dieser Umdeutung legt Luther die Axt an das Fundament der Kirche. Wenn man nur aus dem Glauben heraus Seligkeit erlangen kann, wozu braucht es dann noch einen Vermittler? Der Priester ist für Luther kein Wohltäter, sondern »Diener am Wort«, das er an die Gläubigen weiterzugeben hat. Er spendet das Sakrament nicht, sondern teilt es nur aus. Jeder Getaufte kann Priester sein, wenn die Gemeinde ihn dazu bestimmt. Das Sakrament der Priesterweihe kenne die »Kirche Christi« nicht, das sei eine Erfindung der »Papstkirche« und solle abgeschafft werden. Der geweihte Priester Martin Luther ruft zur Verweigerung der Ordination auf! »Darum rate ich, fliehet, alle die ihr sicher leben wollt, fliehet, ihr jungen Männer und lasst euch diese Weihen nicht übertragen, ihr wollt denn entweder predigen oder ihr seid imstande zu glauben, dass ihr durch solches Sakrament der Priesterweihe nicht besser geworden seid als die Laien. Denn die Stundengebete lesen ist nichts. Weiter: Messe lesen heißt das Sakrament empfangen. Was bleibt dann also an euch, was nicht auch an jedem Laien bliebe? Die Tonsur und das Priestergewand? Elender Priester, den erst seine Tonsur und sein Gewand zum Priester macht! Oder macht euch das Öl zu Priestern, das auf eure Finger gegossen wird? Nein, jeder Christ ist mit dem Öl des heiligen Geistes an Leib und Seele gesalbt und geheiligt. Einst fasste der einzelne Christ das Sakrament nicht weniger mit seinen Händen an, als das jetzt die Priester tun. Freilich stürzt unser Aberglaube jetzt die Laien in große Sünde, wenn sie einen bloßen Kelch oder das Abendmahlstuch anrühren. Nicht einmal eine Nonne, eine heilige Jungfrau, darf die Altar- oder andere heilige Tücher waschen. Siehe bei Gott, wie die hochheilige Heiligkeit dieses Priesterstandes zugenommen hat. Ich fürchte, dass es in Zukunft den Laien auch nicht mehr erlaubt sein wird, den Altar anzurühren, ehe sie nicht zuvor Geld geopfert haben. Ich zerspringe fast, wenn ich an diese gottlose Tyrannei jener üblen Frevler denke, die mit solch dummen Geschwätz und kindischen Possen die Freiheit und Herrlichkeit des christlichen Glaubens verspotten und zugrunde richten.«[13]

Luther stellt nicht nur die Priesterkirche infrage, sondern den Kultus generell. »Messgewänder, Zierate, Gesänge, Gebete, Orgeln, Lichter und die ganze Pracht der sichtbaren Dinge«[14] drängten die Kraft des Wortes und der Sakramente in den Hintergrund, die Kirche feiere mit dieser äußeren Prachtentfaltung nur sich selbst. Viele Rituale und liturgische Formen seien schlicht unverständlich und sollten vereinfacht werden, und je ähnlicher der Abendmahlsritus dem letzten Mahl Christi sei, desto christlicher würde die Feier sein. Es sei nach dem Grundsatz zu verfahren: » ... frei, frei soll es sein, je nachdem man Andacht und Gelegenheit hat.« Die Sakramente hätten auch keinen Wert, wenn sie, wie im Fall der gestifteten Messen für die Verstorbenen, in Abwesenheit des Gläubigen und für Geld gespendet würden: »Also kann ein jeder die Messe nur sich selbst durch seinen eigenen Glauben zunutze machen und kann sie auf keine Weise jemand anders mitteilen ... Ebenso kann der Priester keinem für einen anderen das Sakrament reichen, sondern er reicht es einem jeden besonders.«[15]

Darf man mit solch mächtigen Traditionen überhaupt brechen? Luther schlüpft in die Rolle seiner Gegner und befragt gewissermaßen sich selbst: »Was? Willst du denn aller Kirchen und Klöster Brauch und Ansicht umkehren, bei denen sie so viele Jahrhunderte in Geltung stand, sind auf die Messe doch die Jahresgedächtnisse, Fürbitten, die Zuwendungen, die Mitteilungen usw., d. h. die allerergiebigsten Renten und Einkünfte gegründet.« Ja, das wolle er, erklärt Luther, genau dieser Missbrauch habe ihn angetrieben, über die Gefangenschaft der Kirche zu schreiben! Die »Knechtschaft ruchlosen Gewinns« müsse um des Seelenheils der Gläubigen willen ein Ende haben! Die Macht der Kirche und des Papstes, die Übermacht »der Irrenden« kümmere ihn nicht. Er sage zwar »unerhörte und verblüffende Dinge«, doch stehe er ohne jeden Zweifel auf der richtigen Seite: »Betrachtest du aber, was die Messe (wirklich) ist, so wirst du erkennen, dass ich wahr geredet habe. Das hat alles unsere zu große Sicherheit bewirkt, durch die wir den gegen uns ausbrechenden Zorn Gottes nicht gemerkt haben.« Der Abfall der Kirche vom wahren Glauben sei eine Prüfung Gottes, um die Gläubigen gegen die »gottlosen Lehrer« aufstehen zu lassen. Der Widerstand gegen Rom wird zur Christenpflicht! »Wo Gottes Verheißung ist, da steht ein jeder für sich selbst und wird eines jeden eigener Glaube gefordert, es wird ein jeder für sich selbst Rechenschaft abgeben und seine Last tragen, so wie in Markus 16,6 gesagt ist: ›Wer da glaubet und getauft wird, der wird selig werden; wer aber nicht glaubet, der wird verdammt werden.‹«[16]

Luthers Häresie der Formlosigkeit empört nicht nur seine Gegner, sondern auch viele seiner Anhänger. Erasmus von Rotterdam, immer auf Ausgleich bedacht, sieht keine Möglichkeit der Vermittlung mehr zwischen Rom und Wittenberg, seine schlimmsten Befürchtungen über den ungestümen Mönch haben sich bestätigt! Auch Johannes Reuchlin stellt sich öffentlich gegen Luther, gegen den Mann, der ihn einst vor der Kölner Inquisition in Schutz genommen hatte. Jean Glapion, Beichtvater des Kaisers und Luther eigentlich gewogen, erklärt, er habe bei der Lektüre das Gefühl gehabt, als schlüge ihn einer mit der Peitsche vom Kopf bis zu den Füssen mitten durch. Er schwört, niemals mehr etwas von Luther zu lesen. Mit einem gewaltigen Streich, das spüren die Leser, hat dieser Autor das Selbstverständnis einer ganzen Epoche in zwei Teile, in den neuen und den alten Glauben, zerspalten. Seinen Kampfauftrag formuliert Luther gegenüber Spalatin mit größtem Selbstbewusstsein, indem er das Schriftwort und das eigene Wirken als Prediger und Lehrer in eins setzt: »Durch das Wort ist die Welt besiegt und die Kirche gerettet und durch das Wort wird sie auch wieder hergestellt werden. Aber auch der Antichrist wird, wie er ohne Menschenhand seinen Anfang nahm, durchs Wort vernichtet werden.«

Während die Kurie in Gestalt des Legaten Karl von Miltitz einen letzten Versuch unternimmt, Luther doch noch mit dem Papst auszusöhnen, setzt das »Mönchlein« bereits zum nächsten Schlag an, um seinen ärgsten Widersacher zu diskreditieren: Er publiziert die Schrift *Adversus execrabilem Antichristi bullam* (Wider die Bulle des Endchrists). Darin versucht Luther die Bannbulle als eine Fälschung Ecks zu entlarven, denn sie sei voller Widersprüche. Wie könne es sein, dass man in Rom anordnet, alle seine Schriften zu verbrennen, wo doch im Urteil nur ein Teil davon als häretisch bezeichnet würde? Der ganze Text sei eine unerträgliche Lästerung Gottes. Es würde ihn nicht wundern, schreibt Luther in Anspielung auf seine Adelsschrift, wenn Fürsten und Adel den Papst und seine »Pfaffen« bald aus ihrem Amt jagten. Karl von Miltitz, der weiß, dass die Bulle echt und mit dem päpstlichen Siegel versehen ist, trifft Luther am 12. Oktober 1520 in Lichtenburg an der Elbe. Luther lässt sich von dem überaus konziliant auftretenden Emissär überreden, an Leo X. einen Sendbrief zu richten und ihm eine auf Lateinisch verfasste Rechtfertigungsschrift beizufügen. Aus ihr, fordert Miltitz, müsse sehr deutlich hervorgehen, dass es sich bei Luthers Kritik am Papsttum keineswegs um einen persönlichen Angriff auf den amtierenden Papst handle, sondern um eine Auseinandersetzung mit Johannes Eck. Der gerissene Miltitz hält sich für einen viel besseren Diplomaten als Eck und möchte den gelehrten Konkurrenten in Rom anschwärzen. Für ihn liegt klar auf der Hand, wie sehr die Unversöhnlichkeit des Dominikaners die *causa Lutheri* auf die Spitze getrieben und damit ganz Deutschland entzweit hat. Sollte dieser letzte Vermittlungsversuch scheitern und die Bulle in Kraft treten, drohe »ein groß Schisma«, warnt er seine römischen Auftraggeber. Der Menschenkenner Miltitz ist sicher, dass ein Martin Luther nicht abschwören wird und genügend Unterstützer hat, die ihn vor dem Zugriff Roms bewahren.

Luthers Brief an den Papst ist ein Meisterstück ehrerbietiger Herablassung. Das Schreiben, das auf den 6. September zurückdatiert ist, um nicht den Eindruck zu erwecken, es sei eine Reaktion auf die Verbreitung der Bannandrohungsbulle durch Eck, beginnt mit der respekt-vollen Anrede »Allerheiligster Vater in Gott«. Dann verweist Luther auf den »herrlichen« Ruf, den Leo X. in aller Welt genieße, um dann daran zu erinnern, dass er den Amtsinhaber bei aller Kritik an Rom nie persön-lich angegriffen, sondern immer wieder in Schutz genommen habe. Diese Freundlichkeiten sind aber nur das Vorspiel für eine vernichtende Bilanz, mit der Luther die jüngste Papstgeschichte gleichsam zu einer Geschichte des Unheils erklärt. Rom sei »eine Mordgrube über allen Mordgruben, ein Bubenhaus über alle Bubenhäuser geworden, ein Haupt und Reich aller Sünde, des Todes und der Verdammnis …«[17] Wäre es da nicht besser, der Papst zöge sich auf eine Pfründe oder auf seinen Familienbesitz zurück, um nicht »ein Schaf unter Wölfen« zu sein? Denn sollte er sich tatsächlich an einer Reform versuchen, müssten er und die wenigen Kardinäle, die ihn dabei unterstützten, einen Giftan-schlag fürchten. »Es ist aus mit dem römischen Stuhl, Gottes Zorn hat ihn überfallen ohne Aufhören. Er ist den allgemeinen Konzilen feind, er will sich nicht unterweisen noch reformieren lassen …«[18]

Luther behandelt den Papst nicht wie eine geistliche Autorität, sondern wie einen schwachen, sich in einer bedrohlichen Lage befindlichen christlichen Bruder. Der gönnerhafte Ton, in dem der »Sendbrief« gehal-ten ist, muss Miltitz entsetzen, zumal er gleich in 500 Exemplaren und auf Deutsch gedruckt wird. Ein eigentlich undenkbarer Vorgang: Der deutsche Ketzer schreibt an den Papst, doch nicht um abzubitten, son-dern mit der Absicht, seine Ketzereien durch eine Schmähung des Hei-ligen Stuhls noch zu überbieten! Und er besitzt die Kühnheit, in einem öffentlichen Schreiben die Abdankung des amtierenden Papstes vorzu-schlagen! Allerdings hält Luther sich an die Vereinbarung, Eck für das Verfahren gegen ihn verantwortlich zu machen. Anders als Karl von Miltitz, dessen Vermittlungsbemühungen Luther wortreich lobt, habe Eck »mit seinen Lügen, Sendbriefen und heimlichen Machenschaften … die Sache so verbittert, verwirret und durcheinandergebracht, dass ohne

Zweifel ein größeres Feuer sich entzündet hätte, gleich auf welche Seite das Urteil gefallen wäre.«[19] Luther fordert den Papst auf, für Frieden und Ruhe zu sorgen, damit der Streit, der das Land zerreiße, aufhöre. Dann werde auch er schweigen. Dann folgt die eigentliche Botschaft des Briefes: »Dass ich aber meine Lehre widerrufen sollte, da wird nichts draus … dieweil das Wort Gottes, das alle Freiheit lehrt, nicht gefangen sein soll noch darf.«[20] Als Beweis seiner Unnachgiebigkeit legt er dem Papst seine neueste Schrift *Von der Freiheit eines Christenmenschen* bei. Luther endet mit der Mahnung, »Vater Leo« möge die Schrift nutzen, um durch sie geistlich »gebessert« zu werden. Nicht gerade eine Friedensgeste, eher die Anmaßung eines Mönchs aus der Provinz, dem der Papst eben den Bann angedroht hat!

Luther stellt die kleine Schrift als »Summe eines christlichen Lebens« vor. Das trifft die Sache nur insofern, als darin ausführlich beschrieben wird, was der Glaube im Menschen zu bewirken vermag. Eine gelehrte *Summa* im Sinne des großen Thomas von Aquin ist es nicht, soll es auch nicht sein. Im Grunde erläutert Luther noch einmal gründlich den Irrweg der »Werkheiligkeit«. Aus sich heraus könne der Mensch nichts Gutes schaffen, alle Werke seien umsonst, wenn sie nicht aus dem Glauben kommen. Das Wort »Freiheit« ist von Luther bewusst in den Titel aufgenommen, in deutlicher Abgrenzung zu Ulrich von Huttens Freiheitskampf gegen Rom. Huttens Traum ist ein geeintes, unabhängiges Reich unter einem starken Kaiser, der Reichsritter versteht sich als glühender Verfechter »deutscher Freiheit«. Luther dagegen will den Glauben des Einzelnen stark machen gegenüber einer Kirche, der es um geistliche Vormundschaft, Macht und Privilegien geht. Luthers Freiheit ist nicht mit Waffen erkämpft, sondern ein Geschenk Gottes, keine äußere, sondern die innere Freiheit des Christenmenschen. Anknüpfend an die Aussage des Paulus im Korintherbrief (»Denn wiewohl ich frei bin von jedermann, habe ich mich doch selbst jedermann zum Knechte gemacht, auf dass ich ihrer vieler gewinne.«) stellt Luther zwei scheinbar sich widersprechende Sätze an den Anfang seiner Schrift: »Ein Christenmensch ist ein freier Herr über alle Dinge und niemand untertan.« – »Ein Christenmensch ist ein dienstbarer Knecht aller Dinge und jedermann untertan.«[21] Luther unterscheidet zwischen der seelischen, inneren, und der leiblichen, äußeren, Natur des Menschen. Seele und Leib sind aufeinander bezogen wie Freiheit und Verantwortung. Wer den »Glaube(n) des Herzens« besitzt, die frei machende Liebe Christi, übernimmt frei und willig Verantwortung für seine Mitmenschen. Ein »freier Herr über alle Dinge« zu sein, bedeutet, ohne Einschränkungen und Rücksichtnahmen den Nächsten zu lieben als »dienstbarer Knecht aller Dinge«.

Luther gelingt in seiner Freiheitsschrift eine tief berührende, an die Mystik erinnernde Darstellung der Wechselbeziehung zwischen Sünder und Christus. »Fröhlichen Wechsel« nennt er den Tausch von Sünde gegen Gerechtigkeit, Erlösung gegen Schuld. Christus nimmt die Sünde auf sich, der Mensch empfängt das ewige Leben: »Nicht allein gibt der Glaube so viel, dass die Seele dem göttlichen Wort gleich wird, aller Gnaden voll, frei und selig, sondern er vereinigt auch die Seele mit Christus wie eine Braut mit ihrem Bräutigam. Aus dieser Ehe folget, wie Paulus (Eph. 5, 30) sagt, dass Christus und die Seele ein Leib werden. Ebenso werden auch beider Güter, Glück, Unglück und alle Dinge gemeinsam, sodass, was Christus hat, das ist der gläubigen Seele eigen, was die Seele hat, wird Christi eigen. Christus hat alle Güter und Seligkeit: die sind der Seele eigen; die Seele hat alle Untugend und Sünde auf sich; die werden Christi eigen. Hier erhebt sich nun der fröhliche Wechsel und Streit: dieweil Christus Gott und Mensch (zugleich) ist, welcher noch nie gesündigt hat, und seine Frömmigkeit unüberwindlich, ewig und allmächtig ist, wenn er sich dann der gläubigen Seele durch ihren Brautring (das ist der Glaube) selbst zu eigen macht und nicht anders tut, als hätte er sie getan, so müssen die Sünden in ihm verschlungen und ersäuft werden. Denn seine unüberwindliche Gerechtigkeit ist allen Sünden zu stark. So wird die Seele von allen ihren Sünden nur durch ihre Verlobungsgabe, das ist des Glaubens halber, ledig und frei und mit der ewigen Gerechtigkeit ihres Bräutigams Christi begabt. Ist nun das nicht ein fröhlicher

Hausstand, da der reiche, edle, fromme Bräutigam Christus das arme, verachtete, böse Hürlein zur Ehe nimmt und sie von allem Übel frei macht, sie mit allen Gütern zieret?«[22]

Mit diesem »fröhlichen« Appell an das Gemüt hat Luther den gelehrten Diskurs verlassen und wendet sich jenen Gläubigen zu, die sich in ihrer Kirche nicht mehr zu Hause fühlen, weil sie längst nicht mehr das Herz, sondern Verstand und Kalkül anspricht, Leistung und Gegenleistung gegeneinander aufrechnet. Lassen sich nicht allzu viele ihre Heilsgewissheit etwas kosten, um Gott mit ihrem »Opfer« gnädig zu stimmen? Ist nicht der ganze Kirchenbetrieb ein einziger gewaltiger Bestechungsversuch? Luthers Revolution des Herzens will den Einzelnen erst für Christus, dann für die Gemeinschaft öffnen. Überall in der Welt muss sich der vom Glauben »neu gemachte« Mensch bewähren, ob in Familie und Beruf, in Krankheit und Armut, in guten und in schlechten Zeiten. Das fühlende Herz ist der Motor, die gestaltende Hand das Instrument christlichen Lebens. Nur ein frommer Mann tut gute Werke, nur ein guter Zimmermann baut ein gutes, stabiles Haus, schreibt Luther in der ihm eigenen Bildlichkeit und bekräftigt, dass Glaube und Caritas, Glaube und Handeln untrennbar zusammengehören. Die wahrhaft frommen Werke gelten nicht dem Selbst, sondern dem Mitmenschen: »Frei«, »fröhlich« und »umsonst«[23] diene der Christenmensch seinem Nächsten.

Luther wird nie erfahren, wie sein Brief und die Freiheitsschrift auf Leo X. gewirkt haben, ob er sie überhaupt je gelesen hat. Als der päpstliche Sondergesandte Girolamo Aleander am 4. November Kurfürst Friedrich auffordert, alle Bücher Luthers zu verbrennen, den Ketzer unverzüglich zu verhaften und an Rom auszuliefern, gibt es keinen Zweifel mehr, dass von Rom kein Einlenken, kein Kompromiss zu erwarten ist. Friedrich der Weise lässt sich jedoch nicht einschüchtern und wiederholt, was er früher schon verlautbaren ließ: Mit dem, was Luther als Theologe vertrete, habe er persönlich nichts zu tun. Er empfehle, da Luther noch immer nicht »widerlegt« sei, eine Anhörung an einem sicheren Ort und vor einem unvoreingenommenen Richter. Vor dieser Anhörung seien Maßnahmen gegen Luther weder statthaft noch hilfreich. Bestärkt fühlt der Kurfürst sich durch Kaiser Karl V., der es unmittelbar nach seiner Krönung in Aachen am 23. Oktober 1520 ablehnte, gegen Luther die Reichsacht auszusprechen.

Auch Luther baut der Kurie keine Brücken, sondern reißt den letzten Pfeiler ein: Er lässt eine eigene Appellation zur Anhörung auf einem zukünftigen Nationalkonzil als Plakat drucken, obwohl er weiß, wie Rom über das Konzil denkt. Er ruft die Fürsten und den gesamten Adel auf, der unchristlichen Bulle nicht zu folgen, ja dem Papst den Gehorsam aufzukündigen. Luther mobilisiert das Reich gegen Rom und macht seine Sache ganz offen zur Sache Deutschlands! Als sich in den Städten Widerstand gegen die Verbrennung von Luthers Schriften regt, meldet sich Ulrich von Hutten zu Wort. Getreu seinem Wahlspruch »Ich habs gewagt« bietet er Luther erneut bewaffneten Beistand an, den dieser zurückweist. »Ich möchte nicht, dass mit Gewalt und Blutvergießen für das Evangelium gestritten wird … Durch das Wort ist die Welt überwunden, ist die Kirche erhalten worden, sie wird auch durch das Wort wiederhergestellt werden.«[24] Die Titelblätter von Huttens Büchern zeigen Reformator und Ritter vereint im Kampf gegen Rom. Darunter die Parole der Stunde: »Durchbrechen müssen wir, durchbrechen!« Auf einem Holzschnitt von Hans Baldung Grien sind Landsknechte zu sehen, die mit ihren Spießen Papst, Kardinäle, Äbte und Mönche verjagen – das gefällt Luther jedoch überhaupt nicht. Für ihn verleitet solch eine Propaganda zu Aufruhr, Krieg, Blutvergießen! Ihm genügt das Wort, um den Antichristen vom Thron zu stoßen: »Habe ich nicht dem Papst, den Bischöfen, Pfaffen und Mönchen allein mit dem Munde, ohne allen Schwertschlag, mehr abgerungen, denn bisher alle Kaiser, Könige und Fürsten mit all ihrer Gewalt? Warum das? Darum, dass St. Paulus sagt: Er (der Antichrist) soll mit dem Munde Christi verstört werden … Wenn die weltliche Obrigkeit zur Rettung ihrer Untertanen an Leib, Gut, Geist und Seele den Missbräuchen, die wider das Evangelium sind, entgegentritt, so ist dagegen natürlich nichts einzuwenden. Aber dazu bedarf es weder Hauens noch Stechens. Durch etliche Verbote kann schon mehr als genug erreicht werden. Aufruhr hat dagegen nie recht, so gerechte Ursache er auch haben mag. Er geht auch gemeiniglich mehr über die Unschuldigen als über die Schuldigen und macht das, was er bessern soll, nur ärger als zuvor.«

Was aber soll man machen, wenn das eigene Wort verboten und verbrannt wird? Ein Zeichen setzen! »Verlass Dich nicht auf Fürsten!«, antwortet Luther, als Spalatin ihm den Rat des Kurfürsten übermittelt, er solle sich in persönlichen Schreiben und keineswegs öffentlich an die Fürsten wenden. Nein, solche Privataktionen helfen nicht, das hatte er 1517 erleben müssen, als er die Bischöfe ermahnt hatte, gegen die Ablässe vorzugehen. Erst seine öffentlich gemachten Thesen hatten Wirkung gezeigt, denn nur das gedruckte Wort »verstört« die Mächtigen! Vernichten sie sein Wort, so zerstört er jetzt das ihre, verbrennen sie seine Schriften, so übergibt er jetzt die ihren dem Feuer! Am 10. Dezember, dem Tag, an dem die Frist zum Widerruf abläuft, den die päpstliche Bulle gesetzt hat, lässt Luther von Melanchthon einen Anschlag an der Kirchentür von St. Marien anbringen, lädt »alle Freunde der evangelischen Wahrheit« ein, sich abends zu versammeln, um »die gottlosen Bücher des päpstlichen Rechtes und der scholastischen Theologie« zu verbrennen. Ort des »frommen und heiligen Schauspiels« soll der Schindanger vor dem Elstertor sein, wo gewöhnlich Tierkadaver, Verbrecher und Selbstmörder verscharrt werden. Kein größerer Gegensatz ist denkbar: Das kanonische Recht, das hier, an diesem üblen Ort, in Rauch aufgehen soll, verkörpert Macht und Autorität der Kirche, wer es missachtet, verliert die ewige Seligkeit, wer es zerstört, begeht einen Anschlag auf die gesamte Rechtsordnung!

Frühmorgens, bei trübem Winterwetter, ziehen Studenten und Professoren hinunter zur Elbe, zum »Exekutionsplatz«. Ein Scheiterhaufen aus Reisig und Schindeln wird aufgeschichtet und entzündet, dann wirft Magister Johann Agricola unter dem beifälligen Gelächter der Studenten die drei Bände des *Corpus Iuris Canonici* in die Flammen. Mit einer Mist-

215

Im Dezember 1520 lief die Frist von sechzig Tagen aus, die der Papst mit seiner Bulle *Exsurge Domine* Luther zum Widerruf seiner Thesen eingeräumt hatte. Luther nahm das zum Anlass, am Morgen, nachdem er seine Vorlesung an der Universität beendet hatte, mit Studenten durch das Elstertor vor die Stadt zu gehen, wo ein Magister der Theologie ein Feuer anzündete. Luther warf die Bulle, aber auch päpstliche Dekrete und Rechtssätze hinein und sagte auf Lateinisch: »Weil du die Wahrheit Gottes verdorben hast, verderbe dich der Herr heute in diesem Feuer.« Daraufhin kehrte er zur Universität zurück. Zahlreiche Studenten indes setzten das Spektakel in provokativer Weise innerhalb der Stadtmauern Wittenbergs fort.

gabel werden die schwer entzündbaren Folianten hin und her gewendet. Als die Flammen hell auflodern, empfindet Luther eine tiefe Genugtuung, denn hier verbrennen auch die verhassten Dekretalen, mit denen die Päpste Recht setzen, das in der Bibel, dem Wort Gottes, nicht belegbar ist. Die so widerwärtige Vermengung von Recht und Religion, Weltlichem und Geistlichem, Politik und Seelsorge, dieses ganze Gespinst »profaner Verhunzung der Religion« wird nun in einem symbolischen Akt als das gekennzeichnet, was es ist: Ruch und Rauch, Anmaßung und Abfall von Gott! Dem kanonischen Recht hinterher wirft Agricola gleich auch noch die *Summa angelica* des Angelo Carletti di Chivasso, in der die Seelsorge als Zweig der geistlichen Gerichtsbarkeit behandelt wird. Für den italienischen Moraltheologen ist der Beichtstuhl ein »Tribunal«, das Gebet ein »Strafmittel«. Kann es eine schlimmere Herabwürdigung des Evangeliums geben, der frohen Botschaft von der Erlösung durch Christus? Auch einige Schriften von Johannes Eck und Hieronymus Emser verbrennen auf dem Schindanger, bejubelt von den Umstehenden. Mit den Worten »Weil du die Wahrheit Gottes verderbt hast, verderbe dich der Herr heute in diesem Feuer!« wirft Luther am Ende noch ein Exemplar der Bannbulle in die Flammen.

Der Kurfürst ist nicht in der Stadt, als sein berühmter Professor die Kurie in nie gekannter Weise herausfordert. Aber Friedrich hat, von Spalatin vorab informiert, Luther wissen lassen, dass er die Aktion billigt. Es solle allerdings darauf geachtet werden, dass die Dinge nicht auf die Spitze getrieben würden, keine Tumulte ausbrechen. Dass man Luthers Schriften in Mainz und Köln öffentlich verbrennt, also auf Reichsgebiet, das nicht zu den Erblanden von Kaiser Karl V. gehört, hat den bedächtigen Mann erzürnt. Die Studenten feiern das Brandopfer am Nachmittag auf ihre Weise. Maskierte setzen sich auf einen Bauernwagen, in ihrer Mitte ein großes Fass, in das päpstliche Schriften gestopft sind. Ein Fahnenträger zieht eine drei Meter lange Bulle als Banner auf, dazu singen Chorknaben hebräische Lieder. Mit jaulenden Misstönen macht ein Trompeter die Bürger auf das seltsame Gefährt aufmerksam.

So rollt der Spottwagen, begleitet von einer lärmenden Schar junger Leute, hinaus zum Schindanger. Dort wird der Text der Bulle auf Deutsch verlesen, immer wieder von höhnischen Zwischenrufen unterbrochen. Am Abend schaffen die Studenten Bierfässer herbei, um die Stimmung anzuheizen. Wie ein Fanal leuchtet der lodernde Scheiterhaufen vor den Toren der Stadt.

Die allgemeine Volksbelustigung ärgert Luther. Noch in der Nacht entscheidet er sich, eine offizielle Erklärung abzugeben. Offenbar ist den Beteiligten der Ernst der Lage nicht bewusst. Wird man ihn, dessen Bücher bereits brennen, am Ende ebenfalls dem Scheiterhaufen überantworten? Am Tag nach der Bücherverbrennung, am 11. Dezember, eröffnet Luther seine Vorlesung, zu der fast die gesamte Studentenschaft gekommen ist, mit einer Ansprache, die er diesmal nicht in Latein, sondern auf Deutsch hält. Nicht nur für ihn, ruft Luther seinen Studenten zu, gehe es ums Ganze, sondern auch für sie als angehende Theologen und Lehrer der Heiligen Schrift: Auch sie müssten zum Martyrium bereit sein! Wer jetzt nicht den Kampf gegen das Antichristentum der Papstkirche aufnehme, den erwarte die ewige Verdammnis der Hölle: Sein eigenes Gewissen lasse ihm nur die Entscheidung für den Weg des Martyriums, so prüfe jeder für sich, was Gott mit ihm vorhabe. Es gehe ihm, dem Gebannten, nicht um sich selbst, sondern darum, möglichst viele Seelen vor dem Verderben zu bewahren. Für Luther hat die Tat vom 10. Dezember 1520 etwas ungeheuer Befreiendes. Die in der Freiheitsschrift beschworene innere Unabhängigkeit von allen äußerlichen Zwängen hat er nun vor aller Welt nachdrücklich bezeugt, sein Christusglaube hat ihn tatsächlich »hoch über alle Dinge erhoben«, in ein »geistliches Königreich«. Dort besitzt Rom keinen Herrschaftsanspruch mehr:

Dem Papst aber gilt die Freiheit eines Christenmenschen nichts. Ein Mönch, der die Dekretalen ins Feuer wirft und den Heiligen Vater exkommuniziert, muss selbst brennen! Hat Luther mit seiner Schrift *Warum des Papstes und seiner Jünger Bücher verbrannt sind* nicht eben erneut die Superiorität des Papstes, seine Banngewalt und Unfehlbarkeit infrage gestellt? Warum also noch zögern? Am 3. Januar 1521 erlässt Leo X. die Bannbulle *Decet Romanum Pontificem*, die Luther als Häretiker überführt und verurteilt. Der mächtige Erzbischof Albrecht von Mainz wird als »Inquisitor« bestellt, der Kaiser aufgefordert, über den Ketzer die Reichsacht zu verhängen. Als frisch gewählter deutscher Kaiser, der in Worms seinen ersten Reichstag abhalten will, um sich der Unterstützung der deutschen Stände zu versichern, muss Karl V. sich jedoch an die Reichsverfassung halten, bevor er die Acht gegen einen Reichsbürger ausspricht. Obwohl der päpstliche Legat Girolamo Aleander darauf drängt, dass der Wittenberger Ketzer festgesetzt und an Rom ausgeliefert wird, zögert der junge Kaiser. Er will auf jeden Fall mit dem sächsischen Kurfürsten Einvernehmen erzielen. Für Friedrich den Weisen ist es mit der Reichsverfassung nicht vereinbar, dass ein römisches Urteil ohne Anhörung des Betroffenen exekutiert wird. Er schlägt vor, dass Luther sich vor dem Reichstag, der höchsten Instanz des Reiches, für seine Schriften rechtfertigen soll.

Als Kurfürst Friedrich am 5. Januar in Worms eintrifft, versichert ihm Karl V. in einer Audienz, dass Luther, falls er auf dem Reichstag erscheint, keine Gewalt zu befürchten habe. Doch müsse vorher genau festgelegt werden, wie die *causa Lutheri* für alle Seiten befriedigend zu lösen sei. In zähen Verhandlungen zwischen dem kaiserlichen Beichtvater Jean Glapion und dem kursächsischen Kanzler Gregor Brück versucht man eine Einigung zu erzielen, die aber daran scheitert, dass Glapion verlangt, Luther solle alles, was in seiner Schrift *Von der babylonischen Gefangenschaft der Kirche* steht, widerrufen. Oder das Buch als untergeschoben verleugnen. Als die Reichsstände sich am 19. Februar der kurfürstlichen Forderung nach Anhörung Luthers in Worms anschließen, beginnt der Kaiser einzulenken, auch unter dem Eindruck, dass sich die Stimmung im Reich immer mehr Luther zuneigt. So berichtet Legat Aleander nach Rom, ganz Deutschland sei in Aufruhr, »neun Zehntel erheben das Feldgeschrei: ›Luther!‹ und für das übrige Zehntel, falls ihm Luther gleichgültig ist, lautet die Losung wenigstens: ›Tod dem römischen

Hofe!‹«[25] Die Deutschen wollten ein Nationalkonzil, kein Fürst würde sich dem Urteil Roms beugen.

Auch Franz von Sickingen steht mit seinen Reitern bereit, den deutschen Wünschen Nachdruck zu verleihen und droht dem päpstlichen Legat Aleander mit dem »Schwert«. Am 6. März 1521 gibt Kaiser Karl V. nach und unterzeichnet ein Schreiben, das Luther in versöhnlich klingenden Worten nach Worms zitiert, »um der Lehren und Bücher halben, so … von dir ausgegangen sein, Erkundigung von dir zu empfangen«[26] und sichert ihm freies Geleit zu. Von einem Widerruf ist nicht die Rede, und als Zeichen des guten Willens wird der Reichsherold Kaspar Sturm beauftragt, die Zitation zu überbringen und den Wittenberger nach Worms zu geleiten. Was Luther in seinem Aufruf *An den christlichen Adel deutscher Nation* gefordert und erhofft hatte, dass nämlich der Kaiser, »das junge Blut«, sich zum Fürsprecher der Unabhängigkeit des Reiches von Rom macht, scheint in greifbare Nähe gerückt! Der Reichstag, die vornehmste Versammlung der Christenheit, ist dafür der ideale Ort. Den Antichrist stürzen, das kann nur mit der Hilfe des Kaisers gelingen, schreibt Luther an seinen väterlichen Mentor Johannes von Staupitz: »Bisher ist in dieser Sache nur gespielt worden, jetzt wird es ernst.« Er habe das Gefühl, von den Fluten mitgerissen zu werden, aber alles liege in der Hand Gottes: »Das Lärmen tobt gewaltig und scheint mir vor dem Jüngsten Tag nicht gestillt, so groß ist die Erregung auf beiden Seiten … Mein Vater, bete für das Wort Gottes und für mich.«[27]

Am 2. April bricht Luther auf einem Pferdewagen und in Begleitung des Kollegen Nikolaus von Amsdorf sowie des Studentenvertreters Peter von Suaven nach Worms auf. Die Unterstützung der beiden Adligen ist Ausdruck der Solidarität der Wittenberger Universität. Reichsherold Kaspar Sturm reitet dem Wagen voraus. Unterwegs muss Luther zu seiner Bestürzung erfahren, dass der päpstliche Sondergesandte Aleander inzwischen ein kaiserliches Edikt erwirkt hat, das die Beschlagnahmung seiner Schriften anordnet. Zudem wird erklärt, und das ist die eigentliche Enttäuschung, dass Doktor Martinus Luther nur zum Widerruf

Der Bapſteſel zu Rom

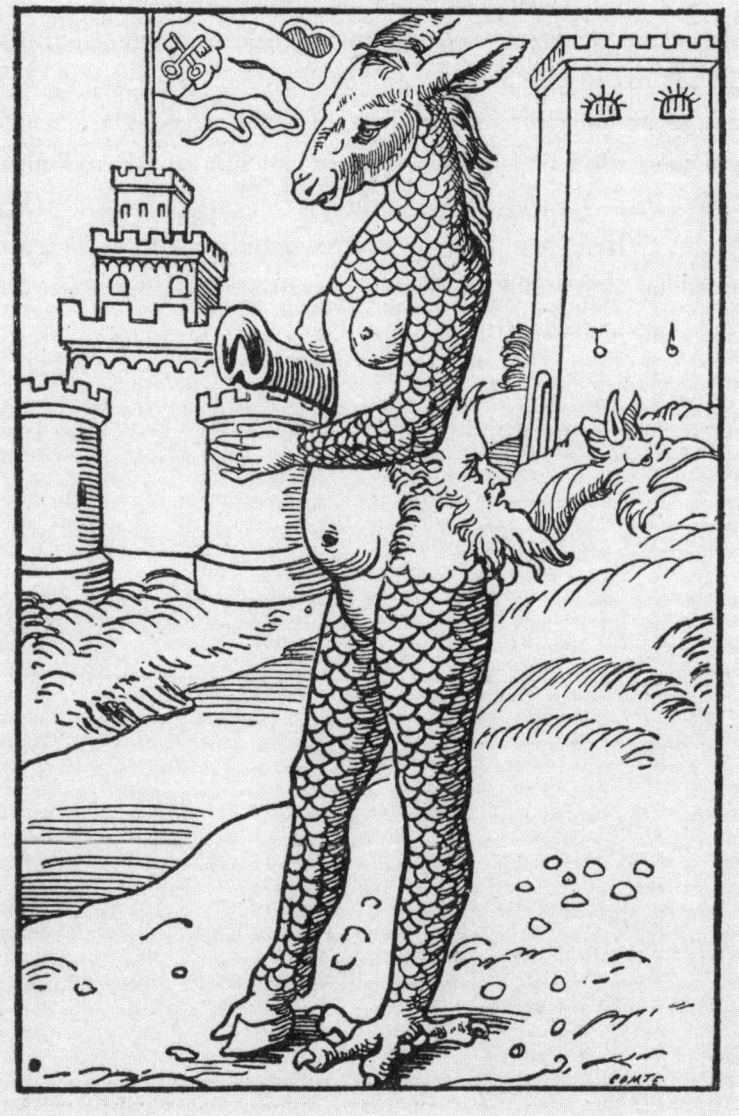

Lucas Cranach der Ältere spitzte in seinen Bildern Luthers Kritik am Papsttum satirisch zu, wie dieser Holzschnitt aus dem Jahre 1523 zeigt.

nach Worms geladen sei. Nun scheint sich der Betrug von Augsburg zu wiederholen, Cajetans Täuschungsmanöver, der längst das päpstliche *Breve* in der Tasche hatte, als er Luther »väterlich« verhörte. Das Edikt ist überall angeschlagen, und der Reichsherold warnt ihn eindringlich, die Reise fortzusetzen. Doch es gibt auch große, Luther zutiefst berührende Zustimmung, offenen Applaus auf den Straßen. »Martinus bleibe fest, bleibe stark, gib nicht nach!«, jubelt man ihm zu, das Volk umarmt und küsst den »Wundermann«. Luther ist fest entschlossen, dem Kaiser in Worms als freier Mann entgegenzutreten und, so Gott will, für seinen Glauben das Martyrium zu erleiden, das er schon so lange erwartet und bisweilen auch ersehnt hat.

ACHTES KAPITEL

Ein Ketzer unterwegs zum Kaiser. Päpstliche Diplomatie. Zur Ader
gelassen. Einzug in Worms. Kaiser Karl V. »Du gehst einen schweren Gang,
Mönchlein!« Anhörung vor dem Reichstag. »Ich bin hindurch!« Gewissen
gegen Tradition. Rückreise. Verbotene Predigten. Entführt auf die
Wartburg. »Mein Arss ist bös worden!« Mit dem Burgherrn auf der Jagd.
Schwarze Melancholie. Auch der Teufel beruft sich auf das Evangelium.

Anders als auf seiner Reise nach Augsburg zum Verhör durch den päpstlichen Legaten Cajetan, als er um sein Leben fürchtete, ist Luther dieses Mal hochgestimmt. Nichts kann ihn aufhalten, auch die Plakate nicht, die vorgeben, Luthers Widerruf sei schon beschlossene Sache. Ist es nicht ein Wunder, was in diesen Tagen geschieht? Was mit ihm, Martin Luther, geschieht? Ein Bettelmönch wird vom Reichsherold geleitet und geschützt! Ein Ketzer, unterwegs zum Kaiser, wird vom »gemeinen Mann« auf der Straße umjubelt! Luther ist fest entschlossen in Worms einzuziehen, auch wenn »so viel Teufel zu Worms wären als Ziegel auf den Dächern«.

Aber plötzlich ist da wieder dieser wühlende Schmerz im Gedärm, ein heftiger Druck auf der Brust, Atemnot und Schwindelanfälle. In Eisenach, nach einer fulminanten Predigt, muss er zur Ader gelassen werden, um den Bluthochdruck zu senken. Zu viele Predigten hat er gehalten, in Dorfkirchen und auf den Marktplätzen, aber auch in den großen Städten, in Naumburg, Erfurt und Gotha, hat dort »wider die ungetreuen Prediger« gewettert, die ihre Gemeinden »weiden wie die

Fleischer die Lämmer am Ostersonntag«, gegen die »Pfaffen« und die Geldgier der Päpste. Desgleichen hat er in Erfurt gepredigt, in der Augustinerkirche, aus der er als junger Mönch fast geflüchtet war bei seiner ersten Messe, geängstigt von der Majestät Gottes. Als berühmter Mann ist er nun zurückgekehrt, um in der übervollen Kirche über die echten Sakramente und den wahren Glauben zu sprechen.

Trotz des Schwächeanfalls zieht Luther am nächsten Tag, am 14. April 1521, aus Eisenach weiter nach Borka und von dort nach Frankfurt. Höchst beunruhigt, schreibt er an Spalatin, der Satan versuche, ihn auf eine »mir bis dahin unbekannte Weise« krank zu machen. Er werde jedoch auch gegen den Willen »aller Pforten der Hölle und allen Mächten der Luft zum Trotz«[1] durchhalten. Das aber fällt ihm immer schwerer, je näher er Worms kommt. Es sind noch zwei Tage bis zum Ablauf des Geleits, dann muss er in der Stadt des Reichstags eingetroffen sein. Seit geraumer Zeit leidet er an quälender Verstopfung, an der »gählischen Krankheit«, überall muss er gute Miene zum bösen Spiel machen, wenn man ihn zum Festessen einlädt oder ihm den »Ehrenwein« auftischt. Aus Frankfurt melden die Spitzel Aleanders, dass der Ketzer inmitten von Mönchen und Laien im Wirtsgarten des Gasthauses zum Strauß hocke und »die helle Laute schlägt und mit freier Stimme Lieder singt«.[2] Auch für diese Geselligkeit muss Luther am nächsten Tag schmerzhaft büßen, aber die Zuversicht, bald in Worms zu sein und vor Kaiser und Reich Rede und Antwort stehen zu dürfen, richtet ihn auf.

Während sich die Menschen um Luther drängen und den fliegenden Händlern seine Konterfeis aus den Händen reißen, Holzschnitte und Kupferstiche, die den rebellischen Mönch als Heiligen mit Strahlenkranz zeigen, ist in Worms große Unruhe ausgebrochen. Viele haben lange Zeit gehofft, Luther werde umkehren – nicht zuletzt sein Schutzherr Friedrich der Weise, der allen Entscheidungen gern aus dem Weg geht und sich in der *causa Lutheri* bislang als Meister in der Taktik der Verzögerung und des Ausweichens erwiesen hat. Sollte die Reichsacht jetzt tatsächlich ausgesprochen werden, wäre es seine Pflicht als Landes-

und Dienstherr des Häretikers, Luther unverzüglich in Haft zu nehmen. Über Spalatin lässt er Luther ein Schreiben zukommen und rät ihm dringend ab, in Worms zu erscheinen. Es stehe übel um seine Sache und er könne ihn nicht schützen.

Hingegen ist der päpstliche Sondergesandte Girolamo Aleander tief enttäuscht, weil alle Versuche, den Ketzer ohne großes Aufsehen zum Widerruf zu zwingen oder ihn nach Rom zu überantworten, fehlgeschlagen sind. Nun soll dieser auch noch das größte denkbare Forum für seine Ketzereien bekommen, den Reichstag! In Aleanders Bericht nach Rom schwingt Kritik an Kaiser Karl V. mit, der sich von den deutschen Fürsten zu diesem Zugeständnis hat bewegen lassen. Diese »tolle Leidenschaft für Luther«, schimpft der Römer, sei ein Verhängnis, denn jetzt könne »der sächsische Drache« frech sein Haupt erheben, »so furchtbar haben sich die lutherischen Basilisken vervielfältigt, die jetzt weit und breit nach Herzenslust geifern, während die Kaiserlichen zitternd verstummen«.

Aleander gibt nicht auf und drängt den Beichtvater Karls V., Jean Glapion, zu einer letzten Intervention. Glapion, ein Franziskaner, der in vielen Dingen milder über Luther urteilt als andere am Kaiserhof, eilt zur Ebernburg, um den Burgherrn Franz von Sickingen und seinen Mitstreiter Ulrich von Hutten zu überreden, Luther aufzuhalten. Der Kaiser, behauptet der schlaue Franziskanermönch und kaiserlicher Rat, sei Luther im Herzen gewogen und wolle verhindern, dass er in Worms durch ungeschicktes Auftreten die Fürsten gegen sich aufbringe. Man könne sich doch auch außerhalb des Reichstags verständigen! Als Geste des guten Willens biete Karl V. dem Reichsritter ein kaiserliches »Jahrgeld« an, die Urkunde habe er schon dabei. Im Gegenzug soll Hutten sich bei Luther für den kaiserlichen Vorschlag einsetzen. Nach reichlich Wein und gegenseitigen Schmeicheleien beschließt man, den Dominikaner Martin Bucer, der bei der Heidelberger Disputation dabei war und jetzt als Kaplan auf der Ebernburg tätig ist, Luther entgegenzusenden. Bucer soll den von ihm verehrten Reformator zum Gespräch auf die Burg bitten.

Luther aber lehnt sofort ab. Misstrauisch wie er ist, durchschaut er die Absicht Glapions, durch ein solches Scheinangebot seine Anreise zu verzögern, damit die Anhörung in Worms doch nicht stattfinden kann. »Hat des Kaisers Beichtvater etwas mit mir zu reden«, sagt er barsch, »so mag er es zu Worms tun!« Keinesfalls wolle er es riskieren, als »ungehorsamer Außenbleiber« abgekanzelt und dem Gespött preisgegeben zu werden.

Vom Reichsherold angekündigt, zieht Luther am 16. April 1521 zehn Uhr vormittags in Worms ein. Von der Stadtmauer herab ertönen Trompetensignale, als gehöre der Bibelprofessor aus Wittenberg zu den Größen des Reichs, deren Ankunft üblicherweise so lautstark in Szene gesetzt wird. Das Volk schiebt sich erwartungsvoll an den Straßenrand und drängt sich in den Fenstern, als der Pferdekarren durch das Mainzer Tor und über die Kämmererstrasse in die Innenstadt rumpelt, begleitet von bewaffneten Reitern und begeistert empfangen von einem Dutzend sächsischer Edelleute, die ihre Arme mit gespreizten Fingern in die Luft werfen wie nach einem siegreichern Lanzenturnier. Die imposante Gestalt des Reichsherolds im bunten Wappenrock, auf dem Kopf das lederne Barett mit wippender Feder, bahnt dem Aufzug hoch zu Ross den Weg durch die Menge. Die Fahrt geht zum Johanniterhof, wo Luther Quartier nimmt, aufmerksam beobachtet vom Papstgesandten Aleander, dem das alles nicht geheuer ist. Die Stadt sei wie aufgestört, notiert er, alle wollten den »Oberketzer« sehen. Mit drei Genossen im Wagen sitzend, ziehe er im Triumph in die Stadt ein. Unerhört, dieser Jubel des Volkes, das zu Tausenden in die Reichsstadt gekommen ist, nur um diesen Luther zu sehen! »Beim Verlassen des Wagens schließt ihn ein Priester in seine Arme, fasst dreimal an sein Gewand und tut im Weggehen so, als habe er eine Reliquie berührt«, empört sich Aleander. Dann habe der Ketzer mit seinen »dämonischen Augen« aufreizend lange im Kreis geschaut und gesagt: »Gott wird mit mir sein.«

Das ist eher ein Seufzer als Gewissheit. Denn Luther wird wieder von seinen Magen- und Unterleibsschmerzen gepeinigt, Schwindelgefühle lassen ihn beim Absteigen vom Karren fast umsinken. Gleich wollen die sächsischen Edelleute und Wormser Ratsherren mit ihm speisen, den tollkühnen Mönch bei einem Schoppen Bier oder einem Krug Wein bestaunen, hören, was er dem Kaiser zu sagen hat, ob er sich fürchtet oder gar abschwören wird. Kann er solch ein Mahl überhaupt durchstehen in seinem erbärmlichen Zustand? Viel lieber würde Luther bei seinem Kurfürsten und dessen Räten sitzen, zusammen mit Spalatin und seinen Reisegefährten Amsdorf und dem Professor Justus Jonas, der sich ihnen in Erfurt angeschlossen hat. Doch der Kurfürst vermeidet es peinlich, mit seinem Schützling gesehen zu werden; so kann er nach außen den Schein der Unparteilichkeit wahren, um im schlimmsten Fall seinen unbotmäßigen Professor fallen zu lassen. Also speist Luther, geschwächt von der Reise und beunruhigt, was ihn am nächsten Tag erwartet, mit seinen beiden Begleitern und einem Dutzend Fremden an einer großen Tafel in der eigenen Herberge.

Friedrich der Weise residiert mit Gefolge im Gasthof Zum Schwan, gleich neben Luthers Quartier, in einer viel zu kleinen Unterkunft. Das ist für einen Reichstag nichts Ungewöhnliches, auch der Johanniterhof ist hoffnungslos überfüllt. Worms hat 6 000 Einwohner, nun aber muss die Stadt 2 000 zusätzliche Gäste aufnehmen. Es gibt jedoch nur ein halbes Dutzend Herbergen. Der päpstliche Sondergesandte Girolamo Aleander haust in einer schmutzigen Dachkammer, und der Kaiser muss sich das Zimmer mit seinem Kanzler teilen! Für den stolzen Habsburger ist dieser Reichstag ein Albtraum. Zu Hause, in Spanien, haben sich einige Städte gegen ihn erhoben, das Fundament seiner Herrschaft ist bedroht. Und hier in Deutschland sieht er sich einer feindseligen Fürstenfronde gegenüber, die sich einen schwachen Kaiser wünscht, der Zugeständnisse macht und rasch wieder verschwindet. Karl V. möchte in Italien Krieg gegen Frankreich führen. Das nötige Geld dafür will er sich von den deutschen Ständen besorgen oder von den Fuggern leihen – doch die haben schon seine Wahl mit riesigen Bestechungsgeldern finanziert. Und jetzt ist da dieser freche Mönch, den sein Landesherr schützt und damit ihn, das Oberhaupt des Heiligen Römischen Reiches, gegenüber Rom in Zugzwang bringt. Es ist der Papst, der ihm die eigentliche Krone aufsetzt, ohne den Pontifex maximus ist er nur »erwählt«, aber nicht gesalbt. Karl V., der gerade erst 21 Jahre alt gewordene Kaiser, hat große Pläne. Als deutscher Kaiser und zugleich König von Spanien und Neapel, will er, wie einst Karl der Große, das Abendland unter seiner christlichen Herrschaft einen, ein Reich errichten, in dem die Sonne nicht untergeht und das bis an die unbekannten Ränder der Welt ausgreift, nach Afrika, Asien und Amerika. Dazu müssen vor allem Frankreich und England zurückgedrängt werden, denn Stück für Stück haben sie sich von Rom gelöst und stellen nun auch den Herrschaftsanspruch des Heiligen Römischen Reiches infrage. So ist dieser Wormser Reichstag eine lästige Etappe, die man möglichst rasch absolvieren muss, um dann die Probleme zu lösen, die den imperialen Anspruch bedrohen. Eigentlich müsste Karl V. längst wieder in Spanien sein, um die Rebellion der *Comuneros* – der bürgerlichen Städter in Kastilien – niederzuschlagen; stattdessen hat er, der des Deutschen gar nicht mächtig ist, sich die »*Gravamina* der deutschen Nation« vortragen lassen, musste Verträge für ein »Reichsregiment« unterschreiben, das nur den Kurfürsten nützt und den Kaiser von diesen dauerhaft abhängig macht. Längst hat Karl V. bemerkt, dass der Fall des Martin Luther von den Fürsten als Waffe benutzt wird, um ihm Zugeständnisse abzupressen.

So ist der Kaiser, der Ketzer hasst und es gewohnt ist, kurzen Prozess mit ihnen zu machen, nicht gut auf den »Hussiten« zu sprechen. Eine an ihn gerichtete Flugschrift Luthers mit der Bitte um Anhörung, die ihm schon zu Beginn des Reichstages in Worms übergeben wurde, hat er sogleich zerrissen. Der vom Volk verehrte Mönch macht ihm das Leben zusätzlich schwer in diesem unüberschaubaren, von regionalen und ständischen Interessen zerrissenen Deutschland. Das enge und viel zu kalte Worms, das mit seinen sechzig Türmen und dicken Mauern zwar »kaisertreu« ist, aber sich auch recht abweisend gegen den jungen Kaiser und seine spanischen Höflinge gibt, verleidet ihm seinen Aufenthalt.

»Ich fühle mich unsicherer in diesen deutschen Städten als in der Campagna« schreibt er nach Spanien, und das will etwas heißen. Denn das Umland von Rom gilt als besonders gefährlich, Räuberbanden machen es unsicher. Das Einzige, was Worms über den Reichstag hinaus interessant macht, ist die Tatsache, dass hier das *Nibelungenlied* spielt, das Heldenopus um den Drachentöter Siegfried. Als ein Drachentöter würde sich jetzt auch Karl V. gern feiern lassen, falls es ihm gelingt, den aufsässigen Mönch zum Schweigen zu bringen und damit das Feuer auszutreten, das seine Lehren entfacht haben. Das häretische Feuer brennt auch in Worms; gerade hier in der Freien Reichsstadt, die mit dem Klerus auf Kriegsfuß steht, werden Luthers Schriften gelesen und sein Mut bewundert.

Nach einer langen Nacht – Luther muss das Zimmer mit zwei kursächsischen Beamten teilen – mit wenig Schlaf und großen Leibschmerzen, wird er als Seelsorger zu dem schwerkranken Ritter Hans von Minckwitz gerufen, um ihm die Beichte abzunehmen. Selbst in der Stunde der Entscheidung über sein eigenes Schicksal kann er dem Mitbruder seinen Beistand nicht versagen.

Um zehn Uhr erscheint der Reichsmarschall von Pappenheim und überbringt den Befehl zur Anhörung vor dem Kaiser und den Ständen. Sie soll um vier Uhr im Bischofshof am Dom stattfinden. Luther nutzt die verbleibende Zeit und lässt sich seine Tonsur neu schneiden, mit einem ganz schmalen Haarkranz als Zeichen der Demut. Um ihn vor den Neugierigen zu schützen, die sich seit seiner Ankunft vor der Herberge drängen, wird Luther vom Herold und vom Reichsmarschall auf Umwegen und über einen Seitenaufgang vor den Sitzungssaal geführt. Dort muss er erst einmal warten, bis er an der Reihe ist. Drinnen werden die wirklich wichtigen Tagesordnungspunkte verhandelt. Plötzlich tritt aus dem Dunkel ein unbekannter Herr auf ihn zu, mustert ihn durchdringend und sagt spöttisch, aber nicht ohne Anerkennung: »Du gehst einen schweren Gang, Mönchlein!« Später wird Luther erfahren, dass es sich um den bekannten Landsknechtsführer in kaiserlich-habsburgischen Diensten, Georg von Frundsberg, gehandelt hat.

Um sechs Uhr wird Luther aufgerufen. Der kaiserliche Reichsherold Kaspar Sturm bahnt ihm den Weg durch den überfüllten, von Fackeln festlich erleuchteten Saal. Hinter ihnen folgen der Jurist Hieronymus Schurff und die Räte des Kurfürsten, die Luther unterstützen, aber auch zurückhalten sollen, wenn die Interessen des Kurfürsten berührt werden. Luther ist ja ein von Rom verurteilter und gebannter *haereticus*, da wiegt jedes Wort schwer.

Die stickige, von Rauchschwaden vernebelte Luft nimmt Luther den Atem. Wie soll er die Anhörung durchstehen in seinem Zustand? Vor sämtlichen Würdenträgern des Reiches, die heute eine Entscheidung erwarten, so oder so. Und im Angesicht des Kaisers, den Luther verehrt als höchste Obrigkeit und weltliches Haupt des christlichen Abendlandes? In seinem blassen, von den Fackeln scharf ausgeleuchteten Gesicht blitzen die Augen, sie haben nichts von ihrer Entschiedenheit verloren. Luther zweifelt keineswegs an seiner Sache, sondern allein daran, ob es ihm gelingt, sie hier angemessen zu vertreten. Für die auf Grandezza und Etikette achtenden spanischen Edelleute bewegt sich Luther viel zu schnell, hält den Kopf nicht andauernd der Majestät zugewandt. Offenbar weiß er auch nicht, wie und wie oft er das Knie zu beugen hat vor dem Kaiser. Ebenso wenig entgeht den Spaniern, dass Luther beim Hereinkommen einen Bekannten grüßt und dafür vom Reichsmarschall gerügt wird: »Du hast nur zu reden, wenn du gefragt wirst.« Luther geht unbeirrt weiter und nickt, wenn er jemanden in der Menge erkennt.

Die Befragung wird von dem Kirchenrichter Johann von der Ecken durchgeführt, der nichts zu tun hat mit dem Johannes Eck der Leipziger Disputation, aber dessen Namensnennung Luther zusammenzucken lässt. Er ist auf alles gefasst, zweifelt nicht, dass man auch hier einen Fallensteller aufgeboten hat. Der Offizial des Trierer Erzbischofs beginnt die Befragung mit den Worten: »Seine kaiserliche Majestät hat dich, Martin Luther, zitiert, um zweierlei festzustellen: Erstens, ob du dich zu den unter deinem Namen ausgegangenen Büchern bekennen willst, zweitens, ob du diese Bücher oder etwas davon zu widerrufen geneigt bist.«[3]

Sofort wendet Luthers Rechtsbeistand Schurff ein, man möge die Titel deutlich vorlesen, um einer Verwechslung oder gar einer Unterschiebung vorzubeugen. Von der Ecken nennt langsam und laut jeden einzelnen Titel von Luthers Werken, die er von einem Tisch nimmt und hochhält. Es ist ganz still im Raum, nur das Zischen der Fackeln und das Tuscheln und Räuspern der Anwesenden ist zu hören, die dicht an dicht um Luther herumstehen. Die Luft ist zum Schneiden dick, Luther atmet schwer, in verkrampfter Haltung und mit gebeugtem Knie, das unter der dauernden Anspannung zittert. Er fühlt sich müde und zerschlagen. Leise, zu leise sagt er: »Ja, ich erkenne sie an.« Er spürt, dass er die zweite, die Hauptfrage in dieser Lage, in diesem Zustand nicht wird beantworten können. Sein Kopf hämmert, die Schmerzen im Leib sind unerträglich. So antwortet er zögerlich, wieder viel zu leise, dass es sehr gefährlich sei, wenn er jetzt etwas Unüberlegtes sage, hier gehe es um das höchste Gut auf Erden, das Wort Gottes, und auch um das Heil der Seelen. Wie könne er also unvorbereitet antworten? Man möge ihm Bedenkzeit geben, dann stehe er an gleicher Stelle Rede und Antwort. Im Saal wird es laut, Murren ist zu hören und auch hier und da Lachen, die Gegner triumphieren schon, Luthers Anhänger schauen sich fragend an. Das ist doch nicht der Mann, unser Heros, der für seinen Glauben durchs Feuer geht, der dem Papst getrotzt hat und hierhergekommen ist, um das Reich gegen Rom zu mobilisieren.

Auch der Kaiser ist verunsichert. Gelangweilt hat er von seinem von einem Baldachin beschirmten Podest herab den Auftritt des ungelenken Mönchs verfolgt. Mit einer Handbewegung ruft er seine spanischen Berater zu sich, die von der feindseligen Stimmung in der Stadt überrascht sind und vorschlagen, den gewünschten Aufschub zu gewähren, um die Sache dann mit einem Formelkompromiss zu beenden. Sie meinen, in der Haltung des Delinquenten etwas Schwächliches, Resigniertes bemerkt zu haben. Außerdem müsse man Rücksicht auf den mächtigen Kurfürst Friedrich nehmen, dessen Mann Luther ja zweifellos sei, auch wenn der schlaue Fürst das nicht offen einräume. Nach kurzer

Beratung stimmt man in Absprache mit den anderen Kurfürsten Luthers Bitte zu und gewährt 24 Stunden Aufschub. Johann von der Ecken, Sprecher des Kaisers, lässt es sich aber nicht nehmen, die Unangemessenheit von Luthers Auftreten zu tadeln: »Obgleich du, Martinus, aus dem kaiserlichen Befehl hättest erkennen können, wozu du herbeigerufen wurdest, bewilligt dir dennoch die kaiserliche Majestät aus angeborener Güte einen Tag für dein Nachsinnen, damit du morgen zur gleichen Stunde erscheinst und deine Meinung mündlich vorträgst.«[4]

Luther ist erleichtert. Morgen ist ein neuer Tag, und er wird die Zeit nutzen, um sich zu erholen und klare Gedanken für den entscheidenden Auftritt zu fassen. Im Johanniterkloster reden die Freunde aufgeregt auf ihn ein; auch sie befürchten, er könnte an seiner Sache zweifeln und auch morgen nicht in der Lage sein, sie in Gegenwart des Kaisers vorzutragen. Luther schickt sie rasch weg und legt sich zu Bett. Einen Zettel mit flüchtig hingeworfenen Notizen zu seiner Erklärung vor dem Reichstag legt er zur Seite. Er darf ja weder etwas verlesen noch eine Disputation beginnen, sondern muss die zweite, entscheidende Frage in freier Rede beantworten. Im Bett liegend, entwickelt Luther einen Plan, wie er die Absichten seiner Gegner durchkreuzen könnte. Auf keinen Fall wird er abschwören; das hat er dem Humanisten Johannes Cuspinian gleich nach der Rückkehr vom Bischofshof schon einmal brieflich mitgeteilt: »Aber ich werde auch nicht einen Buchstaben widerrufen, wenn Christus mir gnädig ist.«[5] So fasst er sich ein Herz.

Für den entscheidenden Akt am 18. April hat man in der bischöflichen Pfalz einen größeren Saal gewählt. Trotzdem reicht der Platz kaum, weil noch viel mehr Reichstagteilnehmer durch die schon am Nachmittag geöffneten Tore geströmt sind. Wieder erscheint der Reichsherold im Johanniterkloster und führt Luther um sechs Uhr gemessenen Schrittes, den goldenen Heroldsstab in der Faust, zur Versammlung. Die Hochspannung im Raum ist mit Händen zu greifen, als Luther eintritt. Wieder wird er von dem kaiserlichen Sprecher gefragt, ob er zu widerrufen bereit sei. Luthers Stimme ist fest, seine Haltung selbstbewusst. Die

Anwesenden spüren sofort, dass heute ein anderer Mann vor ihnen steht, der eine klare Vorstellung von seiner Mission hat, für die er von Wittenberg hierher nach Worms gekommen ist. Luther entschuldigt sich vorsorglich, falls er sich als in solchen Dingen unerfahrener Mönch »auf irgendeine Weise gegen die höfischen Sitten und Gebärden vergehen sollte« oder falsche Anreden und Titel verwende. Noch einmal betont er, dass alle hier vorgelegten Bücher von ihm stammen. Dann erklärt er äußerst geschickt, er habe seine Schriften in drei Gruppen eingeteilt, denn sie seien »nicht von der gleichen Art«. So ist er der Frage, ob er widerrufe, erst einmal ausgewichen und erhält Gelegenheit, über sich und seine Lehre Auskunft zu geben. Zur ersten Gruppe rechne er die erbaulichen Bücher, »in welchen ich von christlichem Glauben und guten Werken so schlicht, einfältig und christlich gelehrtet habe«, dass sie auch nach dem Urteil seiner Gegner nicht zu beanstanden seien. Ein Widerruf dieser Schriften, in denen die Bibel ausgelegt werde, sei nicht möglich, da dies der Wahrheit zuwiderlaufen würde, »die Freunde und Feinde gleichermaßen bekennen«.

Luther spricht deutsch, und das gibt Johann von der Ecken die Möglichkeit, ihm ins Wort zu fallen. Es sei dem Kaiser gegenüber, der kein Deutsch spreche, unerbietig, so fortzufahren! Er möge von jetzt ab seine Erklärungen auf Lateinisch formulieren. Luther nickt und wendet sich direkt an den Kaiser, der tief in seinen Hermelin versunken auf dem Thronsessel sitzt. Zur zweiten Gruppe, sagt er mit lauter werdender Stimme, zähle er die Werke, »darinnen das Papsttum und der Papisten Lehre angegriffen und angetastet wird«. Hätten denn, ruft er Karl V. entgegen, die Anordnungen des Papstes die Gewissen der Gläubigen nicht »elend in Fesseln geschlagen« und »zu Tode gefoltert«? Das »Hab und Gut dieser ruhmreichen Nation« sei von der »Tyrannei in Rom« unbarmherzig verschlungen worden. Wenn er jetzt seine Bücher widerrufe, und das auch noch unter der Autorität von Kaiser und Reich, dann stelle er einen Freibrief für noch mehr Tyrannei aus und mache sich selbst zu einem »großen Schanddeckel«. Luther, der weiß, dass Karl V. sich

Auf dem Reichstag zu Worms musste Luther am 17. und 18. April 1521 auf die Fragen eines kaiserlichen Orators antworten, die ihn zum Widerruf seiner Bücher veranlassen sollten. Doch Luther
blieb standhaft. Er selbst trat im Gewand des Augustinerordens und mit einer großen Tonsur auf,
die im Saal versammelten Fürsten und Adligen dagegen trugen prunkvolle Gewänder, Ketten,

von Papst Leo X. salben lassen muss, um das anerkannte Oberhaupt
des christlichen Abendlandes zu werden, stellt diesen damit vor eine
unmögliche Alternative: Rom oder das Reich.

Juwelen und Kopfbedeckungen, eine Pracht, die von Kaiser Karl V. noch überboten wurde. Sein Widerstand gegen den Kaiser und die versammelten Reichsstände steigerte die Popularität Luthers, der schon von 2000 Schaulustigen in Worms jubelnd empfangen worden war, erheblich. Der Kaiser verhängte die Reichsacht über Luther, sicherte ihm aber 21 Tage freies Geleit zu.

Der junge Kaiser, des Lateinischen nicht sehr kundig, lässt sich das Gesagte dolmetschen, was Luther zu Pausen zwingt, ihm aber auch Atem verschafft. Der Kaiser flüstert mit seinen Räten und bewegt nur leicht und mit einem Anflug von Missbilligung den Kopf. Wie lange soll das noch so weitergehen? Was mutet dieser Eiferer den hier versammelten Repräsentanten des Reiches zu? Der Saal ist durch die vielen Menschen und die Fackeln so überhitzt, dass einige ihre Kopfbedeckungen abnehmen und die mit Pelzen besetzten Schauben ablegen. Schweiß steht auf den Stirnen, man fächelt sich Luft zu. Dann fährt Luther endlich fort und sagt, er habe noch eine dritte Gruppe von Büchern geschrieben, Streitschriften gegen Personen, die es unternommen hätten, den Papst zu verteidigen. Dabei sei er nicht immer zimperlich verfahren, bisweilen zu heftig gewesen, was einem Mönch eigentlich nicht zustehe. Aber er habe nie danach getrachtet, ein Heiliger zu sein. Falls damit Zwietracht gesät worden sei, bedauere er das – aber Christus habe doch gesagt, er sei nicht gekommen, den Frieden, zu bringen, sondern das Schwert! Auch in diesem Fall müsse er fest bleiben, damit nicht das gottlose Wesen überhandnehme wie einst in Babylon: »Deshalb bitte ich um der Barmherzigkeit Gottes willen Eure Allerdurchlauchtigste Majestät oder wer immer es in aller Welt kann, er sei hoch oder niedrig, dass er Beweise bringe, mich der Irrtümer überführe und mit den prophetischen und evangelischen Schriften besiege. Denn ich bin sehr wohl bereit, wenn ich gründlich belehrt worden bin, jeden Irrtum zu widerrufen, und ich werde der Erste sein, der meine Bücher in das Feuer wirft.« Zum Abschluss beschwört er Kaiser und Fürsten, ihn nicht »ohne Grund«, also ohne ihn aus der Schrift widerlegt zu haben, an seine Feinde auszuliefern.[6]

Was sich dieser Bettelmönch herausnimmt, ist unerhört, tuschelt man in der Runde. Die Augen von Luthers Anhängern leuchten: Gott sei es gelobt, ihr Held ist nicht mehr so verzagt, wie er noch gestern wirkte. Nachdem man sich kurz beraten hat, gibt der Kaiser seinem Sprecher einen Wink, er möge Luther ein letztes Mal zum Widerruf auffordern. Von der Ecken verlangt eine »ungehörnte Antwort«, Luther habe schon viel zu viel geredet, was ihm gar nicht zustehe. Das sei nicht der Ort für Erklärungen oder gar für eine Disputation über »Glaubensartikel«, die er als Diener der Kirche sowieso zu glauben verpflichtet sei. Im Übrigen erkenne er Luthers Unterscheidung der Schriften nicht an, auch sei es eine Frechheit, dass er als Einzelner die Wahrheit der Konzilien bestreite. Er komme ihm wie Wiclif und Hus vor, beides überführte Ketzer! Er, Martin Luther, könne doch nicht im Ernst glauben, dass nur er den Sinn des Evangeliums verstehe, dass nur er allein im Besitz der Wahrheit sei!

Luther zögert keinen Augenblick mit seiner Antwort. Er wiederholt einfach, was man ihm eben vorgeworfen hat. Aber er beruft sich diesmal nicht nur auf die Schrift, sondern auch auf sein Gewissen. »Da Eure Majestät und Eure Herrlichkeiten eine schlichte Antwort von mir heischen, so will ich eine solche ohne alle Hörner und Zähne geben: Wenn ich nicht durch Zeugnisse der Schrift oder klare Vernunftgründe überzeugt werde – denn weder dem Papst noch den Konzilien allein glaube ich, da es am Tage ist, dass sie öfter geirrt und sich selbst widersprochen haben –, so bin ich durch die Stellen der Heiligen Schrift, die ich angeführt habe, überwunden in meinem Gewissen und gefangen in dem Worte Gottes. Daher kann und will ich nichts widerrufen, weil wider das Gewissen zu tun weder sicher noch heilsam ist.«[7] Er fügt noch auf Deutsch ein deutlich hörbares »Gott helfe mir, Amen!« hinzu.

Jetzt ist der Bann gebrochen, alles schreit durcheinander, die einen reißen begeistert die Arme hoch, die anderen fluchen. Die Deputierten drängen dem Ausgang zu, als der kaiserliche Sprecher Luther zuruft, er solle sein Gewissen fahren lassen, »denn dein Gewissen irrt, Martinus!« Dass Konzilien geirrt hätten, könne er niemals beweisen, am wenigsten, wenn es um Glaubensfragen gehe. »Doch, doch«, sagt Luther in den allgemeinen Tumult hinein, »ich kann es beweisen!« Dann wird auch er vom Herold Kaspar Sturm aus dem Saal geschoben. Einige sächsische Edelleute vermuten, man wolle ihren Landsmann festsetzen und versuchen, ihn schützend zu umringen. Luther beruhigt sie: er werde nur in seine Unterkunft zurückgeleitet. Am Ausgang muss er an einem Spalier von spanischen Reitknechten vorbei, die ihm *al fuego, al fuego!* entgegenzischen, »ins Feuer mit dem Ketzer!« Als sich die Tür im Johanniterhof wenig später hinter ihm schließt, reißt auch Luther die Arme hoch: »Ich bin hindurch, ich bin hindurch!« Eine tiefe Erleichterung erfasst ihn, der Spannungsabfall lässt ihn hell auflachen, als seine Reisegefährten ihn umarmen: »Gott ist mit dir, Martinus!«

Aber er ist noch nicht hindurch. Denn der junge Kaiser ruft am nächsten Morgen die Kurfürsten zu sich und eröffnet ihnen, dass er als Verteidiger und Schutzherr des katholischen Glaubens seine ganze Macht dafür einsetzen werde, diesen Ketzer doch an Rom auszuliefern. Ein »Gefangener seines Gewissens« will der unbotmäßige Mönch sein – was zählt denn das Gewissen eines Einzelnen, wenn es um den Zusammenhalt der Kirche, den Erhalt der Christenheit in einer Welt der Auflösung geht, die nicht nur von innen, sondern auch von außen, von den Osmanen bedroht ist? Der Habsburger ist streng katholisch erzogen worden, würde als höfischer, zeremonienbewusster Mensch die hierarchische Verfasstheit und den Kultus der *Una Sancta* nie infrage stellen. Für ihn kann es keinen Gewissenskonflikt des einzelnen Christen mit der Kirche geben. Luther müsse irren, da ein Einzelner niemals gegen die mehr als tausendjährige kirchliche Lehre recht haben könne! Der lutherische Gegensatz von unsichtbarer, innerer, und sichtbarer, institutioneller Kirche ist außerhalb seines Denkhorizonts. Wie also soll der Kaiser verstehen, was Luther mit »Gewissen« meint, jener inneren Instanz, durch die das Wort Gottes seine den Menschen ergreifende und verwandelnde Kraft entfaltet – wenn es nicht einmal Luthers theologische Gegenspieler begreifen und anerkennen? Viele Jahre später wird er im Rückblick auf das, was durch Luther unaufhaltsam in Bewegung gesetzt worden ist, eine seinen Machtinstinkt bezeichnende Schlussfolgerung ziehen: Man dürfe mit Ketzern überhaupt nicht sprechen, sie nie zu Wort kommen lassen, ja nicht einmal anhören. »Denn sie haben so lebendige und durchdachte Beweisgründe, dass sie einen leicht verwirren können. Und wie, wenn dann zufällig ein falsches Argument in meinen Gedanken haften bliebe? Wer wäre dann stark genug, es mir wieder aus der Seele zu reißen?«[8]

Karl V. stimmt den Fürsten sofort zu, als sie fordern, Luther müsse doch noch abschwören, möglichst hier in Worms. Sie, die mehrheitlich gegen Luther stehen, sind beunruhigt wegen der aufrührerischen Stimmung im Land, die auch hier in Worms mit Händen zu greifen ist. Am besten, man zitiert den gefährlichen Mann erneut vor ein Tribunal, das aber dieses Mal schnellen Prozess macht. Kurfürst Friedrich, der sich wie immer der Stimme enthält, räumt ein, sein Bibelprofessor habe zwar »wohl« geredet, aber nach seinem Geschmack »viel zu kühn«. Was auch geschehe, es sei von Gott so gewollt.

Die Reichsstände setzen eine Verhandlungskommission statt eines Tribunals durch, besetzt mit einer Reihe von Bischöfen und Kurfürsten sowie den beiden Humanisten Conrad Peutinger und Johannes Cochläus. Den Vorsitz führt Hieronymus Vehus, Kanzler des Markgrafen von Baden. Cochläus ist ein besonders unversöhnlicher Gegner Luthers, macht sich aber mit seiner Verbissenheit, unablässig den »Widerruf« zu fordern, in der Runde schnell lächerlich. Luther hört seinen »Vernehmern« geduldig zu, disputiert leidenschaftlich mit dem badischen Kanzler, der als studierter Humanist Luthers Bücher lobt und sich beeindruckt zeigt von der Bibelkenntnis eines Mannes, dem man immer nur Sturheit vorwirft. Der joviale Badener sucht den Ausgleich, anerkennt Luthers Gewissen, gibt aber zu bedenken, dass man nicht immer nur dem »eignen Sinn« folgen dürfe. Da Luther – »hart in der Sache, sanft im Ton« – trotz allen Entgegenkommens seiner Kontrahenten nicht einlenkt, versucht es der Erzbischof von Trier mit dem Angebot einer Pfründe; er baut Luther eine vergoldete Brücke, über die, so sein Kalkül, auch der Verstockteste gehen kann. Vergeblich, nach vier Tagen löst sich das Gremium, in dem viel palavert, aber kein Fortschritt erzielt worden ist, ohne großes Aufsehen auf. Bis auf Cochläus sind alle Teilnehmer versöhnlich gestimmt, man beschwört die Einheit der Kirche, die unbedingt zu bewahren sei. Man könne auch hier in Deutschland eine einvernehmliche Lösung finden, am besten durch ein allgemeines Konzil. Luther erklärt, er würde auch dort nicht abschwören, denn er habe sich allein

Gott gegenüber zu verantworten. Der milde gestimmte Erzbischof entlässt ihn mit der Zusage, sich bei Karl V. dafür zu verwenden, dass das freie Geleit zur Rückreise noch 21 Tage aufrechterhalten werde.

Am nächsten Tag schon trifft die Zusage des Kaisers ein. Der Reichsherold soll den *haereticus* bis Wittenberg geleiten, beschirmt von zwei Dutzend bewaffneter Reiter. Es sei Luther allerdings nicht erlaubt, unterwegs zu schreiben oder zu predigen, schärft ihm Johannes von der Ecken ein. Der Trierer Offizial lässt ihn auch wissen, dass der Kaiser nach Ablauf der Frist gegen ihn vorzugehen gedenke. Luther ist mit allem einverstanden. Sein Schicksal liegt jetzt in der Hand des Kurfürsten.

Friedrich der Weise hat sich mit seinen Räten besprochen und einen schlauen Entschluss gefasst: Martin Luther wird Wittenberg nie erreichen. Denn dort könnte es ihm gefährlich werden, falls die Reichsacht tatsächlich ausgesprochen würde. Er soll an einen unbekannten Ort verbracht werden, den auch der Kurfürst nicht kennt, um sich nicht selbst zu belasten. Zwei der Räte weihen Luther in die geplante Schutzhaft ein, die als Entführung getarnt werden soll. Man werde ihn irgendwann auf der Reise »eintun«, heißt es.

Am 26. April fährt Luther aus Worms ab. Der Herold soll erst in Oppenheim zu den Reisenden stoßen. Ein Trupp Reiter folgt den beiden »Rollwägelchen«, in denen neben Luther auch der Augustiner Johann Petzensteiner, der Wittenberger Kollege Nikolaus von Amsdorf, der Student Peter von Suaven und der Jurist Hieronymus Schurff sitzen. Roms Sondergesandter Aleander, der Luther in Worms nicht aus den Augen gelassen hat, meldet an seine Auftraggeber: »So ist denn der ehrwürdige Schurke gestern, drei Stunden vor Mittag, mit zwei Wagen abgereist, nachdem er sich eigenhändig in Gegenwart vieler Personen viele Brotschnitten geröstet und manches Glas Malvasier, den er außerordentlich liebt, getrunken hat.«[9]

Am 28. April erreicht der Wagen die nördlich von Frankfurt gelegene Reichsburg Friedberg. Von dort schreibt Luther einen Brief an Karl V., in dem er ausführlich wiederholt, was er dem Kaiser bereits in Worms ins Gesicht gesagt hat: Dass alle seine Bücher auf die Heilige Schrift gegründet seien, dass er seine Lehre jederzeit auf einem Konzil zu rechtfertigen bereit sei und er seine Bücher eigenhändig verbrennen würde, könnte man ihm Irrtümer nachweisen. Luther dankt dem Kaiser, dass er ihm das öffentliche Geleit »unverbrüchlich« gehalten habe und bittet ihn »aufs alleruntertänigste«, dafür zu sorgen, dass er nicht von seinen »Widersachern unterdrückt« und »Gewalt leiden« werde.[10] Der Brief ist ganz auf öffentliche Wirkung berechnet, denn Luther fürchtet, seine Gegner könnten ihn, wie schon nach der Leipziger Disputation, als Verlierer denunzieren. Herold Kaspar Sturm, von Luther in Friedberg entlassen, nimmt den Brief mit nach Worms und übergibt ihn auf Geheiß Luthers an Spalatin. Der Sekretär des Kurfürsten lässt das lateinisch gehaltene Schreiben sofort ins Deutsche übersetzen, um es den Reichsständen zugänglich zu machen. Nur wenige Wochen später liegt es bereits gedruckt vor und verbreitet sich im ganzen Land. Der eigentliche Adressat wird es nie zu lesen bekommen.

Schreiben und Predigen sind Luther untersagt, aber er hält sich weder an das eine noch an das andere Verbot. Wer kann einem Gläubigen verbieten, »das Wort Gottes zu bekennen und zu bezeugen«? Während in Worms über die Verhängung der Reichsacht gegen ihn verhandelt wird, hält er zuerst in Hersfeld, dann am 3. Mai auch in der überfüllten Georgenkirche in Eisenach, der Heimat seiner Mutter, eine Predigt. Der Eisenacher Pfarrer, der sich weigerte, dem Gebannten seine Kanzel zu überlassen, lässt sich notariell bescheinigen, dass er gegen das Auftreten des »Ketzers« Protest eingelegt habe und von der Gemeinde dazu gezwungen worden sei. Dann setzt er sich andächtig auf die Kirchenbank, um dem bewunderten Reformator zuzuhören. In Eisenach erhält Luther den Hinweis, die Hauptroute Richtung Gotha zu verlassen und auf Nebenwegen über Altenstein, Schweina und Waltershausen weiterzureisen. Als Grund für diesen Umweg gibt Luther gegenüber seinen Reisegefährten an, er wolle Verwandte in Möhra besuchen. So reisen Hieronymus Schurff und Peter von Suaven allein weiter nach Gotha. Nur Luthers

Wittenberger Mitstreiter Nikolaus von Amsdorf ist in den Handstreich des Kurfürsten eingeweiht, Johann Petzensteiner dagegen ist völlig ahnungslos, als man die Stadt am Nachmittag verlässt. In Möhra übernachten die drei im Haus von Luthers Onkel. Bevor sie am nächsten Morgen weiterfahren, hält Luther den eilig zusammengelaufenen Bauern auf freiem Feld noch eine Predigt, denn eine Kirche gibt es in Möhra nicht.

Die Reise geht durch den Thüringer Wald. Bei der Burg Altenstein steigt die Straße steil an, und der Fuhrmann treibt die keuchenden Pferde mit Peitschenknall vorwärts. Als der Reisetross einen Hohlweg passiert, brechen fünf Reiter aus dem Unterholz hervor und bringen den Wagen zum Stehen. Einer der Männer ruft, ob ein Martin Luther unter den Reisenden sei und richtet seine Armbrust auf den Fuhrmann. Bevor der zu Tode Erschrockene antworten kann, springt der Ordensmann Petzensteiner auf der Rückseite vom Wagen und verschwindet im Gebüsch. Keiner der Reiter verfolgt ihn, es ist ja alles ein abgekartetes Spiel. Um den Eindruck einer Entführung zu erwecken, zerren die Männer Luther vom Wagen herunter und binden ihm die Hände zusammen. Amsdorf protestiert mit wildem Geschrei, um den Fuhrmann zu täuschen, dann reitet der Trupp den Hohlweg hinauf, den Gefangenen hinter sich her zerrend. Luther stolpert in den Wald hinein, geistesgegenwärtig hat er noch das griechische Neue Testament und seine hebräische Bibel eingesteckt. Außer Sichtweite des Wagens, kurz vor dem Ort Botterode, halten die Reiter und binden Luther los. Sie setzen ihn auf ein Pferd und reiten im Zickzack durch den Wald, um alle Spuren zu verwischen und den Entführten zu verwirren. Luther soll nicht wissen, wohin er verbracht wird.

Nach Stunden des planlos scheinenden Ritts, es ist kurz vor Mitternacht, hält der Trupp vor der schwarzen Wand eines mächtigen Gebäudes. Luther, mit Stricken auf dem Pferderücken festgezurrt, fällt mit steifen Gliedern herunter und wird zu einer Zugbrücke geführt. Dort begrüßt ihn der Burghauptmann. Er stellt sich als Hans Ritter von Berlepsch vor. Der freundliche Adlige begrüßt ihn auf der Wartburg, die nun für unbe-

Am 5. Mai 1521 ließ der sächsische Kurfürst Friedrich der Weise Martin Luther nach einem fingierten Überfall auf die Wartburg entführen, um ihn vor dem Zugriff des Kaisers zu schützen: Luther hatte, nachdem er auf dem Reichstag zu Worms der kaiserlichen Forderung des Widerrrufs getrotzt hatte, Verwandte in Möhra besucht und war nahe der Burg Altenstein entführt und zur Wartburg gebracht worden, die hoch über Eisenach gelegen ist.

stimmte Zeit sein Quartier sein werde. Er müsse sich allerdings einer Maskerade unterziehen, denn er sei nun kein Mönch mehr, sondern der »Junker Jörg«, persönlicher »Gast« des Burgherrn. Um bei der Besatzung kein Aufsehen zu erregen, wird Luther in ein vorbereitetes Zimmer geführt, das durch eine einziehbare Stiege gesichert ist. Er muss die Kutte ablegen und erhält das Wams eines Ritters. »So sind mir hier meine Kleider ausgezogen und Reiterkleider angezogen worden; das Haar und den Bart lasse ich wachsen, sodass Du mich schwerlich erkennen würdest, da ich selbst mich nicht mehr kenne«, schreibt er einige Tage später, am 14. Mai, an Spalatin. Er lebe jetzt zwar »in christlicher Freiheit«, aber lieber wäre es ihm, Herzog Georg von Sachsen, »jenes Schwein aus

Dresden«, würde ihn bei einer seiner öffentlichen Predigten töten lassen, »wenn es Gott gefallen sollte, dass ich um seines Wortes willen leide«.[11] Die Aussicht, auf ungewisse Zeit hier oben untätig sein zu müssen, seine Reformideen nicht weiter vorantreiben zu können, lässt ihm das Martyrium als das kleinere Übel erscheinen.

Die Nachricht von der Entführung Luthers schlägt hohe Wellen. Der vor den »Entführern« in den Wald geflüchtete Johann Petzensteiner macht den vermeintlichen Geleitbruch sofort publik. Haben die »Römer« mit Zustimmung des Kaisers Luther abgefangen und nach Rom geschafft? Ist der Reformator gar tot? Gerüchte, sein von einem Degen durchbohrter Leichnam sei in einer Silbergrube gefunden worden, entsetzen seine Anhänger. Aufrufe zur Rache an den »Papisten« werden laut, besonders in Worms, wo der Reichstag noch immer tagt. Auf Plakaten hängt der päpstliche Nuntius bereits am Galgen, mit dem Kopf nach unten. Andere vermuten, der »Hussit« habe sich nach Böhmen, ins Ketzerland abgesetzt. Der Fuchs Aleander ist auf der richtigen Fährte, wenn er mutmaßt, man habe den »Ketzer« irgendwo auf einer der Burgen in Sicherheit gebracht. Kurfürst Friedrich erklärt sofort, er würde einen Eid darauf ablegen, dass er nicht weiß, wo sein Schützling sich befindet. Als Albrecht Dürer die falsche Nachricht vom Tod Luthers erhält, notiert er tief erschüttert in sein Tagebuch, der Verlust dieses »mit dem heiligen Geist erleuchteten Mann(es)«, der »ein Nachfolger Christi und des wahren christlichen Glaubens« gewesen sei, sei unersetzlich. Wer könne denn das Evangelium an seiner Stelle »so klar verkünden«?

In Worms setzt Karl V. alles daran, sicherzustellen, dass der »Hussit« niemals mehr etwas verkünden kann. Er bringt die Reichsstände mit Drohungen und Versprechen dazu, der Exekution des päpstlichen Bannes zuzustimmen, also die Reichsacht zu verabschieden. Auch den Kurfürst kann der Kaiser gewinnen, weil er ihm anbietet, das Wormser Edikt nicht nach Kursachsen zu versenden. So müsste Friedrich der Weise einen solchen Erlass nicht unbedingt vollstrecken. Vorsorglich reist der Taktierer kurz vor Verabschiedung des Edikts aus Worms ab; er hat es auf diese Weise sogar vermieden, seine Unterschrift unter das Dokument zu setzen. Dieser faule Kompromiss hilft beiden, dem ohnmächtigen Kaiser und dem mächtigen Kurfürsten, das Gesicht zu wahren. Luthers Wirksamkeit, wo immer er sich befindet, bleibt auf das kursächsische Territorium beschränkt. Und Friedrich kann hoffen, dass sich die Kurie angesichts der antirömischen Stimmung im Reich irgendwann doch besinnt und den Bann zurückzieht.

Das Edikt, das am 26. Mai 1521 von Kaiser Karl V. in Worms feierlich unterzeichnet wird, darf der rührige Aleander als Belohnung für seine unermüdliche Aktivität als Spürhund des Papstes selbst aufsetzen. So ist es durch und durch erfüllt von dem inquisitorischen Ungeist, den der Habsburger auch mit der mächtigen Inquisitionsbehörde in seinen spanischen Erblanden zu befördern sucht. Zähneknirschend muss der Kaiser allerdings zur Kenntnis nehmen, dass das, was in dem zwanzig Seiten umfassenden Edikt angedroht ist, nur teilweise vollstreckt werden kann. Es beginnt mit der üblichen, aber wegen der erwiesenen Machtlosigkeit Karls V. hochtrabend wirkenden Aufzählung aller Titel, über die der römische Kaiser verfügt: »Wir, Karl der Fünfte, von Gottes Gnaden erwählter Römischer Kaiser, zu allen Zeiten Mehrer des Reichs usw., in Germanien, zu Hispanien, beider Sizilien, Jerusalem, Ungarn, Dalmatien, Kroatien usw. König, Erzherzog zu Österreich, Herzog zu Burgund usw., Graf zu Habsburg, Flandern und Tirol usw. …«[12] Dann erinnert der Kaiser an seinen Auftrag, als Oberhaupt des Heiligen Römischen Reichs keinerlei »Befleckung« des Glaubens zuzulassen. Überraschend beruft jetzt auch er sich auf sein Gewissen – ein hübscher Einfall Aleanders, der in Worms erlebt hat, wie wirksam solch ein Gewissensappell ist. Dann zählt der Verfasser sämtliche Verfehlungen des Geächteten auf: Luther verkehre alles, was die römische Kirche repräsentiere, in sein Gegenteil, ja rühme sich, ein noch viel größerer Ketzer als Hus zu sein! Aus seiner Lehre folge »Aufruhr, Zertrennung, Krieg, Totschlag, Räuberei und Brand«,[13] seine Hände wolle der Ketzer »in der Priester Blut waschen«. Dieser »böse Feind in Gestalt eines Menschen mit angenom-

mener Mönchskutte« habe sogar Ketzereien, die noch gar nicht bekannt
seien, »in eine stinkende Pfütze zusammengesammelt«![14] Luther be-
harre auf ein »frei eigenwillig Leben« und missachte »viehisch« alle Gesetze. Mit »ungebührlichen Worten und Gebärden« habe der von einem
»bösen Geist Besessene«[15] bis heute den Widerruf verweigert und auf
seinen Häresien beharrt. Und solch einem »verdammten und verstockten« Menschen habe man ein Verhör vor dem Reichstag und freies
Geleit bewilligt!

So geht es immer weiter, es ist der Rachefeldzug eines Gedemütigten,
dem es als mächtiger Nuntius des Papstes nicht gelungen ist, den deutschen Mönch zum Widerruf zu zwingen. Aber nun darf er im Namen
des Kaisers das Verdammungsurteil sprechen. »Wider diese schwere
giftige Krankheit«, die den Ketzer befallen habe, bleibe nur noch die
Reichsacht, um den vielfach missachteten Willen des »Heiligen Vaters«
zu vollstrecken, heißt es. Unter Androhung schwerer Strafen wird es
allen Untertanen untersagt, »den vorgemeldeten Luther« nach Ablauf
des Geleits zu beherbergen, ihm Essen oder Trinken zu geben »noch ihn
weder mit Worten noch Werken, heimlich noch öffentlich Hilfe, Beistand oder Vorschub« zu leisten. Wer den für schutzlos erklärten Ketzer
fängt und ausliefert, soll für »solch heiliges Werk« eine angemessene Belohnung erhalten. Aber nicht nur ein Kopfgeld wird in Aussicht gestellt, sondern auch die Konfiskation aller Besitztümer derjenigen, die
als »Anhänger, Schutzherren, Vorschieber, Gönner und Nachfolger«
Luthers Lehre weiterverbreiten. Eine unverhüllte Aufforderung zum
Bürgerkrieg!

Weiter enthält das Edikt umfassende Zensurbestimmungen, verbietet
den Erwerb, Druck, Nachdruck und den Vertrieb aller Schriften Luthers,
»dass keiner mehr kaufe, verkaufe, lese, behalte, abschreibe, drucke oder
abschreiben lasse«. Unter die Zensur fallen aber nicht nur Luthers Schriften, sondern alle Bücher, Broschüren und Bilder, die Ketzerisches enthalten oder enthalten könnten. Ohne Zustimmung der Kirche darf überhaupt nichts mehr veröffentlicht werden! Der Verfasser des Erlasses ist

geradezu von einem Verbotsfuror ergriffen, »was immer erdacht werden mag« gilt ihm als suspekt und gefährlich. Es ist ein Generalangriff auf die sich durch die Möglichkeiten der Drucktechnik ständig erweiternde Öffentlichkeit.

Bald nach Verkündung des Wormser Edikts verlässt der Kaiser Deutschland, um in Italien Krieg zu führen. Sein Bruder Ferdinand bleibt als »Reichsverweser« zurück, aber ohne Macht und ohne jeden Einfluss auf das, was sich unter seinen Augen mit ungeheurer Dynamik vollzieht. Girolamo Aleander muss erleben, dass kaum etwas von dem, was er in dem Erlass im Namen Karls V. vollmundig fordert, umgesetzt werden kann. Am wenigsten die Zensurbestimmungen, auch wenn in Leipzig der Buchdrucker Johannes Hergott hingerichtet wird, der sich nicht an das Verbot hielt. Eine Flut von Flugschriften, Pamphleten, Traktaten, Satiren, Balladen, Plakaten und Karikaturen ergießt sich über das Land. Martin Luther ist populärer denn je, Worms und das Edikt haben ihn endgültig bei Freund und Feind bekannt gemacht. Eine Flugschrift vergleicht das Schicksal des Geächteten mit dem Leiden Christi, aus der *causa Lutheri* ist über Nacht die *passio Doctoris Martini Lutheri* geworden! Prominente Gegner Luthers wie Johannes Eck und Johann Cochläus kämpfen gegen eine Hydra, deren Köpfe sich unablässig vervielfachen. Luthers Vorbild führt zur Nachahmung, sein freier, oft derber, aber immer treffender Ton macht Schule und inspiriert Studenten und Prediger, aber auch Humanisten und schreibende Ritter wie Ulrich von Hutten, die alle spüren, dass man mit der deutschen Sprache ungeheuer viel, viel mehr als mit dem elitären Latein bewirken kann. So ist Luther endgültig zum »teutschen Herkules«, zum Propheten geworden, auf den sich Sehnsüchte und Hoffnungen richten, die seine Möglichkeiten bei Weitem übersteigen.

Von der Wartburg aus schreibt Luther an Spalatin, in Worms habe er versagt. Er sei nicht als Elia, als Prophet aufgetreten, weil er dem Rat der Freunde und damit den Versuchungen der Welt gefolgt sei, statt dem Herrn und dessen Wort zu dienen. Dieses Versagen lähme ihn in der

Abgeschiedenheit seiner Klause nun doppelt. »Es sind schon acht Tage, dass ich nichts schreibe, weder bete noch studiere, teils von Anfechtungen des Fleisches teils durch andere Beschwerden gequält.« Dieser neue Zweifel ist der alte, denn hier oben, im »Reich der Vögel«, fliegen auch wieder die Dämonen ein und aus; in der stillen Kemenate über den Wipfeln des Thüringer Waldes fühlt sich der jetzt bald vierzig Jahre alte Luther in die Zelle seiner Erfurter Mönchsjahre zurückversetzt. Hatte er seinen Körper damals mit Essensentzug und endlosen Nachtwachen kasteit, so quält er ihn nun mit Völlerei, zu viel Schlaf und Müßiggang. Tag für Tag Pökelfleisch oder gewürztes Wildbret, Bier und Wein, das zwei Knappen die Stiege herauftragen, dazwischen Jagdausflüge und Gelage mit den Rittern: Das macht den Eremiten wider Willen, der in einem Winkel der Vogtei über dem vorderen Burghof haust, auf seiner »Insel Patmos«, erneut krank.

Die kleine griechische Insel Patmos war der Verbannungsort des Apostels Johannes. Dort empfing der Evangelist seine apokalyptischen Visionen vom Weltuntergang und der Errichtung des »neuen Jerusalem«, die als »Offenbarung des Johannes« Eingang in das Neue Testament fanden. Luthers Apokalypse im Kleinen sind quälende Leibschmerzen, ausgelöst durch die ungewohnte Ernährung und mangelnde Bewegung. In der ihm eigenen Drastik berichtet Luther nach Wittenberg: »Der Herr schlug mich durch heftigen Schmerz in den Hintern; so hart ist der Stuhlgang, dass ich gezwungen werde, ihn mit großer Kraft bis zum Schweißausbruch herauszustoßen. Je länger ich es aufschiebe, desto mehr verhärtet er sich. Gestern habe ich nach vier Tagen einmal ausgeschieden. Dadurch habe ich die ganze Nacht weder geschlafen noch habe ich bis jetzt Ruhe.« Folge der hartnäckigen Verstopfung sind Hämorrhoiden und schmerzhafte Analblutungen. In einem an den Wittenberger Gelehrten Nikolaus von Amsdorf gerichteten Brief klagt er: »Mein Arss ist bös worden!«[16] So schlimm sei sein Zustand, dass er, der Gefangene, sogar erwäge, nach Erfurt zu gehen, um einen »Wundarzt« aufzusuchen. Er könne, schreibt er an Melanchthon, »dieses Übel nicht länger ertragen«.[17]

Luther setzt auf die Zustimmung des kurfürstlichen Burgherrn. Der leutselige Mann nimmt seinen »Gast« mit auf die Jagd und lässt ihn in Begleitung eines Knechts zum Bücherkauf hinunter nach Eisenach reiten. Da Luthers äußere Erscheinung mit langem Haar, Bart und Ritterkleidung ganz verändert ist, erscheint das Risiko, erkannt zu werden, gering. Allerdings muss Luther als »Junker Jörg« lernen, sich beim Sprechen standesgemäß den Bart zu streichen und den Degen richtig zu halten. Bei der adligen Jagdgesellschaft macht er sich verdächtig, weil er ein Häschen, das sich vor den Hunden gerettet hat, unter seinem Mantel zu verbergen sucht, was wegen der scharfen Witterung der Jagdhunde nicht gelingt: Sie reißen ihm das Tier an den Läufen unter dem Wams hervor und zerfleischen es. Für Luther ein schreckliches Sinnbild für die Blutgier seiner inquisitorischen Verfolger, die dominikanischen »Hunde Gottes«, die den Ketzer hetzen und am Ende zur Strecke bringen. Nachts, in seinen Träumen, kehren die Bestien wieder und knurren ihn an, als wäre er der Hase, den sie dem Teufel zur Beute machen. Dieses Mal packt er den Höllenhund an den Läufen und schleudert ihn zum Fenster hinaus.

Wenn die Stille ihn ängstigt, wird dem Einsamen alles zum Satan, jeder Schatten, jedes Geräusch. Wie ein Poltergeist bringt der Teufel die Haselnüsse im Schrank zum Tanzen, das Flattern der Vögel vor dem Fenster klingt wie das Rauschen riesiger Fledermäuse, die hölzerne Stiege ächzt, als würde der Leibhaftige sie erklimmen. »Troll dich, Satan!«, ruft Luther dann, um sich selbst Mut zu machen, »ich bin hier der Herr im Haus!« Und schleudert dem unsichtbaren Feind entgegen, was er gerade in Händen hält. Das Lärmen hört aber nicht auf, und so wendet er dem Versucher den nackten Hintern zu, um dem Höllengestank den eigenen entgegensetzen. Dann fährt der Teufel mit dumpfem Stöhnen durch den Kamin aus oder poltert fluchtartig die Treppe hinab.

Nun ist sie wieder da, die von den Mönchen so gefürchtete schwarze Melancholie, die *tentatio tristitiae*. Hat er denn nicht längst zur Glaubensgewissheit gefunden, den erhofften »Gottesfrieden« erlangt? Als

Theologe weiß Luther: Der Teufel ruht nicht, der Böse gibt nie auf! Er ist der »Geist des Trübsinns«, und seine größte Macht ist der Zweifel! Der nistet in der Einsamkeit, wenn der Mensch auf sich selbst zurückgeworfen ist und alles in Frage stellt, was sonst selbstverständlich erscheint. In den frühen Morgenstunden, in der schlimmsten Zeit der Anfechtung, regt sich die »Gottesangst«, aus allen Winkeln der Stube kriecht der Zweifel. Der »altböse Feind« hockt ihm wie ein Alb auf der Brust und bringt mit sophistischer Bosheit alle Argumente seiner Gegner vor. Ist sein Verständnis der Sakramente, der Messe und des Abendmahls wirklich das rechte? Oder hat er die Menschen zum Irrtum verführt, ihre Seelen der Verdammnis preisgegeben? »Hier brach mir wahrlich der Schweiß aus und das Herz begann mir zu zittern und zu pochen: der Teufel weiß seine Argumente wohl anzusetzen und vorzubringen und hat eine schwere, starke Sprache. Und ich habe da wohl erfahren, wie es zugeht, dass man die Leute tot im Bett findet. Er kann den Leib erwürgen, das ist eins; er kann aber auch der Seele so bang machen mit Disputieren, dass sie ausfahren muss in einem Augenblick.«[18] Eine ganze satanische Rotte bedrängt den Schlafenden: »Die lauern stark auf mich und sind visierliche (zielbewusste) Teufel. Und wenn sie im Herzen nichts konnten gewinnen, so greifen sie den Kopf an und plagen ihn mir.« Und was das Schlimmste ist: Auch diese Teufel berufen sich auf das Evangelium!

Wenn die Sonne nach solch schrecklichen Nächten hinter den Bergkämmen hervorbricht und über die grünen Wipfel steigt, verfliegen die düsteren Gedanken. Dann singen die Vögel zum Fenster herein – für Luther ein Gotteslob. Er liebt die Vögel, sie sind frei und doch eingebunden in eine natürliche Ordnung, zu deren Schönheit sie beitragen. Von oben, von seinem Vogelnest aus betrachtet, ordnet sich die nach Gottes Willen gestaltete Welt ins Sinnfällige: »Die Wiesen stehen offen, und das Gras wächst, und Heu sammelt sich auf den Bergen, die Lämmer geben Kleider und die Schafe Lohngeld zum Ackergeld.« In solchen Augenblicken kann er sich sogar mit seinem körperlichen Leiden versöhnen, das er als von Gott geschickt versteht. Nicht der Teufel, sondern der Allmächtige hat hier die Hand im Spiel, er will ihn aus seinem Versteck aufscheuchen, damit er eingreift in das, was sich jetzt in Wittenberg oder anderswo ohne sein Zutun vollzieht. Denn die Freiheit eines Christenmenschen wird von jedem anders verstanden; auch seine Mitstreiter Melanchthon und Karlstadt erproben die Spielräume, die ihnen die neue Lehre eröffnet. Luther spürt, dass er bald wieder hinunter muss von seinem Berg, um seinen Freunden Mut zu machen. Auch auf das Wagnis hin, erkannt und gefasst zu werden. Das Martyrium ist das wenigste, was er fürchtet. Viel schlimmer wäre es, die Stunde zu verpassen, die Gott gesetzt hat, um der Welt sein Siegel aufzudrücken.

NEUNTES KAPITEL

Gegen Zölibat und Mönchsgelübde. Offener Brief an den Vater.
»Gerechter und Sünder zugleich«. Luther widersetzt sich dem Kurfürsten.
Mönche heiraten Nonnen, Priester wollen keine Messen lesen.
Erste Rückkehr nach Wittenberg. Ein neuer Papst.
»Eine treue Vermahnung an alle Christen, sich zu hüten vor Aufruhr
und Empörung«. Luther tadelt den Kurfürsten. Bibelübersetzung
auf der Wartburg. Brief an Friedrich den Weisen. Endgültige Rückkehr
nach Wittenberg. Thomas Müntzer. Die Predigten. Lehre von den zwei
Regimenten. Tod Ulrich von Huttens.

Wenn Karlstadt predigt, strömen die Wittenberger in die Kirche. Er ist ihr neuer Held. Der Theologieprofessor und Archidiakon an der Schlosskirche zwingt die Priester, das Abendmahl in beiderlei Gestalt, mit Brot *und* Wein, zu reichen. Die Gläubigen sollen die Hostie selbst in Händen halten und den Wein aus dem Kelch trinken. Alles andere sei Sünde. Aufgestachelt durch Hunderte von antiklerikalen Schriften, reißen überall im Reich Menschen Heiligenbilder von den Kirchenwänden und Altären und plündern die Wohnungen der Priester. Viele einst papsttreue Priester laufen zur lutherischen Lehre über, Mönche verlassen in Scharen ihre Klöster. In Wittenberg schaffen die Augustiner die Messe ganz ab. Überall gärt es, Tumulte brechen aus.

Luther warnt vor allzu raschen und unüberlegten Neuerungen. »Vorhin hat uns der Teufel allzu päpstlich gemacht, jetzt will er uns allzu evangelisch machen.« Als Karlstadt in einer Schrift über den Zölibat den

Priestern und Mönchen das Recht zu heiraten einräumt und einer von Luthers Schülern sogleich eine solche ungesetzliche Ehe eingeht, schreibt er aufgebracht an Spalatin: »Lieber Gott, wollen unsere Wittenberger auch den Mönchen Frauen geben? Aber mir werden sie keine Ehefrau aufdringen!«[1] In seiner Schrift an den Adel hatte er noch gefordert, die Ehe müsse dem Priester erlaubt sein, es müsse ein Ende haben mit der »unkeuschen Keuschheit«. Und nun weist der Reformator, um den allgemeinen Auflösungstendenzen etwas entgegenzusetzen, darauf hin, dass das Keuschheitsgelübde immer noch gültig sei.

Dieser Widerspruch quält Luther. Er durchdenkt die Frage gründlich, setzt gleich zwei Schriften auf. In Gelehrtenmanier, denn hier handelt es sich um eine theologische Grundsatzfrage, stellt er eine Thesenreihe (*themata de votis*) zum Mönchsgelübde auf, um das Ganze mit dem Traktat *Iudicium* (Urteil) noch einmal zu vertiefen. Den Maßstab, der seinem Urteil zugrunde liegt, nennt er gleich in der ersten der 141 Thesen: »Alles, was nicht aus dem Glauben ist, das ist Sünde.«[2] Von seiner Rechtfertigungslehre ausgehend, kommt er zu einem vernichtenden Urteil über ein Gelübde, das nicht »aus einem freien und evangelischen Herzen … geleistet« werden könne, sondern allein, um sich das Heil durch gute Werke zu verdienen. Weder Zölibat noch Mönchsgelübde hielten diesen Ansprüchen stand, das könne allein das Taufgelübde. Die falschen Gelübde, auch wenn sie freiwillig geleistet würden, seien »gotteslästerlich« und verbänden denjenigen, der sie ablegt, nicht mit Gott, sondern mit dem Teufel (These 33).

Nun ist Luther ja noch immer Mönch, hat er das Mönchsgelübde doch selbst abgelegt. Um seinen Gegnern dieses Argument aus der Hand zu nehmen und sich auch gegenüber seinem Vater zu rechtfertigen, der ihm unmittelbar nach der Primiz vorwarf, sein Gang ins Kloster sei womöglich eine Einflüsterung des Teufels gewesen, eröffnet er das *Iudicium* mit einem Offenen Brief an Hans Luder. Obwohl er jetzt, aufgrund seiner theologischen Erkenntnisse, seinem Vater recht geben müsste, tut er dies gerade nicht. Er fragt vielmehr: »Wenn Du gewusst hättest, dass ich damals noch ganz in Deiner Hand war, hättest Du mich nicht kraft Deiner väterlichen Autorität ganz aus der Mönchskutte herausgerissen?«[3] Andererseits sei auch sein eigenes Gelübde »keinen Heller wert« gewesen, weil er sich der väterlichen Gewalt und damit dem Willen des göttlichen Gebots (»Du sollst Vater und Mutter ehren«) widersetzt habe. Im Übrigen habe er das Mönchsgelübde »heuchlerisch« und »nicht frei und willig« abgegeben. Im Rückblick will Luther ein zielgerichtetes Zusammenwirken von Teufelsabsicht und Gotteswillen erkennen, um den doppelten Irrtum zu erklären: Der Teufel habe von Anfang an, schon seit seiner, Martin Luthers, Kindheit gewusst, dass ihm da ein mächtiger Gegenspieler heranwachse, den es unbedingt auszuschalten gelte. Während der Klosterjahre sei es dem Satan ja auch fast geglückt, ihn »umzubringen«. Gott aber, der viel Mächtigere, habe gewollt, »dass ich die ›Weisheit‹ der hohen Schulen und die ›Heiligkeit‹ der Klöster aus eigener, sicherer Erfahrung, d. h. an den vielen Sünden und Gottlosigkeiten kennenlernen sollte«.[4] Deshalb habe er ihn ins Kloster geführt und ihn dort die Angriffe des Teufels überstehen lassen. Dieser höheren Autorität müssten sich sogar die Eltern beugen, denn Christus habe gesagt: »Wer Vater und Mutter mehr liebt als mich, der ist mein nicht wert.«[5]

Und auch jetzt sei der Herr ihm, dem Vater, zuvorgekommen und habe den Sohn aus dieser falschen Bindung wieder »herausgerissen«. Er sei von Gott »nicht für den heuchlerischen Mönchsdienst, sondern zum wahren Gottesdienst bestellt«. Gott habe ein größeres Recht auf ihn als er, der Vater. Tröstend fügt Luther hinzu, wenn Gott ihm, Hans Luder, auch den Sohn entrissen habe, so habe er damit doch nur erreichen wollen, dass durch ihn vielen anderen Söhnen geholfen würde. Damit billigt Luther seinem Vater eine wichtige Rolle im heilsgeschichtlichen Endkampf zwischen Gott und Satan zu und erhöht sich selbst zum Instrument Gottes. Der ganze Brief ist erfüllt vom Sendungsbewusstsein des Reformators.

Durch diesen Brief hat Luther sich von eigenen Widersprüchen entlastet und sich mit seinem Vater versöhnt, aber auf die ihm gemäße, ebenso demütige wie selbstbewusste Weise: Was Hans Luder getan hat, war richtig und falsch zugleich, und was er selbst aus vermeintlich freiem Willen tat, fügt sich in den Heilsplan Gottes, der in seiner Weisheit alles voraussieht, was dem Handelnden verschlossen bleibt. Luther bekräftigt am Beispiel des Widerstreits mit seinem Vater seinen unerschütterlichen Glauben an die Prädestination, die göttliche Vorherbestimmtheit alles irdischen Geschehens. So kann er am Ende seines Briefes ein Martyrium beschwören, das, sollte es eintreten, ebenso sinnfällig wäre wie sein Ausbleiben. Das Werkzeug Gottes nimmt demütig hin, was mit ihm und durch ihn geschieht: »Aber was ist, wenn mich der Papst tötet oder mich in die äußerste Hölle verdammt? Den Getöteten kann er nicht wieder auferwecken, dass er mich zwei- oder mehrmals töte. Hat er mich aber verdammt, so will ich, dass er mich niemals absolviere. Denn ich vertraue darauf, dass jener Tag nahe bevorsteht, an dem dieses Reich des Greuels und Verderbens zerstört wird. O wenn wir doch zuvor wert erachtet würden, von ihm verbrannt und getötet zu werden! Dann würde unser Blut umso mehr danach verlangen und darauf drängen, das Urteil über ihn zu beschleunigen. Wenn wir aber nicht gewürdigt werden, mit unserem Blut Zeugnis abzulegen, so wollen wir wenigstens um die Barmherzigkeit bitten und flehen, mit unserem Leben und unsern Worten zu bezeugen, dass Jesus Christus allein der Herr unser Gott ist.«[6]

Trotz der in Briefen an die Freunde immer wieder beklagten Antriebslosigkeit entfaltet Luther in seinem luftigen Versteck eine beachtliche Produktivität. Unablässig gehen Manuskripte zwischen der Wartburg und Wittenberg hin und her: Luther liest das, was Melanchthon verfasst, dieser lektoriert Luthers Schriften und gibt sie unter Aufsicht von Spalatin zum Druck. Die Psalmenkommentare werden endgültig abgeschlossen, und in einer umfangreichen Deutung des marianischen Magnifikats beschreibt Luther liebevoll und detailgetreu das Alltagsleben der »niederen Magd«, die auch als Gottesmutter demütig und bescheiden bleibt. Gerade an Maria habe Gott gezeigt, »dass er aus dem, das nichts, gering, verachtet, elend, tot ist, etwas Kostbares, Ehrenvolles, Seliges und Lebendiges macht«.[7] Luther präzisiert seine Lehrmeinung über Messe und Abendmahl und stellt ein Handbuch mit deutschen Musterpredigten (*Wartburgpostille*) zusammen.

Sehr bissig antwortet er auf eine Streitschrift des Löwener Theologen und Inquisitors Jakob Latomus. Trotz aller Polemik wächst sich seine *Confutatio* (Widerlegung) zur umfassenden Darlegung der eigenen Rechtfertigungslehre aus. Kern ist die – an Paulus angelehnte – Erkenntnis, dass auch der durch den Glauben Gerechtfertigte noch immer ganz von der Sünde beherrscht sei. Luther findet dafür die Formel *iustus et peccatus*: Gerechter und Sünder zugleich. Wer Christus nachfolge, werde zwar jeden Tag »mehr hineingerissen« in das Erlösungsgeschehen, müsse aber unbeirrt auf dem Weg zum neuen Menschen bleiben, bis er von Christus »völlig umgestaltet« sei. Später wird Luther seinem an sich und seiner Aufgabe zweifelnden Freund Melanchthon *pecca fortiter, sed fortius fide* zurufen, sündige tapfer, aber glaube noch tapferer – Ausdruck der Überzeugung des Reformators, dass kein Tun ohne Sünde sei, der Christ aus dem Glauben heraus aber etwas wagen müsse. Auch Christus, so Luther, musste in und an der Welt scheitern, um das zu erfüllen, was Gott ihm aufgetragen hat. Der Gegensatz zur Sünde ist nicht die gute, fehlerfreie Tat, sondern der Glaube an den gnädigen Gott. Der wahre Christ muss der Sünde gläubig ins Gesicht schauen.

Obwohl er in seiner abgeschiedenen Klause weiter alle Fäden in der Hand hält, setzt Luther – das Blatt könnte sich ja rasch wenden, der Kurfürst ihn fallen lassen oder selbst geächtet werden – auf den jungen Melanchthon und sieht ihn schon als seinen Nachfolger. Er tröstet ihn, wenn er verzagt angesichts der gewaltigen geistigen und geistlichen Herausforderung. Aber es gibt auch Kontroversen, die Luther kompromisslos in seinem Sinne klärt, so zur Frage nach der Gewalt. Ist es legitim, die Reformen gewaltsam durchzusetzen? Melanchthon, bemüht, das Recht auf Gewalt in der Bibel zu belegen, muss sich überzeugen lassen, dass Schwert und Evangelium sich ausschließen. Luther belehrt den

Freund: »Über die Gewalt des Schwertes denke ich noch so wie früher. Denn Du scheinst mir darüber aus dem Evangelium eine Anweisung oder einen Rat zu begehren. Darin halte ich es völlig mit Dir, dass es im Evangelium weder ein Gebot noch einen Rat für ein derartiges Recht gibt. Es würde sich auch auf keine Weise ziemen, da das Evangelium ein Gesetz der Freiwilligen und Freien ist, die nichts mit dem Recht des Schwertes zu schaffen haben.«[8]

In geistlichen Dingen gilt das Wort, in der Politik das Schwert. Aber auch die weltlichen Herren haben das Evangelium anzuerkennen und ihr Handeln danach auszurichten. Für Luther verhält sich die Obrigkeit, die von Gott eingesetzt ist, nicht vorbildlich. Sie setzt sich über die Rechte der Schwachen hinweg und ist allein an der Mehrung ihrer Reichtümer interessiert. Als Prediger darf Luther hier nicht schweigen. Den Kurfürsten, der ihn schützt, schließt er in seine Kritik an den ausbeuterischen Herren ein: »Denn ein Fürst sein und nicht bis zu einem gewissen Grad auch Räuber sein, ist entweder gar nicht oder kaum möglich«, schreibt er an den Freund Spalatin. Überhaupt lässt er gegenüber Friedrich dem Weisen, dessen Wankelmütigkeit ihm in den zurückliegenden Jahren nicht entgangen ist, jede Dankbarkeit vermissen. Den Anordnungen seines Landesherrn, sich aus der Schutzhaft heraus, was die Angriffe auf fürstliche Gegner betrifft, zurückzuhalten, widersetzt er sich mit wütenden Schreiben an dessen Sekretär.

Als der Mainzer Erzbischof Albrecht, sein Hauptgegner im Ablassstreit, einen neuen Ablass für die Stadt Halle ausschreiben lässt, um Geld für seine aufwendige Hofhaltung einzutreiben, platzt Luther der Kragen. Das Unternehmen ist tatsächlich nicht nur dreist, sondern sprengt jeden Rahmen: Der Reliquienkatalog verzeichnet 8 993 Partikel und 42 ganze heilige Körper und berechnet den möglichen Ablass auf 39 Millionen 245 120 Jahre und 220 Tage. Damit könnte man ganzen Landstrichen oder Städten das Fegefeuer ersparen – und deren Bürger zur Kasse bitten! Luther richtet einen Brandbrief an den Mainzer Erzbischof und fordert ihn auf, das arme Volk nicht zu berauben. Er nutzt die Gelegenheit, dem verhassten Fürsten die Leviten zu lesen, und setzt hinzu, es sei unverschämt, den Priestern die Ehe zu verwehren, solange die Bischöfe nicht von ihren »Huren« ließen. Der Kardinal möge innerhalb von vierzehn Tagen antworten, schließt Luther im Stil eines Inquisitors, sonst müsse er ein größeres Pamphlet gegen diesen unchristlichen Handel veröffentlichen.

Im Namen des Kurfürsten verbietet Georg Spalatin Luther, die Schrift gegen den Ablass drucken zu lassen. Am 11. November weist dieser jede Maßregelung zurück und droht mit dem Bruch: »Ich habe kaum einen unangenehmeren Brief gelesen als diesen Deinen letzten, so dass ich es nicht allein aufgeschoben, sondern auch beschlossen hatte, Dir nichts zu antworten. Erstens werde ich mir das nicht gefallen lassen, was Du sagst, der Fürst werde es nicht dulden, dass gegen den Mainzer geschrieben werde, auch nichts, was den öffentlichen Frieden stören könnte. Lieber will ich Dich, ja auch den Fürsten selbst und jede Menschenseele verlieren. Denn wenn ich seinem Schöpfer, dem Papste, widerstanden habe, warum sollte ich seiner Kreatur weichen?«[9] Wenn der Kurfürst meine, der öffentliche Friede dürfe nicht gestört werden, entgegnet ihm Luther, dann setze er dem entgegen, »dass der ewige Friede Gottes durch die gottlosen und gottesräuberischen Machenschaften jenes Mannes« gestört würde. Im Interesse der »Schafe Christi« müsse man »diesem überaus greulichen Wolf mit allen Kräften widerstehen«. Obwohl Albrecht tatsächlich antwortet und dem Geächteten, den er vier Jahre zuvor als Ketzer nach Rom gemeldet hat, demütig bekennt, »dass ich bin nötig der Gnade Gottes, wie ich denn ein armer sündiger Mensch bin«, lässt Luther seine Streitschrift *Wider den Abgott von Halle* doch veröffentlichen und legt sich damit erneut mit dem mächtigen Hohenzoller und Primas der Reichskirche an.

Unterdessen spitzt sich die Lage in Wittenberg weiter zu. Studenten und Bürger dringen in die Kirchen ein und jagen die Priester vom Altar, um die Messe zu verhindern. Auch das Franziskanerkloster wird gestürmt. Der aus Böhmen stammende, von Luther geförderte Augustinerpater Gabriel Zwilling schwingt sich wie einst Savonarola in Florenz zum

Bußprediger auf und donnert gegen Zölibat, Mönchswesen und Messe: »In der Mönchskutte kann niemand selig werden, die Mönche sind zu vertreiben und die Klöster zu zerstören.« Seine radikalen Ansichten führen zu Aufruhr und hitzigen Debatten. Im November verlässt ein Dutzend Mönche das Augustinerkloster. Dann heiratet Andreas Karlstadt eine Fünfzehnjährige, und eine Reihe Wittenberger Priester tut es ihm nach. Mönche ehelichen Nonnen, Pfarrer predigen in den Kirchen ohne Messgewand in bürgerlicher Kleidung mit Schaube und Hose. Der Kurfürst und seine Räte sind in heller Aufregung: Wo soll das alles noch enden? Wenn keine Messen mehr gelesen werden, gibt es auch keine Stiftungen, und wenn keine Gelder fließen: Wovon sollen dann die Priester leben? Georg Spalatin schreibt an den Stiftsprobst Justus Jonas, einen treuen Gefolgsmann Luthers: »Wonach sollen wir Unglücklichen uns richten, wenn überall der eine dieses, der andere jenes predigt, schreibt, schreit, verdammt, billigt?«[10]

Um sich vor Ort ein Bild der Lage zu verschaffen, begibt sich Luther am 2. Dezember 1521 in Begleitung eines Knechts nach Wittenberg. Als Vogelfreier, den jeder totschlagen darf, der ihn erkennt, nimmt er ein großes Wagnis auf sich. Luther wählt den Weg über Leipzig, ein tollkühnes Unternehmen, denn dort ist man ihm besonders feindlich gesinnt. Auch in Leipzig, dem geistigen Zentrum von Herzog Georgs Machtbereich, ist es wie in Wittenberg zu Ausschreitungen gekommen. Am 3. Dezember kehrt er beim Gastwirt Hans Wagner auf dem Brühl ein und wird dort von einer Frau erkannt, die ein Porträt des Reformators auf einem Flugblatt gesehen hat. Als er längst wieder fort ist, gibt die Beobachterin eine genaue Beschreibung seines Äußeren. So wird bekannt, dass der berühmte Augustinermönch sich in einen bärtigen Junker verwandelt hat mit grauem Reiterwams und rotem Barett.

Am 6. Dezember trifft Luther in Wittenberg ein und steigt bei seinem Freund Nikolaus von Amsdorf ab. Die Freude über das unverhoffte Wiedersehen ist auf beiden Seiten groß. Lucas Cranach wird herbeigerufen, um den bärtigen Herrn in Rittertracht zu malen; erst als ihn Luther

1521 porträtierte Lucas Cranach der Ältere Luther als Junker Jörg in schwarzer Kutte und mit struppigem Bart. Sein Gesicht wirkt abgezehrt von der Isolation auf der Wartburg, obwohl ihn Hans von Berlepsch, der Burghauptmann, gut behandelte. Die Einsamkeit behagte Luther nicht, und er teilte sein Leiden vor allem Georg Spalatin in vielen Briefen mit.

anspricht, erkennt der Maler ihn und skizziert ein Porträt des Reforma-tors, das später in Holz geschnitten und in Öl gemalt wird und so der Nachwelt den »Junker Jörg« überliefert.

Trotz der Tumulte, deren Augenzeuge Luther wird, stellt er sich nicht ge-gen die Reformen, die von seinen Mitstreitern in seiner Abwesenheit ein-geleitet wurden. Er mahnt die Freunde zur Mäßigung, um die Ordnung in der Stadt nicht zu gefährden. Melanchthon drängt Luther, die Zeit der Verbannung zu nutzen, um das Neue Testament ins Deutsche zu übersetzen. Der reformatorische Grundsatz *sola scriptura* (allein durch die Schrift) verlange nach einer möglichst weiten Verbreitung der Bibel. Das Gotteswort müsse allen Gläubigen in die Hand gegeben werden. Philipp Melanchthon, Inhaber des Lehrstuhls für Griechisch, will Luther dabei unterstützen und händigt ihm ein Exemplar der Vulgata, einer lateinischen Übersetzung der Evangelien, aus. Luther reitet mit dem festen Vorsatz zur Wartburg zurück, unverzüglich mit der Übertragung zu beginnen.

Von Luthers Kurzaufenthalt in Wittenberg erfährt der Kurfürst erst, als der Verbannte wieder in sein Versteck zurückgekehrt ist. Der Herrscher hat ganz andere Sorgen, denn am 1. Dezember stirbt in Rom Papst Leo X. an einer Lungenentzündung. Nicht einmal die Sterbesakramente konnten ihm gereicht werden. Es geht das Gerücht, der genusssüchtige Medici-Papst, der die Kassen der Kurie plünderte, sei von seinen eigenen Kardinälen vergiftet worden. Hat Luther ihm das nicht prophezeit? Nun ist der Antichrist gefallen und der Thron des neuen Babylon verwaist. Die römischen Kardinäle sind uneins über den Nachfolger. Nach langem Hin und Her bringt Kaiser Karl V. seinen früheren Lehrer, den Holländer Adrian von Utrecht, als Konsenskandidaten ins Spiel. Für Friedrich den Weisen eine akzeptable Lösung, denn bei dem lange Jahre in Löwen lehrenden Theologen hat auch der große Erasmus von Rotterdam studiert. Der Holländer gilt wie sein Landsmann Erasmus als konzilianter, auf Ausgleich bedachter Mann. Allerdings ist der scholastisch geschulte Bewunderer des Kirchenlehrers Thomas von Aquin auch Großinquisitor verschiedener spanischer Provinzen, ein Dogmatiker, der jede häretische Abweichung von der römischen Lehre im Keim zu ersticken sucht. Für ihn gilt es, das von Deutschland ausgehende Kirchenschisma zu verhindern. Auch um den Preis, in Teilbereichen Zugeständnisse zu machen, um die Macht der Kirche zu retten.

Für Luther, der vom Papstamt gar nichts mehr erwartet und mit Rom längst abgeschlossen hat, ist der künftige Papst Hadrian VI. ein neuer, noch gefährlicherer Gegner, denn er wird mit sehr viel mehr Geschick als sein Vorgänger die Interessen der Papstkirche verteidigen. So übersetzt Luther als »Neujahrsgeschenk« für den neuen Papst dessen Abendmahlsbulle *In coena domini* (Beim Mahl des Herrn) ins Deutsche. In seinem päpstlichen Erlass zählt Hadrian die Hauptketzer in Vergangenheit und Gegenwart auf, darunter auch Luther. Der Reformator veröffentlicht die Schrift unter dem Titel *Bulla vom Abendfressen des allerheiligsten Herrn, des Papstes* und würzt sie mit vielen gehässigen Glossen. Niemals zuvor ist mit solch höhnischem Witz über die Verkommenheit des Papsttums hergezogen worden. Luther stellt den Papst als Trunkenbold dar, als Lügner und Geizkragen, der »nach dem Abendfressen in traurigstem Latein über alle Welt Flüche und Gewüte ausspeiht«. Als der päpstliche Legat Francesco Chieregati ein Jahr später auf dem Reichstag in Nürnberg ein päpstliches Schuldbekenntnis ablegt – nicht ohne vorher die Durchsetzung des Wormser Edikts gefordert zu haben – und durchgreifende Reformen ankündigt, kann dies Luther nicht beeindrucken. Sein Urteil über den Papst und die katholische Kirche ist in Erz gegossen.

Luther hält es für nötig, erst einmal seine eigene Lehre von der Gewaltlosigkeit zu verteidigen. Nicht nur gegen die »Schwärmer« und »Rottengeister«, die überall das Wort Gottes missbrauchen, um ihre sozialen oder politischen Ideen gewaltsam durchzusetzen. Die am 15. Dezember 1521 veröffentlichte Schrift *Eine treue Vermahnung an alle Christen, sich zu hüten vor Aufruhr und Empörung* ist auch eine Antwort auf Melanchthons Frage, ob gewaltsamer Widerstand aus der Bibel zu begründen sei. Luthers Haltung ist eindeutig: Gott hat den Aufruhr verboten! »Die Rache ist mein, ich will vergelten«, zitiert Luther aus dem fünften Buch Moses, Kapitel 32. Wer den Aufruhr betreibe, sei des Teufels. Erstmals trifft er die strikte Unterscheidung zwischen »ordentlicher Gewalt« und »Aufruhr«. Das Erstere sei das Vorrecht der von

Gott eingesetzten Obrigkeit, das Zweite eine Anmaßung von Leuten, die ihr Recht in die eigene Hand nehmen, aber den Schaden dadurch noch größer machten. »Denn Aufruhr hat keine Vernunft und geht gemeiniglich mehr über die Unschuldigen als über die Schuldigen.« Er selbst stehe grundsätzlich auf der Seite der Obrigkeit, wie mitschuldig diese auch immer sei. Keine noch so schlimme Unterdrückung könne blutige Gewalt rechtfertigen! »Welche meine Lehre recht lesen und verstehen, die machen nicht Aufruhr, sie haben's nicht von mir gelernt. Habe ich nicht dem Papst, Bischöfen, Pfaffen und Mönchen allein mit dem Mund, ohne allen Schwertschlag mehr abgebrochen, als ihm bisher alle Kaiser und Könige und Fürsten mit all ihrer Gewalt abgebrochen? Ich bin ja gewiss, dass mein Wort nicht mein, sondern Christi Wort sei. Darum darfst du nicht begehren einen leiblichen Aufruhr. Es ist nicht unser Werk, das jetzt geht in der Welt. Es ist nicht möglich, dass ein Mensch sollte solch Wesen allein anfangen und führen. Ein anderer Mann ist's, der das Rädle treibt.«[11]

Luther schont aber auch die kirchliche Obrigkeit nicht. Was jetzt geschehe in all den Wirren, Tumulten, Gewalttätigkeiten, sei verschuldet durch das Fehlverhalten des Klerus. Die geistlichen Herren hätten »den gemeinen Mann … aufs Alleruntreulichste beschwert«. Sollte es tatsächlich zum blutigen Aufruhr kommen, so sei das eine »linde« Strafe Gottes – das eigentliche, für die »Papisten« ungleich schrecklichere »Endgericht« stehe erst noch bevor. Der Antichrist werde nicht durch Menschenhand vernichtet. Es helfe auch nicht, seine, Martin Luthers, Lehre mit Drohungen durchzusetzen. Diejenigen, die »ein oder zwei Blatt« von ihm gelesen oder eine Predigt gehört hätten, brüllten jetzt die anderen nieder und verkehrten damit alles ins Gegenteil. Die Aufrührer sollten endlich aufhören, sich auf ihn zu berufen! »Nicht also, du Narr, höre und lass dir sagen: ich bitte, man wolle von meinem Namen schweigen und sich nicht Lutherisch, sondern Christen heißen. Was ist Luther? Ist doch die Lehre nicht mein. So bin ich auch für niemand gekreuzigt. Wie komme ich armer, stinkender Madensack dazu, dass man die Kinder Christi sollte mit meinem heillosen Namen nennen?«[12]

Als Luther kurz vor Weihnachten 1521 beginnt, die Bibel ins Deutsche zu übertragen, hat er bereits einige Vorarbeiten geleistet. Etwa die Vorlesungen über den Römer- und Galaterbrief, schließlich die Verdeutschung lateinischer Texte für seine Predigten und zuletzt die Übersetzung und Auslegung des Magnifikats. Und er hat, unter Anleitung Melanchthons, in den vergangenen Jahren seine Kenntnisse des Griechischen verbessert. Luther stürzt sich also nicht unvorbereitet in ein intellektuelles Abenteuer, das nicht nur für die Theologie, sondern auch für das gesamte kulturelle Leben in Deutschland folgenreich sein wird.

Bei der Arbeit sieht er vor dem inneren Auge immer seine Gemeinde, wie sie auf den Bänken der Marienkirche sitzt und zu ihm aufschaut; für sie will er dolmetschen, das heißt den Wortlaut des Evangeliums in eine Sprache übertragen, die vom »gemeinen Mann« verstanden wird, weil sie dem lebendigen Sprachgebrauch und nicht den Wörterbüchern und Glossarien der Wissenschaft entstammt. Der Prediger habe, wird er 1530 in seinem berühmten *Sendbrief vom Dolmetschen* schreiben, sorgfältig darauf zu achten, dass die Zuhörer seine Rede verstehen. »Denn man muss nicht die Buchstaben in der lateinischen Sprache fragen, wie man deutsch reden soll, wie diese Esel es tun; sondern man muss die Mutter im Hause, die Kinder auf der Gasse, den einfachen Mann auf dem Markt danach fragen, und denselben auf das Maul sehen, wie sie reden und danach übersetzen, so verstehen sie es denn und merken, dass man deutsch mit ihnen redet.«[13]

Dem Volk »aufs Maul schauen« bedeutet jedoch nicht, ein möglichst einfaches oder grobes Deutsch zu verwenden, sondern ein treffendes. Luthers bildkräftige und ausdrucksstarke Sprache will weniger gelesen als gehört werden. In den »Vorreden« zu den biblischen Büchern erläutert er neben den theologischen Grundlagen seiner Übertragung, vor allem sein eigenes Schriftverständnis. Für Luther ist das Evangelium eine einzige »Predigt von Christo«, dessen »Wohltaten« der »Dolmetscher«

zu betonen und zu verlebendigen hat. Das Glaubensfeuer im Leser oder Hörer zu entfachen sieht Luther als seine Aufgabe an. In seiner Einleitung zum Römerbrief heißt es: »›Glaube‹ ist eine lebendige, unerschütterliche Zuversicht auf Gottes Gnade, so gewiss, dass er tausendmal drüber stürbe. Und solche Zuversicht und Erkenntnis göttlicher Gnade macht fröhlich, beharrlich und angenehm vor Gott und allen Kreaturen, was der heilige Geist im Glauben bewirkt … Daher wird er ohne Zwang willig und bereit, jedermann Gutes zu tun, jedermann zu dienen, alles zu leiden, Gott zu Liebe und Lob, der ihm solche Gnade erzeigt hat, so dass es unmöglich ist, die Werke vom Glauben zu scheiden, ebensowenig wie Brennen und Leuchten vom Feuer geschieden werden kann.«[14]

Die Bibel ist für Luther nicht ein beliebiger Text, sondern Gottes heiliges, gesprochenes, ins Herz des Gläubigen zielendes Wort. Um diese gefühlsbetonte Wirkung zu erreichen, drückt sich Luther nicht abstrakt, sondern volksnah und bildkräftig aus. Die lateinische Wendung in der Vulgata – »Ex abundantia cordis os loquitur« – übersetzt er nicht wörtlich mit »Aus dem Überfluss des Herzens redet der Mund«, sondern wie im *Sendbrief* erläutert, mit dem sehr poetischen Sprichwort »Wes des Herz voll ist, des gehet der Mund über«.[15] Das sei, betont Luther, »gut deutsch geredet«, eine freie Übertragung, die jedermann verstehen und wegen ihrer Bildlichkeit auch behalten und im Alltag gebrauchen kann. Immer wenn in der biblischen Vorlage, ob nun im griechischen oder hebräischen Urtext, eine schwer verständliche Ausdrucksweise vorliegt, vertraut Luther auf seine sprachschöpferische Kraft. Sein Motto lautet: »Nicht Wort für Wort, sondern Sinn für Sinn.«

Für Luther heißt Übersetzen immer auch Auslegen. Als Übersetzer ist er in erster Linie Theologe, nicht Philologe. Seine *Biblia* ist so stark von seiner eigenen Lehre durchdrungen, dass seine Gegner, um seine Deutung zu widerlegen, ihn später immer wieder mit kleinlichen Einwänden und Wortklaubereien bedrängen und als Dilettanten lächerlich zu machen suchen. Fuchsteufelswild wird er, wenn sie seine Übertragungen stillschweigend für eigene Bibelausgaben nutzen und ihm dann mit Detailkritik Fehler nachweisen wollen: »Jetzt wo es verdeutscht und fertig ist, kann's ein jeder lesen und meistern. Jetzt läuft einer mit den Augen durch drei, vier Blätter hindurch und stößt nicht einmal an; wird aber nicht gewahr, welche Steine und Klötze da gelegen haben. Wo er jetzt drüber hingeht wie über ein gehobeltes Brett, da haben wir schwitzen und uns ängstigen müssen ... Es ist gut pflügen, wenn der Acker gereinigt ist; aber den Wald und die Wurzelstöcke ausroden und den Acker zurichten, da will niemand heran.«[16]

Luthers Bibelübersetzung ist keine Pioniertat. Es gibt bereits ein halbes Dutzend deutsche und niederdeutsche »Vollbibeln«, die als Drucke vorliegen. Es sind meist Prachtausgaben wie die Lübecker und die Nürnberger Bibel, unerschwinglich für den »gemeinen Mann«, keine Volksbibeln, wie Luther sie verbreitet sehen möchte. Vorbilder dafür hat es in England und Böhmen gegeben, John Wyclif und Jan Hus haben sie geschaffen. Hus hat mit seiner Bibel in neutschechischer Sprache genau das geleistet, was Luther für den deutschsprachigen Raum vorschwebt: eine populäre Laienbibel. Für seine Übertragung der Texte der Evangelisten Matthäus, Markus, Lukas und Johannes hat er nur ganz wenige Hilfsmittel zur Verfügung; es gibt auf der Wartburg keine Wörterbücher oder Kommentare. Neben der lateinischen Vulgata nutzt er eine griechische Ausgabe des Neuen Testaments, die Erasmus von Rotterdam 1516 herausgebracht hatte. Sehr viel später, als er sich, längst in Wittenberg zurück, an die Übersetzung des Alten Testaments macht, verfügt er über all diese Nachschlagewerke. Im Zweifelsfall hält er sich jedoch immer an sein eigenes Sprachgefühl oder lässt sich, um seine Darstellung noch lebendiger zu machen, von Handwerkern ihre Arbeitsweise erklären. Er schaut dem Metzger beim Schlachten zu oder macht sich in der kurfürstlichen Schatzkammer mit den Formen und Farben der Juwelen vertraut, um die edelsteinverzierten Mauern des neuen Jerusalem, wie sie in der Johannes-Apokalypse 21, 19–21 geschildert sind, vor dem Auge des Lesers erstehen zu lassen.

Auf der Wartburg übersetzte Luther in knapp elf Wochen das Neue Testament ins Deutsche, wobei er sich stark von der Vulgata absetzte und auf den griechischen Urtext zurückgriff. Im Hebräischen war Luther nicht ganz so sicher, weswegen er später in Wittenberg das Alte Testament mit Hilfe von Melanchthon und anderen ins Deutsche übertrug. Melchior Lotter druckte das Neue Testament im September (daher wird Luthers Übertragung auch als Septembertestament bezeichnet) in einer Auflage von 3 000 Exemplaren, die Lucas Cranach und Christian Döring verlegten. Der Preis betrug 1 1/2 Gulden, das Werk musste schon im Dezember nachgedruckt werden. Luthers Bibelübersetzung prägte und vereinheitlichte die deutsche Sprache maßgeblich.

Luther weiß, dass er sich, um seiner Bibel – die ja auch seine theologische Deutung »im Volk« durchsetzen soll – eine weite Verbreitung zu sichern, eine alle Dialekte verschmelzende, allgemein verständliche Ausdrucksform erarbeiten muss. Als Richtgröße nimmt er die sächsische Kanzleisprache, die ihm vom kurfürstlichen Wittenberg her vertraut ist. »Ich habe keine gewisse, sonderliche, eigene Sprache im Deutschen, sondern brauche der gemeinen Sprache, dass mich beide, Ober- und Niederländer, verstehen mögen. Ich rede nach der sächsischen Kanzlei, welcher alle Fürsten und Könige in Deutschland folgen; alle Reichsstädte, Fürstenhöfe schreiben nach der sächsischen und unseres Fürsten Kanzlei, darum ist's auch die allgemeinste deutsche Sprache.«[17] Mit dieser Entscheidung hebt er die Schriftsprache auf ein verbindliches, an höfischen und rechtssprachlichen Maßstäben orientiertes Niveau – auch wenn er in der Art und Weise, wie er diese eher hölzerne Beamtensprache sprachschöpferisch fortentwickelt, vor allem sich selbst ein Denkmal setzt.

An seinem wuchtigen Holztisch hockend, die Beine auf einen aus einem Walfischknochen gearbeiteten Schemel gelegt, erledigt er das gewaltige Pensum wie in einem Rausch in nur elf Wochen, Tag für Tag rund zehn Seiten. »Die Worte selbst fließend, herausbrechend, dass gleichsam der Geist herausschäumet und die Worte leben, Hände und Füße haben, ja dass zugleich der ganze Leib und alles lebt und alle Glieder gern reden wollen, das heißt recht aus dem Geist und in der Wahrheit Gott loben, da sind die Worte eitel Feuer, Licht und Leben.«[18] So hat Luther in der Magnifikat-Schrift die ganzheitliche, Herz und Verstand erfassende Qualität seiner Übersetzertätigkeit beschrieben. Ergebnis dieser stürmischen Ergriffenheit sind bildhafte Wendungen wie »Ein Herz und eine Seele«, »Ein Ende mit Schrecken«, »Nach seiner Pfeife tanzen«, »Auf den Händen tragen«, »Die Haare standen ihm zu Berge«, »Perlen vor die Säue werfen«. Aus einprägsamen Sätzen wie »Wer nicht mit mir ist, der ist gegen mich«, die rasch zum geflügelten Wort werden, klingt deutlich hörbar Luthers zupackende Entschiedenheit heraus, seine Unbedingtheit, die seine Gegner fürchten und seine Anhänger lieben.

Luthers reformatorische Bewegung ist, begünstigt durch die lange Abwesenheit des Reformators, von vielfachem Schisma bedroht. Überall lauert der Spaltpilz, schießen neue Bewegungen hervor, die sich auf das »reine Evangelium« berufen und deren Anführer behaupten, den Geist direkt von Gott empfangen zu haben. Sie setzen gegen das in der Schrift verbürgte Gotteswort das »innere Licht«, die persönliche Erleuchtung. Eine Art religiöses Freischärlertum breitet sich aus. In der kleinen sächsischen Stadt Zwickau nördlich des Erzgebirges und nahe des hussitischen Böhmen, einer Landschaft, die für ihr religiöses Schwärmertum bekannt ist, haben die sogenannten Zwickauer Propheten ein »König-

In Anlehnung an Johannes den Täufer, der auf der griechischen Insel seine Offenbarung nieder-
schrieb, nannte Luther die Klause auf der Wartburg, in der er von Oktober 1521 an das Neue Testament aus dem Griechischen ins Deutsche übertrug, »mein Patmos«.

reich Christi« ausgerufen. Ein Königreich ohne König, ohne weltliche
Autorität, ohne Gesetz, Kirche, Gottesdienst. Aber mit dem allgemeinen Recht zur Vielweiberei. Eine reale Utopie, die urkommunistischen

Idealen nachhängt und die Bibel als Fibel des Sozialismus versteht. Die selbst ernannten Propheten predigen Gewalt, dulden keinen Widerspruch: Alle Priester sollen erschlagen, alle Gottlosen von der Erde getilgt werden! Als der Stadtrat dem Spuk kurzerhand ein Ende macht und die »Schwarmgeister« vertreibt, gelangen einige nach Wittenberg, in die Hochburg der reformatorischen Bewegung. Hier glauben sie, noch einmal neu anfangen und ihre ganz eigene Version der Reformation durchsetzen zu können. Für sie steht nirgends geschrieben, dass nur Martin Luther die Heilige Schrift auslegen darf. Sie wollen selbst »himmlische Propheten« sein, ihre Sicht des Glaubens verwirklichen.

Am 27. Dezember 1521 kommen drei von ihnen, der Tuchmachermeister Nikolaus Storch, Thomas Drechsel und Markus Thomae, genannt Stübner, nach Wittenberg. Sofort beginnen sie zu missionieren und treffen bei Philipp Melanchthon und besonders bei Andreas Karlstadt auf offene Ohren. Der Professor gibt den wirren Lehren der Schwärmer die theologische Legitimation. Hilflos muss Luther in seinem Versteck erleben, wie der Satan »unter die Unsrigen … diese überaus schwere Spaltung« bringt.[19] Karlstadt entwickelt sich immer mehr zum asketischen Bußprediger, der nicht mehr in der Schrift, sondern in der Weltflucht die wahre Christusgläubigkeit erkennen will. Für Luther fällt sein geschätzter Mitstreiter mit dieser Abtötung des Leibes zurück auf die längst überwunden geglaubte Werkgerechtigkeit. Das, was Karlstadt jetzt durchlebt und wofür er mit großer Leidenschaft in seinen Predigten wirbt, hat Luther ja schon als junger Mönch in Erfurt als Irrweg erkannt.

Als Karlstadt beginnt, auch die Wissenschaft infrage zu stellen, und den Studenten empfiehlt, besser ein Handwerk zu erlernen oder als Bauer das Feld zu bestellen, sieht sich der Kurfürst aufgerufen, diesem Treiben ein Ende zu machen. Lange hat Friedrich der Weise geschwiegen, waren seine Räte ratlos. Angesichts eines Beschlusses des Stadtrats vom 24. Januar 1522, mit dem alle umstrittenen Neuerungen – Abschaffung der Bettelei und Einführung einer Armenkasse, neue Messeordnung, Entfernung von Bildern aus den Kirchen – in einer »Wittenberger

Ordnung« festgeschrieben wurden, kann er nicht mehr untätig bleiben. Melanchthon schlägt vor, Friedrich der Weise möge den Reformator nach Wittenberg zurückrufen, um gemeinsam einen Ausweg zu finden, zumal Studenten, vom religiösen Fieber angesteckt, Gottesdienste stören und Kirchen verwüsten. Die einzige Waffe, über die der Fürst verfügt, ist Luthers Wort, denn es gibt in Wittenberg weder Soldaten noch eine Polizei.

Zur Überraschung des Kurfürsten legt Luther ein gutes Wort für die Zwickauer Propheten ein und rät davon ab, mit Gewalt gegen sie vorzugehen. Der fromme Fürst solle seine Hände nicht mit Blut beflecken. Luther steht das Beispiel des Ketzers Hus vor Augen, sein Wittenberg soll nicht der Ort sein, wo man Abweichler verfolgt. Man möge die Gottgemäßheit der »falschen Brüder« anhand der Bibel überprüfen. Auf der anderen Seite droht dem Kurfürsten, wenn er in seinem Machtbereich ein solches Treiben duldet, aus Nürnberg, wo das Reichsregiment tagt, der Bannstrahl. Im schlimmsten Fall könnte er seine Kurwürde verlieren. Denn nun, da die politischen, sozialen und finanziellen Folgen der evangelischen Bewegung immer sichtbarer werden, tun sich die katholischen Bischöfe und Fürsten zusammen, um ihre Interessen zu wahren. Alle Neuerungen sollen rückgängig gemacht werden. Die Reichsregierung erlässt ein Mandat gegen die Änderung der Messfeier, gegen die Klosteraustritte und gegen die Eheschließung der Priester.

Jetzt ist auch Luther alarmiert. Bevor durch religiöses Schwärmertum alles aufs Spiel gesetzt wird, was er in den vergangenen Jahren erreicht hat, muss er dem Kurfürsten beispringen. Er beschließt, trotz eines offiziellen Verbots des Kurfürsten, nach Wittenberg zurückzukehren. Am 1. März bricht er auf und trifft zwei Tage später in Jena ein. Im Gasthaus Zum schwarzen Bären nimmt Luther Quartier – für einen Vogelfreien nicht ungefährlich, sich so unter die Leute zu mischen! Er kommt mit zwei Schweizer Studenten ins Gespräch, die auf dem Weg nach Wittenberg sind. Die beiden halten ihn für einen Ritter und fragen, ob sie damit rechnen dürfen, den berühmten Doktor Luther in Wittenberg anzutreffen. Nein, das sei derzeit wenig wahrscheinlich, antwortet er. Der Reformator dürfte allerdings bald dort eintreffen, setzt er mit einem Schmunzeln hinzu. Sie könnten aber auch bei Philipp Melanchthon studieren, schlägt Luther vor. Und fragt, ob eigentlich Erasmus von Rotterdam noch in Basel lehre? Die beiden schauen sich an: Was ist das für ein Ritter, der Melanchthon und Erasmus kennt? »Was hält man eigentlich in der Schweiz von Luther?«, bohrt der merkwürdige Gast nach. Die einen dächten, meint einer der zwei Scholaren, dass Gott durch ihn zu uns spreche, die anderen, vor allem die Geistlichen, würden ihn als Ketzer verfluchen. Luther lacht, ja, das sei wohl so, »hab ich mir's doch gedacht, dass es die Pfaffen sind!« Nachdem Luther den Gasthof verlassen hat, klärt der Wirt, der Luther erkannt hat, die Scholaren auf, mit wem sie am Tisch gesessen haben. Da ist Luther schon unterwegs nach Borna.

Während seines kurzen Aufenthalts im kurfürstlichen Städtchen Borna schreibt Luther einen langen, »eilend(s) abgefertigten Brief« an Friedrich den Weisen, um seine Rückkehr anzukündigen. Er sagt ihm seinen Beistand in den Glaubenswirren zu. Er selbst habe seinen Auftrag als »Evangelist« nicht von den Menschen, sondern direkt von Christus erhalten. Aber da nun der Teufel versuche, in seiner Abwesenheit seinen Platz einzunehmen, müsse er, »von meinem Gewissen gezwungen«[20], handeln. Er habe sich lange genug an die Befehle der Kurfürsten gehalten. Luther weiß, dass Friedrich der Weise in viel größerer Gefahr ist als er selbst. Denn er muss als weltlicher Herr um seinen Rang und Besitz fürchten. Also um alles, was er hat. Luther dagegen besitzt nichts. Nur seinen unerschütterlichen Glauben. Er will, schreibt er, keinen Schutz, der seinen Schutzherrn gefährdet.

Wohl noch nie hat ein Geächteter an seinen Beschützer so mutige und selbstbewusste Sätze gerichtet wie Martin Luther am 5. März 1522: »Solches sei E. K. F. G. (Euer Kurfürstliche Gnaden) in dieser Absicht geschrieben, dass E. K. F. G. wisse, ich komme gen Wittenberg in einem gar viel höheren Schutz als dem des Kurfürsten. Ich hab's ja auch nicht im Sinn, von E. K. F. G. Schutz zu begehren. Ja, ich meine, ich wollte

E. K. F. G. mehr schützen, als sie mich schützen könnte. Dazu wollte ich nicht kommen, wenn ich wüsste, dass E. K. F. G. mich schützen könnte und wollte. Dieser Sache soll noch kann kein Schwert raten oder helfen; Gott muss hier allein schaffen, ohne alles menschliche Sorgen und Zutun. Darum: Wer am meisten glaubt, der wird hier am meisten schützen. Dieweil ich denn nun spüre, dass E. K. F. G. noch gar schwach ist im Glauben, kann ich E. K. F. G. auf keine Weise für den Mann ansehen, der mich schützen oder retten könnte.«[21] Es ist nicht Überheblichkeit oder Ironie, sondern ernste Sorge, wenn Luther am Schluss schreibt: »Hiermit befehle ich Eure Kurfürstliche Gnaden in Gottes Gnade.«[22]

Am 6. März trifft Luther in Wittenberg ein. Schon drei Tage später, nach intensiven Gesprächen mit seinen Vertrauten, hält er seine erste Predigt in der Stadtkirche. Auch jetzt wieder soll allein das Wort die Sache wenden, soll der aufgeputschten, zugleich zutiefst verunsicherten Gemeinde Halt und Orientierung geben. Am 9. März, dem Sonntag Invokavit, betritt Luther die Kanzel in der Stadtkirche und ruft die Wittenberger auf, ihre neue Freiheit nicht für die Willkür, sondern zum Nutzen des Nächsten zu gebrauchen. Ganz bewusst durchzieht die Rede von der echten Freiheit des Christenmenschen alle acht »Invokavit-Predigten«, die er in schneller Folge hält, um die Unruhen im Keim zu ersticken. Luther, der mit Bart und Ritterwams in die Stadt gekommen ist, hat sich sofort nach seiner Ankunft eine Tonsur schneiden lassen und trägt wieder die grobe Mönchskutte als Zeichen von Demut und Tradition. Schnell hat er gelernt, dass die Zerstörung aller Formen und Bindungen destruktive Kräfte freisetzt, die auch das Rechte bedrohen und es den »Schwärmern« erlauben, ihre haltlosen Ideen unter dem Banner allgemeiner Freiheit durchzusetzen. Luther setzt dem seine eigene Liberalität entgegen: Wer das Abendmahl in alter Form nehmen will, dem soll das erlaubt sein. Wer den Kelch haben muss, soll ihn bekommen. Man dürfe aus der Freiheit kein Müssen machen, mahnt er: »Das kann Gott nicht leiden.« Ein Mann, der selbst viele Dämme eingerissen hat, fordert nun Geduld von seinen Anhängern ein. Die Ablösung vom Zwang der alten, fehlgeleiteten Dogmen und Riten, so Luther, könne nur gelingen, wenn die Gläubigen künftig Verpflichtungen und Lasten freiwillig auf sich nehmen – vor allem im liebevollen Dienst für die Schwachen.

Auch in Zwickau, im Herz des Aufruhrs, besteigt Luther viermal die Kanzel und predigt von der Gewaltlosigkeit und der Liebe Christi. In Wittenberg sorgen die Räte dafür, dass Radikale wie Karlstadt in ihrem Wirkungskreis beschränkt, ja, durch zensorische und dienstrechtliche Maßnahmen an den Rand gedrängt werden. Karlstadt verlässt Wittenberg und begnügt sich mit einer Pfarrstelle in Orlamünde bei Jena. Dort entwickelt er seine mystischen Vorstellungen mit viel Elan weiter. Wie die »Prädikanten«, die umherziehenden, charismatischen Laienprediger, setzt er weniger auf die Schrift als auf die Inspiration, die für ihn eher aus den Ungelehrten, den Laien, spricht als aus den verbeamteten Gottesgelehrten, zu denen er ja selbst gehört. So zieht der kleine, leidenschaftliche Mann von Haus zu Haus und lässt sich von den einfachen Leuten die Bibel auslegen.

Luther sorgt dafür, dass die revolutionärsten Neuerungen der Gottesdienstgestaltung zurückgenommen werden. Er lässt die Messe weiter auf Lateinisch lesen und die Hostie vom Priester austeilen. Das alles fasst er im Dezember 1523 in seiner Schrift *Formula missae et communionis pro ecclesia Wittenbergensi* (Vorschrift von Messe und Kommunion für die Wittenberger Kirche) zusammen. Wichtig ist ihm, den Gedanken des allgemeinen Priestertums, der auch das Recht der Gemeinde einschließt, über die Lehre zu entscheiden, festzuschreiben. Friedrich der Weise ist erleichtert über Luthers beherztes Eingreifen und lässt ihm Stoff für eine neue Kutte und viel Bier und Wein zukommen. Auch die Reichsregierung und sogar der Herzog von Sachsen billigen jetzt das öffentliche Auftreten des unter Acht und Bann stehenden Ketzers. Doch während der Zurückgekehrte in Wittenberg eine kleine, ideale protestantische Ordnung zu schaffen sucht, geht es im übrigen Reich wild durcheinander, die »Schwarmgeister« und radikalen Reformer geben den Ton an.

Ein besonderer Eiferer ist der ehemalige Priester Thomas Müntzer, der Luther lange verehrt hat, ihn aber jetzt an Radikalität zu überbieten sucht. Aus Zwickau verjagt, lässt Müntzer sich nach einem längeren Aufenthalt in Prag in dem thüringischen Flecken Allstedt nieder. Der evangelische Pfarrer versammelt eine entschlossene Anhängerschar um sich. Von Allstedt sendet er »Landläufer« aus, um seine Thesen im Land zu verbreiten. Die Bibel ist das Gesetz der Wiedertäufer-Sekte; was im Alltag zu regeln ist, wird aus der Schrift begründet. Auch diese Bruderschaft fiebert dem Jüngsten Tag, der Apokalypse, entgegen, die eine überlebte Welt hinwegfegen soll. In seiner »Fürstenpredigt« stellt Müntzer sich selbst als einen Propheten dar, der das Gottesreich auf Erden errichten wird – mit Gewalt gegen die »Pfaffen« und im Zweifel auch gegen die Fürsten. Weil sie den Kult um die Muttergottes hassen, zerstören die Allstedter die Marienkapelle zu Mallersdorf. Das ruft im Land große Empörung hervor. Von seinen eigenen Anhängern verjagt, sucht der Agitator sein Heil in Süddeutschland und wiegelt dort die Bauern auf.

Für Luther sind Leute wie Müntzer »Rottengeister«, die die Obrigkeit herausfordern und die gottgewollte Ordnung umstürzen. Mit seiner Flugschrift *Ein Brief an die Fürsten zu Sachsen über den aufrührerischen Geist* wirbt er für die Verbannung des »Gespenstes zu Allstedt« und fordert ein Verbot von dessen Lehre und Schriften. Im Gegenzug beschimpft Müntzer den Wittenberger als »»tückischen Kolkraben«, »giftiges Würmlein«, »gottlosen Schelm« und »Erzheiden«, als einen »Vater Leisetritt« und, am wirkungsvollsten, als »sanftlebendes Fleisch zu Wittenberg« – eine Anspielung auf Luthers wachsende Leibesfülle. Als sich die Bauern zusammentun, um gegen ihre Herren mit Gewalt vorzugehen, richtet Müntzer von der Schweiz aus einen flammenden Appell an die Allstedter: »Dran, dran, dran, dieweil das Feuer heiß ist! Lasst Euer Schwert nicht kalt werden, lasst es nicht lahm werden. Schmiedet pinkepanke auf dem Amboss Nimrods, werfet ihnen den Turm zu Boden! Es ist nicht möglich, solange sie leben, dass Ihr von der menschlichen Furcht befreit werdet! Man kann Euch von Gott nichts sagen, solange sie über Euch regieren. Dran, dran, dran, solange Ihr Tag habt, Gott geht Euch voran, folget, folget, folget!«

Lange bevor dieses Feuer des Aufstands losbricht, ruft Luther mit einem neuen, noch grundsätzlicheren Appell seine Anhänger auf, von der Gewalt zu lassen und ihre Ziele mit friedlichen Mitteln zu erreichen. Im März 1523 veröffentlicht er den Traktat *Von weltlicher Obrigkeit, wie weit man ihr Gehorsam schuldig sei*, der im Stil eines Dialogs gehalten ist. Luther beginnt mit einer Fürstenschelte, leitet über zu seiner Theorie von den »zwei Regimenten« und schließt mit allgemeinen Regeln für »christliche Regenten« ab. Auch in dieser Schrift geht es Luther um das rechte Verhältnis von Herrschaft und Gehorsam. Wenn die Fürsten – mit Recht – Gehorsam einfordern, müssten sie auch ihren Fürsorgepflichten gegenüber ihren Untertanen nachkommen. Wahre christliche Herren sollten ihr Handeln an der Liebe ausrichten und »wie ein Hausvater« weise an ihren Untertanen handeln. Das Gegenteil sei aber der Fall, klagt Luther, es herrsche große Willkür. So würden die Fürsten, die allesamt »toll« geworden seien, den Menschen das Lesen von Büchern verbieten. Damit setzten sie sich selbst auf »Gottes Stuhl«, um den Befehlen des Kaisers, der ja im Wormser Edikt eine allgemeine Zensur verfügt hat, nachzukommen. Das sei sehr verlogen! Hier spricht Luther in eigener Sache, wie in der gesamten Schrift; mit seinem Appell zur Gehorsamspflicht gegenüber der Obrigkeit sind auch die »Schwärmer« gemeint, denen Luther den Kampf angesagt hat.

Luther geißelt den Opportunismus und die Verlogenheit der Fürsten. Würde der Kaiser ihnen ihre Besitztümer wegnehmen, würden sie ihm keinen Gehorsam leisten. Aber wenn es gelte, »den armen Mann zu schinden und ihren Mutwillen an Gottes Wort zu büßen«, handelten sie auf Geheiß Ihrer Majestät. Luthers Anklage richtet sich gegen die geistlichen und weltlichen Herren gleichermaßen. Beide verfehlten ihre eigentliche Aufgabe: Die Bischöfe herrschten nicht spirituell, also aus dem Geist des Evangeliums heraus, sie predigten nicht Gottes Wort, sondern »regieren … Schlösser, Städte, Land und Leute«. Die Fürsten wiederum

sollten als christliche Herren eigentlich ihren Untertanen dienen, stattdessen »schinden und schaben (sie) einen Zoll auf den andern, einen Zins
über den anderen«.[23] Damit machten sich beide »Regimente« unglaub-
würdig. Wie soll sich der »gemeine Mann« zurechtfinden in einer Ordnung, die auf den Kopf gestellt ist?

Dass es eine in der Bibel begründete Legitimation der Obrigkeit gibt,
daran lässt Luther keinen Zweifel. Er zitiert mit Römer 13, 1–2 seinen
Gewährsmann Paulus: »Jedermann sei untertan der Obrigkeit, die Gewalt über ihn hat. Denn es ist keine Obrigkeit ohne von Gott ... wer sich
nun der Obrigkeit widersetzt, der widerstrebt Gottes Ordnung; die aber
widerstreben, werden über sich ein Urteil empfangen.«[24] Diese von Gott
gesetzte Ordnung ist geteilt in die geistliche und die weltliche Sphäre, in
die des Glaubens und in die des Schwerts. Der Mensch lebt in beiden
»Reichen« zugleich, er ist als Christ »frei«, nur dem Wort Gottes und
der Liebe Christi verpflichtet. Als Untertan ist er seinem Herrn Gehorsam schuldig. Handelt die Obrigkeit unchristlich, soll er das nicht billigen, denn man müsse »Gott mehr gehorchen als den Menschen« (Apos-
telgeschichte, 5, 29). Die Obrigkeit ist aber nur über Leib und Gut
gesetzt, über alles, »was äußerlich ist auf Erden«; der Fürst hat kein
Recht auf die Seele seiner Untertanen. Über die Seele regiert allein Gott.
In Glaubensdingen darf es keinen Zwang geben.

Luther erläutert dieses in der Schrift begründete christliche Wider-
standsrecht am Beispiel einer Anordnung in Meißen, Bayern und Brandenburg. Die Gläubigen wurden dort aufgerufen, Luthers »Biblia« auf
den Ämtern abzugeben. In Sachsen hat Herzog Georg die tausendfach
gedruckte, mit eineinhalb Gulden ausgesprochen preiswerte Luther-Bibel verboten. Besonders empört zeigt der leidenschaftliche Katholik sich
über eine Illustration, auf der die babylonische Hure zu sehen ist; sie reitet auf einem vielköpfigen Teufel und trägt die päpstliche Tiara. »Nicht
ein Blättlein, nicht einen Buchstaben sollen sie überantworten, bei Verlust ihrer Seligkeit«[25], warnt Luther. Würden den Menschen ihre Bibeln
mit Gewalt weggenommen, müssten sie dies zwar hinnehmen. Gewalt-

samer Widerstand sei einem Christenmenschen nicht erlaubt. Man könne die Bibel aber verstecken, weitergeben, aus ihr vorlesen. Mit Worten dürfe Widerstand geleistet werden.

Wären die Menschen allesamt Christen, bräuchte man die Obrigkeit nicht, spottet Luther. Aber dem sei leider nicht so: »Wenn nun jemand die Welt nach dem Evangelium regieren und alles weltliche Recht und Schwert aufheben und vorgeben wollte, sie wären alle getauft und Christen, unter welchen das Evangelium kein Recht noch Schwert haben will, (bei denen es) auch nicht nötig ist: Lieber, rate, was würde der machen? Er würde den wilden, bösen Tieren die Bande und Ketten auflösen, dass sie jedermann zerrissen und zerbissen, und daneben vorgeben, es wären feine zahme, kirre Tierlein. Ich würde es aber an meinen Wunden wohl fühlen (was sie in Wirklichkeit sind). So würden die Bösen unter dem christlichen Namen die evangelische Freiheit missbrauchen, ihre Büberei treiben und sagen, sie seien Christen und keinem Gesetz noch Schwert unterworfen, wie sie jetzt schon etliche toben und närrisch behaupten.«[26] Solange in der Welt die Sünde herrsche, müsse es eine Herrschaftsgewalt geben. Deshalb habe Gott »die zwei Regimente verordnet: das geistliche, welches durch den heiligen Geist Christen und fromme Leute macht, unter Christus, und das weltliche, welches den Unchristen und Bösen wehrt, dass sie gegen ihren Willen äußerlich Frieden halten und still sein müssen.«[27]

Darf auch ein Christ das Schwert in die Hand nehmen? Ja, aber nur im Dienst der Obrigkeit, nicht um seines eigenen Vorteils willen. Dieser Grundsatz, so Luther, gilt auch für den Fürsten selbst. Krieg darf er nur führen, wenn er damit Schaden von seinem Land abwendet, zum Schutz der Untertanen. Dann darf Blut vergossen werden, eigenes und fremdes: »In solchem Krieg ist es christlich und ein Werk der Liebe, die Feinde getrost zu würgen, zu rauben und zu brennen und alles zu tun, was (den Feinden) schädlich ist, bis man sie nach Kriegsbräuchen überwinde, nur dass man sich vor Sünden hüten, Weiber und Jungfrauen nicht schänden soll.«[28]

Der Christ braucht das Schwert selbst nicht, doch müsse er es gegebenenfalls gebrauchen, um die Ordnung aufrechtzuerhalten, als Henker, Soldat, Polizist oder Richter. Das alles sind Dienste, bei denen Gewalt nicht aus eigenem Interesse, sondern allein für die Gemeinschaft ausgeübt wird: »Denn für dich selbst bleibst du an dem Evangelium und hältst dich nach Christi Wort, dass du gern den andern Backenstreich littest, den Mantel zum Rock fahren ließest, wenn es dich und deine Sache beträfe. So fügt's sich denn beides fein zueinander, dass du zugleich Gottes Reich und der Welt Reich genug tust, äußerlich und innerlich, zugleich Übel und Unrecht leidest und doch Übel und Unrecht strafest, zugleich dem Übel nicht widerstehst und doch widerstehst. Denn mit dem einen siehst du auf dich und auf das Deine, mit dem andern auf den Nächsten und auf das Seine. In Bezug auf dich und das Deine hältst du dich nach dem Evangelium und leidest Unrecht als ein rechter Christ; in Bezug auf den andern und das Seine hältst du dich nach der Liebe und leidest kein Unrecht gegen deinen Nächsten: welches (alles) das Evangelium nicht verbietet, ja, vielmehr an anderer Stelle gebietet.«[29]

Gewalt ist kein Mittel, um den rechten Glauben durchzusetzen. Der Tod des Landsknechtführers Franz von Sickingen am 8. Mai 1523, der zum Sturz des Erzbischofs von Trier, Richard von Greiffenklau, aufgerufen hatte und am Ende von den katholischen Fürsten getötet wurde, führt Luther erneut vor Augen, wie richtig es war, die Hilfe der Ritterschaft zurückzuweisen, die sich nun auf die Seite der Aufständischen schlägt. Die Nachricht vom Tod Sickingens kommentiert Luther lapidar: »Gott ist ein gerechter, aber wunderbarer Richter.« Auch Ulrich von Hutten muss fliehen und findet in der Schweiz, in Zürich, Unterschlupf. In Basel ist er von seinem verehrten Freund, dem großen Erasmus von Rotterdam, abgewiesen worden. Auf der Insel Ufenau wird der an Syphilis erkrankte, völlig verarmte »Reichsritter und Gelehrte« von Mönchen gepflegt und stirbt am 23. August 1523 im Alter von nur 35 Jahren.

In den Wirren des Konfessionsstreits, die nicht nur von Luther, sondern vor allem auch von den Fürsten als gefährliche Anarchie empfunden werden, breitet sich die evangelische Bewegung immer weiter aus. Besonders aus den sich auflösenden Orden kommen die Aktivisten der Reformation, es sind vor allem Augustiner und Franziskaner, ehemalige Bettelmönche, die auf Straßen und Plätzen predigen. Aber auch papsttreue Dominikaner und Benediktiner wechseln die Seite. Die Evangelisierung erfasst das ganze Land, der neue Glaube verzaubert Menschen aller Stände, die nun selbst zu lesen beginnen, was sie sich früher von den Priestern haben vortragen und auslegen lassen. In Zürich disputiert Huldrych Zwingli öffentlich über das von ihm selbst vorgelegte reformatorische Programm. Der gesamte Stadtrat stellt sich hinter den »Leutpriester« (Laienpriester). Wer von außen auf die in Bewegung geratenen deutschen Lande schaut wie der polnische Botschafter am Hof Kaiser Karls V., Johannes Dantiscus, für den ist Martin Luther die Spinne im Netz, die unangefochtene Autorität der reformatorischen Bewegung, nicht nur Gegenspieler des Papstes, sondern gleichrangiger Repräsentant. »Wer in Rom den Papst und in Wittenberg Luther nicht gesehen hat, der hat, so glaubt man, überhaupt nichts gesehen«, lässt er nach einer Audienz bei Luther im Augustinerkloster verlauten.

Auf dem Höhepunkt seiner Popularität spürt Luther, dass ihm die evangelische Bewegung zu entgleiten droht, weil sich immer mehr äußere Interessen an sie heften. In seinem unmittelbaren Umkreis, in Wittenberg, hat die Reformation gesiegt. Luther hat rechtzeitig verhindert, dass die Reform der Kirche in eine Revolution gegen die allgemeine Ordnung umschlägt. Der Kurfürst sitzt fest im Sattel, die Universität verteidigt ihren Ruf, das Zentrum des neuen Glaubens zu sein. Gegenüber denjenigen, die sich von den Neuerungen überfordert fühlen, übt Luther Toleranz. Er will alle mitnehmen auf seinem Weg zum lebendigen Christus. Der Reformator beschwört seine Mitstreiter, Geduld zu üben: »Liebe Freunde, es muss nicht ein jeglicher tun, was er Recht hat, sondern muss sehen, was seinem Bruder nützlich und förderlich ist. Also sollen wir mit unsern schwachen Brüdern umgehen, sollen mit ihnen Geduld haben, sie nicht greulich anschnauzen, sondern fein freundlich handeln und sie mit aller Sanftmut unterweisen.« Schritt für Schritt, nicht Schlag auf Schlag soll es vorwärtsgehen, mit Instinkt für das Mögliche, ohne Gewalt. Luther hat Hierarchien gestürzt und will jetzt keine neuen errichten. Alles wird sich von selbst regeln, mit Gottes Hilfe. Auch wenn der Teufel, der große Verwirrer, schon sichtbar auf den Plan tritt. Hat sein diabolisches »Geschwürm« die von ihm, Martin Luther, errichteten Fundamente denn nicht längst unterwühlt?

ZEHNTES KAPITEL

Abtrünnige Nonnen flüchten nach Wittenberg. Luther als Liederdichter.
Thomas Müntzer. Schlagabtausch mit Karlstadt. »Wider die himmlischen
Propheten«. Not der Bauern. »Ermahnung zum Frieden auf die zwölf
Artikel der Bauernschaft in Schwaben«. Tod Friedrichs des Weisen. Die
Gräuel von Weinsberg. »Wider die räuberischen und mörderischen Rotten
der Bauern«. Niederlage der Bauern bei Zabern und Nordhausen.
Thomas Müntzers Ende.

Längst gilt Luther bei den Mönchen und Nonnen als der große »Befreier«. Auch im Zisterzienserinnenkloster Marienthron in Nimbschen bei Grimma werden Luthers Schriften eifrig gelesen. Besonders die jungen Nonnen fühlen sich von der Lehre des Reformators angesprochen, sie möchten ihren Glauben draußen in der Welt bewähren, als Frauen und im Dienst der Gemeinde. Die Aussicht, »in die Welt« zurückzukehren und vielleicht sogar eine christliche Ehe führen zu dürfen, lässt bei den »Himmelsbräuten« Fluchtgedanken aufkommen. In aus dem Kloster geschmuggelten Briefen bitten sie ihre Verwandten, ihnen zur Flucht zu verhelfen. Luther weiß, dass gleich mehrere Mädchen auf eine Gelegenheit warten, den Klausurbereich zu verlassen. Denn eine davon ist die Schwester seines Vertrauten Johannes von Staupitz. Aber natürlich ist Luther auch bewusst, dass auf die Entführung einer Nonne die Todesstrafe steht.

Der Torgauer Fuhrunternehmer Leonhard Koppe erklärt sich bereit, die riskante Befreiungsaktion durchzuführen. Er liefert regelmäßig Waren ins Kloster Marienthron und steht nicht in Verdacht, mit Luther unter einer Decke zu stecken. In der Osternacht zum 4. April 1523 fährt er seinen Planwagen in den Außenhof des Klosters und nimmt neun Nonnen auf, die aus dem Dormitorium geklettert sind und sich in leeren Heringsfässern verstecken, die Koppe im Kloster aufgenommen hat. Unbemerkt gelangt die getarnte Fracht nach Torgau, auf kurfürstliches Gebiet, wo die jungen Frauen erst einmal bei Pfarrer Gabriel Zwilling unterkommen sollen. Beim Ostergeläut strömen die Menschen zur Kirche und feiern die befreiten Nonnen, die aneinandergedrängt und schüchtern auf dem Marktplatz stehen und hoffen, bald nach Wittenberg, in die Stadt des verehrten Reformators, weiterreisen zu können.

Am Ostermontag ist es so weit. Die »Rebellantes«, die Abtrünnigen, verlassen auf demselben dreispännigen Gefährt, begleitet von Leonhard Koppe, die Stadt. Am 10. April berichtet Luther an Spalatin, es seien »neun abtrünnige Nonnen« zu ihm gekommen. »Mich jammert ihrer sehr, vor allem auch der anderen, die überall in so großer Zahl durch jene verfluchte und unreine Keuschheit zugrunde gehen. Dies Geschlecht ist an sich bei weitem zu schwach und von Natur, ja, von Gott an den Mann gebunden und wird, durch so große Grausamkeit getrennt, zugrunde gerichtet.«[1] Er werde versuchen, die jungen Frauen bei Verwandten unterzubringen; Luther nennt ihre Namen, darunter auch den seiner künftigen Frau Katharina von Bora.

»Einigen werde ich zum Ehestand verhelfen«, kündigt Luther an. Seine Vorstellung von der Ehe hat er bereits 1522 in der Schrift *Vom ehelichen Leben* niedergelegt; darin wird auch die Erlaubnis zur Scheidung erwogen – bei Impotenz oder Ehebruch. Ansonsten sei die Ehe von den Ehepartnern treu zu ertragen, »ein fein seligs Kreuz«. Spalatin möge für die Nonnen »etwas Geld erbettel(n)«, bittet Luther den Berater des Kurfürsten, damit er eine Zeit lang für sie sorgen könne. Um sich zu rechtfertigen, veröffentlicht Luther am 10. April die kleine Flugschrift *Ursach und Antwort, dass Jungfrauen Klöster göttlich verlassen mögen*. Er selbst, gibt der Reformator offen zu, habe Koppe zur Fluchthilfe veranlasst. Der

Unternehmer sei kein Verbrecher, sondern ein »seliger Räuber«, der die armen Seelen »aus dem Gefängnis menschlicher Tyrannei geführt« habe – um ihre Passion zu beenden, die ja auch Christus an Ostern habe erleiden müssen. Die Befreiungsaktion wird so zur frommen Tat.

Die Klage, es stehe ihm kein Geld zur Verfügung, weil die Armen nichts zu geben hätten, die Reichen aber zu geizig seien, wie Luther im Brief sarkastisch bemerkt, ist nicht nur auf die aktuelle Notlage gemünzt. Luther beklagt gegenüber Spalatin zum wiederholten Mal die leeren Kassen des Schwarzen Klosters und die Schulden, die er machen muss, weil seine eigenen Reformen Wirkung zeigen: Das Betteln ist verboten, und Messstipendien werden nicht mehr gewährt: »Der Bettelsack hat ein Loch, das ist groß.«[2] Luther selbst erhält als Prediger an der Stadtkirche gerade mal achteinhalb Gulden. Mit dem Prior Eberhard Prisger ist er der einzige Mönch, der im Augustinerkloster zurückgeblieben ist. »So geraten wir täglich in Schulden, damit ich endlich entweder durch Armut oder durch Not gezwungen werde, Wittenberg zu verlassen.«[3] Luther hofft auf Unterstützung durch den Kurfürsten, dem daran gelegen sein muss, dass der berühmte Bibelprofessor an seiner Universität bleibt.

Der Niedergang der Klöster bedrückt auch Johannes von Staupitz. Dass Martin Luther einmal zum Totengräber des Ordenswesens werden würde, hätte sich sein früherer Mentor niemals vorstellen können. Andererseits ist Staupitz als Generalvikar der reformierten Augustiner zu den Benediktinern gewechselt, was ihm Luther verübelt. Immer wieder in den letzten Jahren hat er Staupitz aufgefordert, wie er selbst »das Kreuz auf sich (zu) nehmen« und sich für die Reformation einzusetzen. Das aber ist dem Ordensmann Staupitz nicht möglich. »Du bist zu demütig, ich bin zu stolz«, schreibt Luther dem alten Mann. Seine Briefe an Staupitz unterzeichnet Luther mit »Dein Sohn Martin«, der frühere Beichtvater antwortet seinem »besten Martin«. Staupitz verweist Luther, was ihr beider Verhältnis betrifft, auf das Gleichnis vom Verlorenen Sohn. Der Reformator habe die Menschen zwar aus ihrer geistlichen Armut zurück auf die »Gefilde des Lebens« geführt. Aber nun verstöre er die Herzen der Kleinmütigen und Schwachen. Viele würden um der »Freiheit des Fleisches willen« das Evangelium missbrauchen – eine Anspielung auf die entlaufenen Nonnen und Mönche. Der Mann, der geholfen hatte, Luther von seiner Sündenangst zu befreien, und ihn zu Christus führte, hofft vergeblich auf die Heimkehr seines geistlichen Sohnes. Am 28. Dezember 1524 stirbt Johannes von Staupitz knapp 60-jährig im Benediktinerstift St. Peter in Salzburg.

Der Pommer Johannes Bugenhagen löst Staupitz als Beichtvater ab. Der frühere Mönch war 1521 zum Studium nach Wittenberg gekommen und hatte Aufnahme im Haus von Philipp Melanchthon gefunden. Luthers Schrift *Von der babylonischen Gefangenschaft der Kirche* öffnete ihm die Augen für die Rechtfertigungstheologie. Bugenhagen setzt sich intensiv mit dem Thema »Versuchung« auseinander und wird damit für den immer gefährdeten Luther zum geistlichen Berater. Der kräftige, hochgewachsene Mann wird 1523 auf Empfehlung Luthers vom Rat der Stadt zum Pfarrer der Stadtkirche gewählt. Ein Jahr zuvor hat er die Magd des Juristen Hieronymus Schurff geheiratet und sich mit diesem Akt offen zu den reformatorischen Zielen bekannt. Bugenhagens Predigten sind wegen ihrer Weitschweifigkeit berüchtigt; dennoch verehrt die Gemeinde ihren Prediger, weil er kein Blatt vor den Mund nimmt. Auch Luther schätzt den humanistisch gebildeten, aufrichtigen Mann, der sich neben dem zarten Melanchthon recht robust ausnimmt. Es müsse auch solche Mitstreiter geben, meint Luther, die dem Teufel »starke Knochen« entgegenhalten und »gute Püffe« vertragen könnten. Wie sein Vorgänger Staupitz, aber doch deutlich gröber, kanzelt Bugenhagen den großen Reformator ab, wenn der wieder einmal glaubt, von »Gottes Zorn« heimgesucht zu sein. Habe ihm der Herr denn nicht genug Gnade geschenkt bei so vielen ausgezeichneten Gaben, poltert »Doktor Pomeranus«, wie er in Wittenberg genannt wird. Diese Undankbarkeit könne wirklich Gottes Zorn erregen. Johannes Bugenhagen bildet mit Philipp Melanchthon, Georg Staupitz, Lucas Cranach und dem Hofjuristen Justus Jonas den engeren Kreis der Wittenberger Reformatoren, der treu zu Luther hält.

Nicht nur in Wort und Bild erreicht Luther die Gläubigen. Er nutzt auch das Kirchenlied als Instrument der Reformation und bezieht es in die neue Gottesdienstordnung ein. Ihm vorangegangen ist der Nürnberger Schuhmacher und Meistersinger Hans Sachs. In seinem Gedicht »Die »Wittenbergisch Nachtigall« verherrlicht er Luthers Wirken, vergleicht sein Reden und Predigen mit dem unermüdlichen Gesang der Nachtigall: »Wacht auf! Es nahet gen den Tag! / ich hör singen im grünen Hag / Eine wunnigliche Nachtigall, / Ihre Stimme durchklinget Berg und Tal.« Das populäre Liebeslied *Wach auf, meines Herzens Schöne* dichtet Sachs zum Reformationslied um, preist darin die »christliche Schar«, die mit ihrem »süß Getöne« jetzt das Wort Gottes »so lieblich klingen« lässt.

Das erste Lied, das Luther selbst verfasst, ist eine volkstümliche Ballade. Sie erzählt die Geschichte eines Martyriums. In den Niederlanden waren seit längerem Mitglieder seines Ordens tätig, die Luther für seine evangelische Sache hatte gewinnen können. Am 1. Juli 1523 werden die jungen Augustinermönche Hendrik Voes und Johan van den Eschen in Brüssel als Ketzer verbrannt. Der Opfertod dieser beiden tapferen Bekenner, der ihn zutiefst bestürzt, macht Luther zum Dichter. Ein fliegendes Blatt verbreitet sein Märtyrerlied *Ein neu Lied von den zwei Märtyrern Christi, zu Brüssel von den Sophisten zu Löwen verbrannt* überall in Deutschland. Wo immer es gesungen wird, beflügelt das Lied eine Siegeszuversicht, die sich auch durch Schmerz und Tod nicht beirren lässt: »Die Asche will nicht lassen ab, / sie stäubt in allen Landen. / Hie hilft kein Bach, Loch, Grub noch Grab; / sie macht den Feind zuschanden.«[4] Fast zur selben Zeit dichtet Luther sein erstes Kirchenlied, den Lobgesang »*Nun freut euch, liebe Christen gmein*«. Gegen die Kampfrhetorik der Schwärmer, die mit Spottliedern wie »Als Adam pflügt und Eva spann, / wo war denn da der Edelmann« die Bauern aufwiegeln, setzt der Reformator musikalisches Bekenntnis und Gotteslob, die singende Verkündigung des Evangeliums.

Als Luther am 29. Juni 1523 mit der Laute in der Hand die Marienkirche betritt, stecken die Gläubigen die Köpfe zusammen. Was hat der große Mann vor? Nach dem Eingangsgebet steigt er auf die Kanzel und kündigt an, statt eine Predigt zu halten diesen Sonntag ein Lied zu singen. Er habe es selbst komponiert. Die Gemeinde möge, wenn er die erste Strophe gesungen habe, die von einem jungen Vorsänger wiederholt würde, in das Lied einstimmen. Luther hebt mit seiner kräftigen, durch seine Klosterzeit geübten Stimme an: »Nun freut euch, liebe Christen gmein, / und lasst uns fröhlich springen, / dass wir getrost und all in ein / mit Lust und Liebe singen, / was Gott an uns gewendet hat / und seine süße Wundertat / gar teur' hat ers erworben.«[5] Die Strophe wird von der hellen Knabenstimme wiederholt, dann zieht die Gemeinde mit, anfangs zögerlich, unsicher, ein wenig verschämt. Luther singt die zweite, die dritte Strophe, alle zehn Strophen, erzählt mit seinen Versen die Geschichte seiner Erweckung, den eigenen Glaubensweg von der Teufelsangst über die Verwerfung der Werke bis zur erlösenden Christusbegegnung: »Er sprach zu mir: Halt dich an mich, / es soll dir jetzt gelingen; / Ich geb mich selber ganz für dich, / da will ich für dich ringen. / Denn ich bin dein, und du bist mein, / und wo ich bleib, / da sollst du sein, / uns soll der Feind nicht scheiden.«[6] Die Wittenberger beherrschen den Refrain und erfüllen das Kirchenschiff mit ihrem Gesang: »Nun freut euch, liebe Christen gmein …«

Er sei dabei, »Psalmen für das Volk zu schaffen«, kündigt Luther zur Jahreswende 1523/24 gegenüber Spalatin an, »geistliche Lieder, damit Gottes Wort auch durch den Gesang unter den Leuten bleibt«. Dann bittet er Georg Spalatin, den studierten Theologen und Beichtvater des Kurfürsten, er möge »irgendeinen Psalm in ein Lied« umwandeln. Er solle aber keine höfischen Worte verwenden, sondern »möglichst einfältige und ganz gewöhnliche … die doch zugleich rein und passend sind«.[7]

Das Singen des evangelischen Kirchenlieds im Gottesdienst ist ein großer Erfolg. Einblattdrucke mit Luther-Liedern lösen geradezu eine »Singbewegung« aus. Andere tun es dem Reformator nach, die Kirchen füllen sich überall mit Gesang. Es gibt aber auch Magistrate, die strenge

Singverbote aussprechen; sie können den Siegeszug der Musik in deutschen Gotteshäusern nicht aufhalten. Luther schreibt in schneller Folge seine sogenannten Psalmenlieder, das siebte Lied (nach Psalm 46) – *Eine feste Burg ist unser Gott* – wird sein größter Erfolg. Bald gilt es als Hymne der Reformation, weil es den Behauptungskampf der evangelischen Christen in einer Welt voller Feinde beschreibt – und den Sieg über sie. Gott behält das letzte Wort:

Eine feste Burg ist unser Gott,
ein gute Wehr und Waffen.
Er hilft uns frei aus aller Not,
die uns jetzt hat getroffen.
Der alt böse Feind
Mit Ernst er's jetzt meint;
groß Macht und viel List
sein grausam Rüstung ist.
Auf Erd ist nicht seins gleichen.

Mit unsrer Macht ist nichts getan,
wir sind gar bald verloren.
Es streit' für uns der rechte Mann,
den Gott hat selbst erkoren.
Fragst du, wer der ist?
Er heißt Jesus Christ,
der Herr Zebaoth,
und ist kein andrer Gott.
Das Feld muss er behalten.

Und wenn die Welt voll Teufel wär
und wollt' uns gar verschlingen,
so fürchten wir uns nicht zu sehr.
Es soll uns doch gelingen.

Der Fürst dieser Welt,
wie saur er sich stellt,
tut er uns doch nicht;
das macht: Er ist gericht'.
Ein Wörtlein kann ihn fällen.

Das Wort sie sollen lassen stan
Und kein' Dank dazu haben.
Er ist bei uns wohl auf dem Plan
Mit seinem Geist und Gaben.
Nehmen sie den Leib,
Gut, Ehr, Kind und Weib,
lass fahren dahin;
sie haben's kein Gewinn.
Das Reich muss uns doch bleiben.[8]

Mit Unterstützung des kurfürstlichen Hofkomponisten Johann Walter stellt Luther ein *Geistlich Gesangbüchlein* mit 34 eigenen Kirchenliedern zusammen; es enthält auch liturgische Gesänge und Umdichtungen bereits bekannter Lieder. Die Propheten und Könige des Alten Testaments, die mit ihrem Saitenspiel Gott lobten, seien die Vorbilder des christlichen Liederdichters, schreibt Luther in der *Vorrede*. Auch der Apostel Paulus habe die Korinther aufgerufen, das Evangelium mit Hilfe des geistlichen Gesangs zu verbreiten. Für Luther besitzt das Kirchenlied nicht nur eine religiöse, sondern auch eine erzieherische, moralische Qualität. »Und diese Lieder sind dazu auch in vier Stimmen gesetzt, aus keinem anderen Grunde, als dass ich gern möchte, dass die Jugend, die ohnehin soll und muss in der Musik und andern rechten Künsten erzogen werden, etwas hätte, damit sie die Buhllieder und fleischlichen Gesänge loswürde und statt derselben etwas Heilsames lernte und so das Gute mit Lust, wie es den Jungen gebührt, einginge.«[9]

Neben den Psalmenliedern schafft Luther eine ganze Reihe von Liedern zum Kirchenjahr: zum Advent (*Nun komm, der Heiden Heiland*), zu Weihnachten (*Vom Himmel hoch, da komm ich her/ Gelobet seist Du, Jesu Christ*), Epiphanias (*Was fürcht'st du, Feind Herodes, sehr?*), Ostern (*Christus lag in Todesbanden*), Pfingsten (*Komm, Gott Schöpfer, heiliger Geist*) und Trinitatis (*Gott der Vater steh uns bei*). Katechismuslieder sollen die Verbreitung der evangelischen Lehre in volkstümlicher Form fördern. Ihr Gegenstand sind zentrale Glaubenstexte wie die Zehn Gebote (*Dies sind die heilgen zehn Gebot*), das Glaubensbekenntnis (*Wir glauben all an einen Gott*), das Vaterunser (*Vaterunser im Himmelreich*), die Taufe (*Christ, unser Herr, zum Jordan kam*), die Beichte (*Aus tiefer Not schrei ich zu dir*) und das Abendmahl (*Jesus Christ, unser Heiland, der von uns den Gotteszorn wandt*). Beim gemeinsamen Singen, so Luthers Überzeugung, prägen sich die Glaubensinhalte viel leichter ein als in der katechetischen Unterweisung. Erst das fröhlich gesungene Wort gibt der Frohen Botschaft des Evangeliums den angemessenen Ausdruck.

Sehr viel später, 1542, wird Luther auch ein *Begräbnisliederbuch* herausbringen. Es enthält lateinische und deutsche Lieder, die, wie Luther in seinem Vorwort schreibt, nicht als Klagegesänge gedacht sind, sondern Trost spenden sollen. Sie handeln »von Vergebung der Sünden, von Ruhe, Schlaf, Leben, Auferstehung der verstorbenen Christen«, um die Angehörigen im Glauben zu stärken. Luthers »Todeslieder« verstehen sich als Gegenschöpfung zum liturgischen »Todeskult« der katholischen Kirche. »Darum haben wir in unseren Kirchen die päpstlichen Greuel wie Vigilien, Seelenmessen, Jahrtage, Fegefeuer und alles andere Gaukelwerk, das für die Toten getrieben wird, abgeschafft und gänzlich ausgeräumt und wollen unsere Kirchen nicht mehr Klagehäuser und Leidstätten sein lassen, sondern, wie auch die alten Kirchenväter sie genannt hatten: *Koemiteria*, das heißt: für Schlafhäuser und Ruhestätten halten.«[10] Schon Paulus habe geschrieben, dass der Christ aufgrund seiner Erlösungs- und Auferstehungszusage durch Christus den Tod verachten solle, weil dieser nun keine Macht mehr über ihn besitze. Erschrecken könne der Tod nur jene heillosen Nichtchristen, die das zeitliche Leben so sehr schätzten, dass sie es ungern verlieren wollten. Ohne Christusglauben zitterten sie dem »ewigen Tod und de(m) Zorn Gottes«[11] entgegen.

Luther predigt unablässig, um seine Auffassung des Evangeliums gegen die »Schwärmer« zu verteidigen, unter anderem in Allstedt, Borna, Erfurt, Leisnig, Weimar und Zwickau. Nicht überall kommen seine Aufrufe zum Frieden an. Man brüllt ihn nieder oder macht Lärm, um seine Predigten zu stören; an manchen Orten rücken ihm die Zuhörer auf den Leib, und er muss geschützt werden. Unverdrossen verschickt Luther Send- und Trostbriefe, um falsche reformatorische Lehren zu geißeln oder verfolgten Lutheranern Mut zuzusprechen; er wirbt für die Einrichtung christlicher Schulen. Den Geist des Evangeliums könne nur verstehen, wer über eine ordentliche Schulbildung verfüge, mahnt Luther. Der Teufel setze auf die Dummheit der Menschen.

Am 22. August 1524 kommt er auch nach Jena. Ganz in der Nähe, im kleinen Orlamünde, wirkt sein früherer Mitstreiter Andreas Karlstadt als Pfarrer. Als Bauer verkleidet, hört er sich Luthers Predigt an. Der Reformator greift in der bis zum letzten Platz gefüllten Stadtkirche vehement die Bilderstürmer und all jene Pfarrer an, die die reale Präsenz Christi in der Eucharistie in Frage stellen. Damit ist auch Karlstadt gemeint. Dann begibt Luther sich mit Gefolge in das Gasthaus Zum Schwarzen Bären, wo er als »Junker Jörg« schon einmal auf seiner Reise von der Wartburg nach Wittenberg eingekehrt war. Dort übergibt ihm ein Bote ein Schreiben Karlstadts, der ein sofortiges Treffen vorschlägt. Er will Luther dazu bringen, ihm freie Hand zu geben, damit er den großen Reformator öffentlich kritisieren darf. Orlamünde ist kursächsisches Gebiet, und der Arm Friedrichs des Weisen reicht weit. Luther lässt ausrichten, er willige ein.

Trotz der kurzfristig anberaumten Begegnung füllen zahlreiche Anhänger der beiden Kontrahenten die Schankstube. Hofbeamte, Professoren,

Anfänglich Luthers Mitstreiter, entfernte sich Andreas Bodenstein von Karlstadt, Professor an der Universität von Wittenberg, immer mehr von Luthers Grundsätzen und entwickelte ein völlig anderes Verständnis von Messe und Abendmahl. Gesellschaftspoltisch stellte er anders als Luther alle Hierarchien radikal infrage. Dieses Bild von Andreas Karlstadt zeigt im Hintergrund den Bildersturm vom 6. Februar 1522 in Wittenberg, als dessen Initiator Karlstadt galt. Er hatte 1520 zum ersten Mal zur Zerstörung religiöser Bildwerke aufgerufen und sich dabei auf das Erste Gebot Mose berufen, das den Götzendienst verurteilt. Außerdem sollte nach Karlstadts Auffassung das Vermögen der Kirche zur Abschaffung von Bettelei und Armut benutzt werden, nicht für Bilder, die nichts lehrten. Karlstadts Schrift *Von der Abtuung der Bilder* (1522) fand große Resonanz.

Magister und Studenten aus Jena und Wittenberg drängen sich an den Tischen. Karlstadt hat seinen Schwager Gerhard Westerburg, einen promovierten Priester, als Unterstützer mitgebracht. Er soll das Protokoll schreiben, um seine, Karlstadts, Lesart zu verbreiten. Man will eine Art

Disputation durchführen, ohne Thesen und festgelegte Prozeduren, gleichsam aus dem Stegreif. Als Luther den Raum betritt, heften sich alle Augen auf ihn. Die Gespräche verstummen. In das erwartungsvolle Schweigen hinein, nachdem Luther sich einen Krug Einbecker Bier hat bringen lassen, fragt Karlstadt spitz, ob mit den »aufrührerischen, mörderischen Geistern«[12] auch er, Karlstadt, und seine Anhänger gemeint seien? Habe Luther denn nicht auch gegen seine Lehre gepredigt? Er, der frühere Kollege Luthers, habe mit Müntzer nichts zu tun! Wer dies behaupte, sei unredlich und handle unehrenhaft.

Ein Raunen geht durch den Raum. Das ist ein hartes Wort. Doktor Luther, fährt Karlstadt fort, habe die Macht, ihm zu schaden, und nutze sie auch, wo er nur könne: »Heißt das nicht gebunden und geschlagen, als Ihr allein gegen mich geschrieben, gedruckt und gepredigt und dafür gesorgt habt, dass mir meine Bücher aus der Druckerei geraubt wurden und mir Schreiben und Predigen verboten wurde?« Da Luther sich diese Vorwürfe ohne jede Regung anhört und niemand die Hand rührt, gibt Karlstadt sich versöhnlich: »Liebe Brüder, ich bitte Euch, stoßt Euch nicht, dass ich so hart rede. Das Herz ist deshalb nicht arg oder zornig.« Luther lächelt maliziös und sagt: »Lieber Herr Doktor Karlstadt, ich kenn Euch wohl.« Dann wechselt er unvermittelt in eine scharfe Tonlage, geht zum Gegenangriff über:

»Mir ist nicht unbekannt, dass Ihr immer und überall hoch einherfahrt, groß auftrumpft und wollt allein über andere erhoben und angesehen sein!«

»Wenn ich's tät, solltet Ihr mich zurechtweisen, lieber Herr Doktor Luther. Aber ich seh schon, wer sich am höchsten rühmt und am allermeisten Ehre sucht!«

»Hab ich Euch nicht zu Leipzig getadelt, weil Ihr hochmütig vor mir disputieren wolltet? Aber schließlich gönnt ich Euch die Ehr und ließ es geschehen.«

»Ach Herr Doktor Luther, wie könnt Ihr das sagen, Ihr wisst doch, dass es noch ungewiss war, ob man Euch überhaupt zulassen wollte, als ich schon disputierte? Und was habt Ihr denn heute in Eurer Predigt anders ausgerichtet, als Neid und Hass des Volkes über die zu wecken, wider die Ihr zu predigen vorhattet?«

»Ich sag's wie zuvor, ich hab heut wider die aufsässigen Geister gepredigt und will's wieder tun, dem zu Trotz, der es mir wehren will.«

»Nun lieber Doktor Luther, predigt nur so weiter und macht's so gut, wie Ihr könnt. Andere Leute werden schon das Ihre tun.«

»Frisch her! Wenn Ihr was zu sagen habt, dann schreibt es frei heraus!«

»Ihr könnt Euch drauf verlassen, Doktor Luther. Ich will's unerschrocken tun!«

»Ihr steht also bei den neuen Propheten, Karlstadt?«

»Ja, ich stehe bei ihnen, wo sie recht und die Wahrheit haben. Wo sie unrecht haben, da steht der Teufel bei ihnen.«

»Doktor Karlstadt, schreibt ruhig über mich, aber öffentlich und nicht heimlich!«

»Wenn ich wüsst, dass Ihr's so nötig habt, Ihr könnt Euch drauf verlassen, lieber Doktor Luther, es dürft Euch zuteilwerden.«

Luther merkt, dass er sich in die Rolle des Inquisitors hineingeredet hat, des »Papstes von Wittenberg«, wie seine Gegner spotten. Sehr geschickt ist Karlstadt in die Rolle des unschuldig Verfolgten geschlüpft. Und hat sogar den Teufel an die Wand gemalt, also seine, Luthers, Waffe genutzt. Er muss die Situation jetzt durch einen listigen Scherz auflockern.

»Tut's, Karlstadt! Nur zu! Ich will Euch einen Gulden dedizieren. Wenn ich's nicht tue, will ich ein Schalk sein!«

Luther holt einen Goldgulden aus seiner Tasche und reicht ihn dem verblüfften Karlstadt.

»Nehmt ihn und greift mich tapfer an. Los, frisch auf mich!«

Karlstadt nimmt den Gulden entgegen, hält ihn hoch, damit alle ihn sehen können, biegt ihn krumm und legt ihn als Pfand auf Luthers Versprechen in seinen Geldbeutel. Für ihn ist es ein großer Sieg: Er darf nun offen gegen den Reformator antreten! Luther dagegen glaubt, dem

Schwärmer mit dem Gulden seinen Judaslohn gegeben zu haben. Soll er doch jetzt ganz ungeschminkt das falsche Evangelium predigen, damit sein Verrat vor aller Welt sichtbar wird! Die beiden geben sich die Hand und stoßen aufeinander an. Die Zuschauer lachen und klatschen erleichtert, welch ein versöhnlicher Schluss!

Die Ernüchterung folgt rasch. Am nächsten Tag predigt Luther im Städtchen Kahla; der dortige Pfarrer ist ein Anhänger Karlstadts. Beim Betreten der Kanzel muss Luther über ein zerbrochenes Kruzifix steigen, das die Bilderstürmer ihm in den Weg gelegt haben. Die Stimmung in der Gemeinde ist feindselig.

Nach der Predigt reist Luther sofort weiter nach Orlamünde. Auch dort erwartet ihn eine schwierige Mission. Die Anhänger Karlstadts fordern ihn auf zu begründen, warum er sie als »irrige und schwärmerische Geister« verunglimpfe. Vergeblich streitet Luther mit den Orlamündern, die allesamt zu ihrem Meister halten. So viel Hass bei seinen eigentlichen Sympathisanten, dem einfachen Volk, ist der Reformator nicht gewohnt. Luther spottet über die theologische Unkenntnis der Bauern, Handwerker und Taglöhner, die ihn mit falschen Bibelzitaten zu widerlegen versuchen. Ein Schuster wirft ihm vor, er missachte die ganze Heilige Schrift, wenn er das Bilderverbot angreife. Luther entgegnet, Bilder zu verbieten sei wie Frauen zu töten oder Wein wegzukippen, weil man auch mit dem Weib und mit dem Wein Missbrauch treiben könnte. Die Frage sei, mit welchem Geist man die Bilder betrachte.

Karlstadt hofft vergeblich, seine Lehre in Kursachsen verbreiten zu können. Im September 1524 wird er des Landes verwiesen und zieht rastlos durch oberdeutsche Städte, um für sein Abendmahlverständnis zu werben. Er knüpft den Kontakt zu den Reformatoren in der Schweiz und lässt seine Schriften in Basel drucken. In Straßburg beeindruckt er die dortige Gemeinde so stark, dass sie Luther um eine Stellungnahme bittet. Der Sendung liegen fünf kleine Traktate Karlstadts bei. Dem Boten gibt Luther am 17. Dezember seinen bereits gedruckten *Brief an die Christen zu Straßburg wider den Schwärmergeist* mit. Er räumt darin zwar ein, Karlstadts

Auffassung, »dass im Sacrament nichts denn Brot und Wein wäre«, entspreche durchaus früheren Ansichten von ihm. Aber jetzt sei er gefangen in neuer Erkenntnis, die lasse er sich nicht »aus dem Sinn reißen«.[13]

Nur vier Wochen später legt Luther mit der Schrift *Wider die himmlischen Propheten, von den Bildern und Sakramenten* eine grundlegende Auseinandersetzung mit Andreas Karlstadt »und seinen Geistern« vor. Der erste Teil behandelt das Bilderverbot. Mit seiner Schrift *Von Abtuung der Bilder* hatte Karlstadt den Bilderstürmern die Stichworte geliefert. Mit Äxten und Hämmern gehen sie seitdem überall auf die Altartafeln und Heiligenbilder los, zerschlagen und verbrennen sie. Der Furor, der sich dabei Bahn bricht, geht weit über das hinaus, was Luther mit *sola scriptura* meint: das Wort als die Quelle der Wahrheit. Aber auch ein Bild kann Wahrheit ausdrücken! Wer das Bild Christi im Herzen trage, dürfe es ruhig auch in der Kirche oder in den Büchern anschauen. Hat Luther denn nicht eine illustrierte Bibel vorgelegt? Für den Reformator sind die Bilderstürmer »Rottengeister«: Erst reißen sie die Bilder von den Wänden, dann in ihrer dumpfen Gesetzesgläubigkeit (»Du sollst dir kein Bildnis machen«) sich selbst das Bild Christi aus dem Herzen.

Karlstadt und seine Anhänger, schreibt Luther, der den Beitrag der Künste zur Verherrlichung des Glaubens durchaus zu schätzen weiß, verlören sich in Äußerlichkeiten, praktizierten einen blutleeren Asketismus. »Und wenn sie nun gleich alles erreicht hätten, dass kein Bild wäre, keine Kirche stünde, niemand mehr in aller Welt glaubte, dass Fleisch und Blut Christi im Sakrament wäre, und alle in grauen Bauernröcken gingen, was wäre damit ausgerichtet? Was hätten sie doch damit erlangt, wonach sie sich so sehr drängen, treiben und jagen? Wären sie damit Christen geworden? Wo blieben denn Glaube und Liebe? Ruhm, eitle Ehre und ein neuer Mönchsschein (der Heiligkeit) wäre wohl damit erworben, wie mit allen Werken geschieht, aber dem Gewissen ist nichts geholfen!«[14]

Noch einmal beschwört Luther die für das Christsein unaufhebbare Spannung zwischen Gesetz und Evangelium, zwischen Sündenwirklichkeit und Erlösungshoffnung. Als Sünder stünde der Mensch zwar unter

»Gottes Zorn«, als Christusgläubiger dürfe er auf Gnade und Erlösung hoffen. Nicht die längst abgetane Werkgerechtigkeit, sondern Glaube und Liebe machten einen Christenmenschen. Im zweiten, weit umfangreicheren Teil der Schrift geht es um Karlstadts Abendmahllehre, die für Luther auf einer falschen Deutung der Einsetzungsworte beruht. Karlstadt beherrsche das Griechische nicht, höhnt Luther, der »Tölpelgeist« verdrehe den eigentlichen Sinn der Worte Jesu beim letzten Mahl: »Nehmet hin und esset; das ist mein Leib, der für euch gegeben wird.« Mit einer Reihe von Schriftstellen belegt Luther die Realpräsenz Christi in Brot und Wein. Die entscheidende Bedeutung für das rechte Sakramentsverständnis habe auch hier das Gotteswort; es müsse geglaubt werden, um wirksam zu sein. An dieser für ihn zentralen Stelle seiner Argumentation spricht Luther seinen früheren Mitstreiter Karlstadt direkt an, als rede er zu einem durch und durch Verstockten: »Das Wort, das Wort, das Wort (hörest Du Lügengeist auch?) das Wort tut's! Denn ob Christus tausendmal für uns gegeben und gekreuzigt würde, wäre es doch alles umsonst, wenn nicht das Wort Gottes käme und teilte es aus und schenkte mirs und spräche: das soll dein sein, nimm hin und habe es für dich.«[15]

Luther macht sich ein Vergnügen daraus, Karlstadts mystischen Spiritualismus zu verspotten. Dessen Beteuerung, Gott spreche mit »himmlischer Stimme« zu ihm und seinen Anhängern, sei eine dreiste, blasphemische Selbstüberhöhung: »Und gleichwie sie einen eigenen innerlichen Geist erdichten, so richten sie auch eine eigene äußerliche Ordnung an, die Gott weder geboten noch verboten hat … Fragst du sie, wer ihnen solches befiehlt, so werfen sie die Hand empor: ›Ah, mein Gott sagt mirs, der Geist verlangt's auch‹; ja alle ihre Träume sind eitel Gottes Wort … Weiter: was Gott innerlich ordnet, wie den Glauben, das gilt nichts, da fahren sie zu und nötigen alle äußerlichen Worte und Schrift, die auf den innerlichen Glauben dringen, auf eine äußerliche, neue Weise, den alten Menschen zu töten, und erdichten allhier ›Entgröbung‹, ›Studierung‹, ›Verwunderung‹, ›Langeweile‹ und des Gaukelwerks mehr, da nicht ein Buchstab davon in der Schrift steht. Daher plumpt mein Karlstadt herein

TOMAS MVNCER PREDIGER ZV ALSTET IN DVRINGEN.

Luther wurde immer wieder vorgeworfen, seine Lehre führe zum Aufruhr. Wohl auch deswegen grenzte er sich rigoros von Rebellen wie Thomas Müntzer ab, der mit seiner Gewaltrhetorik in Mühlhausen und auch im Mansfelder Revier, wo Luther aufgewachsen war, Bauern und Bergleute hinter sich brachte und einen »Ewigen Bund Gottes schmiedete«, der Klöster und Schlösser plünderte. Am 27. Mai 1525 wurde Thomas Müntzer, nachdem er vermutlich unter Folter zum katholischen Glauben zurückgekehrt war, hingerichtet.

wie eine Sau, die nun die Perlen gefressen, und wie ein Hund, der das Heiligtum verschlungen hat (Matth. 7, 6), und zerreißt alles, was Christus vom innerlichen Glauben redet.«[16]

Als seinen gefährlichsten Feind empfindet Luther immer mehr jenen Mann, den er lange für einen begabten Evangelisten hielt: Thomas Müntzer. Der durch die Mystik inspirierte, »erweckte« Theologe setzt sich an die Spitze einer sozialen Bewegung, die nicht auf Reformen, sondern auf die Revolution sinnt. Das »Tausendjährige Reich Christi« stehe unmittelbar bevor, predigt der selbst ernannte Prophet und Apokalyptiker. Ähnlich empfindet auch Luther, aber er macht die eschatologische Naherwartung nicht zum programmatischen Zentrum des Glaubens. Müntzer hat gut protestantisch die ehemalige Nonne Ottilie von Gersen geheiratet und arbeitet an der Liturgie einer deutschen Messe. Als Luther hört, dass Thomas Müntzer in Mühlhausen das fortsetzt, was er in Allstedt begonnen hatte, warnt er in einem *Sendbrief an Bürgermeister, Rat und ganze Gemeinde der Stadt Mühlhausen* vor dem »falschen Propheten« und »Wolf in Schafskleidern«. Er sei ein Baum, der »kein ander Frucht trägt denn Mord und Aufruhr und Blutvergießen«.[17]

Luther befürchtet nicht ohne Grund, »Schwarmgeister« wie Karlstadt und Müntzer könnten überall Schule machen. Denn die Bedingungen für eine sozialrevolutionäre Erhebung sind so günstig wie nie. Adel und Klerus erheben immer neue Steuern und Abgaben. Zum traditionellen Zehnten kommen jetzt noch »Todfall« und »Bestfall«, eine neue Erbsteuer. Beim Tod des Familienoberhauptes muss das beste Stück Vieh, bei einer Frau das Bett oder ein entsprechender Geldbetrag abgeführt werden. Bei kleinen Bauern führt dies – aufgrund der Erbteilung besonders im südlichen Deutschland, in Franken, Hessen, Baden, Schwaben und Thüringen – zu Verarmung und Not. Den Bauern sind auch das Jagen in den der Grundherrschaft gehörenden Wäldern und das Fischen in deren Seen verboten. Das altdeutsche Gemeinrecht, die »Allmende«, ist fast überall eingeschränkt oder aufgehoben. Die Bauern organisieren sich in Geheimbünden wie dem – nach der bäuerlichen Fußkleidung benannten – »Bundschuh«, der im Elsass und im Breisgau Zulauf erhält.

Zahlreiche Beschwerdeschriften kursieren. Sie fassen zusammen, was die Bauern bedrückt. Propagandistisch gut nutzbare Geschichten wie die von der Gräfin Helena von Lupfen, die den Bauern während der Erntezeit befohlen haben soll, Schneckenhäuser zu sammeln, die sie für ihre Garnwinden benötigte, machen die Runde. Willkür geht auch von den als »Vögte« eingesetzten Gutsverwaltern aus. Zinsbauern werden durch Verfälschung von Grundakten zu Leibeigenen herabgedrückt, ihre Abgaben immer weiter heraufgesetzt. Aufstände flackern auf, werden sofort niedergeschlagen oder laufen sich tot, weil die Bauern zurück auf ihre Äcker müssen. Die Anführer, meist Prediger oder ehemalige Landsknechte, ziehen weiter, um mit der Parole »Zurück zum alten Recht« andere Bauern aufzuwiegeln. Auch in den Städten gibt es Aufruhr, Patrizier und Handwerker streiten sich um ständische Vorrechte, Wortführer der Zünfte geißeln den »Zinswucher« und die Privilegien der alten Familien.

Für die Bauern, die Armen, die Tagelöhner, Handlanger und Knechte ist Luther der Messias, er soll sie aus Knechtschaft und Leid erlösen. Zwar führen Köpfe wie Thomas Müntzer die schärfere Rede und organisieren den Widerstand vor Ort. Aber Martin Luther ist die große geistliche Autorität, er hat mit dem Evangelium Papst und Kaiser getrotzt, den Satz von der Freiheit eines Christenmenschen in die Welt geschleudert. Der Bauernsohn und Bettelmönch – steht er nicht wie der Heiland auf der Seite der Unterdrückten? Er wird den gemeinen Mann zum Sieg führen! Die andere Seite sieht in Luther den Vordenker des Aufstands, der Wind gesät hat und nun Sturm erntet. Man hat ihn gewähren lassen, um dem Papst und dem Kaiser Zugeständnisse abzuringen. Aber nun kehrt sich alles, was der Reformator auf den Weg gebracht hat, gegen die alte Ordnung!

Luther hat allen Grund, vor beiden Seiten auf der Hut zu sein. Denn seine Lehre von den beiden »Regimenten«, die strikte Trennung der geistlichen und weltlichen Reiche, ist in Gefahr, von der Wirklichkeit widerlegt zu werden. Anfang April, Luther befindet sich in Eisleben, um eine Schule einzurichten, erreicht ihn eine Abordnung der Bauern. Sie überreichen ihm das Manifest der Memminger Bauern. Luther lädt die Überbringer freundlich zum Essen ein und verspricht eine baldige Stellungnahme. Die Schrift, die unter der Federführung des Stadtpfarrers

Christoph Schappeler und des Kürschners Sebastian Lotzer verfasst wurde, enthält zwölf Forderungen. Die schwäbischen Bauern verlangen freie Pfarrwahl und freie Predigt, Verwendung des »Kornzehnt« zur Besoldung der Pfarrer, Abschaffung der Leibeigenschaft, freies Jagd-, Weide- und Holzrecht, Ermäßigung der Fronen (Zwangsdienste), Herabsetzung der Grundsteuer, Rechtssicherheit und Aufhebung der Erbsteuer. Der Text ist eine Verbeugung vor Luthers Autorität. Man will den Reformator als Schiedsrichter für Verhandlungen mit der Obrigkeit gewinnen. Falls eine oder mehrere der Forderungen nicht der Bibel entsprächen, wolle man sie zurückziehen. Aber nur, »wenn man uns den Nachweis mit Begründung aus der Schrift führt«,[18] heißt es darin ganz lutherisch.

Für die Bauern sind die *Zwölf Artikel* keineswegs das weltliche Gegenstück zu Luthers *95 Thesen*. Sie verstehen ihr Manifest als eine aus dem Geist des Evangeliums geschriebene Anklage gegen die Unterdrückung »göttlichen Rechts«. Ihre Forderungen sind aus der Bibel hergeleitet, so wie Luther dies in seiner Ablassschrift vorgemacht hatte. Mit Zitaten aus dem Alten und Neuen Testament, mit Worten der Propheten und Apostel versuchen sie zu belegen, dass die Leibeigenschaft der Heiligen Schrift widerspricht. Diesen Trumpf schlägt ihnen Luther mit seinem Antwortschreiben, der *Ermahnung zum Frieden auf die zwölf Artikel der Bauernschaft in Schwaben,* aus der Hand. Er widerlegt das Selbstverständnis der Bauern, sie seien Wortführer des Evangeliums, mit der ihm eigenen unerbittlichen Gründlichkeit.

Doch bevor Luther ans Werk geht, greift er die »Fürsten und Herren« in einer Weise an, die alles überbietet, was er bislang über die Selbstsucht der Obrigkeit geschrieben hat. Seine »Ermahnung«, die eher eine verbale Geißelung ist, gilt dem Klerus und dem Adel gleichermaßen. »Erstens können wir niemand auf Erden für solch Unheil und Aufruhr danken, als euch Fürsten und Herren, besonders euch blinden Bischöfen und tollen Pfaffen und Mönchen, die ihr, noch heutigen Tages verstockt, nicht aufhört zu toben und zu wüten gegen das heilige Evangelium, obgleich ihr wisst, dass es recht ist und (ihr) es auch nicht widerlegen könnt. Dazu tut ihr im weltlichen Regiment nicht mehr, als dass ihr schindet und Geld eintreibt, euren üppigen und hochmütigen Lebenswandel zu führen, bis es der gemeine Mann nicht länger ertragen kann und mag. Das Schwert ist euch auf dem Halse; dennoch meinet ihr, ihr sitzt so fest im Sattel, man werde euch nicht ausheben können. Solche Sicherheit und verstockte Vermessenheit wird euch den Hals brechen, das werdet ihr sehen. Ich hab's euch zuvor vielmal verkündigt, ihr solltet euch vor dem Spruch Psalm 107, 40 hüten: ›Er schüttet Verachtung aus auf die Fürsten.‹ Ihr ringt danach und wollt auf den Kopf geschlagen sein, davor hilft kein Warnen noch Vermahnen.«[19]

Gott selbst wird in seinem Zorn für Strafe sorgen, warnt Luther. Dafür gebe es genug Himmelszeichen. »Es sind nicht Bauern, liebe Herren, die sich gegen euch stellen; Gott ist's selbst, der sich gegen euch stellt, eure Wüterei heimzusuchen.« Manche Fürsten hätten gedroht, alles daranzusetzen, »die lutherische Lehre auszurotten«.[20] Zeige sich denn nicht jetzt, dass sie dabei sind, Land und Leute zu verlieren durch den gegen sie gerichteten Aufruhr? Warum machen sie ihn, Luther, dafür verantwortlich? Er sei doch immer gegen den Aufruhr aufgestanden und habe die Untertanen sogar »mit höchstem Fleiß« zum Gehorsam gegenüber der »tyrannische(n) und tobende(n) Obrigkeit« angehalten! Nun, da ihr Fehlverhalten Gewalt heraufbeschworen habe, müssten die Fürsten die Forderungen der Bauern endlich ernst nehmen, »unter welchen etliche so billig und recht sind«.[21] Zwar handle es sich dabei um recht »eigennützige Artikel«, die auch nicht besonders gut begründet seien, aber das sich darin ausdrückende Aufbegehren hätten sich die Fürsten selbst zuzuschreiben. Noch sei Zeit für eine gütliche Einigung, damit nicht »ein Funken angehe und ganz Deutschland anzünde, dass niemand löschen könnte«.[22]

Wer erwartet hat, dass Luther seiner Fürstenschelte eine Legitimation der bäuerlichen Forderungen folgen lassen würde, sieht sich getäuscht. Im Gegenteil. Im zweiten Teil seiner Schrift kanzelt Luther auch die Bauern ab. Denn er ist höchst beunruhigt. Bei seiner mehrwöchigen Reise durch Thüringen hatte er täglich erleben müssen, dass die Bauernführer ihren Herren ganz offen mit Gewalt drohen. In Oberschwaben und Franken brennen bereits Schlösser und Klöster. Wenn er jetzt schweigt, macht er sich mitschuldig. Und gefährdet seine eigene Sache, die rechte Verkündigung des Evangeliums. Das Wort Gottes rechtfertigt nicht den Aufruhr, niemals!

Natürlich, räumt Luther ein, werden die Bauern unterdrückt. Aber heißt es nicht in der Bibel: »Dass die Obrigkeit böse und unrecht ist, entschuldigt keine Zusammenrottung noch Aufruhr.« Wer zurückschlägt, sei im Unrecht und handle gegen Gottes Gebot, auch die andere Backe hinzuhalten. Wer nicht leiden will, ist kein Christ! Luther ruft die Bauern auf, mit Zuversicht zu Gott zu beten: »Seht, das ist die rechte christliche Weise, von Unglück und Übel frei zu werden, nämlich dulden und Gott anrufen.«[23] Die Waffen der Christen seien nicht das Schwert, sondern das Kreuz und die Geduld. Luther versäumt es auch nicht, sich erneut als den eigentlich Geschädigten darzustellen. Dass die Umtriebe der Bauern gegen ihn selbst gerichtet seien, liege klar auf der Hand. Der Teufel, der ihn mit Hilfe der Papisten nicht habe zur Strecke bringen können, suche ihn nun »durch die blutrünstigen Mordpropheten und Rottengeister, die unter euch sind, zu vertilgen und aufzufressen«.[24]

Luther sieht im Aufstand der Bauern eine Bewährungsprobe für seine Lehre von der Gewaltlosigkeit. Wie einfach wäre es, jetzt, da alles nach dem Führer Martinus ruft und »Herr Omnes«, der große Gleichmacher, sich anschickt, die Macht an sich zu reißen – wie billig wäre es, sich an die Spitze dieser vermeintlich siegreichen Volksbewegung zu setzen! Luther streitet in seiner *Ermahnung* nicht nur für den Gehorsam gegenüber der von Gott gesetzten Obrigkeit, er will vor allem auch sich selbst treu bleiben. Gott hat sein Leben vor dem Zugriff des Papstes und aller Tyrannen bewahrt und auf wunderbare Weise die Verbreitung des wahren Evangeliums gefördert – damit er, Martin Luther, ausgerechnet in der Stunde der Bewährung vor dem Satan in die Knie geht, der ihn mit teuflischer List versucht?

Das Reich Gottes, der Glaube, und das Reich der Welt, das Schwert, müssen geschieden bleiben! Sich in weltlichen Angelegenheiten auf Christus zu berufen, bedeute, gegen die Heilige Schrift zu handeln. Das Reich Gottes und das der Welt dürfen nicht vermischt werden. In der sündigen Welt herrscht Ungleichheit, und der Kampf um unbeschränkte Gleichheit führt ins Chaos! Luthers Manifest eines obrigkeitlichen Gewaltmonopols lässt keinen Widerspruch zu. Die von den Bauern angeführten Bibelstellen wischt Luther hinweg und setzt eigene dagegen: »›Es soll kein Leibeigener sein, weil uns Christus alle befreit hat.‹ Was ist das? Das heißt christliche Freiheit ganz fleischlich machen. Haben nicht Abraham und andere Patriarchen und Propheten auch Leibeigene gehabt? Lest Paulus, was er von den Knechten, welche zu der Zeit alle leibeigen waren, lehrt. Deshalb ist dieser Artikel direkt gegen das Evangelium und räuberisch, womit ein jeglicher seinen Leib, der (leib)eigen geworden ist, seinem Herrn nimmt. Denn ein Leibeigener kann wohl ein Christ sein und christliche Freiheit haben, gleichwie ein Gefangener oder Kranker Christ und doch nicht frei ist. Dieser Artikel will alle Menschen gleich machen und aus dem geistlichen Reich Christi ein weltliches, äußerliches Reich machen, welches unmöglich ist. Denn ein weltliches Reich kann nicht bestehen, wo nicht Ungleichheit in den Personen ist, so dass etliche frei seien, etliche gefangen, etliche Herren, etliche Untertanen usw ....«[25]

Was die Bauern fordern, könne allein von den Herren gewährt werden. Erzwingen lasse sich gar nichts. Noch nie habe eine »Rotterei« einen guten Ausgang genommen. Auch hier ist Luther mit Bibelzitaten zur Stelle. Am Schluss seiner Schrift mahnt er die Fürsten, ihren »Hochmut fahren« zu lassen und auf die Bauernschaft zuzugehen. Zu lange hätten sie »wütiglich regiert« und den »armen Mann« geschunden und unterdrückt. Sonst lasse Gott seine Teufel auf beide Seiten los ,und das Land versänke im Blut der Unschuldigen. »Kurzum: beiden, Tyrannen und Rotten, ist Gott feind; darum hetzt er sie gegeneinander, dass sie beide schändlich umkommen, und so sein Zorn und Urteil über die Gottlosen vollbracht werde.«[26]

Als die *Ermahnung* Anfang Mai im Druck erscheint, hat das Unheil längst seinen Lauf genommen. Der Aufstand breitet sich vom Bodensee über das Elsass, Franken und Hessen bis nach Thüringen aus. Aus Italien sind Tausende Landsknechte nach Deutschland zurückgekehrt. Weil sie nach dem Sieg des deutschen Kaisers über den französischen König nicht mehr gebraucht werden, schließen sich viele den Bauern an. In der thüringischen Reichsstadt Mühlhausen ist es Thomas Müntzer an der Seite des radikalen Predigers Heinrich Pfeiffer gelungen, Anhänger zu mobilisieren und den Stadtrat durch einen »Ewigen Rat« zu ersetzen. Während Luther noch an seiner *Ermahnung* schrieb, hatte Müntzer sich bereits mit einer kleinen Mühlhauser Streitmacht an den Kämpfen der Bauern gegen ihre Grundherren im Eichsfeld beteiligt.

Am 1. Mai erhält Luther Kenntnis von einem Vertrag, den Georg Truchsess von Waldburg, der Heerführer des Schwäbischen Bundes, bereits am 17. April mit den oberschwäbischen Bauernführern in Weingarten geschlossen hatte. Darin vereinbaren die Parteien, dass die Bauern die von ihnen eroberten Güter an ihre Besitzer zurückgeben und wieder ihre Abgaben leisten. Die Streitigkeiten zwischen den Bauern und den Grundherren sollen durch unabhängige Schiedsgerichte entschieden werden. Diese Einigung bestärkt Luthers Hoffnung, der Aufstand könne doch noch beigelegt werden. Er beschwört die Bauern, ihre Waffen niederzulegen, »ob's auch gleich mit leiblichem Schaden geschehen müsste«.[27]

Trotz dieser zeitweiligen Entspannung bleibt Luther auf seiner Linie, den aufrührerischen Bauern keine Zugeständnisse zu machen. Als Herzog Johann, Bruder des todkrank darniederliegenden Kurfürsten Friedrich des Weisen, bei Luther anfragt, ob er in die *Zwölf Artikel* einwilligen solle, rät er ihm ab. Das würde nur neue Forderungen und neuen Aufruhr bewirken. Auch die Grafen von Mansfeld bestärkt er in ihrem Kampf gegen die Aufständischen. Graf Albrecht hat das von den Bauern besetzte Dorf Osterhausen wieder zurückerobert, wird aber von seinen Räten bedrängt, weiteres Blutvergießen zu vermeiden. Müntzer droht dem Grafen »mit dem Schwerte Gideons«, er sei schon unterwegs zu ihm. In einem Schreiben an den mit ihm verschwägerten Rat Johannes Rühel warnt Luther am 4. Mai vor einem Zurückweichen des Grafen, es sei sein gutes Recht, »das Schwert zur Strafe der Bösen (zu) (ge)brauchen, solange eine Ader sich im Leibe regt«.[28] Die Bauern seien »allzumal Räuber und Mörder«, die eine neue Ordnung aufrichten wollten, »wozu sie von Gott weder Gebot, Macht, Recht noch Befehl haben, wie es Herren jetzt haben«. Sie seien »treulos und meineidig« und führten das Evangelium »zu Schanden und (zu) Unehren«. Er sei sich im Übrigen gewiss, dass ihr Aufbegehren ein Werk des Teufels sei, mit dem sich dieser direkt gegen ihn, Martin Luther, richte, »denn der Teufel will mich schlechterdings tot haben«.[29]

Damit bekräftigt Luther, wie schon im Brief an seinen Vater, die eigene Rolle im eschatologischen Endkampf zwischen Gott und dem Teufel. Auch wenn es ihn das Leben koste, niemals wird er die Bauerngewalt als rechtens anerkennen! Als Beweis seiner reformatorischen Unerschütterlichkeit kündigt er seinem Schwager an, Katharina von Bora zu heiraten, eine der aus dem Kloster Nimbschen befreiten jungen Nonnen. Damit wolle er den Teufel ärgern: »Und kann ichs schicken, ihm zum Trotz, will ich meine Käthe noch zur Ehe nehmen, ehe ich sterbe, wenn ich höre, dass sie fortfahren. Ich hoffe, sie sollen mir doch nicht meinen Mut und meine Freude nehmen.«[30]

Am 5. Mai 1525 stirbt Friedrich der Weise auf seinem Jagdschloss in Lochau. Nur wenige Getreue sind in seiner Todesstunde bei ihm. Der Kurfürst, der auf Drängen Luthers das Sammeln von Reliquien aufgab, aber sich nie offen zu ihm und seiner Lehre bekannte, lässt sich auf dem Totenbett die Sakramente in beiderlei Gestalt reichen und legt so doch noch ein persönliches Bekenntnis ab. Sein Wunsch, dem Reformator, den er nie zuvor gesehen hat, vor seinem Tod in die Augen zu blicken, bleibt ihm verwehrt. Luther kann nicht rechtzeitig zum Schloss gebracht werden. Spalatin berichtet, der Kurfürst habe in seinen letzten Stunden »nur das Beste« von ihm gesprochen. Luther schreibt dem Freund: »Wie bitter ist der Tod, nicht für die, welche sterben, sondern für die, welche sie im Leben zurücklassen.«[31] Am Grab des Fürsten hält er die Totenrede und spricht von einem »friedsamen Mann und Regenten«, der zu einem Zeitpunkt die Erde verlasse, »da das ganze Land in Aufruhr steht, dass zu fürchten ist, wenn Gott nicht zuvorkommt, dass das ganze Deutsche Land verwüstet wird«.[32]

Der Tod seines Schutzpatrons muss Luther beunruhigen. Zwar bekennt sich sein Nachfolger und Bruder Johann offen zur reformatorischen Sache, doch bleibt die Lage unwägbar. Mit der Niederschlagung der Bauernaufstände könnte es auch den Reformatoren – und den Fürsten, die sie schützen – an den Kragen gehen. Als von immer neuen Erfolgen der Bauern – bedeutende Städte wie Erfurt, Freiburg, Heilbronn und Würzburg ergeben sich – berichtet wird, sorgt Luther mit einer neuen Schrift dafür, dass er mit den Aufrührern nicht verwechselt werden kann. Auslöser ist die Schreckensnachricht von der »Bluttat in Weinsberg«, die sich bereits am 16. April in dem Landstädtchen in der Nähe von Heilbronn zugetragen hat, in all ihrer Grausamkeit aber erst jetzt bekannt wird. Belagert wurden Stadt und Burg von Hohenloher und Neckartaler Bauernhaufen, die der berüchtigte Feldhauptmann Jäcklein Rohrbach anführte. Nach Einnahme der Stadt und Erstürmung der Reichsburg ließ Rohrbach am Ostersonntag den habsburgischen Burgvogt Graf Ludwig von Helfenstein und die gesamte Besatzung »durch die Spieße« jagen. Ein Pfeifer, der dem Grafen auf der Burg bis dahin zum Tanz aufgespielt hatte, blies eine heitere Melodie, als die Adligen aufgespießt und mit Äxten in Stücke gehauen wurden. Frau und Kind des Grafen mussten bei den Mordtaten zuschauen. Den Blutrausch, der die siegestrunkenen Bauern ergriffen hatte, verkörperte in besonders schlimmer Weise die »Schwarze Hofmännin«, die junge Renata Renner aus Böckingen. Sie schlitzte dem toten Grafen unter dem Gegröle der Umstehenden den Bauch auf und schmierte sich mit seinem Fett die Schuhe ein. Die schauerlich ausgemalte Nachricht von der Abschlachtung am »Weinsberger Blut-Ostern« macht die Runde weit über Schwaben hinaus und wird schnell zum Inbegriff bäuerlicher Brutalität und Willkür.

Luther fühlt sich auf entsetzliche Weise bestätigt. Als er auch noch vom Mord an seinem Ordensbruder Heinrich von Zütphen erfährt, der nach der Predigt von betrunkenen Dithmarscher Bauern erschlagen und ins Feuer geworfen wurde, setzt er sich sofort hin. Rasender Zorn führt ihm die Feder. Er unterscheidet nicht zwischen den verschiedenen Bauern, er wirft sie alle in einen Topf. Die Flugschrift *Wider die mörderischen und räuberischen Rotten der Bauern* umfasst nur wenige Seiten und ist in höchster Erregung niedergeschrieben. Gleich zu Beginn stellt Luther fest, dass die Bauern sich nicht an seine Ermahnung gehalten hätten: »Im vorhergehenden Büchlein wagte ich die Bauern nicht zu verurteilen, weil sie sich zu Recht und besserer Unterrichtung erboten ... Aber ehe denn ich mich umsehe, fahren sie (darüber hinaus) fort und greifen mit der Faust drein, unter Vergessen ihres Erbietens, rauben und toben und tun wie die rasenden Hunde. Daran sieht man nun gut, was sie in ihrem falschen Sinn gehabt haben, und dass es lauter erlogen Ding gewesen sei, was sie unter dem Namen des Evangeliums in den zwölf Artikeln vorgewandt haben.«[33] Die bäuerlichen Mordbuben trieben »eitel Teufelswerk« und seien angestiftet vom »Erzteufel Thomas Müntzer«. Deshalb hätten sie den Tod vielfach verdient.

Luther ruft die Fürsten auf, gegen die Bauern als »Treulose, Meineidige, Ungehorsame, Aufrührerische, Mörder, Räuber, Gotteslästerer« hart vorzugehen. »Denn Aufruhr ist nicht ein einfacher Mord; sondern wie ein großes Feuer, das ein Land anzündet und verwüstet, so bringt Aufruhr mit sich ein Land voll Mords, Blutvergießen und macht Witwen und Waisen und zerstört alles, wie das allergrößte Unglück.« Luther fordert ein erbarmungsloses Strafgericht: »Drum soll hier erschlagen, würgen und stechen, heimlich oder öffentlich, wer da kann, und daran denken, dass nichts Giftigeres, Schädlicheres, Teuflischeres sein kann als ein aufrührerischer Mensch; (es ist mit ihm) so wie man einen tollen Hund totschlagen muss: schlägst du (ihn) nicht, so schlägt er dich und ein ganzes Land mit dir.«[34]

Wider die Mordischen

vnd Reubischen Rotten der Bawren.

hab got lieb

Psalm. vij.

Seyne tück werden jn selbs treffen/
Vnd seyn mütwill/ wirdt vber jn außgeen/

1525.

Martinus Luther. Wittemberg,

In seiner kurzen Streitschrift *Wider die Mordischen Reubischen Bawern* distanzierte sich Luther 1525 unter dem Eindruck der Tötung des Grafen Ludwig von Helfenstein und seiner Begleiter vor den Toren der Stadt Weinsberg am Ostersonntag (»Weinsberger Blutostern«) gänzlich von den Bauern, die sich in ihren Aufständen zu Unrecht auf ihn beriefen. »Man soll sie zerschmeißen, würgen, stechen, heimlich und öffentlich, wer da kann, wie man einen tollen Hund erschlagen muss«, riet er den Fürsten, die zu diesem Zeitpunkt schon militärisch auf dem Vormarsch waren.

Hier wütet alttestamentarischer Zorn, es gilt das Vergeltungsprinzip »Auge für Auge, Zahn um Zahn«, nicht mehr das Liebesgebot des Evangeliums. Die Obrigkeit, fordert Luther mit eisiger Konsequenz, solle sich bei ihren Feldzügen gegen das Böse ein gutes Gewissen bewahren, denn »ein Fürst und Herr muss hier bedenken, dass er Gottes Amtmann und Diener seines Zorns ist (Röm. 13, 4), dem das Schwert über solche Buben befohlen ist«. Tue er dies nicht, sei er mitschuldig, weil er dem Bösen nicht wehre. »Deshalb ist hier nicht zu schlafen. Es gilt hier auch nicht Geduld oder Barmherzigkeit. Es ist hier des Schwerts und des Zorns Zeit und nicht der Gnaden Zeit.«[35] Wer beim Feldzug gegen die Bauern umkomme, sei »ein rechter Märtyrer vor Gott«. Da Luther die Welt in die zwei Sphären, in die des Geistlichen und die des Weltlichen, aufgespalten hat, kann er die Herrschenden von der Christenpflicht der Friedfertigkeit freisprechen. Nur wenn sie ihre Gewalt einsetzt, erfüllt die Obrigkeit das ihr von Gott auferlegte Amt, die Ordnung aufrechtzuerhalten: »Solche wunderliche Zeiten sind jetzt, dass ein Fürst den Himmel mit Blutvergießen verdienen kann, besser als andere mit Beten.«[36]

Luther weiß, dass ihn diese unerbittliche Haltung vollends in Gegensatz zu einer Volksbewegung bringt, die erst durch seine Gewissenstheologie ihre Durchschlagskraft entwickeln konnte. Alles, was jetzt geschieht, hat für ihn jedoch eine heilsgeschichtliche Dimension, steht im Morgengrauen des Jüngsten Tages: »Dünkt das jemand zu hart, der bedenke, dass Aufruhr unerträglich ist und alle Stunde der Welt Zerstörung zu erwarten sei.«[37] Mit diesem apokalyptischen Satz endet Luthers Aufruf zur Vergeltung. Der Bauernaufstand hat den Endkampf eingeläutet, die Entscheidungsschlacht von Armageddon, wie in der Apokalypse des Johannes prophezeit. Jetzt ist die Stunde des großen Verwirrers gekommen, der das Untere nach oben kehrt und das »große Tier« aus den Tiefen der Hölle aufsteigen lässt, um schrankenlose Gewalt zu entfesseln. Angesichts des Weltgerichts, nach dem Gott endgültig seine Herrschaft aufrichten wird, befeuert Diabolus noch einmal die Sünde, um möglichst viele Seelen mitzureißen, bevor er selbst in den Abgrund zurückstürzt.

Die Bauernheere sind zum Zeitpunkt, als Luther seinen Aufruf zum Kampf gegen die Aufrührer verfasst, bereits vernichtend geschlagen. Das Pamphlet erreicht die Öffentlichkeit genau zu dem Zeitpunkt, als sich die Rache der Sieger in blutiger Vergeltung austobt. Viele lesen die Schrift *Wider die mörderischen und räuberischen Rotten der Bauern* als Aufforderung an die Sieger, ja keine Gnade walten zu lassen. Das will Luther so nicht stehen lassen. Er verteidigt sein »hartes Büchlein« in einem *Sendbrief* an den Mansfelder Kanzler Caspar Müller. Die Ordnung, schreibt Luther sarkastisch, verteidige man nicht mit dem Rosenkranz, sondern mit dem Schwert. Harte Kritik übt er aber auch an den »Tyrannen«, die nach gewonnener Schlacht ihren Blutdurst durch Racheexzesse stillten. Solche »Säue« unter den Fürsten seien unbelehrbar, müssten aber von den Untertanen erduldet werden, weil Gott sie als Instrument der Bestrafung nutze. Man möge nicht vergessen, dass er, Luther, zwar ein unerbittliches Vorgehen gegen die Aufrührer gefordert habe, aber auch Barmherzigkeit gegenüber denen, die sich ergeben hätten. Ein Recht auf Gnade hätten sie jedoch nicht, denn jeder wisse, wer mit dem Morden angefangen habe: »Nun sie aber geschlagen werden, und der Stein auf ihren Kopf fällt, den sie gen Himmel warfen, soll niemand vom Recht reden, sondern allein von Barmherzigkeit.«[38]

Das Schicksal der Bauern ist fürchterlich. Die fürstlichen Armeen rücken im Südwesten und im Südosten fast zeitgleich vor. Bei Lupstein und Zabern siegt Herzog Anton von Lothringen mit einer riesigen Streitmacht von 30 000 Mann »über die verführten und missbrauchten lutherischen Ketzer des Elsass in Verteidigung des katholischen Glaubens, uns und des wahren Adels«, wie sein Hofschreiber notiert.[39] Der Herzog hat seine deutsche Leibgarde um Tausende Söldner vom Balkan, darunter kampferprobte albanische Reiter, verstärkt. Sechstausend evangelische Bauern werden niedergestochen oder verbrennen in ihren Häusern, in die sie sich geflüchtet haben. Auf dem Feld vor Zabern werden achtzehntausend Bauern von den gut bewaffneten Söldnern »wie eine Mastherde« abgeschlachtet, was der Chronist mit Genugtuung vermerkt.

Dieses Bild nach einem Holzschnitt von Hans Burgmair zeigt die militärische Überlegenheit der Landsknechte gegenüber den Bauern. Wie stark der Zulauf der Aufständischen eine Zeit lang war, zeigt allein die Tatsache, dass Luthers kurfürstlicher Beschützer, Friedrich der Weise, noch am 4. Mai 1525, am Tag vor seinem Tod, darüber nachdachte, mit den Bauern ein Abkommen zu schließen, um sie zufriedenzustellen.

Am 12. Mai marschiert Thomas Müntzer mit einem kleinen Haufen von dreihundert Bauern aus dem Eichsfeld nach Frankenhausen. Die thüringische Stadt am Kyffhäuser ist Ende April von den Bauern eingenommen worden. In den Hügeln des Umlands liegen starke Bauernhaufen. Von Frankenhausen aus unternehmen die Aufständischen Raubzüge gegen die umliegenden Städte, Klöster und Schlösser. Die Bauernführer zwingen die örtlichen Adligen, sich ihnen anzuschließen. Manche Herren verweigern sich, darunter auch die Grafen Ernst und Albrecht von Mansfeld. Graf Albrecht, dem Müntzer mehrfach den Tod angedroht hat, tötet mit seinen sechzig Reitern Hunderte von Bauern. Dann vereinigen sich die Fürstenheere und ziehen mit Herzog Georg von Sachsen an der Spitze gegen Frankenhausen. Sie verfügen über zahlreiche Reiter und Geschütze. Als Militärführer dabei sind auch der neue sächsische Kurfürst Johann, die beiden Mansfelder Grafen und der evangelisch gesinnte Landgraf Philipp von Hessen. In der Nacht vom 13. auf den 14. Mai wird die vereinte Streitmacht in Eilmärschen nach Frankenhausen geführt. Die Bauern haben sich, wie einst die Hussiten, auf einem Hügel vor der Stadt in einer Wagenburg verschanzt. Aus ihren wenigen Kanonen feuern sie ein paar Schüsse auf die Reiter Herzog Georgs ab, verfehlen aber das Ziel.

Die eigentliche Schlacht findet am 15. Mai 1525 statt. Es stehen sich rund 6000 Bauern und 3000 Fürstliche gegenüber. Bevor der Kampf beginnt, wird kurz verhandelt. Die Fürsten haben vier Emissäre in das Lager der Bauern gesandt, über dem weithin sichtbar die Bauernfahne mit dem Regenbogen weht. Wenn man ihnen Thomas Müntzer und seine Hauptleute ausliefere, wolle man den Bauern freien Abzug gewähren. Müntzer tobt und lässt die fürstlichen Gesandten sofort hinrichten. Als sich Widerspruch unter seinen Anhängern regt, fährt der Prediger mit wildem Geschrei unter die Bauern und putscht sie mit der ihm eigenen Besessenheit auf: »Lasst Euch von der Kraft Gottes bewegen! Die kommt Euch zu Hilfe! Kein Schuss wird Euch schaden!« Er werde die Geschosse allein mit seinem Ärmel auffangen, Gott sei auf ihrer Seite wie damals bei den Israeliten, als ihre ägyptischen Verfolger vom Meer verschlungen wurden. Gott habe ihm den Sieg persönlich zugesagt, er sei auserwählt, das wahre Evangelium zu bringen. »Seht Ihr nicht den Regenbogen am

Himmel, Gott gibt uns ein Zeichen, dass wir, die wir den Regenbogen im Panier führen, von ihm zum Sieg geleitet werden!«[40] Niemals dürften die Bauern Frieden mit den gottlosen Fürsten schließen.

Als der erste Kanonenschuss ohne Wirkung im Lager einschlägt, jubeln die Männer und singen ihr Kampflied, den Pfingsthymnus: »Komm zu uns, Schöpfer, Heiliger Geist, / erleucht dein arme Christenheit, / erfüll unser Herz, / das zu dir seufzt mit innerlichem Schmerz.« Die fürstliche Armee hat inzwischen den Hügel umgangen und Stellung bezogen, um ihre Geschütze besser zum Einsatz bringen zu können. Auch Philipp von Hessen spricht zu seinen Leuten. Es ist eine maßvolle Rede, er räumt eigene Versäumnisse ein: »Wir Fürsten sind Menschen und vergreifen uns oft. Dennoch darf kein Aufruhr sein.« Der Landgraf weiß, dass unter seinen Leuten viele sind, die heimlich mit den Bauern sympathisieren. Aber wenn die Kämpfe erst begonnen haben, zählt nur noch der Sieg, den sich die Söldner gut bezahlen lassen. Heute ist auch Zahltag für die Aufrührerischen. Es wird keine Schonung geben. Dann lässt der Heerführer das Feuer eröffnen. Als die Geschosse der fürstlichen Artillerie ins Lager der singenden Bauern einschlagen, macht sich Panik breit. Die Kanonen treffen doch, und auch der Auserwählte Gottes kann die Geschosse nicht abfangen. Die Kriegsknechte durchbrechen den Ring, und die Bauern fliehen ins Tal. Dort warten schon gepanzerte Reiter, die Bauern sind eingekesselt und werden von den Pferden herab erschlagen.

Es ist ein kurzes Gefecht und ein langes Gemetzel. Fünfhundert Bauern werden auf der Flucht getötet, dreihundert in Frankenhausen hingerichtet, Tausende auf offenem Feld niedergemacht. Thomas Müntzer rettet sich in die Stadt und versteckt sich auf einem Dachboden. Als sich Reiter in dem Haus einquartieren, entdecken sie den Bauernführer ohne Kleider im Bett liegend. Müntzer klagt: »Ich bin ein armer, kranker Mann.« Briefe, die er bei sich trägt, verraten ihn. Man bringt ihn auf das Feld vor der Stadt, wo die Leichen der Bauern in ihrem Blut liegen. Die Fürsten haben sich etwas besonders Demütigendes ausgedacht: Während am Richtplatz Bauern von feuerrot gekleideten Henkern reihenweise mit dem Schwert hingerichtet werden, muss ihr Anführer auf einer Bank gegenüber Platz nehmen, um sich von den Fürsten befragen zu lassen. Warum habe er die Emissäre köpfen lassen? Nicht er habe das getan, sondern »das göttliche Recht«, antwortet der Mann, der weiß, dass auch er bald hingerichtet werden wird. Der Herzog Georg von Braunschweig möchte wissen, warum ein Fürst nicht mehr als acht Pferde, ein Graf nur vier haben dürfe? Das habe er doch in seinen umstürzlerischen Schriften geschrieben. So eng mit dem charismatischen Bauernführer zusammenzusitzen, bedeutet für die Aristokraten ein extra Spektakel, vermischt mit einem leichten Grusel. Während vorne die Köpfe der Bauern in die Körbe fallen, führen Landgraf und Aufrührer ein angeregtes Religionsgespräch. Müntzer, der den Fürsten nur mit »Bruder« anspricht, argumentiert mit dem Alten Testament und den Propheten, Philipp von Hessen hält sich an das Neue Testament, das er bei sich führt und aus dem er Müntzer die passenden Sprüche vorliest.

Dann ist die bizarre Szene vorbei, und Müntzer wird auf die Feste Heldrungen des Grafen Ernst von Mansfeld gefahren, auf jene Burg also, die er erobern wollte, um den Fürsten zu vertreiben. Sein Ultimatum liegt gerade einmal drei Tage zurück. Auch damals zitiert er aus dem Alten Testament, um den lutherischen Grafen gehörig zu erschrecken: »Hast du in deinem Lutherischen Grütz und deiner Wittenbergischen Suppen nicht finden mögen, was Ezechiel in seinem siebenunddreißigsten Kapitel Vers vier geweissaget? Auch hast du in deinem Martinischen Bauerndreck nicht mögen schmecken, wie derselbige Prophet weiter Bescheid sagt, wie Gott alle Vögel des Himmels fordert, dass sie sollen fressen das Fleisch der Fürsten, und die unvernünftigen Tiere saufen das Blut der großen Hansen, wie in der heimlichen Offenbarung geschrieben.«[41]

Zwei Wochen lang wird Müntzer einem »peinlichen« Verhör unterzogen, unter Anlegung der Daumenschrauben. Als der Gefolterte aufschreit, sagt Herzog Georg von Sachsen kalt: »Thomas, dies tut dir wehe, aber es hat den armen Leuten weher getan, dass man sie erstochen hat, die du in solches Elend gebracht hast.« Ebenso kalt antwortet ihm Müntzer:

»Sie haben's nicht anders wollen haben.« Am Ende schwört er seinem evangelischen Glauben ab und lässt sich die Letzte Ölung reichen. Am 27. Mai 1525 werden Thomas Müntzer und sein Mitstreiter Heinrich Pfeiffer mit dem Schwert hingerichtet und ihre Köpfe auf Spießen zur Abschreckung ausgestellt.

Als Luther vom Tod seines Widersachers erfährt, zeigt er sich zufrieden. Wer Thomas Müntzer gesehen habe, der habe den Teufel gesehen, schreibt er am 30. Mai an seinen Schwager Johannes Rühel. Man habe dem Aufrührer beim Verhör leider nicht die richtigen Fragen gestellt, denn er habe offensichtlich keine echte Reue gezeigt. Wie die meisten rebellischen Bauern, denn noch immer stecke der Müntzer'sche Ungeist tief in ihnen: »O Herr Gott, wo solcher Geist in den Bauern auch ist, wie hohe Zeit ist's, dass sie erwürgt werden wie die tollen Hunde! Denn der Teufel fühlet vielleicht den Jüngsten Tag, darum denkt er die Grundsuppe zu rühren und alle höllische Macht auf einmal zu beweisen.«[42]

Bevor der Jüngste Tag tatsächlich anbricht, möchte Luther jenen Schritt vollziehen, den er gegenüber seinem Schwager angekündigt hat und den er in den Wirren der zurückliegenden Wochen nicht hatte tun können: Er wird mit einer jungen Frau vor den Altar treten, ein äußeres Zeichen setzen für seinen Glauben. Ein Jahr zuvor schon hatte er endgültig die Mönchskutte abgelegt. Genug Raum für eine Familiengründung ist vorhanden, denn der Kurfürst hat ihm das verlassene Kloster geschenkt. Alle neun Nonnen, die aus Nimbschen nach Wittenberg geflüchtet sind, sind unter der Haube. Bis auf eine Einzige, die als besonders eigenwillig gilt. Nun ist Luther, der Brautvermittler, selbst an der Reihe. Der ehemalige Mönch heiratet die entsprungene Nonne – wie werden Anhänger und Weggefährten, wie werden vor allem die Gegner diese Entscheidung aufnehmen?

ELFTES KAPITEL

Martin Luther heiratet Katharina von Bora. »Küssenwochen«.
Schlagabtausch mit Erasmus von Rotterdam: »Über den unfreien Willen«.
Visitationen. Abendmahlsstreit. Evangelisches Verteidigungsbündnis.
»Sacco di Roma«. »Ob Kriegsleute auch in seligem Stande sein können«.
Reichstag in Speyer. Seelischer Zusammenbruch. Geburt des Sohnes Hans.
Pest in Wittenberg. Geburt und Tod der Tochter Elisabeth.
»Deutsch Catechismus«. Militärbündnis gegen die Altgläubigen.
»Protestation zu Speyer«. Marburger Religionsgespräch.

Erstmals ist es nicht Luther, der die Initiative ergreift. Sondern die stolze Katharina von Bora, die sich nicht einfach so verheiraten lässt, wie es sich die Männer um den Reformator vorstellen. Seit ihrer Ankunft in Wittenberg lebt sie als Hilfskraft im Haus von Lucas Cranach und seiner Frau Barbara. Der Unternehmer besitzt nicht nur eine große Malerwerkstatt mit Druckerei, er betreibt auch eine Weinschenke und die einzige Apotheke der Stadt. Katharina lernt rasch und kann überall eingesetzt werden. Im Hause Cranach verliebt sie sich in den Nürnberger Patriziersohn Hieronymus Baumgärtner, der in Wittenberg Philosophie und Rechtswissenschaften studiert. Das ist der Mann, den sie sofort heiraten würde. Doch dessen Familie widersetzt sich der Verlobung, eine entsprungene, mittellose Nonne ist nicht das, was man sich für den ehrgeizigen jungen Mann vorstellt. Baumgärtner reist zurück nach Nürnberg. Für Katharina von Bora ist das eine große Enttäuschung, denn alle ihre Mitschwestern sind inzwischen verheiratet oder zu ihren Familien zurückgekehrt. Luther, der sich in der Verantwortung sieht und die junge, tüchtige Frau durch die Ehe »ehrbar« machen möchte, schreibt Baumgärtner einen mahnenden Brief. Er möge sich beeilen, denn schon stünde ein anderer Kandidat bereit. Katharina habe die Liebe zu ihm noch nicht überwunden.

Tatsächlich hat Luther rasch einen anderen Bewerber aufgetan: Pfarrer Kaspar Glatz, der in Orlamünde ein heruntergekommenes Haus bewohnt. Er wirkt dort als Andreas Karlstadts Nachfolger. Der junge Doktor der Theologie wäre eine ordentliche Partie, aber Katharina weist ihn brüsk zurück: Einen solch spröden Geizkragen werde sie niemals heiraten! Dazu habe sie »weder Lust noch Liebe«. Luther ist verärgert, denn für diese »Hoffart« sieht er keinen Grund. »Welcher Teufel will sie denn haben? Mag sie den nicht, so mag sie noch eine Weile auf einen anderen warten.« Luther gibt den schwierigen Fall an den Freund Nikolaus von Amsdorf ab, er soll die Störrische zur Einsicht bringen.

Katharinas Selbstbewusstsein hat nicht nur charakterliche Gründe; sie entstammt einer nicht sehr wohlhabenden, aber weitverzweigten Landadelsfamilie aus Lippendorf bei Leipzig und ist über das sächsische Adelsgeschlecht von Bora mit den Vornehmsten im Land verwandt. Ihr Großvater Hans von Bora wurde 1465 in den Ritterstand erhoben. Die Rittergüter Wendisch-Bora und Deutschenbora zeugen von dieser hochadligen Herkunft. Nach dem frühen Tod ihres Vaters wurde die Fünfjährige 1504 zur Erziehung in das Augustiner-Chorfrauenstift Brehna bei Bitterfeld gegeben. Von dort wechselte sie fünf Jahre später ins Zisterzienserinnenkloster Marienthron bei Nimbschen, wo sie 1515 ihr Gelübde als Nonne ablegte. Das Frauenkloster wurde von ihrer Tante, der Äbtissin Margarethe von Habitz, geführt. Katharina erhielt eine gute Bildung, erlernte die lateinische Sprache und erwarb sich Kenntnisse in der Kräuterkunde, in der Heilkunst und im Kochen. Welchen Eindruck die patente junge Frau zu machen versteht, zeigte sich beim Besuch des Königs Christian II. von Dänemark, der im Oktober 1523 bei den Cranachs wohnte. Er schenkte ihr zum Abschied einen goldenen Ring.

Lucas Cranach stellte Katharina von Bora auf diesem Bild, das Bestandteil eines Doppelporträts zusammen mit Martin Luther ist, als ehrbare Adelige dar, mit Haarnetz (sie trägt noch nicht die Haube der verheirateten Frau), Ring und einem sehr eng geschnürten Mieder. Die Eheschließung des Reformators und einstigen Augustinermönchs mit der ehemaligen Nonne war ein handfester Skandal. Seine Gegner warfen Luther vor, die Reformation nur unternommen zu haben, um seine fleischlichen Gelüste befriedigen zu können. Lucas Cranach d. Ä., der ein enger Freund des Reformators war, gehörte mit seiner Frau zu den wenigen Zeugen der Trauung.

Als Nikolaus von Amsdorf Katharina bedrängt, das Heiratsangebot des Pfarrers Glatz doch anzunehmen, verblüfft sie ihn mit dem Satz, sie würde, »wenn es geschehen könnte und Gottes Willen wäre, Doktor Martinus oder Herrn Amsdorf ehelich nehmen«. Sie lässt sich nicht einfach jemandem geben, sondern stellt selbst einen Antrag! Das Kalkül ist unüberhörbar: Um den Langweiler Glatz als Bräutigam abzuwehren, bin ich bereit, auch einen älteren Mann zu heiraten. Bei Luther wird durch diese kecke Bemerkung etwas angerührt. Mit anderen Augen schaut er nun auf diese junge Frau, wenn er sie im Haus Cranach trifft. Für ihn gehört das Geschlechtliche notwendig zum Erdendasein, das von der Sünde des Fleisches bestimmt ist. Auch seine eigenen Bedürfnisse als Mann hat er nie bestritten, sie aber als Mönch entschieden bekämpft. Dem Freund Melanchthon schrieb er schon in den ersten Tagen von der Wartburg, er sei »brünstig im Fleisch«. Er war nun kein Mönch mehr und ließ Gedanken zu, die er früher sofort als Versuchung des Teufels abgewehrt hätte.

Bislang hat Luther jede Heiratsabsicht entschieden verneint. Noch am 30. November 1524 hatte er Spalatin wissen lassen, als ein vom Tod bedrohter Ketzer wage er an eine Ehe gar nicht zu denken: »Nicht dass ich mein Fleisch und Geschlecht nicht spüre – ich bin weder aus Holz noch Stein – aber mein Sinn steht der Ehe fern.« Dem Freund gesteht er am 16. April 1525 sogar, wenngleich mit einem schalkhaften Unterton, dreimal verliebt gewesen zu sein: »Was Du übrigens über eine Ehe für mich schreibst: Ich will nicht, dass Du Dich darüber wunderst, dass ich selbst nicht heirate, der ich ein so berüchtigter Liebhaber bin. Das ist umso verwunderlicher, als ich, der ich so oft über die Ehe schreibe und mich in Weibergeschichten einmische, nicht schon längst ein Weib geworden bin, geschweige denn irgendeine geheiratet habe. Doch wenn Du ein Beispiel haben willst, so siehe, da hast Du ein sehr überzeugendes: Ich habe nämlich zugleich drei Frauen gehabt und habe so stark geliebt, dass ich zwei verloren habe, welche andere Freier nehmen werden. Die Dritte halte ich kaum am linken Arme, auch sie wird mir ebenfalls bald entrissen werden.«[1]

Das mag eine scherzhafte Übertreibung sein, doch eine der Kandidatinnen war die als »Schönheit« gerühmte Ave von Schönfeld, auf die Luther zuerst ein Auge geworfen hatte, als sie am Ostermontag 1523 mit den anderen Nonnen nach Wittenberg kam. Sie wurde aber mit dem Medicus Basilius Axt verheiratet. Mit der »Dritten« ist Katharina von Bora gemeint. Die hübsche, mit den hohen Wangenknochen und katzenhaften Augen slawisch wirkende junge Frau beeindruckt Luther vor allem mit ihrer Schlagfertigkeit. Bevor man ihm seine »Käthe«, wie er sie später nennen wird, wegheiratet, will Luther nun doch Nägel mit Köpfen machen. Wenn einem ein Ferkel angeboten würde, scherzt er gegenüber Spalatin, müsse man den Sack aufhalten. Es gebe genug Gründe, warum er ausgerechnet jetzt eine Ehe eingehen wolle. Den einen hat er schon genannt: Um dem Teufel in die »Grundsuppe« zu spucken und ein reformatorisches Zeichen zu setzen. Auch der – späte – Gehorsam gegenüber dem Vater spielt nun eine Rolle. Auch als Zweiundvierzigjähriger kann er seinen Eltern noch Enkel schenken und für den Fortbestand der Familie sorgen.

Luther rechnet fest damit, dass man ihn wegen dieser Heirat angreifen wird. Wie kann der Reformator, werden seine Feinde sich empören, in diesen schrecklichen Zeiten, »wo die Flüsse und Bäche vom Blut der Bauern sich rot färben«, einer entsprungenen Nonne das Jawort geben! Sogar Melanchthon empfindet Luthers Vermählung als Fehltritt, wie er entrüstet an den befreundeten Griechisch-Professor Joachim Camerarius schreibt: »Unerwarteterweise hat Luther die Bora geheiratet, ohne auch nur einen seiner Freunde vorher über seine Absicht zu unterrichten. Er ließ am Abend allein den Pommeranus (= Johannes Bugenhagen), den Maler Lucas Cranach und den Dr. Apel zu Tische laden und vollzog die gewöhnlichen Bräuche. Du wunderst dich wohl, dass in so ernster Zeit, da die Guten überall so schwer leiden, dieser nicht mit den anderen leidet, sondern vielmehr, wie es scheint, schwelgt und seinen guten Ruf kompromittiert, zu einer Zeit, wo Deutschland gerade besonders seines Geistes und seiner Autorität bedarf.«[2]

Die Erklärung, die Melanchthon für diesen Schritt des Freundes findet, lässt eine gewisse Missgunst erkennen. Seit fünf Jahren ist der stille Gelehrte selbst verheiratet, aber die unglückliche Ehe bleibt kinderlos. Melanchthon unterstellt dem Reformator Leichtfertigkeit: »Der Mann ist überaus leicht zu verführen, und so haben ihn die Nonnen, die ihm auf alle Weise nachstellten, umgarnt. Vielleicht hat dieser häufige Verkehr mit den Nonnen ihn obgleich er ein edler und wackerer Mann ist, verweichlicht und das Feuer bei ihm auflodern lassen. So glaube ich, ist er hineingefallen auf die höchst unzeitgemäße Änderung seiner Lebensweise.«

Luther schert sich nicht um das Gerede. »Es ist nicht gut, viel zu reden«, notiert er trotzig, »man muss Gott um Rat fragen und beten und danach bald fortfahren.« Am 13. Juni 1525 vermählt er sich in Anwesenheit seiner engsten Freunde in seiner Wohnung im Augustinerkloster mit Katharina. Zugegen sind Johannes Bugenhagen, der die Einsegnung des Paares vornimmt, Lucas und Barbara Cranach sowie Justus Jonas – der Dekan der theologischen Fakultät ist selbst mit einer Nonne verheiratet. Johannes Apel, Professor für kanonisches Recht, bezeugt den korrekten Ablauf der Zeremonie. Die Freunde Schurff und Melanchthon sind aus Protest nicht dabei, als Pfarrer Bugenhagen die Hände ineinanderlegt und das Paar in Gottes Namen »ehelich zusammengesprochen« wird. Luther hat in Eile ein Bett zusammenzimmern lassen, in das die beiden sich legen müssen, um die Ehe mit einem traditionellen »Beilager« sichtbar zu vollziehen. Justus Jonas ist so bewegt von dem Erlebten, dass er die Tränen nicht zurückhalten kann: »Luther hat Katharina von Bora zur Frau genommen. Gestern war ich zugegen und sah das Paar auf dem Brautlager liegen. Ich konnte mich nicht enthalten, bei diesem Anblick Tränen zu vergießen.«[3]

Vierzehn Tage nach der Trauung laden der Reformator und seine »Lutherin« zu einem größeren Fest ein. An Spalatin sendet Luther die Einladung mit der Bemerkung, der Freund möge »etwas an Wildbret« besorgen. Um jeden Verdacht auszuräumen, dass er schon länger eine

Luther und seine Mitstreiter: Von links: Johannes Forster (Diakon der Stadtkirche Wittenberg, half Luther bei der Bibelübersetzung und war sein täglicher Tischgenosse), Georg Spalatin (er sicherte Luther als Sekretär, Bibliothekar und Beichtvater Friedrichs des Weisen dessen Schutz und war bis 1525 Luthers hauptsächlicher Brief- und Gesprächspartner), Martin Luther, Johannes Bugenhagen (schloss als Stadtpfarrer in Wittenberg Luthers Ehe mit Katharina von Bora und vollzog die Taufe ihrer gemeinsamen Kinder, stand 1827/28, als die Pest grassierte, der Gemeinde unbeirrbar zur Seite und hielt den wenigen ausharrenden Studenten Vorlesungen über die Korintherbriefe), Erasmus von Rotterdam (mit dem sich Luther überwarf), Justus Jonas (half Luther bei allen rechtlichen Konflikten und wirkte an der kirchenpolitischen Reformierung von Halle, Leipzig und Naumburg mit), Caspar Cruciger (der 1524 die frühere Nonne und spätere Liederdichterin Elisabeth von Meseritz geheiratet hatte, 1528 als Prediger nach Wittenberg berufen wurde, dort 1533 als Theologe promovierte) und der große Gelehrte Philipp Melanchthon.

heimliche Beziehung zu der Nonne gehabt habe, beteuert er: »Ich habe denen das Maul gestopft, die mich mit Katharina von Bora in üblen Ruf bringen … Ich habe mich durch diese Heirat so verächtlich und geringschätzig gemacht, dass ich hoffe, es sollen die Engel lachen und alle Teufel weinen. Die Welt und ihre Weisen verstehen dieses göttliche und heilige

Werk nicht, ja, sie machen es an meiner Person gottlos und teuflisch. Deshalb habe ich größeren Gefallen daran, dass aller derer Urteil durch meinen Ehestand verurteilt und beleidigt wird, die in der Unkenntnis Gottes zu bleiben fortfahren wollen.«[4] Die Beziehung des Mannes zur Frau, das hatte Luther in seinen Ehe-Traktaten ausführlich dargelegt, verliere durch die Ehe ihren Sündencharakter und würde zu einer von Gott gesegneten Verbindung. Er empfinde, schreibt Luther an Nikolaus von Amsdorf, »nicht fleischliche Liebe noch Hitze, sondern ich verehre meine Frau«. Alle Welt soll wissen: Der Reformator hat sich nicht durch äußere Reize hinreißen lassen, sondern er ist ein liebender Gatte.

Die leeren Kassen lassen eigentlich keine Hochzeitsfeier zu. Doch Freunde und Anhänger sorgen dafür, dass die Tafel gut gefüllt ist. Der Wittenberger Magistrat stiftet zwanzig Goldgulden und ein Fass vom guten Einbecker Bier, die Universität schenkt dem Brautpaar einen silbernen Deckelkrug. Kurfürst Johann von Sachsen erweist sich am großzügigsten und stattet den neuen Haushalt mit hundert Gulden aus. Er überreicht dem Paar auch feierlich die Besitzurkunde des Schwarzen Klosters. Künftig soll der Bibelprofessor zudem ein Jahresgehalt von zweihundert Gulden erhalten. Erzbischof Albrecht von Mainz tritt als listiger Versucher auf und lässt dem Paar von einem Boten als Hochzeitsgabe zwanzig Goldgulden überbringen. Luther durchschaut das Danaergeschenk, das ihn gegenüber seinem Erzfeind als käuflich erscheinen lassen soll. Er weist das »Ablassgeld« in einem Wutanfall zurück. Doch gleich zu Beginn ihrer Ehe erweist sich Katharina als eine starke, selbstbewusste Frau, die sich über den Willen ihres »Doktors« hinwegzusetzen weiß – was Luther angesichts ihrer Tüchtigkeit und Zielstrebigkeit bald zu schätzen lernen wird. Katharina nimmt das Geld heimlich an und steckt es in die Haushaltskasse.

Dann ist es so weit. Am Dienstag, den 27. Juni des Jahres 1525, läuten die Glocken Wittenbergs, als der einstige Augustinermönch und Doktor der Theologie Martin Luther mit seiner Ehefrau, der abtrünnigen Nonne Katharina von Bora, die sich jetzt Katharina Lutherin geborene Bora nennen darf, vom Kloster zur Stadtkirche schreitet. Dem Paar folgen Professoren und Studenten der Universität. Aus dem Mansfeldischen sind Luthers Eltern und einige Verwandte nach Wittenberg gekommen. Unter den Gästen sind dieses Mal auch Hieronymus Schurff und Philipp Melanchthon. Auch den Fuhrunternehmer Leonhard Koppe, den »seligen Räuber«, mit dessen Hilfe Katharina nach Wittenberg gelangt ist, hat Luther eingeladen. Gegenüber dem einfachen Mann erlaubt sich der Bräutigam den humorvollen Hinweis, dass seine Ehe mit Katharina auch sinnliche Freuden verspricht: »Ihr wisset auch, was mir geschehen ist, dass ich meiner Metze in die Zöpfe geflochten bin. Gott hat Lust zu Wundern, mich und die Welt zu narren und zu äffen.«[5]

Nach dem Festmahl im Augustinerkloster klingt der Tag im Saal des Rathauses bei Tanzmusik aus. Mitten in der Hochzeitsnacht, das Paar hat sich eben aufs Brautlager gelegt, klopft es ans Klostertor. Es ist Andreas Karlstadt, Luthers geistlicher Widersacher. Wieder ist der Prediger auf der Flucht, fleht um Aufnahme mit Frau und Kind. Nach der Niederlage der Bauern ist er als »Aufrührer« ins Visier der Fürsten geraten und muss um sein Leben bangen. Anders als Erasmus von Rotterdam, der seinem todkranken Freund Ulrich von Hutten, als dieser schutzsuchend zu ihm nach Basel kam, die Tür wies, versteckt Luther die Familie acht Wochen lang vor den Verfolgern. Seine Fürsprache beim Kurfürsten rettet Karlstadt das Leben. In einer für die Öffentlichkeit bestimmten »Entschuldigung« beteuert dieser, mit dem Aufruhr der Bauern nichts zu tun zu haben. Was seine Lehre betrifft, ist Luther zu keinem Kompromiss bereit. Im Vorwort der Flugschrift unterstreicht er, dass Karlstadt theologisch weiter sein »größter Feind« sei und es mit ihm auch künftig keine Einigung geben könne. Er sorgt jedoch dafür, dass sich sein früherer Mitstreiter im Umland von Wittenberg niederlassen darf, unter dem wachsamen Auge der Obrigkeit.

Nun folgt eine unbeschwerte Zeit, die Luther im Rückblick »Küssenwochen« nennen wird. Jeden Morgen beim Aufwachen ist er verwundert, »ein paar Zöpfe neben sich liegen« zu sehen.[6] Er bekommt seine Lieblingsspeisen gekocht und Kräutertee, wenn ihn seine Magenschmerzen plagen. Katharina krempelt mit der ihr eigenen Energie den Junggesellenhaushalt um, verwandelt die kargen Räume der Klosterwohnung in ein behagliches Zuhause. Den faulen, nassen Strohsack in Luthers Bett ersetzt sie durch mit Rosenwasser besprengte weiche Kissen, stellt Öllampen auf und besorgt Mobiliar. Sie beginnt auch, die Räume durch Handwerker umbauen zu lassen, lässt Zwischenwände einziehen und die undichten Wände verputzen. Die Küche bekommt statt des feuchten Lehmbodens einen festen Steinboden. Herd und Abguss werden erneuert. Die Handwerker rechnen es sich zur Ehre an, die Arbeiten unentgeltlich auszuführen, der Kurfürst schießt Geld zu, damit das Baumaterial gekauft werden kann.

Für Luther ist die neue Zweisamkeit die beste Medizin gegen die Anfechtung, die ja gerade den Einsamen befällt. »Der Teufel hat Christum in der Einsamkeit versucht. David fiel in Ehebruch und Mord, da er einsam und müßig war. Und auch ich habe erfahren, dass ich niemals öfter in Sünde falle, als wenn ich allein bin. Gott hat den Menschen zur Geselligkeit, nicht zur Einsamkeit geschaffen. Ein Beweis ist, dass Er ihn in zwei Geschlechtern, Männlein und Weiblein, geschaffen hat.«[7] Erst jetzt, in der Ehe, erkennt Luther die befreiende Kraft liebender Zweisamkeit. Das sehen Luthers Gegner ganz anders. Sie nutzen die Gelegenheit, den Reformator als Lüstling und Heuchler anzuprangern. Die hämischsten Kommentare kommen ausgerechnet von jenen Klerikern, die sich Mätressen halten und ihre unehelichen Sprösslinge hinter den Mauern von Klöstern verstecken. Sogar der englische König Heinrich VIII. beschimpft Luther, weil er durch seine Heirat eine Nonne »geschändet« und damit weitere verführt habe. Sachsenherzog Georg der Bärtige lässt durch Flugschriften verbreiten, der Teufel habe dem geilen Mönch eine höllische Eva in Gestalt einer Nonne zugeführt. Mit seiner »Teufelsmetze« nutze er jetzt das Kloster für sein unkeusches Treiben. Bald werde in Wittenberg ein Kind mit zwei Köpfen und einem Ziegenfuß geboren: der Antichrist!

Selbst der große Erasmus stimmt in den Chor der Verleumder ein und verbreitet das Gerücht, die Braut erwarte bereits ein Kind. Deshalb hätte man so überstürzt heiraten müssen. Das Verhältnis zwischen den beiden großen Männern ist seit Jahren angespannt, es gibt eine Art Stillhalteabkommen. Der streitbare Bauernschädel und das blasse, ängstliche Männlein aus Rotterdam passen nicht zueinander. Immer wieder versichert der hochgeachtete Humanist, er habe mit Luther nichts zu tun. Als Professor, der in Löwen lehrt, wo man Luther für einen Erzketzer hält, muss er vorsichtig sein. Sonst könnte er mit den deutschen »Aufrührern« in einen Topf geworfen werden. Aber auch seine kostbare Unabhängigkeit ist in Gefahr: Für eine Sache Partei ergreifen bedeutet, die eigene Freiheit aufgeben. Erasmus gibt vor, vermitteln zu wollen, um die Einheit des Glaubens zu bewahren. Sogar den Briefwechsel mit dem befreundeten Melanchthon bricht er in seiner übervorsichtigen Art ab, um ja nicht in Kontroversen hineingezogen zu werden. Erasmus verfüge nicht über die notwendige Tapferkeit, sein Herz sei schwächer als sein Intellekt, schrieb ihm Luther bereits am 18. April 1524 in einem herablassenden Brief. Luther hält diese als wissenschaftliche Unabhängigkeit deklarierte Distanz für feiges Lavieren, für den kämpferischen Reformator ist der inzwischen in Basel lebende Gelehrte »ein bloßer Zuschauer unserer Tragödie«[8].

Erasmus von Rotterdam ist aufgrund seiner Berühmtheit längst zu einer Schachfigur im Machtspiel der Politik geworden. Alle wollen ihn für ihre Interessen nutzen: Kaiser, Papst, Bischöfe und Fürsten – die evangelischen und katholischen gleichermaßen. Der englische König Heinrich VIII., für seine Anti-Luther-Schrift *Assertio septem sacramentorum* (Bekräftigung der sieben Sakramente) 1521 von Papst Leo X. zum *Defensor fidei* (Verteidiger des Glaubens) ausgerufen, drängt den Holländer immer wieder, offen gegen Luther zu schreiben. Der hatte dem englischen Monarchen zuerst einen geradezu unterwürfigen Brief geschrieben, um ihn dann in seiner Entgegnung auf Heinrichs Antwort als »Hanswurst und öffentliche Dirne« zu beschimpfen. Erasmus ziert und

Hans Holbeins Porträt von Erasmus von Rotterdam zeigt den Gelehrten, wie er seine Hände auf ein Buch legt, das den Titel trägt *Die Taten der Herkules.*
Das schmale, bleiche Gesicht unterstreicht den Aspekt des Heroischen, den seine Zeitgenossen dem Humanisten zubilligten: ein Titan, der sein Riesenwerk einer eher zarten Konstitution abgerungen hat.

windet sich, will es mit keiner Seite verderben. Der Papst schreibt ihm eigenhändig einen mahnenden Brief, er solle seine »herrlichen Gaben zu Gottes Ehre«, sprich zugunsten der katholischen Sache, nutzen. Dann gibt der Umworbene schließlich dem Wunsch Heinrichs VIII. nach – immerhin bezieht er eine stattliche Rente von der englischen Krone – und verfasst eine Schrift, die ins Herz von Luthers Lehre zielt. Er greift ganz bewusst nicht an einer Stelle an, wo Gemeinsamkeiten berührt werden könnten: Weder der Ablass, die Sakramente noch der Primat des Papstes sind sein Thema. Er fordert Luther am heikelsten Punkt heraus, dort, wo sich ihrer beider Vorstellungen vom Glauben am deutlichsten unterscheiden: in der Frage nach dem freien Willen.

Erasmus' Schrift *De libero arbitrio diatribe* (Abhandlung über den freien Willen) ist bereits im Herbst 1524 erschienen. Luther hat sich an den Stillhaltepakt gehalten und nicht darauf geantwortet. Aber jetzt, nach der unfeinen Attacke des Erasmus, der ihm vorwirft, mit der Heirat eine sündige Nonne ehrbar gemacht zu haben, ist eine Grenze überschritten. »Ist nicht der teure Mann zur Kröte geworden?«, schimpft Katharina, die ihren Mann drängt, unverzüglich gegen Erasmus zu schreiben. Während eines gemeinsamen Mahls im Kloster verpflichtet Luther seine Freunde, an seiner Seite zu stehen, wenn er jetzt zurückschlage und den großen Mann angreife: »Darum gebiete ich Euch auf Gottes Befehl, Ihr wollet dem Erasmus Feind sein und Euch vor seinen Büchern hüten. Ich will gegen ihn schreiben, sollt Ihr gleich darüber sterben und verderben, den Satan will ich mit der Feder töten, wie ich Müntzer getötet habe, dessen Blut liegt auf meinem Hals.« Damit ist eine Fehde eröffnet, die zwei eigentlich Gleichgesinnte zu Todfeinden macht.

Im Herbst 1525 schreibt Luther seine Entgegnung nieder, den Traktat *De servo arbitrio* (Über den unfreien Willen). Manches davon hat er bereits in seiner Rechtfertigungsschrift *Assertio omnium articulorum* (Bekräftigung aller Artikel) von 1521 vorweggenommen. Der humanistischen Vorstellung von der freien Willensentscheidung setzt er die völlige Determiniertheit des menschlichen Handelns entgegen. Gemäß der

DE SERVO AR=
BITRIO MAR.
Lutheri ad D. Eras=
mum Rotero=
damum.

VVittembergæ.
1525.

Mit der Schrift über den geknechteten Willen (wobei *arbitrio* eigentlich »Wahlvermögen« meint) reagierte Luther auf eine Schrift, die Erasmus von Rotterdam zwei Jahre zuvor über den freien Willen publiziert hatte. Im Unterschied zu dem holländischen Humanisten vertrat Luther im Anschluss an Augustinus und Paulus die Auffassung, dass der Mensch nach dem Sündenfall nicht von sich aus die göttliche Gnade erreichen könne, sondern sie nur als Geschenk annehmen könne – allein Gottes souveräner Wille entscheide über Seelenheil oder ewige Verdammnis des Einzelnen.

augustinischen Prädestinationslehre, die zu Luthers eisernen theologischen Grundpositionen zählt, hat der Mensch gegenüber Gott überhaupt keinen Freiheitsspielraum; jede Tat, die er tut, jeder Gedanken, den er hegt, ist von Gott längst vorgewusst und von ihm vorgezeichnet. Durch keine guten Werke und durch keine Reue kann sich der Mensch aus eigenem Antrieb von seiner Schuld befreien. Schärfer hätten die Positionen nicht formuliert werden können: hier der geknechtete, dort der freie Wille. Erasmus greift in seiner Grundsatzschrift auf das zurück, was Luther durch seine Gnadenlehre meint abgetan zu haben: die Werkgerechtigkeit. Erst wenn zur Gnade der Wille des Menschen zum Guten, zu den guten Werken, hinzutrete, könne sie wirksam werden, schreibt Erasmus als Anwalt der menschlichen Vernunft. Für Luther ist dies eine Ungeheuerlichkeit, denn das Geschenk der göttlichen Gnade ist vollkommen, eine mögliche Mitwirkung des Menschen würde Gottes Allmacht mindern, seine Güte verkleinern.

Im Schlagabtausch der beiden größten Köpfe der Zeit werden auch die charakterlichen und mentalen Gegensätze vor aller Welt sichtbar, die Erasmus und Luther trennen. Der ausgleichende Gelehrte will allen alles sein: ein der Freiheit des Wortes und der Vernunft verpflichteter Humanist, kritischer Ausleger der Bibel und treuer Sohn der Kirche. Er hält es für Luthers Sündenfall, das akademische Latein der Gelehrtenstube gegen das Deutsch der Gasse eingetauscht und damit vulgäre Instinkte geweckt zu haben, die schließlich in den *tumultus*, in den Aufruhr, mündeten. Luther dagegen tritt als Glaubenskämpfer auf, der hitzige, aufbrausende, lautstarke Willensmensch verachtet den Kompromiss, das dialektische Manöver. »Ein Mensch, sonderlich ein Christ, muss ein Kriegsmann sein«, lautet seine Losung. In Glaubensdingen darf es keine Unentschiedenheit, keine »Objektivität« geben! Hier geht es um geoffenbarte Wahrheit, um das Wort Gottes, nicht um menschliche Vernunfterkenntnis. Für Luther ist das Religiöse das Wichtigste, für Erasmus das Humane.

Diese tief gründende Gegensätzlichkeit kennzeichnet auch den Streit über die Willensfreiheit. Erasmus kündigt in der Vorrede seiner Schrift an, Luther keineswegs, wie das bei solchen Debatten üblich sei, mit »Schmähungen« zu reizen. Er sei als Gelehrter nun einmal »ungeeignet zum Kampf« und habe einen »natürlichen Abscheu vor Wortgefechten«. Seine Position sei die eines »Skeptikers«[9], dem »feste Behauptungen« fremd seien. Das ist gleich zu Beginn ein Hieb gegen den Überzeugungstäter Luther, der in Glaubensdingen kein Für und Wider kennt. Erasmus fügt spöttisch hinzu, sein Kontrahent lege wenig Wert auf Bildung und »sehr viel Wert auf den Heiligen Geist«.[10] Damit rückt er Luther in die Nähe der Schwärmer, die vorgeben, ihre Lehren vom »himmlischen Geist« persönlich empfangen zu haben. Mit gespielter Bescheidenheit erklärt der Autor, er wolle »nicht richten, nur prüfen«. Es gebe in der Heiligen Schrift zahlreiche »unzugängliche Stellen«, in die man »nach dem Willen Gottes nicht tiefer eindringen solle«.[11] Das ist auch eine versteckte Kritik an Luthers Schriftgläubigkeit: Wenn es der Bibel an Eindeutigkeit fehle, wie soll man ihr dann die alleinige Autorität für theologische Fragen zumessen? Im Übrigen sei es wenig sinnvoll, über Fragen, die Gott bewusst im Unklaren gelassen habe, öffentlich zu debattieren. Das würde die Gläubigen nur verwirren.

Nach diesen einführenden Worten, die den Widerspruch enthalten, dass der Autor die angeblich unnötige Debatte ja nun selbst zu führen gedenkt, kommt Erasmus rasch zu seinem Hauptargument für die Existenz des freien Willens. Warum, fragt er, soll der Mensch sich bemühen, gut zu sein, wenn das Gute und das Böse doch allein von Gott im Menschen bewirkt würden? Gott fordere den Sünder unablässig auf, seinen Ermahnungen und Weisungen zu folgen, um das Heil zu erlangen. Was mache das für einen Sinn, wenn ihm von Gott gar keine Freiheit eingeräumt würde, diesen Geboten zu folgen? »Wenn der Mensch nun nichts zu tun vermöchte, dann wäre auch kein Raum für Verdienst und Schuld. Und wo kein Raum für Verdienst und Schuld wäre, da wäre auch kein Raum für Lohn und Strafe.«[12] Was für ein ungerechter Gott, der den Menschen in seiner Allmacht zwingt, Böses zu tun, um ihn dann dafür zu bestrafen! Alles spreche dafür, dass es sehr wohl einen freien Willen gibt – nicht zuletzt belegten dies die Schriften bedeutender Kirchenlehrer und Philosophen wie auch die Beschlüsse der Universitäten, Konzilien und Päpste. Neben Luther hätten nur John Wiclif, der Ketzer, und der von der Wissenschaft wenig geschätzte Humanist Laurentius Valla die Willensfreiheit des Menschen bestritten.

Erasmus setzt Luthers Entweder-oder ein vermittelndes Sowohl-als-auch entgegen. Seine »Beweise« für den freien Willen entnimmt er dem Alten wie dem Neuen Testament. Mit mehr als zweihundert Textstellen versucht er zu belegen, dass Gott dem Menschen eine »unverderbte Vernunft« und zugleich den freien Willen verliehen habe. Die Vernunft habe ihn den rechten Weg zum Heil erkennen lassen, der Wille habe ihn befähigt, diesen auch zu gehen – oder ihn zu verwerfen. Mit Adams Abfall von Gott habe der Mensch sich für die Sünde entschieden. Der Wille müsse jedoch nicht für immer in der Sünde gefangen bleiben. Vernunft und Urteilsvermögen seien durch die Sünde nur »verdunkelt«, nicht ausgelöscht. Der Mensch sei kein vollkommen verdorbenes Wesen, wie Luther behaupte. »Durch die Gnade Gottes, die ihm die Sünde vergeben hat, ist er bis zum Grade wieder frei geworden … dass er ohne die Hilfe neuer Gnade das ewige Leben erreichen kann.«[13] Damit versichert sich Erasmus der Autorität des großen Kirchenvaters Thomas von Aquin, der erklärt hatte, dass die *libertas naturalis*, die Wahlfreiheit, durch den Fall Adams nicht verloren gegangen sei.

Auch der gefallene Mensch, so Erasmus, verfügt über ein Unterscheidungsvermögen, das ihm die Wahl zwischen dem rechten und dem falschen Weg ermöglicht. Der vernunftbegabte Mensch bleibt befähigt, sich vom »natürlichen Licht der Gotteserkenntnis« erleuchten zu lassen. Drei Wege führten zum Heil; um sie als gottgegeben und damit unumstößlich zu kennzeichnen, nennt Erasmus sie »drei Arten von Gesetze(n)«: Das »Gesetz der Natur« verleihe die Einsicht, dem anderen das nicht anzutun, was man auch selbst nicht erleiden möchte. Ein ethisches Postulat, das schon von den »heidnischen«, vorchristlichen Philosophen aufgestellt worden sei. Das mosaische »Gesetz der Werke« drohe Strafen an, um den Menschen von sündhaftem Verhalten abzuhalten. Mit dem durch die Evangelien verkündeten »Gesetz des Glaubens« schließlich habe Gott dem Sünder das wirkungsvollste Mittel geschenkt, auf den rechten Weg zurückzufinden: »Das Gesetz des Glaubens ... macht ... wenn die Gnadenfülle hinzukommt, das an sich Unmögliche sogar angenehm, nicht nur leicht. Der Glaube also heilt die Vernunft, die durch die Sünde zu Schaden gekommen ist; und die Liebe hilft dem geschwächten Willen voran.«[14]

Für Erasmus schließt sich hier, im »Mittelweg« zwischen Vernunft und Offenbarung, zwischen Einsicht und Glaube, der mit zahlreichen Schriftbeweisen untermauerte argumentative Kreis, mit dem er den freien Willen an die Seite der Gnade gestellt sehen möchte. Das rechte Handeln entspringe nicht allein der Gnade Gottes, sondern sei immer auch Ergebnis menschlicher Willensleistung. Mithilfe der Vernunft könne der Mensch »Keime des sittlich Guten«[15] in sich erwecken. Gegen Luthers Determinismus setzt der von der Läuterungsfähigkeit des Menschen überzeugte Humanist das Zusammenspiel von Gnade und freiem Willen: »Unser Geist wird nämlich von der Gnade allein veranlasst, Gutes zu denken, und von der Gnade allein wird er zur Ausführung des Gedachten weitergeleitet. Zur Gnade dazukommen muss nun auch die Einwilligung, erst durch sie kann das Gedachte als Handlung vollzogen werden. Die ›hauptsächliche Ursache‹ der Tat ist also die göttliche Gnade, die weniger hauptsächliche unser Wille.«[16]

Indem er die Gnade deutlich über den Willen setzt, entgeht Erasmus dem Verdacht, ein Pelagianer zu sein. Der posthum zum Häretiker erklärte englische Mönch Pelagius lehnte die Erbsündenlehre des Augustinus ab und behauptete, der Mensch sei wesenhaft gut. Aufgrund angeborener Willensfreiheit sei er fähig, sich für das Gute zu entscheiden und so aus eigener Kraft Gottes Gebote zu befolgen. So weit will der vorsichtige Erasmus, der von Luther des »Semipelagianismus« geziehen wird, nicht gehen. Man solle, schlägt er in seiner vermittelnden Art vor, dem Menschen wenigstens die Illusion des freien Willens lassen, ein kleines Stück Mitwirkung am eigenen Schicksal, damit er nicht an einem grausamen und ungerechten Gott verzweifeln müsse.

Auch Luther beherrscht die rhetorischen Formen des gelehrten Disputs. Dazu gehört, dem Gegner erst einmal Achtung zu zollen, gerade einem so anerkannten Gelehrten wie Erasmus von Rotterdam. Bevor er das fein gesponnene Argumentationsgeflecht des Kulturaristokraten zerreißt, anerkennt er dessen Überlegenheit: »Ich … reiche Dir sogar die Palme, die ich keinem vorher gereicht habe – nicht nur weil Du an Beredsamkeit und Geist mich weit überragst … sondern auch, weil Du meinen Geist und meine Angriffskraft gehemmt und mich bereits vor Beginn des Kampfes müde gemacht hast.«[17] Er gibt zu, dass Erasmus ihn in der Vergangenheit »allenthalben sänftiglich behandelt habe«, und bekennt, dass er als Einziger von allen seinen Gegnern »den eigentlichen Kern der Sache« gesehen habe. Nach diesen höflichen Floskeln holt Luther zum Schlag aus: Bereits Philipp Melanchthon habe in seinen *Loci theologici* (Theologische Orte) alles »zerstampft«, was Erasmus in seiner Schrift über den freien Willen nun wenig originell vortrage. Wie könne er, fragt Luther mit der ihm eigenen Drastik, seine so »treffliche und kunstvolle Schreibweise« mit solch einem »Schmutz« beflecken, »so als ob man Kehricht oder Kot in goldenen oder silbernen Schalen auftrüge«.[18] Er antworte Erasmus nur, »weil Paulus befiehlt, unnützen Schwätzern das Maul zu stopfen«.

Damit ist das Tischtuch zerschnitten. Erasmus soll nicht widerlegt, sondern – als Theologe – vernichtet werden. In Glaubensfragen sei Skeptizismus fehl am Platze, schreibt Luther voller Verachtung, der »Heilige Geist ist kein Skeptikus«. »Du willst auf den Eiern gehen und doch keins zertreten, du willst sagen und doch nicht sagen.« Mit Leuten wie Erasmus sei schwer umzugehen »in solchen hohen geistlichen Sachen, die das Gewissen und die Seele betreffen«. Nirgends sei der Leisetreter zu fassen, »schlüpfriger als ein Aal« winde er sich um jede Entscheidung herum. Nicht um den Glauben gehe es ihm, sondern darum, den Frieden um jeden Preis zu wahren. Man müsse das Wort Gottes jedoch vor aller

Welt bekennen, auch wenn sie dabei zugrunde gehe: »Oder meinst Du, dass Du allein ein Herz habest, welches durch diesen Aufruhr schmerzlich bewegt wird? Wir sind auch nicht aus Stein oder aus dem Marpesischen Felsen geboren. Aber, wenn es nun einmal nicht anders sein kann, ziehen wir es vor, im Unfrieden dieser Zeit zerstoßen zu werden, fröhlich in der Gnade Gottes, um des Wortes Gottes willen, das mit unüberwindlichem und nicht zu zerstörendem Mut fest behauptet werden muss, als dass wir in ewigem Unfrieden unter dem Zorne Gottes durch unerträgliche Qualen zerrieben werden.«[19]

Stück für Stück zerpflückt Luther die Grundlagen von Erasmus' Argumentation. Die behauptete »Dunkelheit« mancher Stellen in der Heiligen Schrift sei nur Vorwand, um sich nicht für eine klare Position in der Frage des freien Willens entscheiden zu müssen. Die Schrift sei von geradezu leuchtender Klarheit, alles andere seien Einflüsterungen des Teufels, der das Wort Gottes verächtlich machen wolle. »Keineswegs hat uns Christus so erleuchtet, dass uns irgendein Teil in seinem Wort dunkel bleiben sollte, während er doch (Joh. 5, 39) gebietet, darauf zu hören.«[20] Die Schriften der Bibel seien »sonnenklar«. Wenn Paulus im Römerbrief über Gott sage: »Er erbarmt sich, wessen er will, und verstockt, welchen er will. So liegt es nun nicht an jemandes Wollen oder Laufen, sondern an Gottes Erbarmen«, so sei unwiderlegbar, dass Gott genau das wolle, was er vorauswisse. »Hier sind keine dunklen und zweideutigen Worte, auch wenn die gelehrtesten Männer aller Zeiten in ihrer Blindheit etwas anders meinen und behaupten. Und so viele Ausflüchte Du auch suchen möchtest, so wird dennoch Dein Gewissen überwunden wie das aller andern und muss zugeben: Wenn Gott sich nicht irrt, in dem was er vorherweiß, so muss notwendigerweise das Vorausgewusste auch geschehen. Denn wer würde sonst seinen Verheißungen glauben, wer seine Drohungen fürchten, wenn nicht notwendigerweise eintrifft, was er verheißt oder androht?«[21]

Luther zieht genau die entgegengesetzte Schlussfolgerung aus der Leugnung des freien Willens: Befürchtet Erasmus, der Gläubige könnte darüber verzweifeln, von Gott von vorneherein verdammt zu sein, obwohl er sich bemühe, Gutes zu tun, erkennt Luther gerade in dieser Ungewissheit das Mittel, der Selbstgerechtigkeit zu entgehen und sich demütig ganz in Gottes Hand fallen zu lassen. »Ich selbst bin mehr als einmal bis zum Abgrund und zur Hölle der Verzweiflung erschüttert gewesen«, schreibt Luther in Anspielung auf seine Erfurter Mönchszeit, »so dass ich sogar wünschte, ich wäre nie als Mensch geschaffen worden, ehe ich denn wusste, wie heilsam eine solche Verzweiflung ist und wie nahe der Gnade.«[22] Weil alles Zukünftige ungewiss sei, müsse der Mensch so tun, als sei er schon gerettet. »Diese Notwendigkeit erregt in uns Furcht vor Gott, damit wir nicht übermütig und selbstsicher werden. Aus der Ungewissheit aber entsteht das Vertrauen zu Gott, auf dass wir nicht in Verzweiflung geraten.«[23] Fest auf Gottes Verheißung im Namen Christi vertrauend, kann der Mensch seine ganze Kraft darauf verwenden, seinen Nächsten zu lieben und in der Welt tatkräftig Verantwortung zu übernehmen.

Mit seiner Vernunftgläubigkeit, so Luther, hänge Erasmus der Werkgerechtigkeit an. Die menschliche Vernunft sei eine von Satan eingegebene Hybris, um den Zweifel an Gottes Allmacht zu nähren. Er selbst verzichte gern auf den freien Willen, der ständig dazu zwinge, aus eigener Kraft das Heil zu erlangen. »Ich bekenne fürwahr in Bezug auf mich: Wenn es irgendwie geschehen könnte, möchte ich nicht, dass mir ein freier Wille gegeben werde, oder dass etwas in meiner Hand gelassen würde, womit ich nach dem Heil streben könnt ... Denn mein Gewissen würde, wenn ich auch ewig lebte und wirkte, niemals gewiss und sicher, wie viel es tun müsste, damit es Gott genug tue. Denn welches Werk auch immer vollbracht wäre, immer bliebe der beunruhigende Zweifel zurück, ob es Gott gefalle oder ob er irgendetwas darüber hinaus fordere ... Aber jetzt, da Gott mein Heil aus meinem Willen herausgenommen und in seinen Willen aufgenommen hat ... bin ich sicher und gewiss, dass er getreu ist ... und dass keine Teufel ... mich ihm entreißen können.«[24]

Luther ist es ernst mit dem geknechteten Willen. Frei ist allein Gott. Und Gott lügt nicht, seine Verheißungen werden eintreten. Aber nur für diejenigen, die an sie glauben: »Die Auserwählten und die Frommen aber werden durch den Heiligen Geist gebessert werden, die Übrigen werden ungebessert zu Grunde gehen.«[25] Luther beruft sich auf Augustinus, seinen Gewährsmann in den Fragen der Ursünde und der Vorherbestimmtheit des Menschen. Hier lässt er sich von Erasmus nichts abhandeln. »Die Auserwählten werden es (dass sie von Gott geliebt werden, HS) glauben, die Übrigen werden ohne zu glauben untergehen, zornig und Gott lästernd, so wie Du es hier tust.« Ein bisschen von Gott geliebt werden, ein wenig durch Werke gut werden – das gibt es für Luther nicht. Unerbittlich fordert er die völlige Unterwerfung des Einzelnen unter Gott; nur wer die göttliche Allmacht fürchte, Gott als seinen Schöpfer demütig anerkenne und an sich selbst und seiner Vernunft zweifle, werde von Gott angenommen und selig werden.

Luther räumt ein, dass die Annahme, Gott wisse auch das Böse voraus und lasse es zu, die Menschen gegen Gott aufbringen könnte. Schon Jeremia, Hiob und David seien durch Gottes scheinbare Ungerechtigkeit in Versuchung geführt worden. Luther bietet keine eigene Lösung des Theodizee-Problems, der Frage also, warum ein gütiger Gott das Böse in der Welt überhaupt zulasse. Er bleibt mit seiner Argumentation im Rahmen der scholastischen Lehre, die besagt, dass Gott das Böse nicht geschaffen habe, sondern es nur dulde. Gott verberge »seine ewige Güte unter ewigem Zorn, Gerechtigkeit unter Ungerechtigkeit«.[26] So lehren es Augustinus (»Unter dem bösen Handeln des Menschen verbirgt sich die gute Tat Gottes«) und auch Thomas von Aquin. Dieses Paradox, so Luther, ist mit der Vernunft nicht zu begreifen, man muss an seine Sinnhaftigkeit glauben.

Gottes Gerechtigkeit kann an menschlichen Maßstäben nicht gemessen werden. Gott vom Menschen aus zu verstehen ist unmöglich. »Wer sind wir denn«, fragt Luther, »dass wir den Grund des göttlichen Willens erforschen möchten (Röm. 9, 20)?« Gott bleibe ein verborgener Gott, ein unergründlicher Gott. Es genüge zu wissen, was Gott wolle und »diesen göttlichen Willen zu verehren, zu lieben und anzubeten, die vorlaute Vernunft aber in ihre Schranken zurückzuweisen«.[27] Die Vernunft sei in die Sünde eingeschlossen, böse und blind, Teil des Verblendungszusammenhangs, dem der Mensch in der Welt ausgeliefert ist, wie es im Johannes-Evangelium heißt: »Das Licht scheint in der Finsternis, aber die Finsternis begreift es nicht.« Als der verborgene Gott sich in Christus sichtbar gemacht habe, hätten Vernunft und menschlicher Wille den Erlöser weder zu erkennen noch anzunehmen vermocht.

Wiederholt bezichtigt Luther seinen Kontrahenten der Unentschiedenheit. Mit seiner Lauheit richte er die Schrift zugrunde. Es sei ein böser Irrtum zu glauben, der freie Wille stehe zwischen Gott und Satan, zwischen dem Guten und dem Bösen, denn außerhalb Satans sei nur Christus, »außerhalb der Gnade nichts außer Zorn, außerhalb des Lichts nichts außer Finsternis«. Gerade die Vernunft sei Christus entgegengesetzt! In ihr herrschten »Irrtum, Tod, der Satan und alle Übel«.[28] Ein »Mittelding«, das weder böse noch gut sei, könne es nicht geben in einer Welt, die in die Mächte des Guten und des Bösen aufgeteilt sei. Der Mensch und sein Wille seien nicht frei, sondern Objekt dieses Streits zwischen Licht und Finsternis. Luther fasst diesen Kampf um die Seele des Menschen in ein eingängiges Bild, das den freien Willen als Illusion entlarvt: »So ist der menschliche Wille in die Mitte gestellt (zwischen Gott und Satan) wie ein Zugtier. Wenn Gott sich daraufgesetzt hat, will er und geht, wohin Gott will, wie der Psalm (73, 22f.) sagt: ›Ich bin wie ein Tier geworden, und ich bin immer bei dir.‹ Wenn Satan sich daraufgesetzt hat, will und geht er, wohin Satan will. Und es steht nicht in seiner freien Entscheidung, zu einem von beiden Reitern zu laufen oder ihn sich zu verschaffen zu suchen, sondern die Reiter selbst kämpfen miteinander, ihn zu erlangen und zu besitzen.«[29]

Damit leugnet Luther keineswegs den freien Willen in Dingen des alltäglichen Lebens. Was Geld und Besitz angeht, kann der Mensch schalten und walten, wie er will, auch wenn Gott vorausweiß, was er tut.

»Im Übrigen hat er gegenüber Gott oder in den Dingen, welche Seligkeit oder Verdammnis angehen, keinen freien Willen, sondern ist gefangen, unterworfen, verknechtet – entweder dem Willen Gottes oder dem Willen des Satans.«[30] Alles ist vorgegeben, vorgezeichnet von Gott. Luther lässt das Rätsel bestehen, warum Gott den einen zur Seligkeit, den anderen zur Verdammnis auserwählt. Schärfer hätte Luther die von Erasmus verteidigte Selbstverantwortung des Menschen nicht zurückweisen können. Die ganze Heilige Schrift stütze seine Sicht der Dinge, gibt er am Ende seinem Kontrahenten auftrumpfend zu verstehen, »so dass in ihr kein Jota und kein Strich übrig bleibt, der nicht die Lehre vom freien Willen verdammt«.[31] Luther beendet die Kontroverse mit der auf den großen Gelehrten anmaßend wirkenden Aufforderung, endlich zur Einsicht zu kommen: »Ich aber habe in diesem Buch *nicht Ansichten ausgetauscht, sondern ich habe feste Behauptungen aufgestellt und stelle feste Behauptungen auf.* Ich will auch keinem das Urteil überlassen, sondern rate allen, dass sie Gehorsam leisten. Der Herr aber, um dessen Sache es geht, erleuchte Dich und mache Dich zu einem Gefäß zu (seiner) Ehre und Herrlichkeit. Amen.«[32]

Ende 1525 erscheint Luthers auf Latein verfasste Schrift im Druck, im Frühjahr 1526 auch auf Deutsch. Der so hart Attackierte setzt sich sofort hin und schreibt in nur zehn Tagen eine Entgegnung, die noch umfangreicher ist als Luthers rund 150 Seiten umfassende Schrift. Erasmus weiß die Humanisten hinter sich, die schon immer glühende Verfechter des freien Willens gewesen sind. In seiner Schrift *Hyperaspistes* (Schutzschrift) bekennt sich der Humanist zur katholischen Kirche und verteidigt sein sorgsames Abwägen: »Und der fährt nicht unglücklich, der zwischen zwei verschiedenen Übeln den Mittelkurs hält.«[33] Was das Wechselspiel von Gnade und freier Wille betrifft, spitzt er seine Position noch zu und behauptet jetzt, der freie Wille sei ein Geschenk Gottes, so dass kein anderes Geschenk notwendig sei. Zugleich beklagt er sich bei Kurfürst Johann von Sachsen über Luthers Schrift vom geknechteten Willen, die so »voll Spott, Bissigkeit, Schimpfrede, Drohungen und Beschuldigungen«

sei, »was kein ehrbarer Mann gegen einen Türken oder Mohammedaner schreiben würde«.[34] Der Kurfürst solle Luther dafür zur Rechenschaft ziehen.

Luther scheint nachträglich über seine Härte gegenüber dem alten Mann selbst erschrocken zu sein. Nach Erscheinen seiner eigenen Schrift hat er Erasmus noch einen versöhnlichen Brief geschrieben. Doch auf Erasmus' *Hyperaspistes* antwortet er nicht mehr. Dass der gelehrte Widersacher ihn bei seinem Landesherrn denunziert hat, empört Luther so sehr, dass er ihn in der Folge nur noch als »gereizte Viper«, »eitles Ruhmtierchen«, und sogar als »grimmigste(n) Feind Christi« verunglimpft. Er wirft ihm Verschlagenheit vor und erklärt seinen Verzicht auf jede weitere Stellungnahme so: »Wer den Erasmus zerdrückt, der würget eine Wanze, und diese stinkt noch tot mehr als lebendig.«[35]

Der Reformator hat jetzt ganz andere Sorgen. Er muss Antworten auf den Verfall der alten Kirchenordnung finden. Zwar breitet sich die reformatorische Lehre weiter aus, und der junge Landgraf Philipp von Hessen erweist sich immer mehr als Führer der evangelischen Bewegung. Doch entzieht sich damit der Fortgang der Reformation mehr und mehr dem Einfluss von Luther, der sie doch angestoßen hat. Nun ist er nicht mehr Antreiber, sondern Berater und »dogmatische« Autorität des evangelischen Lagers. Man muss jetzt Zeichen setzen – auch gegen die »falschen Brüder«, die das Evangelium für ihre gefährliche Schwärmerei missbrauchen. Das allgemeine Priestertum aller Gläubigen soll nicht in religiöser Anarchie enden! Luther beschäftigt sich nun intensiv mit der liturgischen und kirchenrechtlichen Umgestaltung. Seinen Landesherrn, den Kurfürsten Johann den Beständigen, weiß er an seiner Seite. Anders als sein Bruder, der verstorbene Friedrich, treibt Johann die Reformation in seinen sächsischen Territorien voran – für Luther allerdings viel zu langsam und mit halbem Herzen. Nach den schrecklichen Erfahrungen des Bauernkrieges sind die Menschen glaubensmüde geworden, die evangelische Aufbruchstimmung droht sich zu verflüchtigen, weil die sozialen Bedrückungen fortdauern und die neuen Pfarrer in ihren Gemeinden allein gelassen werden: Ihre Besoldung, aber auch ihre geistliche Unterweisung sind kärglich.

Luther versucht sich auf allen Feldern der Kirchenneuordnung. Er gibt Unterweisungen heraus, verschickt Sendbriefe und drängt darauf, im ganzen Land Visitationen durchzuführen. Vor allem setzt er bei der Neuordnung der Verhältnisse auf die Obrigkeit. Am 15. Mai bittet Luther den Kurfürsten, dem Pfarrer Wigand Güldenapf aus Waltershausen bei Eisenach die ihm vertraglich zugesicherten 30 Gulden Ruhegehalt zu bezahlen. Die Gelder sollten ihm eigentlich von den Erträgen aus Pfarrgütern erstattet werden, die aber offenbar nicht mehr der Gemeinde Waltershausen gehören. Nun müsse »der arme alte Mann« – es handelt sich um einen früheren »Schulmeister« Luthers an der Pfarrschule St. Georg in Eisenach – »um seine Nahrung laufen«.[36] Wie ihm ergeht es wegen der ungeklärten Eigentumsverhältnisse vielen Pfarrern und Lehrern. Nicht überall in Kursachsen herrschen so geordnete Zustände wie in Wittenberg. Es gibt zwar noch immer Klöster, doch überall versucht der Adel sich das zunehmend herrenlose Kirchengut einzuverleiben.

Alles, was den praktizierten Glauben ausmacht, muss vor Ort von der Gemeinde beauftragt und beaufsichtigt werden: Wortverkündigung und Sakramentsverwaltung, Seelsorge und Gemeindeleitung. Dafür müssen jedoch erst einmal die Voraussetzungen geschaffen werden. Luther wendet sich, was die Neuorganisation und Finanzierung der Pfarreien und Schulen betrifft, an seinen Landesherrn, der allein die Macht hat, seine Vorstellungen, notfalls »mit Gewalt«, durchzusetzen. Am 22. November 1526 fordert er Kurfürst Johann auf, die Klöster und Stifte, die an das Land gefallen sind, durch Visitationen »zu ordnen«. Dazu seien vier Personen nötig, »zwei, die für die Einkünfte und Güter, zwei, die für die Lehre und Personen sachverständig sind, auf dass dieselbigen auf Euer … Befehl die Schulen und Pfarren, wo es nötig ist, einrichten, anordnen und versorgen«.[37] Es müsse unbedingt verhindert werden, dass Adel und Städte diese Besitztümer an sich reißen und diese zweckentfremdet würden, da sie ja »doch zum Gottesdienst gestiftet« seien. Ohne Pfarrer und Prediger würden die Bauern rasch verwahrlosen und »leben wie die Säue«.[38]

Bevor in Wittenberg eine gültige Visitationsordnung verabschiedet wird, schafft der rührige Philipp von Hessen Tatsachen. Im Herbst 1526 wird auf einer Synodalversammlung in Homburg die Kirchenordnung *Reformatio ecclesiarum Hassiae* (Reformation der Kirche Hessens) auf den Weg gebracht und bereits zwei Monate später verabschiedet. Luthers und Melanchthons Überlegungen folgend, sollen die Pfarrer ihre Bischöfe selbst wählen. Auch eine deutsche Gottesdienstordnung soll eingeführt werden. Weitere Vorschläge betreffen die Auflösung der Klöster, die Stiftung von Hospitälern und die Errichtung von Schulen und Universitäten. Der hessische Landgraf legt Luther dieses Modell einer Reformation »von unten« vor, um seine Zustimmung einzuholen. Luther antwortet ausweichend, ihm ist die neue Kirchenordnung mit ihren 34 Kapiteln viel zu theoretisch, ein »Haufen Gesetze«; man solle doch erst einmal Erfahrungen sammeln, um dann Regeln aufzustellen. Philipp von Hessen folgt Luthers Rat und verwirklicht nur einige der wichtigsten Vorhaben. So löst er unter anderem die Klöster auf und finanziert damit den Bau der Universität Marburg, der ersten evangelischen Neugründung überhaupt.

Auch beim Abendmahlsverständnis gibt es wenig Gemeinsamkeit in der reformatorischen Bewegung. Hier entwickelt sich der Zürcher Reformator Huldrych Zwingli immer stärker zu Luthers eigentlichem Gegner. Zwingli bestreitet die »Realpräsenz«, die Gegenwart von Leib und Blut Christi in den eucharistischen Gestalten von Brot und Wein. Für ihn bedeuten die Einsetzungsworte (»Dies *ist* mein Leib«) nur eine Zeichenhandlung. Das »ist« (*est*) versteht Zwingli nicht als Identifikation von Brot und Leib, sondern als »bedeutet (*signifikat*) meinen Leib«. Luther antwortet auf Zwinglis im Februar 1526 erschienene Schrift *Eine klare Unterrichtung vom Nachtmahl* mit der Entgegnung *Sermon von dem Sakrament des Leibs und Bluts Christi wider die Schwarmgeister.*

Er beschreibt darin die leibliche Gegenwart Christi in Brot und Wein als Wunder, das nur noch übertroffen werde durch das Wunder des Glaubens, mit dem Christus ins Herz des Gläubigen gelange.

Für Luther markiert der ausufernde Streit über das Abendmahlsverständnis eine gefährliche Zäsur. Die Auseinandersetzung mit den »Sakramentariern« aller Couleur treibt einen Keil ins reformatorische Lager. In einem *Antwortschreiben an die Christen zu Reutlingen* warnt Luther am 4. Januar 1526 vor den »Sekten, Rotten, Ketzereien und falschen Geistern«,[39] die ihre Irrtümer in der Abendmahlslehre verbreiteten. Die Gemeinde solle sich einfach an die Worte Christi halten, die klar und offenbar seien. Doch die evangelische Bewegung ist nicht nur durch innere Uneinigkeit bedroht. Noch immer ist das Wormser Edikt, das über Luther und seine Anhänger und Unterstützer die Acht ausgesprochen hat, um den Bann des Papstes zu vollstrecken, in Kraft. Der Kaiser und der katholische Fürstenbund wollen die Ausbreitung der neuen Lehre eindämmen, aber Karl V. führt Krieg in Italien und hat kaum Einfluss auf das, was in Deutschland geschieht. Dennoch kündigt die kaiserliche Kanzlei die »Austilgung der verführerischen, verdammten lutherischen Lehre« an, »wodurch so viel Mords, Totschlags, Gotteslästerung und Zerstörung entstanden«.[40] Auf dem nächsten Reichstag, der im Juni stattfindet, sollen die Reichsstände beraten, wie man vorzugehen hat.

Angesichts dieser Bedrohung beschließen Landgraf Philipp von Hessen und Kurfürst Johann von Sachsen im Frühjahr 1526 bei einem Treffen in Gotha die Gründung eines evangelischen Verteidigungsbündnisses, dem im Sommer in Torgau als Erste Herzog Ernst von Braunschweig-Jüneburg, Herzog Philipp von Braunschweig-Grubenhagen sowie die Fürsten Heinrich von Mecklenburg, Albrecht von Mansfeld, Wolfgang von Anhalt und schließlich auch Herzog Albrecht von Preußen, der Hochmeister des Deutschen Ordens, beitreten. Ein Jahr zuvor hatten sich schon die katholischen Fürsten zu einem Dessauer Bündnis gegen die Reformation vereinigt. Die evangelische Sache wird aber nicht von dem eher schwachen Militärbündnis der Fürsten gerettet, sondern durch die Abwesenheit des jungen Kaisers. Karl V. führt in Oberitalien Krieg gegen den französischen König und den Papst, der sich überraschend mit Franz I. verbündet hat. Zudem stehen die Türken vor Wien und bedrohen die Habsburger Erbländer.

Luther, der dem Kaiser in Worms die Stirn geboten hat, darf sich jetzt an dem Schauspiel ergötzen, dass Seine allerkatholischste Majestät mit deutschen und spanischen Söldnertruppen gegen den Antichrist in Rom vorgeht, dessen schmachvollen Untergang er längst vorausgesagt hat. Jetzt scheint die Stunde des Zorns gekommen, jener *dies irae* der Apokalypse, den Luther mit pochendem Herz herbeigesehnt hat, um die Tiara in den römischen Staub sinken zu sehen. Papst Clemens VII. hatte sich überschätzt, als er glaubte, mit einer italienischen Städteliga, der *Liga sanctissima*, und seinem Verbündeten Franz I. den Habsburger aus Italien hinausdrängen zu können. Stattdessen rücken die habsburgischen Truppen Anfang Mai 1527 unter Führung des Herzogs von Bourbon auf die Ewige Stadt vor. Nach dem Tod ihrer Heerführer, des deutschen Georg von Frundsberg und des abtrünnigen französischen Herzogs Charles von Bourbon, fällt die ausgehungerte Soldateska über die »Hure Babylon« her. Die führerlosen Söldner dringen in Nonnenklöster ein, plündern, vergewaltigen und brandschatzen mit großer Grausamkeit. Zehntausende Römer werden beim *Sacco di Roma* getötet, Papstgräber und Reliquienschätze geschändet, Kunstschätze von unermesslichem Wert geraubt. Spanier, Deutsche und Neapolitaner teilen sich die Beute.

Auch die Schweizer Garde des Papstes wird von der Übermacht niedergemetzelt. Clemens VII. und seine Kardinäle entkommen auf die schwer befestigte Engelsburg. Von den Zinnen herab muss der Pontifex zusehen, wie die deutschen Söldner in einem gespielten Konklave Martin Luther zum Papst ausrufen. Am 7. Juni kapituliert auch Clemens VII. und darf nach Zahlung von 400 000 Gulden nach Orvieto abziehen. Dem anhaltinischen Reformator Nikolaus Hausmann schreibt Luther am 13. Juli voller Genugtuung: »Rom mit dem Papst ist jämmerlich verwüstet worden. Christus regiert so, dass der Kaiser, welcher für den Papst

Luther verfolgt, genötigt wird, für Luther den Papst heimzusuchen. Denn alles dient Christus für die Seinen und gegen seine Widersacher.«[41] Ein paar Wochen später nimmt er sein hartes Urteil zurück: »Ich wollte nicht, dass Rom verbrannt worden, denn das wäre etwas Ungeheuerliches.« Erst jetzt wird ihm mit Erschrecken klar, dass er die Gewalt, die er verabscheut, auch gegenüber seinem Todfeind, dem Papst, nicht dulden darf.

Die Frage nach der Legitimation von Gewalt beschäftigt Luther seit langem. Hautnah hatte er als junger Mönch den blutigen Bürgeraufstand in Erfurt erlebt und später dann in Wittenberg die Kämpfe der adligen Studenten mit den Handwerkern. Der Bauernkrieg hat ihm den letzten Zweifel genommen, dass es unzulässig ist, sich mit Waffengewalt gegen die Obrigkeit zu erheben. Und jetzt, angesichts der sich formierenden Bündnisse katholischer und evangelischer Stände, die einen militärischen Konflikt möglich erscheinen lassen, wird das Thema erneut dringlich. Angeregt durch Gespräche mit dem kursächsischen Söldnerführer Assa von Kram, der als Oberst an der Schlacht von Frankenhausen teilnahm, legt Luther die Schrift *Ob Kriegsleute auch in seligem Stande sein können* vor. Darin lehnt er sich an die Argumentation seines 1521 erschienenen Traktats *Eine treue Vermahnung an alle Christen, sich zu hüten vor Aufruhr und Empörung* an. Das Schwert führen dürfe nur die von Gott eingesetzte Obrigkeit, um »die Bösen zu strafen, die Frommen zu schützen und Frieden zu handhaben«.[42]

Luther scheut auch hier die Zuspitzung nicht. Provozierend schreibt er, die Hand, die das Schwert führe, sei »Gotteshand, und nicht der Mensch, sondern Gott hängt, rädert, enthauptet, tötet und führt Krieg«.[43] Auch wenn so mancher »Einfältige« denke, das Töten und Rauben sei kein christliches Werk, »so ist's doch in Wahrheit auch ein Werk der Liebe«.[44] Luther unterscheidet drei Arten des Krieges: den von »Oberpersonen« gegen »Unterpersonen«, den von »Unterpersonen« gegen »Oberpersonen« und den von gleich gegen gleich. Niemals darf eine »Unterperson« gegen ihre Obrigkeit Krieg führen; selbst einen Tyrannen muss man ertragen, da sein Sturz mehr Unrecht hervorrufen würde als die ungerechte Machtausübung. »Denn der Pöbel hat und weiß kein Maß, und in einem jeglichen (von ihm) stecken mehr als fünf Tyrannen.«[45]

Luther verwirft in seiner Schrift auch jede Art von Präventivkrieg: Ein Militärbündnis dürfe nur zur Verteidigung, nur für einen gerechten Krieg zur Wahrung des Friedens eingesetzt werden. Das ist auch eine Warnung an die »Evangelischen«, die sich für eine Auseinandersetzung mit den »Altgläubigen« rüsten: »Wer Krieg anfängt, ist im Unrecht.«[46] Sollte die Obrigkeit einen Angriffskrieg führen, steht jedem Soldaten ein Kriegsdienstverweigerungsrecht zu. Krieg als Söldner nur um des Gewinns willen zu führen ist ebenfalls verboten. Der Soldat muss seinen Dienst als schuldigen Gehorsam gegen die Obrigkeit und Gott verstehen, den er aber immer in dem Bewusstsein erfüllt, dass letztlich nicht dieses äußerliche Werk, sondern allein Christus ihn selig machen kann. »Und befiehl damit Leib und Seele in seine Hände. Und zieh dann vom Leder und schlag drein in Gottes Namen.«[47]

Die Durchsetzung des Wormser Edikts auf dem Reichstag in Speyer muss wegen der Abwesenheit Karls V. verschoben werden. Man einigt sich darauf, die Wiederherstellung der Kirchenordnung einem künftigen Nationalkonzil vorzubehalten. Bis dahin sollen die Reichsstände so »für sich … regieren«, wie sie es vor Gott und dem Kaiser verantworten könnten. Diese Duldung, eine Art Freibrief, erlaubt es den evangelischen Ständen, die Reformation in ihren Ländern weiter voranzutreiben.

Einschneidender als dieser seltsam kraftlose, unentschiedene Reichstag ist für Luther die Geburt seines Sohnes Hans am 7. Juni 1526. Stolz berichtet der Vater am nächsten Tag seinem Schwager Johannes Rühel in Mansfeld: »Gestern um zwei hat mir meine liebe Käthe von großer Gottes Gnaden einen Hansen Luther gebracht.«[48] Schon zwei Stunden nach der Geburt wird der Knabe durch den Diakon Georg Rörer getauft. Als Taufzeugen fungieren die Freunde Johannes Bugenhagen, Justus Jonas und Lucas Cranach. Luther schreibt dem Esslinger Reformator Michael Stifel: »Es grüßt Dich Käthe, meine Rippe, und sagt Dir Dank, dass Du sie mit Deinem so angenehmen Briefe beehrt hast. Sie fühlt sich, gottlob, wohl und folgt meinem Willen und ist in allen Dingen gehorsam und nachgiebig, mehr als ich je zu hoffen gewagt hätte (Gott sei Dank!), so dass ich meine Armut nicht gegen die Reichtümer eines Krösus eintauschen möchte.«[49]

In die Zeit der Geburt des ersten Kindes fallen auch neue körperliche Beschwerden. Plagen den Reformator seit Längerem schon Kopf- und Magenschmerzen, Schwindelanfälle und Herzbeklemmungen, so kommt nun ein Steinleiden dazu, verbunden mit starken Koliken. Immer wieder aber ist es das Herz, das ihn in Todesangst versetzt. Am 13. Januar 1527 berichtet Luther an Spalatin, dass er »neulich durch eine plötzliche Stockung des Bluts am Herzen einen Angstanfall hatte und fast den Geist aufgegeben hätte«.[50] Ein Glas des Hausmittels Aqua Cardui benedicti (Benediktenwasser) verschafft ihm Erleichterung. Am 26. Juli 1527 wirft ihn ein starker Schwindel nieder, und er muss sich ins Bett legen. Im linken Ohr quält ihn ein auf- und abschwellendes Klingen und Brausen, das ihn fast ohnmächtig werden lässt. Der Dreiundvierzigjährige hat das Gefühl, dass es zu Ende geht. Bevor er aufs Bett sinkt, betet er: »Mein allerliebster Gott, wenn Du es willst haben, dass dies die Stunde sei, die Du mir versehen hast, so geschehe Dein gnädiger Wille.«[51]

Luther ruft nach seiner »Käthe« und lässt sich sein Söhnchen ans Bett bringen. Dann kommt Johannes Bugenhagen, um ihm die Beichte abzunehmen. Über Nacht bessert sich sein Zustand etwas. Als Luther am nächsten Morgen aufwacht, sind Ohrensausen und Schwindel vorbei, aber er fühlt sich matt, erschöpft und niedergeschlagen. Jederzeit kann dieser Anfall wiederkehren. Die Verzweiflung lässt ihn mit Gott hadern, wie er am 2. August an Melanchthon schreibt: »Ich bin … mehr als eine ganze Woche im Tode und in der Hölle umhergeschleudert worden, so dass ich, verletzt am ganzen Leibe, noch an den Gliedern zittere. Da ich Christum fast verloren hatte, wurde ich getrieben von den Fluten und Stürmen der Verzweiflung und der Lästerung gegen Gott. Aber Gott, bewegt durch die Gebete der Heiligen, fing an, sich meiner zu erbarmen, und errettete meine Seele aus der tiefen Hölle.«[52]

Die Anfechtungen sind nicht allein durch körperliche Gebrechen ausgelöst. Es ist ein seelischer Zusammenbruch. Zu viel ist auf Luther eingestürmt. Durch die Heirat wurde sein bisheriges Leben auf den Kopf gestellt. Der viel größere Haushalt belastet ihn, immer fehlt Geld, Freunde und Bekannte bitten um Hilfe, müssen abgewiesen oder hingehalten werden. Das rastlose Schreiben und der Abnutzungskampf mit den Gegnern erschöpfen, die Anfeindungen zermürben.

Noch ein anderes Ereignis hat ihn aufgewühlt. Zwei Wochen vor dem Zusammenbruch wurde der bayerische Prediger Leonhard Kaiser, der in Wittenberg studiert hatte und der lutherischen Lehre anhing, in seiner Heimat öffentlich verbrannt. Der durch seine Kerkerhaft schwer Gezeichnete wurde vor seinem Tod gezwungen, mit Luthers früherem Gegner Johannes Eck zu disputieren. Wie sein großes Vorbild widerrief auch Kaiser nicht. Das Martyrium seines Schülers belastet Luther schwer, denn in einem Brief hatte er ihm kurz vor seinem Tod noch Mut zugesprochen. Er fühlt sich mitverantwortlich für diesen schrecklichen Tod. Wie oft hat er sein Martyrium beschworen, das dieser junge Prediger nun wirklich auf sich nehmen musste. Nun schämt er sich, dass ihm selbst die Passion erspart blieb.

Noch unter dem Eindruck dieser erschütternden Erfahrung, sieht sich Luther im Spätsommer 1527 einer neuen Bedrohung gegenüber: der Pest. Die gesamte Universität weicht nach Jena aus, darunter auch Justus Jonas und Philipp Melanchthon. Der Kurfürst fordert seinen Bibelprofessor auf, ebenfalls die Stadt zu verlassen. Luther lehnt das ab; in dem Sendschreiben *Ob man vor dem Sterben fliehen möge*, mit dem er eine Anfrage eines Breslauer Pfarrers beantwortet, begründet er sein Bleiben in Wittenberg. Das eigene Leben zu retten sei etwas Natürliches und durchaus erlaubt, wenn man nicht ein verantwortliches Amt wie das des Predigers, Bürgermeisters, Richters, Arztes oder Polizisten ausübe. Diese Personen müssten bleiben, um die Ordnung in der Stadt aufrechtzuerhalten. Luther spricht aus eigener Erfahrung, denn eine ganze Reihe von Menschen aus seiner unmittelbaren Umgebung sind erkrankt und müssen versorgt werden. Luther macht das Schwarze Kloster zum Hospital; auch die todkranke Frau des Bürgermeisters findet hier Aufnahme. Die Frau des Diakons Georg Rörer hat eine Totgeburt und stirbt entkräftet von der Entbindung. Luther entzieht sich seiner seelsorgerlichen Pflicht nicht. Für ihn ist das Ausharren inmitten der Todkranken eine Art Bewährung, ein Versuch, dem Märtyrertod nicht auszuweichen.

Das schwierige Jahr 1527 bringt am Ende wenigstens eine freudige Erfahrung. Inmitten des Pestlazaretts wird am 10. Dezember die Tochter Elisabeth geboren. Als sie wenige Monate später stirbt, muss Luther erfahren, dass noch so große Glaubensgewissheit den Schmerz über den Tod eines geliebten Wesens nicht besänftigen kann. Der streitbare Reformator ist ein liebevoller Vater, den die Fürsorge für die Familie verändert hat. »Mein Töchterchen Elisabeth ist mir gestorben«, schreibt er am 5. August 1528 an Nikolaus Hausmann, »es ist seltsam, wie ein bekümmertes, fast weibisches Herz sie mir zurückgelassen hat, so hat mich der Jammer um sie überkommen. Nie vorher hätte ich geglaubt, dass ein väterliches Herz wegen der Kinder so weich sein könne.«[53] Für Katharina ist der Tod ihres Kindes eine doppelt schlimme Erfahrung. Auch wenn der frühe Tod von Kindern eine normale Erfahrung ist, wird dies in ihrem Fall mit Genugtuung zur Kenntnis genommen. Immer wieder bekommt sie zu hören, dass ihre Ehe ungültig sei und die in ihr gezeugten Kinder »Satansbälger« seien.

Für Luther ist sein Sohn Hans ein Geschenk Gottes. Er nimmt jede Regung des Kleinen wahr und berichtet alles sofort den Freunden, vom ersten Zahnen bis zu den nicht ganz stubenreinen Aktivitäten des Kleinen: »Er hat heute gelernt, hockend allein in jeden Winkel zu machen, ja, er hat in der Tat mit außerordentlicher Geschäftigkeit in jeden Winkel gemacht.«[54] »Hänsichen« darf sogar mit ins Arbeitszimmer hinein, wenn sein Vater arbeitet. »Wenn ich sitze und schreibe, so singt er mir ein Liedlein daher, und wenn er's zu laut will machen, so fahre ich ihn ein wenig an; so singt er gleichwohl fort, aber er macht's heimlicher und mit etwas Sorgen und Scheu.«[55] Justus Jonas schenkt seinem Patenkind den

»silbernen Hans«, eine Silbermünze mit dem Bildnis des Kurfürsten Johann. Der Reformator Nikolaus Hausmann sendet eine Klapper, mit der Hänschen im Schwarzen Kloster Krach macht.

Am 22. März 1528 kommt die Anweisung *Unterricht der Visitatoren an die Pfarrherren im Kurfürstentum zu Sachsen* heraus. Im Vorwort betont Luther, die Schrift sei keine »Dekretale« im Sinne päpstlicher Verfügungen, sondern eine Darstellung der evangelischen Lehre, um Pfarrern einen Leitfaden an die Hand zu geben. Im Vordergrund stehe nicht die Macht der Institution, sondern die Liebe und Fürsorge des Landesherrn für seine Untertanen. Das ist eine freundliche Umschreibung der Tatsache, dass die durch die Visitationen eingeleitete Neuorganisation das bisherige Kirchenrecht aus den Angeln hebt. Das Visitationsrecht bedeutet vor allem den Zugriff auf die Pfründen der Kirche. Die Visitation war jahrhundertelang das Vorrecht der Bischöfe, die mit ihren Inspektionen vor Ort die Jurisdiktion in ihrem Machtbereich durchzusetzen versuchten. Jetzt ist es der Landesherr, der die Kontrolle über die Pfarreien übernimmt. Eine offizielle Instruktion regelt praktische Fragen wie die Besoldung und die Verwaltung.

Ziel der Visitationen ist nicht nur die theologische Unterweisung der Pfarrer, sondern auch die Überprüfung, welcher Partei die kirchlichen Mitarbeiter anhängen. Altgläubiges Personal soll möglichst den Anhängern der evangelischen Lehre weichen. Kurfürst Johann möchte in seinen sächsischen Territorien ein einheitliches Kirchenregiment schaffen. Für die politische und organisatorische Umsetzung der evangelischen Lehre ist Luther nicht der richtige Mann und bleibt im Hintergrund. An seine Stelle tritt Philipp Melanchthon; er ist zusammen mit Georg Spalatin der eigentliche Ratgeber des Kurfürsten in dieser Sache und maßgeblich an der Ausarbeitung der Visitationsinstruktion beteiligt.

Als Luther ab Sommer 1528 ebenfalls mit Kirchenvisitationen betraut wird, kommt er rasch zu der Erkenntnis, dass die Pfarrer in der Mehrheit über eine erbärmliche theologische Ausbildung verfügen. So setzt er sich hin, um ein Handbuch christlicher Unterweisung zu schreiben, zuerst den großen, dann den *Kleinen Katechismus*. Beide Schriften erscheinen im Frühjahr 1529 unter dem Titel *Deutsch Catechismus*. Luthers Unterweisung richtet sich nicht nur an die »untüchtigen Pfarrherrn«, sondern auch an Lehrer und Eltern. Jeder »Hausvater« sei es vor Gott schuldig, dass er Kinder und Gesinde wenigstens einmal die Woche unterweise. Der *Kleine Katechismus* – Luther nennt ihn seine »Laienbibel« – behandelt die Zehn Gebote, das Glaubensbekenntnis, das Vaterunser, die Taufe und das Abendmahl. Die kurzgefasste Lehrschrift umfasst alle wesentlichen Inhalte von Luthers Lehre und ist in einer verständigen Sprache abgefasst. Vor allem weigert sich der Verfasser, den Seelsorgern eine verbindliche Form aufzuzwingen: »Darum erwähle dir, welche Form du willst, und bleibe dabei ewiglich.«[56]

Als Landgraf Philipp von Hessen und Kurfürst Johann von Sachsen am 9. März 1528 in Weimar ein Militärbündnis schließen, warnt Luther seinen Landesherrn eindringlich vor einem Präventivkrieg gegen die katholischen Fürsten. Krieg, das hatte er ja bereits in früheren Schriften ausführlich aus der Bibel begründet, ist nur zur Selbstverteidigung erlaubt. Luther weiß nicht, als er sein Gutachten verfasst, dass der Landgraf einem Betrüger aufgesessen ist. Der Geheime Rat Otto von Pack, Vizekanzler von Herzog Georg dem Bärtigen, behauptet, im Besitz von Plänen zu sein, die belegen, dass die katholischen Stände rüsten, um zum geeigneten Zeitpunkt zusammen mit dem Kaiser gegen die Evangelischen loszuschlagen. Schon auf dem bevorstehenden Reichstag in Speyer würden Kaiser Karl V. und die katholische Partei rücksichtslos gegen die Evangelischen vorgehen. Für das fingierte Dokument lässt sich der in finanziellen Schwierigkeiten steckende Otto von Pack von Landgraf Philipp viel Geld bezahlen. Für Luther ist die Begutachtung der Lage schwierig, denn ein Vorgehen gegen ein Bündnis mit dem Kaiser an der Spitze verbietet sich nach seinem Verständnis von Obrigkeit. Er geht sogar so weit, den Reichsständen zu raten, auf jede Gegenwehr zu verzichten, sollte Karl V. die Evangelischen mit Gewalt unterwerfen.

Selbst im Augenblick höchster Gefahr für die eigene Sache ist Luther nicht bereit, von seinen theologischen Einsichten und Grundsätzen abzurücken.

Der intrigante Geheime Rat Otto von Pack hat sich nicht alles aus den Fingern gesaugt. Auf dem Reichstag soll auf Wunsch des Kaisers, der sich in Speyer durch seinen Bruder, den Erzherzog Ferdinand, vertreten lässt, ein Bündnis zur Abwehr der Türken geschlossen werden. In seiner *Proposition* verbindet Karl V. die Türkengefahr mit der Religionsfrage: Ohne die innere Einheit der Christenheit sei ein Sieg über die Heiden nicht möglich. Den Evangelischen werden deshalb – unter Hinweis auf das noch immer wirksame Wormser Edikt – die Reichsacht und der Verlust all ihrer Privilegien und Freiheiten angedroht, falls sie ihre reformatorischen Bestrebungen nicht aufgeben. Die katholische Seite will so die Zurücknahme der Kompromissformel des Speyerer Reichsabschieds von 1526 erzwingen. Mit der Mehrheit der katholischen Stände hebt der Reichstag tatsächlich den Beschluss von 1526 auf. Die evangelische Seite ist empört und lässt am 19. April 1529 eine von fünf Fürsten und vierzehn Städten verfasste *Protestation* verlesen, die den Protestanten ihren Namen gibt. Darin wird erklärt, dass man dem geplanten Reichsabschied aus Gewissensgründen nicht zustimmen könne. Man werde wie bisher an der Neuordnung des Kirchenwesens festhalten.

Luther lehnt das protestantische Militärbündnis nicht nur wegen seines Obrigkeitsverständnisses ab. Dem Bündnis gehören auch süddeutsche Städte wie Reutlingen, Konstanz, Lindau, Memmingen und Nürnberg an, die, so Luther, »wider Gott und die Sacramente streben«.[57] Sie alle stehen unter dem Einfluss des Zürcher Religionsführers Huldrych Zwingli, dem Luther tief misstraut. Damit hat der Reformator einen heiklen Punkt berührt, der die evangelische Bewegung zu spalten droht: den Abendmahlsstreit. Anders als Luther glaubt der rührige und an einem möglichst schlagkräftigen Bündnis interessierte Landgraf Philipp an eine Einigung mit den »oberdeutschen« Protestanten. Nur mit Hilfe der kämpferischen und militärisch schlagkräftigen Schweizer können die

Evangelischen in seinen Augen gegen Habsburg und seine Verbündeten bestehen, zumal zahlreiche Reichsstädte erwägen, sich in den Bund der Eidgenossen aufnehmen zu lassen. Philipp von Hessen beschließt, Luther und Zwingli zu versöhnen.

Als Ort der Begegnung der beiden Reformatoren wählt der Landgraf die Stadt Marburg. Dort hat er 1526 die erste evangelische Universität gegründet. Philipp von Hessen hofft, dass aus einer Einigung in der Lehre die politische Einigung folgen wird. Auch Kurfürst Johann unterstützt den Versöhnungsversuch. Zum Kolloquium reisen aus Wittenberg Luther und Philipp Melanchthon an, der Zürcher Reformator Huldrych Zwingli lässt sich von dem Basler Humanisten Johannes Oekolampad begleiten. Aus Straßburg kommen die Reformatoren Jakob Sturm und Martin Bucer, aus Nürnberg reist Andreas Osiander nach Marburg. Schwäbisch Hall entsendet den hoch angesehenen Reformator Johannes Brenz, Augsburg den in Bayern als Ketzer verurteilten Augustiner Stefan Agricola. Luther ist skeptisch, er will seinem Landesherren diesen »gefährlichen Dienst« zwar erweisen, verspricht sich allerdings nichts Gutes »zu dem Teufel … er stelle sich wie hübsch er immer wolle«.[58]

Am 30. September 1529 treffen die ersten Reformatoren auf dem Marburger Landgrafenschloss ein. Wegen einer in der Stadt grassierenden Epidemie dient es als Unterkunft und Tagungsort. Luther hat nicht nur seinen engsten Vertrauten Philipp Melanchthon, sondern auch noch die Kollegen Justus Jonas, Caspar Cruciger und Friedrich Myconius mitgebracht. Philipp von Hessen gibt den großzügigen, freundlichen Gastgeber. Das Treffen der führenden Reformatoren soll unbedingt ein Erfolg werden. Die Gespräche finden in den Privatgemächern des Landgrafen statt, um eine vertrauliche Stimmung zu erzeugen. Hoch über den Dächern der hessischen Stadt gelegen, ist das Schloss ein abgeschlossenes Areal, zu dem die Bürger keinen Zutritt haben. Am Kolloquium nehmen nur rund fünfzig Teilnehmer, durchweg Theologen und Prediger, teil; darunter Elsässer, Straßburger und Schweizer Professoren.

In dem von Philipp von Hessen organisierten Kolloquium in Marburg trafen 1529 die unterschied-
lichen Ansichten des Züricher Reformators Huldrych Zwingli (links am Tisch) und Luthers (rechts
am Tisch) unversöhnlich aufeinander. Zwingli, der zu Luthers Ärger oft auf Griechisch sprach,
beharrte auf einer »rein spirituellen Essenz« der Eucharistie, Luther insistierte hingegen auf Lateinisch, dass der Leib Christi in der Eucharistie tatsächlich anwesend sei. Zwingli, Oekolampad und
die übrigen »Sakramentarier« wollten Luther, Justus Jonas, Johannes Brenz u. a. am Ende des
Disputs als Brüder umarmen, aber Luther lehnte ab.

Philipp von Hessen hat sich eine Strategie der behutsamen Annäherung
ausgedacht. Die beiden Hauptkontrahenten stoßen nicht sofort aufeinander, es gibt erste Sondierungen, gleichsam über Kreuz: Luther spricht
mit Zwinglis Vertrautem Oekolampad, Zwingli mit Melanchthon. Man
kommt sich in einigen Fragen entgegen, erkundet vorsichtig Abwei-
chendes. Das Hauptgespräch beginnt am 2. Oktober morgens um sechs
Uhr. Die Atmosphäre ist entspannt, denn man steht nicht, wie bei Disputationen üblich, am Pult, sondern sitzt sich an Tischen gegenüber;
leicht überhöht präsidiert der Landgraf zusammen mit seinem Vetter,

dem Herzog Ulrich von Württemberg. Philipps Kanzler erinnert die Anwesenden zu Beginn des Kolloquiums, warum sie eingeladen wurden. Sie seien nicht in eigener Sache hier, sondern um die Einigkeit brüderlich voranzubringen.

Luther erhält als Erster das Wort und zählt wenig diplomatisch sämtliche Irrtümer der Gegenseite auf, den Blick fest auf den Zürcher Reformator gerichtet. Erst wenn diese ausgeräumt seien, könne man über das Abendmahl sprechen. Er werde hier keinesfalls Meinungen diskutieren, sondern Zeugnis für seinen Glauben ablegen. Der Ton gefällt Zwingli nicht: »Ihr werdet mir anders singen müssen«, fordert er scharf. »Ihr redet gehässig«, kontert Luther. Die »Oberdeutschen« bestreiten, dass es so viel Trennendes gebe. Man einigt sich, alles Kontroverse im Protokoll festzuhalten.

Dann wendet sich das Gespräch dem Hauptthema, dem Abendmahl, zu. Wie in Luthers letzter Schrift zum Thema (*Vom Abendmahl Christi. Bekenntnis*) ausgeführt, geht es um die Frage, in welcher Weise Christus beim Abendmahl anwesend ist. Zwingli trennt die beiden Naturen Christi voneinander, die göttliche und die menschliche. Die göttliche Natur darf nicht mit der leiblichen vermengt werden. Gott kann nicht leiden, Christus hingegen ist als Mensch gestorben. Die körperliche, reale Anwesenheit Christi in Brot und Wein sei eine falsche Versinnlichung Gottes. Man dürfe nicht die Menschheit erhöhen und Christus zum Fleisch hinabziehen. Der Blick des Menschen richte sich auf die geistige Gottheit: Für Luther ist diese strikte Trennung eine Leugnung des Opfertods Christi, der für die Erlösung gestorben ist. »Ich weiß von keinem Gott, als der Mensch geworden ist«, antwortet er.

Vor Beginn des Disputs hat Luther mit Kreide »Das ist mein Leib« auf den Holztisch geschrieben und die Schrift mit dem Tischtuch zugedeckt. Während des Wortwechsels mit Zwingli zieht er den Stoff mit heftiger Handbewegung weg, um auf die Unwiderlegbarkeit der biblischen Worte hinzuweisen. »Genau so steht es in unserer Schrift«, sagt er zu dem verdutzten Zwingli, »die habt Ihr uns noch nicht abgerungen«.

Das Einsetzungswort »Das *ist* mein Leib« sei nicht symbolisch gemeint, sondern real. Christus sei bei der Eucharistie leiblich gegenwärtig, nicht nur symbolisch. Auf den Einwand der Gegenseite, Jesus habe selbst gesagt, das Fleisch sei »zu nichts nütze« (Joh. 6, 63), bekräftigt Luther sein Argument, die Heilige Schrift sei hier eindeutig, der Verweis auf das Johannes-Evangelium unpassend. »Meine allerliebsten Herren, weil der Text meines Herrn Jesus Christus so lautet: *Hoc est corpus meum*, so kann ich wahrlich nicht daran vorbei, sondern muss bekennen und glauben, dass der Leib Christi da ist.«

Zwingli besteht darauf, dass das von ihm angeführte Bibelzitat unwiderlegbar sei: »Diese Stelle bricht Euch den Hals!« Luther antwortet spöttisch, indem er auf das harte Regiment in Zürich anspielt: »Rühmet Euch nicht zu sehr, so schnell brechen die Hälse nicht. Ihr seid in Hessen, nicht in der Schweiz.«[59] Der Hausherr habe doch gebeten, setzt Luther nach, ein brüderliches Gespräch zu führen. Falls Zwingli wünsche, dass daraus eine zänkische Disputation werde, so sei es ein Leichtes, ihm »über die Schnauze zu fahren«. Danach werden eine Reihe von Spitzfindigkeiten ausgetauscht, wie: Christus könne nicht zugleich im Brot und zur Rechten Gottes im Himmel sein. Die Lutheraner antworten, die Allmacht Gottes lasse selbstverständlich auch seine Allgegenwärtigkeit zu.

Den sakramentalen Charakter des Abendmahls will sich Luther nicht abhandeln lassen, denn beim »Herrenmahl« ist Gott ganz gegenwärtig, im glaubenden Vollzug der Eucharistie wird sein Versprechen auf Erlösung greif- und sichtbar für jeden Gläubigen. Das ist für ihn der feste Boden, auf dem die Glaubensgewissheit des Christen beruht. Wer die Sakramente von Brot und Wein infrage stellt, ihnen ihre Kraft nimmt, indem er sie auf »Zeichen« oder »Symbole« reduziert und das Abendmahl dadurch zum »Erinnerungsmahl« verharmlost, ist schon in den Fängen des Teufels.

Am 4. Oktober berichtet Luther seiner Frau Katharina, »dass unser freundlich Gespräch zu Marburg ein Ende hat. Wir sind fast in allen Stücken eins, nur dass die Gegenseite eitel Brot im Abendmahl behalten

und Christus nur als geistlich darinnen gegenwärtig bekennen wollte ...
ich denke, Gott hat sie verblendet.« Der Landgraf bemühe sich noch,
eine Einigung zu erzielen. Er und seine Mitstreiter wollten jedoch keinen Scheinfrieden.

Auf Drängen des Landgrafen arbeitet Luther eine abschließende Erklärung aus, die in vierzehn Punkten das Gemeinsame der evangelischen
Lehre herausstellt. Nur der letzte Abschnitt, der fünfzehnte der *Marburger Artikel*, betont das Trennende, die umstrittene Abendmahlfrage.
Wegen dieser bleibenden Differenz sieht sich Luther am Ende des Marburger Religionsgesprächs nicht in der Lage, die Schweizer brüderlich
anzuerkennen. Als Zwingli und Oekolampad ihre deutschen Brüder am
Ende des Treffens umarmen wollen und sie zu einer gemeinsamen Kommunion einladen, lehnt Luther das schroff ab. »Bittet Gott, dass er Ihr
zur Einsicht kommt!«, ruft er ihnen zum Abschied zu. »Bittet auch Ihr;
Ihr habt es ebenso nötig!«, antworten die Schweizer verbittert.

Für Landgraf Philipp von Hessen ist das Gipfeltreffen der Reformatoren in Marburg eine große Enttäuschung. Er lässt von seinem Kanzler
eine floskelhafte Schlussnote aufsetzen, die die Gegensätze überspielt,
aber zwischen den Zeilen ist die tiefe Kluft für jedermann erkennbar.
Der Führer des protestantischen Bündnisses setzt auf den nächsten Reichstag, der in Augsburg stattfinden soll. Dort wird auch der Kaiser erscheinen, um das deutsche Glaubensschisma zu beenden. Für Luther ist
Augsburg in weiter Ferne; er steht aufgrund des Wormser Edikts noch
immer unter Acht und Bann und wird sich hüten, dorthin zu reisen. Ihn
beschäftigt ein ganz anderes Problem, das ebenfalls in Augsburg zur
Sprache kommen wird: der Krieg gegen die Türken. Sultan Suleiman
konnte zwar eben vor Wien zurückgeschlagen werden, hat aber Teile
Ungarns erobert und sich dort festgesetzt. Luther will die Fürsten auf-
rufen, den Kaiser in seinem Abwehrkampf zu unterstützen, damit sich
das christliche Abendland nicht aus innerer Uneinigkeit seinem Todfeind ausliefert.

ZWÖLFTES KAPITEL

»Vom Krieg wider die Türken« und »Heerpredigt wider den Türken«.
Kaiser Karl V. auf dem Reichstag in Augsburg. Melanchthon verhandelt
für Luther. »Im Reich der Dohlen und Krähen«: Luther auf der
Veste Coburg. Krankheiten. Tod des Vaters. Brief an den Sohn Hans.
»Bund von Schmalkalden«. Zwingli stirbt in der Schlacht.
Tod der Mutter. Tischgespräche. Kurfürst Johann stirbt. Tod von
Papst Hadrian, Wahl von Paul III. Die ganze Luther-Bibel erscheint.
Nuntius Paolo Vergerio trifft Luther in Wittenberg.

Der Kampf gegen die Türken ist für Luther zutiefst mit der reformatorischen Sache verbunden. Die heidnischen Türken erscheinen in
seinen Schriften als »Gottes Rute und des Teufels Diener«.[1] Durch ihre
Eroberungen und Grausamkeiten züchtige Gott die Feinde des evangelischen Glaubens. Er eröffne den Verblendeten aber auch die Möglichkeit der bußfertigen Umkehr. Mit seinem Aufruf an die christlichen
Mächte, erst einmal Krieg gegen den Unglauben in den eigenen Reihen
zu führen, bevor sie gegen die Türken antreten, hatte Luther bereits 1518
den Unmut der Kurie auf sich gelenkt. In der Bannandrohungsbulle
vom 15. Juni 1520 verwarf der Papst diese Äußerung als ketzerisch und
unchristlich. 1524 beschwor Luther die Christen erneut, auf keinen Fall
den verblendeten Fürsten in einen Krieg gegen die Türken zu folgen.
Doch seit der Schlacht von Mohács im Spätsommer 1526, als die Türken
das Heer des ungarischen Königs Ludwig II. vernichtend schlugen und
damit begannen, eine dauerhafte Herrschaft in Ungarn zu errichten, ist

die Bedrohung so greifbar geworden, dass Luther sich herausgefordert fühlt, erneut Position zu beziehen.

In seiner Schrift *Vom Krieg wider die Türken*, die Philipp von Hessen gewidmet ist, räumt Luther den von seinen Gegnern geschürten Verdacht aus, er hege heimlich Sympathien für die Türken. Er warnt eindringlich vor »solchem wüsten, wilden Volk«, dem »Diener des Teufels«. Niemand dürfe sich über die Folgen der türkischen Herrschaft täuschen. Den Christen sei es unter Androhung des Todes verboten, sich öffentlich zu ihrem Gott zu bekennen. Dennoch, empört sich Luther, machten sich der von den Türken eingesetzte ungarische König Johann I. und seine Unterstützer in Deutschland »zum Gesellen der gottlosen Türken«. Hunderttausend Ungarn und Kroaten seien in die Türkei verschleppt worden – wie könne man jetzt noch das türkische Regiment verharmlosen? »Nun haben wir ... gehört, was der Türke für ein Mann sei, nämlich ein Zerstörer, Feind und Lästerer unseres Herrn Jesus Christus, der anstelle des Evangeliums und des Glaubens seinen schändlichen Mohammed und alle Lügen aufrichtet. Dazu verwüstet er alle weltliche Obrigkeit und Hauszucht oder Ehestand, und sein Kriegführen ist nichts anderes als Mord und Blutvergießen, als eines rechten Teufels Werkzeug.«[2]

Zwar anerkennten die Muslime die Evangelien, doch setze der Islam den Koran über die Heilige Schrift, den Propheten Mohammed über Christus, bestreite dessen Göttlichkeit und biete gegen die Wunder Christi die Macht des Schwertes auf. Die grausam geführten Kriege der Osmanen seien »reiner Frevel und Räuberei, wodurch Gott die Welt straft, wie er auch sonst manchmal durch böse Buben zuweilen rechtschaffene Menschen straft«.[3] Erzürnt über den Abfall des Menschen, benutze Gott die Heiden als Werkzeuge seiner Rache – und Mittel zur Umkehr. Die Papisten nähmen dieses Angebot nicht an, im Gegenteil: Indem sie zum »heiligen Krieg« gegen die osmanischen Eroberer aufriefen, versuchten sie, sich Gott zu widersetzen. Statt wahre Buße zu üben, versteckten sie sich hinter ihren Kreuzzügen. Der Papst sei kein bisschen frömmer und »sieht dem Mohammed über die Maßen ähnlich«.[4] Sein Koran sei das kanonische Recht, sein Schwert sei der Bann. Und auch, was die »Unzucht« angehe, vergäben sich beide nichts.

Die akute Türkengefahr ist für Luther nur ein weiterer Anlass, seine Anhänger zu ermahnen, im rechten Glauben nicht nachzulassen. Glaubensstärke sei die Voraussetzung, »dass man zuvor des Türken Allah, das ist seinen Gott, den Teufel, schlagen und so seine Macht und Gottheit von ihm stoßen müsse … sonst wird das Schwert wenig ausrichten«[5]. Das Mittel, Gott zu versöhnen und sich seiner Hilfe im Kampf gegen die Türken zu versichern, seien Buße und Gebet, nicht die guten Werke: »Wir müssen durch die Buße unser Wesen bessern, sonst kämpfen wir vergeblich.« Entsprechend Luthers Lehre von den beiden »Regimenten« sind es zwei Mächte, die den Abwehrkrieg gegen die osmanischen Eroberer zu führen haben: der Christ mit seinem Glauben, der Kaiser mit dem Schwert. Der Papst sei eine so gotteslästerliche Macht, dass er zur Türkenabwehr nichts beitragen könne. Denn es sei notwendig, mit »rechtem Gewissen Krieg zu führen«, der Teufel könne mit Waffen nicht allein geschlagen werden. »Gottes Zorn« über die Sünde und die Undankbarkeit der Menschen werde niemals durch Waffengewalt allein besänftigt werden, schreibt Luther und zitiert Psalm 33, 17f.: »Er hat nicht die Freude an der Stärke des Rosses und kein Gefallen an den Schenkeln des Mannes. Der Herr hat Gefallen an denen, die ihn fürchten, die auf seine Güte hoffen.«[6]

Der Christ, so Luther, muss dem Kaiser in den Krieg folgen, weil er als Untertan dazu verpflichtet ist, der Obrigkeit zu dienen beim Schutz des Landes. Wer sich dem von Gott eingesetzten Kaiser verweigert, verweigert sich Gott. Keineswegs, mahnt Luther, handelt es sich bei der Verteidigung des Landes um einen »heiligen Krieg«: »Denn ich rate nicht, gegen den Türken oder den Papst seines falschen Glaubens und Lebens halber zu streiten, sondern seines Mordens und Zerstörens halber.«[7] Es gehe nicht darum, den Islam auszurotten. Man lasse die Türken leben, wie sie es wollten. Der Kaiser ist seinerseits als Hüter des Reiches verpflichtet, zusammen mit den Fürsten gegen die türkischen Invasoren zu Feld zu ziehen, weil sie es als »Straßenräuber« auf das Hab und Gut seiner Untertanen abgesehen hätten. Wenn schon Krieg geführt würde, dann richtig! Eine Streitmacht von »20 oder 30 tausend Mann«[8] sollten die Deutschen aufbieten.

Trotz dieses Aufrufs zu den Fahnen klingen Zweifel an, ob es nicht schon zu spät sei im apokalyptischen Endkampf. Luther sieht eine geheime Komplizenschaft zwischen dem Sultan und dem Papst: Beide wirkten am Untergang des römischen Reiches mit, zusammen bildeten sie die Fratze des Antichristen. Der Kaiser kann die Apokalypse nicht verhindern? Dann soll er sie wenigstens aufhalten! Aber sind nicht Kaiser und Fürsten selbst die ärgsten Feinde der Christenheit? Wann endlich kommen sie ihrer Pflicht nach, den Papst, seine Bischöfe und die »falschen Christen« zu vertilgen? Noch hofft Luther auf Umkehr, sieht aber dem Weltgericht durchaus hoffnungsfroh entgegen: »Denn obwohl ich weiß, dass ich mit diesem Buche keinen gnädigen Herrn am Türken finden werde, so hab ich doch meinen Deutschen die Wahrheit, so viel mir bewusst ist, anzeigen und beiden, Dankbaren und Undankbaren, treulich raten und dienen wollen. Hilft's, so hilft's; hilft's nicht, so helfe unser lieber Herr Jesus Christus und komme mit dem Jüngsten Gericht vom Himmel herab und schlage beide, Türke und Papst, zu Boden samt allen Tyrannen und Gottlosen und erlöse uns von allen Sünden und von allem Übel. Amen.«[9]

Wien ist nicht Armageddon, die Endschlacht findet auch in Niederösterreich nicht statt. Trotz seiner gewaltigen Streitmacht von 120 000 Mann gelingt es Sultan Suleiman I. nicht, die Stadt zu erobern. Nachdem 40 000 seiner Krieger im Kanonenhagel der Verteidiger gefallen sind, zieht sich der kriegserprobte Feldherr am 14. Oktober 1529 nach Asien zurück. Vor seinem Abzug verwüstet er die Umgebung von Wien und wütet unter den Bewohnern. Nach der Rettung Wiens ruft Luther in einer *Heerpredigt wider den Türken* zu verstärkter Rüstung auf. Er erinnert, dass man ihm nicht geglaubt habe, seine Landsleute, die »vollen Säue«[10], wollten nur »fressen« und »saufen«, Wohlstand und Sicherheit. Der Türke, beruhige man sich selbst, sei nun weg und komme nie mehr zurück. Das sei aber ein böser Irrtum.

Luther erneuert seine Warnung, auf keinen Fall mit den Eindringlingen zu paktieren. Alle Versprechen würden gebrochen, mit größter Grausamkeit würden diejenigen unterdrückt, die vom Sultan beherrscht würden. Jeder Deutsche müsse sein Dorf bis zum letzten Blutstropfen verteidigen, sich der Plünderung und Verschleppung entgegenstellen. Besser alle würden getötet, als in die Hände der Türken zu fallen, denn in der Türkei würde man gezwungen, zum Islam überzutreten und damit »dem Teufel in die Hölle hineinfallen«. Wer sich weigere, dem Kaiser in den Krieg zu folgen, werde ein furchtbares Schicksal erleiden. »Sperrst du dich aber und willst nicht geben noch ins Feld ziehen, wohlan, so wird dichs der Türke wohl lehren, wenn er ins Land kommt und dir tut, wie er jetzt vor Wien getan hat: nämlich, dass er keine Abgaben noch Felddienst von dir fordert, sondern dir Haus und Hof ansteckt, dir Vieh und Futter, Geld und Gut nimmt, dich zu Tode sticht … dir dein Weib und Töchter vor deinen Augen schändet oder erwürgt, deine Kinder zerhackt und sie auf deine Zaunlatten spießt.«[11]

Bürger und Adel hätten lange genug geprasst, jetzt müssten Opfer gebracht werden: »Es hat ein jegliches Tun seine Zeit, sagt Salomo Pred. 3, 1. Bisher ist Friedens Zeit gewesen, nun ist's Streitens Zeit, bisher Prassens und Prangens Zeit, nun aber Sorgens und Mühens Zeit, bisher Wucherns, Stehlens, Zusammenscharrens Zeit, nun aber Ausgebens, Bezahlens und Ausstreuens Zeit, bisher Essens, Trinkens, Tanzens, Freudens, Lachens Zeit, nun aber Trauerns, Schreckens, Fürchtens, Weinens Zeit, bisher Tändelns, Schlafens, Müßiggehens, Sicherlebens Zeit, nun aber Wachens, Unruhes, Schaffens, Wehrens Zeit. Haben wir jene gute Zeit gerne haben und dennoch Gott nichts dafür danken noch anerkennen können, so lass uns nun diese böse Zeit auch dulden und dran lernen, für jene gute Zeit zu danken.«[12]

Luther belässt es nicht bei der Aufforderung, sich zu rüsten, um die eigenen Angehörigen und das Eigentum schützen zu können, er verspricht den Kämpfern auch das Seelenheil: Da man als Mensch auf jeden Fall sterben müsse, dann besser im Kampf gegen die Türken, weil Gott das so verordnet habe. Mit dem Märtyrertod gewinne der Christ das ewige Leben – und der gottlose Feind, der ihm das Leben nimmt, wird auf Ewigkeit verdammt werden: »Der Türke mordet die Christen zeitlich, zum ewigen Leben, aber eben damit mordet er sich selbst, zum ewigen höllischen Feuer mit allen Teufeln.«[13]

Nachdem die Abwehr der Reitertruppen Suleimans I. vor Wien gelungen ist, kann sich Karl V. wieder der ungeklärten Lage im Reich zuwenden. Die Türken sind zurückgeschlagen, die Franzosen in Italien besiegt, der Papst, durch die Niederlage von Franz I. gezwungen, sich mit Habsburg zu verbünden, hat dem triumphierenden Kaiser in Bologna die Krone aufgesetzt. Die deutschen Fürsten sind konsterniert, dass sie zur Kaiserkrönung nicht geladen waren. Immerhin haben sie den Habsburger gewählt! Noch in Bologna beschließt Kaiser Karl V. in Augsburg einen Reichstag einzuberufen. Nach neun Jahren Abwesenheit wird er sich dort im Glanz seiner neuerworbenen Macht zeigen und dem bei der Kaiserkrönung geleisteten Schwur, den Papst und die römische Kirche, alle ihre Besitztümer und Rechte zu verteidigen, Geltung verschaffen.

Die evangelischen Stände sind höchst beunruhigt, obwohl der Kaiser bei der Ausschreibung des Reichstags moderate Töne anschlägt und seinen Wunsch ausdrückt, »die Zwietracht hinzulegen, vergangene Irrsal unserem Heiland zu ergeben und ferner eines jeden Gutdünken, Opinion und Meinung in Liebe zu hören, zu erwägen, zu einer christlichen Wahrheit zu bringen, alles abzutun, was zu beiden Seiten nicht recht ausgelegt worden«. Was nach Ausgleich und Versöhnung klingt, enthält auch gefährliche Untertöne, deutet einen Wahrheitsanspruch an, der nur der Roms sein kann. Philipp von Hessen, der Führer der evangelischen Stände, arbeitet im Hintergrund weiter an einem Militärbündnis, das für den Fall der Fälle einen Militärschlag ermöglichen soll. Auch am kurfürstlichen Hof wächst die Sorge, der erstarkte Kaiser könne mit Gewalt gegen die Evangelischen vorgehen. Kurfürst Johann bittet Luther in einem Brief vom 27. Januar 1530, er möge sich mit Bugenhagen, Jonas und Melanchthon verständigen, ob gewaltsamer Widerstand gegen den Kaiser erlaubt sei.

Luther hält sich an das, was er bereits in seinen früheren Schriften ausgeführt hat: Der Christ darf sich der Obrigkeit in keinem Fall widersetzen, »sie tu recht oder unrecht«.[14] Was nach weltlichem Recht erlaubt sei, sei nach der Schrift keineswegs erlaubt, auch wenn der Kaiser den Frieden geschworen habe und ihn nun breche. Das Evangelium dürfe nicht für den Widerstand gegen die Obrigkeit missbraucht werden. Sollte der Kaiser allerdings die Fürsten zwingen, ihre Untertanen, die der evangelischen Lehre anhängen, zu drangsalieren, dann dürften sie den Gehorsam verweigern. Kurfürst Johann weist seine Wittenberger Professoren an, sich auf eine große Auseinandersetzung in Augsburg vorzubereiten. In die Reichsstadt werden ihn Philipp Melanchthon, Johannes Agricola, Justus Jonas und sein engster Berater Georg Spalatin begleiten. Luther soll mitreisen, aber auf der Veste Coburg, im äußersten südlichen Zipfel Kursachsens, Quartier nehmen, da er ja noch immer in Acht und Bann ist und beim Reichstag nicht dabei sein kann, ohne sein Leben zu riskieren. Man will ihn über alles unterrichten, was in Augsburg disputiert wird, und er soll auch auf die Beschlüsse der evangelischen Seite Einfluss nehmen können.

Der Einzug des dreißigjährigen Kaisers am 15. Juni 1530 mit seinem spanischen Gefolge in die Freie Reichsstadt Augsburg ist eine Demonstration der Macht. Als der ganz in Schwarz gekleidete Karl V. auf seinem weißen Hengst vor dem Dom eintrifft, sind die deutschen Fürsten und die Stände des Reiches schon versammelt. Sie erwarten das vom Papst frischgesalbte Oberhaupt des Abendlandes kniend. Auch der Kaiser steigt ab, um wie alle Anwesenden vom römischen Legaten Lorenzo Campeggi den päpstlichen Segen zu empfangen. Nach dem feierlichen Tedeum begleiten die Fürsten den Kaiser ehrerbietig bis zu seinem Quartier, zur bischöflichen Residenz. Dort werden die protestantischen Fürsten aufgefordert, vor dem Habsburger zu erscheinen. Karls Bruder Ferdinand, Reichsverweser und Organisator des Reichstags, teilt den völlig überraschten Herren mit, ihren Geistlichen sei das Predigen während ihres Aufenthaltes in Augsburg verboten. Der Kaiser verlange zudem, dass die Evangelischen an der Fronleichnamsprozession am nächsten Tag teilzunehmen hätten, um dem Volk die Einheit des Reiches vorzuführen. Philipp von Hessen erhebt sich und erklärt, man werde weder das eine noch das andere akzeptieren. Markgraf Georg von Brandenburg-Ansbach fasst sich theatralisch an den Hals und meint, lieber lasse er sich sofort den Kopf abschlagen, als seinem Evangelium abzuschwören. Karl V. besteht auf seiner Anordnung. Die Protestanten ziehen sich zur Beratung zurück, die bis in die Nacht hinein andauert. Jeder spürt, dass es sich hier um eine Machtprobe handelt, die andere nach sich ziehen wird, sollte man zurückweichen.

Die protestantischen Fürsten nehmen an der Prozession »aus christlichen guten Gründen« nicht teil und kündigen an, ihre Geistlichen predigen zu lassen. Der Kaiser lässt die Fürsten einzeln zu sich führen und ist bereit, einen Kompromiss zu schließen. Die Konfrontation, das ist ihm rasch klar geworden, würde den Reichstag scheitern lassen. Die Reformation scheint über den Punkt hinaus zu sein, wo man sie mit protokollarischen Finten umkehren kann. Karl V. hat, was sein Auftreten im Reich betrifft, gelernt, sein wahres Gesicht zu verbergen. Entscheidend für ihn ist, sämtliche Fürsten für den Kampf gegen die Türken zu gewinnen, die abgewehrt, aber nicht geschlagen sind. Man einigt sich, bei den Predigten nur die biblischen Texte ohne Auslegung zu verlesen. Eine Anordnung, die für beide Seiten gilt und die auch Luthers Hauptfeind, Johannes Eck, der aus dem nahen Ingolstadt nach Augsburg geeilt ist, zähneknirschend akzeptieren muss. Die Evangelischen haben durch ihre Beharrlichkeit einen ersten Erfolg erzielt.

Während in Augsburg zäh verhandelt wird, sitzt Luther auf seinem neuen Patmos (er nennt sein Refugium jetzt »Sinai«) wie auf Kohlen. Er ist abgeschnitten vom Geschehen, auf Nachrichten angewiesen, die per Boten auf seine Bergfestung gebracht werden. Der umgänglichere Philipp Melanchthon ist jetzt der Mann der Stunde, der die protestantische Sache theologisch zu vertreten hat. Seit dem 23. April befindet sich Luther zusammen mit seinem Sekretär Veit Dietrich und seinem Neffen Cyriakus Kauffmann im »Reich der Dohlen«, das ihm, wie einst die Wartburg, zum Arbeitsort wird. An Melanchthon schreibt er am 24. April: »Der Ort ist wirklich ganz reizend gelegen und zum Studieren sehr geeignet, nur dass Eure Abwesenheit ihn traurig macht.«[15] An die Stirnwand seines Zimmers schreibt Luther seine Lieblingslosung, entnommen dem Psalm 118: »Ich werde nicht sterben, sondern leben und des Herrn Werk verkündigen.«

Luther hat sich viel vorgenommen: Er will sich noch einmal mit den Psalmen beschäftigen, die prophetischen Schriften des Alten Testaments übersetzen und eine deutsche Auswahl der Fabeln des griechischen Dichters Äsop zusammenstellen. Tiergeschichten wie *Die Ameise und die Heuschrecke* oder *Das Lamm und der Wolf* sind für den Moralisten Luther Gleichnisse für Neid, Geiz, Dummheit und Bosheit, anhand derer sich sehr einprägsam die Sündhaftigkeit der Kreatur vorführen lässt. Er hält sie besonders für die Schule geeignet, eine »feine Lehre und Warnung unter der lieblichen Gestalt der Fabel, gleichwie in einer Mummerei oder Spiel«.[16]

So entrückt auf seinem Berg, den Blick aufs Große und Ganze gerichtet, drängen sich Luther aber auch wieder Bilder der Apokalypse auf, vor allem, wenn er an das denkt, was in Augsburg zur Verhandlung steht: die Türkenabwehr. »Ich fange an, von Grund meines Herzens gegen den Türken und den Mohammed zu entbrennen, weil ich das unerträgliche Rasen des Satans sehe, der so hoffärtig gegen die Leiber und Seelen wütet«, schreibt er an Melanchthon. »Dich quälen mehr die einheimischen Ungeheuer unseres Reiches. Aber wir sind es, denen es bestimmt ist, diese beiden letzten Wehe, die zugleich wüten und mit dem äußersten Ungestüm hereinbrechen, zu sehen und zu leiden. Aber eben dieses Ungestüm ist Zeuge und Prophet seines Endes und unserer

Erlösung.«¹⁷ Das sind Gedanken, die auf die Johannes-Apokalypse anspielen, auf die von Gott über die abgefallene Menschheit ausgeschütteten »Schalen des Zorns«, die Plagen und »Wehen«, die den Gottlosen in den Tagen vor dem Jüngsten Gericht drohen. Nicht nur ihm selbst, jetzt kommt auch Melanchthon, dem Mit-Propheten, die Aufgabe zu, auf das hinzudeuten, was der Christenheit bevorsteht. Am Ende aber, das ist die Frohe Botschaft, steht die Erlösung: Die Zeit des Teufels ist abgelaufen.

Es gibt auch den anderen Luther, den humorvollen Beobachter, der in den kreischenden Vögeln vor seinem Fenster, den schwarzen Dohlen und Krähen, die auf dem Reichstag versammelten Gegner zu erkennen glaubt: »Alle sind gleichmäßig ganz schwarz, alle haben dunkle Augen, alle sind einstimmig in derselben Musik, doch mit einem angenehmen Unterschied zwischen den Stimmen der Alten und der Jungen. Ihren Kaiser habe ich nicht gesehen noch gehört. Ich sehe auch, dass sie auch eindeutig die vierfüßige Reiterei verachten. Sie haben eine bessere geflügelte, durch welche sie auch dem Zorn der Büchsen entgehen können. Soviel ich von dem Dolmetscher ihrer Beschlüsse vernehmen konnte, haben sie einmütig beschlossen, dies ganze Jahr hindurch einen Kriegszug zu unternehmen gegen die Gerste, sowohl die rohe als auch das Malz, weiter gegen Winter- und Sommerweizen und alles, was es nur an guter Feldfrucht gibt. Und es besteht die Gefahr, dass sie in vielen Dingen siegen werden. Es ist eine verschlagene und listige Art von Kriegern, wunderbar geübt im Stehlen und Rauben. Auf diesem Reichstag sitzen wir hier mit großem Vergnügen als müßige Zuschauer und Zuhörer.«¹⁸

Luther greift im Bild der gefräßigen Vögel auf, was ihn beunruhigt: Dass die katholische Partei siegen wird und Luther, der Reformator, untätig und hilflos dabei zuschauen muss. Melanchthon ist die schwierige Aufgabe zugefallen, eine Zusammenfassung der evangelischen Glaubensgrundsätze zu erarbeiten und sie dem Kaiser als *Confessio* (Bekenntnis) vorzulegen. Melanchthon konzipiert das Manifest jedoch ganz bewusst als *Apologie*, als Verteidigungsschrift, um Kaiser Karl V.

als Schiedsrichter zu gewinnen. Gemäß seiner diplomatischen Art ist der scheue Gelehrte an die Grenzen des gerade noch für die protestantische Seite Zumutbaren gegangen, hat der Gegenseite Brücken gebaut und sich geschmeidige Formelkompromisse ausgedacht, um nachzuweisen, dass die lutherische Lehre kaum von der römischen abweicht und es den Protestanten nur darum geht, Missbräuche abzustellen. Das Papstamt, die Stellung der Priester, die Autorität der Bischöfe bleiben ausgeklammert, um ja keine Ablehnung zu provozieren. Luther trägt das mit, weil er noch immer auf den guten Willen des Kaisers vertraut.

Dass Luther in den Entstehungsprozess des Augsburger Bekenntnisses nicht vollständig einbezogen werden kann, ist allen Beteiligten klar. Beide Seiten bedauern das nicht, denn die Lage ist so verworren, dass nur ein ausgleichendes Temperament wie Melanchthon die gefährliche Konfrontation abwenden kann. Luther anerkennt das auch und schreibt an den Kurfürsten: »Ich habe Mag. Philipps Apologie durchgelesen; die gefällt mir sehr wohl, und ich weiß nichts daran zu bessern noch zu ändern.«[19] Er fügt allerdings hinzu, »so sanft und leise« wie Melanchthon könne er selbst gar nicht auftreten. Dann wieder beklagt er, dass so selten Briefe aus Augsburg kämen, er sei von allem abgeschnitten. Ob man ihn durch Stillschweigen mürbe machen wolle? Als er schließlich auf Anweisung von Kurfürst Johann die letzte Fassung erhält, ist er wütend.

Als *Confessio Augustana* (Augsburger Bekenntnis) wird die Schrift am 25. Juni 1530 Kaiser V. feierlich übergeben, nachdem Melanchthon zusammen mit dem oberdeutschen Reformator Johannes Brenz noch in der Nacht zuvor daran gefeilt hat, um auch innerprotestantische Strömungen zu berücksichtigen. Melanchthon konsultierte dabei auch die von Luther Anfang Juni herausgegebenen *Schwabacher Artikel*, die eine Reihe katholischer Theologen zu heftigen Protesten provoziert hatten. Es ist ein Balanceakt, ein Tüfteln und Feilen, ja, Feilschen um jedes Wort, das den unter vielfachem Druck stehenden Gelehrten schwer belastet. In ängstlicher Spannung erwartet Melanchthon die Briefe Luthers, das Urteil seines Meisters.

Am Ende ist es ein Kompromiss, der vieles in der Schwebe lässt. Die Position der »Sakramentarier«, die dem Abendmahlsverständnis Zwinglis anhängen, bleibt weitgehend unberücksichtigt. Unterzeichner der Bekenntnisschrift sind der Kurfürst Johann von Sachsen und sein Sohn Johann Friedrich, Landgraf Philipp von Hessen, Markgraf Georg von Brandenburg-Ansbach, Herzog Ernst von Braunschweig-Lüneburg und sein Bruder Franz, Fürst Wolfgang von Anhalt-Köthen sowie die Räte der Städte Nürnberg und Reutlingen. Die oberdeutschen Reichsstädte Straßburg, Memmingen, Lindau und Konstanz legen wegen Differenzen beim Abendmahl ein eigenes Bekenntnis, die *Confessio Tetrapolitana* (Vierstädtebekenntnis) vor. Zwingli reicht mit seiner *Fidei ratio* (Rechenschaft des Glaubens) eine Art Sondervotum ein.

Trotz aller Mühe ist es Melanchthon nicht gelungen, das reformatorische Lager geschlossen hinter seiner Schrift zu versammeln, was von den Altgläubigen als Schwäche ausgelegt und sofort mit einer *Confutatio Augustana* (Augsburger Widerlegung) beantwortet wird, angestiftet von Johannes Eck, der auch den Kaiser dafür gewinnen kann. Melanchthons Antwort folgt sofort, aber die Widerlegung der Widerlegung wird von Karl V. nicht angenommen. Luther ist enttäuscht und fordert seinen Kurfürsten auf, den Kaiser künftig nicht mehr »als Richter« zu dulden. Der Habsburger habe in seiner Ausschreibung zum Reichstag, die eine einvernehmliche Lösung des Glaubensstreits in Aussicht stellte, die evangelische Seite bewusst getäuscht.

Am 29. Juni beschwört Luther auch seinen Stellvertreter Melanchthon, keinen Schritt mehr zurückzuweichen, es sei nun von der protestantischen Seite »mehr als genug nachgegeben worden«.[20] Es gefalle ihm nicht, dass man sich bei all den Kompromissen ausgerechnet auf ihn berufe, obwohl er bei den Verhandlungen gar nicht dabei sei: »Ich will für Euch in dieser Sache nicht der Urheber sein oder so genannt werden.« Gegenüber Justus Jonas klagt Luther, er vermisse in der Schrift klare Aussagen über das Fegefeuer, die Heiligenverehrung und über den Antichristen, den Papst.

Lucas Cranach der Ältere porträtierte 1532 Philipp Melanchthon, der als Theologe Vorlesungen in den biblischen Fächern hielt, sich als Universalgelehrter auch mit Geschichte, Philosophie und Medizin befasste. In Wittenberg hatte er den Lehrstuhl für griechische Sprache inne.
Mit den *Loci conmunes* verfasste Melanchthon die erste systematische Darstellung der reformatorischen Theologie.

Heftig reagiert Luther auch auf Melanchthons Selbstzweifel, die dieser in seinen Briefen an den Reformator anklingen lässt. Der scheue Stubengelehrte ist von den Ränkespielen und aufreibenden Debatten in der großen Stadt vollkommen erschöpft und entmutigt. Luther, zur Untätigkeit verurteilt, voll Misstrauen und durch rasenden Kopfschmerz gequält, stellt die Glaubensstärke seines Mitstreiters infrage, der doch, anders als ein Jan Hus, gar nichts zu befürchten habe. Er solle endlich dem Teufel entgegentreten, der ihn versuche: »Ich bitte Dich, der Du in allen anderen Dingen ein Streiter bist, kämpfe auch gegen Dich selbst, Deinen größten Feind, der Du dem Satan so Waffen wider Dich zureichst. Christus ist einmal für die Sünden gestorben (Röm. 6, 10), aber für die Gerechtigkeit und Wahrheit wird er nicht sterben, sondern er lebt und regiert. Wenn diese wahr ist, was ist für die Wahrheit zu fürchten? Aber sie wird durch den Zorn Gottes zu Boden geschlagen? Ja, aber nicht durch uns! Der unser Vater geworden ist, wird es auch für unsere Kinder sein. Ich bete gewiss fleißig für Dich, und es tut mir leid, dass Du unverbesserlicher Blutegel meine Gebete so vergeblich machst. Ich wenigstens bin, was die Sache anbetrifft ... nicht sehr beunruhigt, ja, besserer Hoffnung, als ich es zu sein erwartet hatte.«[21]

Ein halbes Jahr zuvor, im Januar 1530, hatte Luther sein Verhältnis zu Melanchthon noch viel freundlicher beschrieben, ihre Wesensverschiedenheit positiv gedeutet und eine Art Arbeitsteilung konstatiert: »Ich bin dazu geboren, dass ich mit den Rotten und Teufeln Krieg führen und zu Felde liegen muss: deshalb sind meine Bücher stürmisch und kriegerisch. Ich muss die Klötze und Stämme ausrotten, Dornen und Hecken weghauen, die Pfützen ausfüllen und bin der große Waldroder, der Bahn brechen und zurichten muss. Aber M. Philipp fährt säuberlich und still daher, baut und pflanzt, sät und begießt mit Lust, da Gott ihn reichlich mit Begabung ausgestattet hat.«[22] Nun sieht er in Melanchthon, dessen Verhandlungsspielraum in Augsburg sehr begrenzt war und der immerhin die lutherisch-kurfürstliche Position weitgehend einbringen konnte, nicht nur eine schwache Seele, sondern auch einen Ehrgeizling, der sich über das Evangelium erhebt und so zum verstockten Sünder wird. Er selbst, das macht Luther deutlich, wäre nicht zurückgewichen. Am 20. September fordert er die Wittenberger Delegation unmissverständlich auf, sich aus Augsburg zurückzuziehen. »Ich berste vor Zorn und Entrüstung«, beschimpft er den Freund Justus Jonas. Man möge die Verhandlungen sofort abbrechen. Luther hat zur Untermauerung seiner Entschiedenheit gleich die entsprechenden biblischen Bilder zur Hand, die keinen Widerspruch erlauben: »Sie haben unsere Konfession, und sie haben das Evangelium. Wollen sie es zulassen, mögen sie es tun; wollen sie es nicht, mögen sie hingehen, wo sie hingehören. Wird ein Krieg draus, so werde er draus; wir haben genug gebeten und getan. Der Herr hat sie zum Schlachtopfer zubereitet, dass er ihnen vergelte nach ihren Werken (Matth. 16, 27; Röm. 2, 6). Er wird aber uns, sein Volk, erretten, auch aus dem Verderben Babels (Dan. 3, 17).«[23] Man habe genug geredet, das letzte Wort gebühre dem zornigen Gott.

Anfang Oktober verlässt der seelisch und körperlich zerrüttete Melanchthon Augsburg und reist zurück nach Wittenberg. Sein Mitstreiter Johannes Brenz macht auf seiner Rückreise Halt auf der Coburg, um Luther zu versichern, dass man ohne Kompromisse auf dem Reichstag nichts habe gewinnen können. Aber auch der sehr verbindliche Schwabe kann den Reformator nicht überzeugen und notiert mit einem Anflug von Fatalismus: »Also hat ihn uns Gott geschenkt, also müssen wir uns sein gebrauchen.«[24] Mit Luther geht es nicht, ohne Luther aber auch nicht.

Luthers Zeit auf der Veste Coburg neigt sich ihrem Ende zu. Auch für ihn war es eine schwere Zeit. Der Reformator vermisst Frau und Kinder. Seine »herzliebe Hausfrau Katharina« hat ihm ein Bild seines Töchterchens Lenchen geschickt. Er hängt es an die Wand über seinem Schreibtisch. Die monatelange Anspannung und Einsamkeit hat ihre Spuren hinterlassen. Die Schwindelanfälle, der hartnäckige Kopfschmerz und die Verdauungsstörungen sind zurückgekehrt. Der dauernde Reichstag der krächzenden Vögel vor dem Fenster löst Ohrensausen aus, das bisweilen in Ohnmachtsanfällen endet. Manchmal fühlt Luther sich so schwach, dass er fürchtet, bald zu sterben. Im Gebet sucht er Halt, wie sein Sekretär Veit Dietrich es Katharina nach Wittenberg berichtet: »Kein Tag vergeht, wo er nicht mindestens drei Stunden aufs Gebet verwendet … Mit so tiefer Inbrunst bittet er und mit solchem Glauben und solcher Hoffnung, dass man meint, er rede mit seinem Vater oder mit einem Freunde.«

Es ist da aber ein noch viel tieferer Einschnitt, der Luther erschüttert und aus dem Gleichgewicht geworfen hat: der Tod des Vaters am 29. Mai 1530. Hans Luder, der in seinen späten Jahren starke finanzielle Einbußen hinnehmen musste, weil die Grafen selbst mehr Gewinn aus den Minen ziehen wollten, war schon im Februar schwer erkrankt, doch hatte sein ältester Sohn nicht zu ihm nach Mansfeld reisen können. Stattdessen schrieb er ihm einen Trostbrief, in dem er ein Wiedersehen nach dem Tod in Aussicht stellt. »Unser Glaube ist gewiss, und wir zweifeln nicht, dass wir uns bei Christo wiederum sehen werden in kurzem, da ja der Abschied von diesem Leben vor Gott viel geringer ist, als wenn ich von Mansfeld hierher von Euch oder Ihr von Wittenberg gen Mansfeld von mir zöget. Das ist gewisslich wahr, es ist um ein Stündlein Schlaf zu tun, so wird's anders werden.«[25]

Als der Vater stirbt, schließt Luther sich in seine Kammer ein und weint. So stark, dass er den ganzen nächsten Tag unter heftigem Kopfschmerz leidet. Gegenüber Philipp Melanchthon klage er: »Dieser Tod hat mich wahrlich in Trauer versetzt, nicht allein der Natur, sondern auch der überaus herzlichen Liebe gedenkend. Denn mein Schöpfer hat mir durch ihn alles gegeben, was ich bin und habe. Und obwohl mich das tröstet, dass er (Hans Reinicke, ein enger Freund Luthers, HS) schreibt, er sei stark im Glauben an Christus sanft entschlafen, so hat doch der Jammer und die Erinnerung an den überaus lieben Umgang mit ihm mein Innerstes erschüttert, so dass ich kaum jemals den Tod so verachtet habe.«[26] Luther tröstet sich, dass sein Vater, mit dem er so lange uneins war, zu dem er aber in den letzten Jahren eine von Zuneigung und gegenseitiger Achtung bestimmte Beziehung aufbauen konnte, das neue Evangelium noch hatte erleben dürfen: »Ich freue mich wirklich, dass er bis jetzt gelebt hat und das Licht der Wahrheit sehen konnte.«

Luther hat seinen Vater am Ende angenommen, in allem, was seine Persönlichkeit für ihn als jungen Menschen so schwierig, aber auch vorbildlich gemacht hatte. Er hat ihm einen festen Platz in seinem Lebensplan, ja, sogar im Heilsplan Gottes zugewiesen, weil Hans Luder ihn in den falschen Beruf hatte zwingen wollen, dem er nur durch die Flucht ins Kloster entgehen konnte. Erst die Mönchszeit hatte ihm die Augen geöffnet für den Irrweg der Werkgerechtigkeit. Seine theologische Erkenntnis entspringt diesem Umweg, der zum Königsweg wurde. So fügt sich, aus der Sicht des Sohnes, alles zum Guten – so, wie es Gott in seiner Voraussicht gewollt hat.

In der Lebenspraxis zieht Luther aber ganz andere Schlussfolgerungen. Er erinnert sich noch genau an die überharten Erziehungsmethoden seines Vaters. Deshalb will er selbst ein sanfter, verständiger, liebevoller Vater sein, der seine Kinder zwar fordert, ihnen aber auch mit Verständnis und Zärtlichkeit begegnet. Der vielbeschäftigte Mann nimmt sich Zeit zum Spielen, macht mit beim Sackhüpfen oder Hosenlaufen, bastelt kleine Armbrüste, mit denen man auf Spatzen schießen kann. Am liebsten spielt er den Kindern auf der Laute vor, singt Lieder oder erzählt Geschichten. Sie sind immer um einen pädagogischen Kern herum gesponnen, wie auch in der kleinen Erzählung vom Kinderparadies, die er am 19. Juni von seinem Luftschloss herab an seinen »herzlieben Sohn Hänschen Luther zu Wittenberg« sendet: »Ich weiß einen hübschen, schönen, lustigen Garten. Da gehen viele Kinder drinnen, haben goldene Röcklein an und lesen schöne Äpfel unter den Bäumen und Birnen, Kirschen, Spillinge und Pflaumen; singen, springen und sind fröhlich. Sie haben auch schöne Pferdlein mit goldenen Zäumen und silbernen Sätteln. Da fragte ich den Mann, des der Garten ist, wes die Kinder wären? Da sprach er: Es sind die Kinder, die gern beten, lernen und fromm sind. Da sprach ich: Lieber Mann, ich habe auch einen Sohn, der heißt Hänschen Luther; könnte er nicht auch in den Garten kommen, dass er auch solche schöne

Äpfel und Birnen essen und solche feine Pferdlein reiten und mit diesen Kindern spielen könnte? Da sagte der Mann: Wenn er gern betet, lernet und fromm ist, so soll er auch in den Garten kommen, Lippus und Jost auch. Und wenn sie alle zusammen kommen, so werden sie auch Pfeifen, Pauken, Lauten und allerlei anderes Saitenspiel haben und auch tanzen und mit kleinen Armbrüsten schießen.

Und er zeigte mir eine feine Wiese im Garten, zum Tanzen zugerichtet, da hingen eitel goldene Pfeifen, Pauken und feine silberne Armbrüste. Aber es war noch frühe, dass die Kinder noch nicht gegessen hatten, darum konnte ich auf den Tanz nicht warten und sagte zu dem Mann: Ach, lieber Herr, ich will flugs hingehen und das alles meinem Sohn Hänschen schreiben, dass er ja fleißig bete, gut lerne und fromm sei, auf dass er auch in diesen Garten komme. Aber er hat ja eine Muhme Lene, die muss er mitbringen. Da sagte der Mann: Es soll ja sein, gehe hin und schreib's ihm so.

Darum, lieber Sohn Hänschen, lerne und bete ja getrost, und sage es Lippus und Josten auch, dass sie auch lernen und beten, so werdet ihr miteinander in den Garten kommen. Hiermit sei dem lieben Gott befohlen und grüße Muhme Lene und gib ihr einen Kuss in meinem Namen. Dein lieber Vater Martinus Luther.«[27]

Am 13. Oktober kehrt Luther im Gefolge des Kurfürsten nach Wittenberg zurück. Trotz der hartnäckigen Krankheiten hat er einiges geschafft in der »Wüste« von Coburg: Die Übersetzung des Alten Testaments ist abgeschlossen, ein Erfahrungsbericht darüber, der *Sendbrief vom Dolmetschen* wurde verfasst, eine Reihe von Äsops Fabeln übersetzt und eine kleine Sammlung von 489 Sprichwörtern (»Hunde die bellen, beißen nicht«) angelegt. Und er hat die in Wittenberg begonnene Schrift *Von den Schlüsseln* über das missbräuchliche Amtsverständnis der Papstkirche in den fünf Monaten in Coburg zum Abschluss gebracht.

Er hat die Zeit als Zaungast des Reichstags auch genutzt, einige polemische Schriften ins Augsburger Getümmel zu werfen, um als Abwesender doch präsent zu sein. Darunter *An die ganze Geistlichkeit zu Augsburg versammlet auf dem Reichstag Anno 1530*, die *Schwabacher Artikel* und den Frontalangriff auf alles Katholische, die *Artikel wider die ganze Satansschule und alle Pforten der Hölle.* Sein *Widerruf von Fegfeuer* thematisiert bewusst, was Melanchthon in seinem *Bekenntnis* ausgespart hat. Die in der Schlosskirche gehaltenen *Coburger Predigten* sollen ebenfalls in Druck gehen.

Der Augsburger Reichstag endet für die protestantische Seite mit einem Missklang, der die Spaltung zwischen dem Kaiser und Teilen der Reichsstände allen Beteiligten noch einmal vor Augen führt: Karl V. hat den Führer der Evangelischen, den Landgrafen Philipp von Hessen, einbestellt, um ihn zur Ordnung zu rufen. Das reformatorische Bekenntnis gefällt ihm überhaupt nicht. Falls er in den Fragen des Glaubens nicht einlenke, werde er als römischer Kaiser gegen ihn vorzugehen wissen. Der Landgraf bittet, den Reichstag verlassen zu dürfen, um nach Hessen zurückzukehren. Seine Gattin sei ernsthaft erkrankt. Das ist ein deutlicher Hinweis, seine Familie sei ihm wichtiger als die Pläne des Kaisers. Karl V. gibt die Erlaubnis nicht und verlangt, dass der Landgraf bis zum Reichstagsabschied in Augsburg bleibt. Philipp verlässt die Stadt mit seinen Getreuen, bevor die Tore geschlossen werden können.

Der Kaiser ist außer sich und betrachtet dieses Verhalten als Kriegserklärung. Philipp schreibt Luther, auch er möge standhaft bleiben; falls er nicht mehr im Kurfürstentum bleiben könne, so werde er den Reformator in Hessen aufnehmen. Kurfürst Johann verlässt ebenso überstürzt den Reichstag; beim Abschied von seinem Kaiser kommen ihm die Tränen. Aber die Glaubenstreue siegt über die Loyalität zu Kaiser und Reich.

Gewalt liegt in der Luft. Schon an Weihnachten kommen acht protestantische Stände in Schmalkalden im Thüringer Wald zusammen, darunter die beiden Führer, der Landgraf von Hessen und Kurfürst Johann. Sie schmieden ein militärisches Beistandsbündnis, denn die Feindseligkeit der Altgläubigen in Augsburg ist noch in frischer Erinnerung. In ihrer Abwesenheit hat man den Reichsabschied beschlossen und sie darin aufgefordert, binnen eines halben Jahres zum Glauben zurückzukehren. Gegen dieses Ultimatum setzen die Protestanten ihren »Bund von Schmalkalden«: Falls das kaiserliche Kammergericht gegen einen der Beteiligten vorgehen sollte, würden die anderen ihm beispringen.

Wieder stellt sich die Frage der Loyalität, ob bewaffneter Widerstand gegen den Kaiser überhaupt zulässig ist. Luthers theologische Bedenken werden von den Juristen des Kurfürsten infrage gestellt, die im gewählten Kaiser keinen Monarchen sehen, dem die erblichen Fürsten Gehorsam zu leisten hätten. Obrigkeit heute sei etwas ganz anderes als zur Zeit des Apostels Paulus, Luthers Gewährsmann. Schließlich räumt der Reformator in der Schrift *Warnung an seine lieben Deutschen* ein Recht zur Notwehr ein. Er rate als Prediger zum Frieden, aber wenn der Kaiser tatsächlich einen Krieg gegen das Evangelium anführe, dann handle er nicht nur gegen »Gott und göttlich Recht, sondern auch wider seine eigen kaiserliche(n) Recht(e), Eide, Pflichten, Siegel und Briefe«.[28] Um seinen Widerstand gegen Kaiser und Papst zu legitimieren und nicht als »Aufhetzer« zu erscheinen, nennt Luther sich »der Deutschen Prophet ... meinen Papisten und Eseln zur Lust und Gefallen«. Niemand solle dem Kaiser in einen ungerechten Krieg folgen; dennoch ist zu spüren, dass Luther »den Lieben Kaiser Carol« noch immer schonen will. Er führt dessen Verhalten auf falsche Ratgeber und das Ränkespiel des Papstes zurück.

Als sich die Protestanten bereits eingekreist wähnen und sich militärisch auf einen Angriff vorbereiten, entspannt sich die Lage. Erzherzog Ferdinand, auf Betreiben seines Bruders, des Kaisers, zum römischen König gewählt, bittet die Reichsstände um Beistand gegen die Türken. Als erfolgreicher Verteidiger Wiens organisiert Ferdinand den Abwehrkampf gegen die Heere Suleimans, der den Habsburgern Ungarn streitig macht. Auch der Tod Huldrych Zwinglis in der Schlacht bei Kappel am 11. Oktober 1531 gibt der katholischen Seite noch einmal Auftrieb. Zwingli war als Prediger der reformierten Stadt Zürich gegen die fünf katholischen Orte Luzern, Uri, Schwyz, Unterwalden und Zug mit in den Krieg gezogen, um der ganzen Schweiz seine »reformierten« Ideen aufzuzwingen. Aber die Streitmacht der Katholiken erwies sich als vielfach überlegen und schlug die Zürcher Truppen vernichtend. Zwinglis Leichnam wurde geviertelt und verbrannt, seine Überreste mit Schweinsasche vermischt. Das Bündnis Zürichs mit Philipp von Hessen wurde widerrufen, die süddeutschen Städte scharten sich um Kursachsen und Hessen. Für die Protestanten im Reich ist die Niederlage der reformierten Kräfte in der Schweiz eine Warnung, für Luther ein »Gottesurteil«. Sein Gegner im Marburger Abendmahlstreit habe als Geistlicher zum Schwert gegriffen und sei durch das Schwert »als ein Mörder gestorben«. Er endete so, wie alle Sakramentarier enden würden: schmachvoll.

Zurück in Wittenberg, setzt Luther alles dran, die deutsche Übersetzung des Alten Testaments abzuschließen. Für die Revision der Psalterübersetzung richtet er eine Kommission ein, der Philipp Melanchthon, die Hebraisten Matthäus Aurogallus und Caspar Cruciger sowie Justus Jonas angehören. Sie kümmern sich um die philologisch korrekte Übertragung, Luther liefert das sprachschöpferische, poetische Detail, die einprägsame Wendung. Er verfasst auch Vorreden und erarbeitet eine Art Glossar, Randbemerkungen zum Bibeltext, um dem Leser Verständnishilfen an die Hand zu geben. Luther nimmt auch wieder seine Vorlesungstätigkeit auf, liest zum zweiten Mal über den Galaterbrief. Die Kommentare werden fünf Jahre später, 1535, veröffentlicht und enthalten die zentralen Themen seiner reformatorischen Theologie, vor allem eine Präzisierung der Lehre von der Rechtfertigung.

Luthers Hoffnung allerdings, mit seiner Rückkehr zur Familie und dem lange herbeigesehnten Wiedersehen mit den Freunden und Kollegen zur Ruhe zu kommen, wird enttäuscht. Der Kopfschmerz wird zu seinem ständigen Begleiter. Dass auch hier der Teufel die Hand im Spiel hat, steht für ihn außer Zweifel. An Wenzeslaus Link schreibt er am 26. Juni 1531: »Mich peinigt der Satan mit verschiedenen Faustschlägen, so dass er meine körperliche Gesundheit unsicher macht und mich seine Nichtswürdigkeit behindert, obgleich es sehr viel zu schreiben und zu schaffen gäbe …«[29] Zusätzlich belastet wird Luther durch die Krankheit seiner Mutter. Nach dem nur schwer verkrafteten Tod des Vaters rückt nun auch der Verlust der Mutter näher. Dass er als ältester Sohn bald selbst an der Reihe sein könnte, hatte ihn schon damals beunruhigt. Seine geschwächte körperliche Konstitution und das Sterben der Mutter machen ihm den Gedanken ans eigene Ende nun noch dringender.

In seinem letzten Brief an die Todkranke, der auf den 20. Mai 1531 datiert ist, versucht er sie mit dem Hinweis auf Christus und die Erlösung zu trösten. Sie möge dankbar sein, dass Gott sie nicht »habe stecken lassen in dem päpstlichen Irrtum, da man uns gelehrt hat, auf unser Werk und der Mönchen Heiligkeit bauen …«[30] Ihr Leiden sei ein Gottesgeschenk, denn im Verhältnis zu dem, was Christus gelitten habe, dürfe sie sich glücklich schätzen. Noch schlimmer die Gottlosen: Sie würden geköpft, verbrannt und ertränkt werden. So bleibt Luthers Trost im Rahmen seiner Theologie und mutet der Sterbenden eine Einsicht zu, die auch für einen Gesunden nicht leicht anzunehmen ist. Am Ende des Briefes versichert er seine Mutter der Anteilnahme der ganzen Familie: »Es bitten für Euch alle Eure Kinder und meine Käthe. Etliche weinen, etliche essen und sagen: Die Großmutter ist sehr krank. Gottes Gnade sei mit uns allen.« Margarete Luder stirbt am 30. Juni in Mansfeld.

Trotz des Schattens, den die Krankheit über sein Leben wirft, ist Luthers Produktivität ungeheuer. Kein Tag vergeht, ohne dass er einige Seiten zu Papier bringt, Briefe schreibt, Predigten konzipiert. Kaum hat er ein Manuskript abgeschlossen, wird es ihm schon aus den Händen gerissen und in die Druckerei getragen. Lucas Cranach und die anderen Druckereibesitzer in Wittenberg werden reich durch den Fleiß des Reformators, der auf jedes Honorar verzichtet. Zur schriftstellerischen Tätigkeit kommen die Disputationen und Promotionen, denn Wittenberg gilt trotz Zürich oder Straßburg noch immer als das Zentrum der protestantischen Theologie. Hier, an der Wirkungsstätte Martin Luthers, den Doktor der

Theologie zu erwerben ist eine besondere Auszeichnung. Als Stadtprediger hat Luther in Vertretung des Stadtpfarrers Johannes Bugenhagen, der in Lübeck und Pommern das Kirchenwesen ordnet, ein Amt inne, mit dem er vor aller Welt zeigen kann, wie eine vorbildliche Predigt zu sein hat. Die Priesterweihe erforderte bislang kein theologisches Studium. Das soll sich jetzt ändern; der Kurfürst will, angeregt durch die theologische Fakultät, eine Prüfung zur Voraussetzung der Ordination machen. Davon verspricht man sich eine Aufwertung des Pfarramts und einen größeren Einfluss auf die Glaubensinhalte. Nach seiner Rückkehr soll Pfarrer Johannes Bugenhagen als »Ordinator« die traditionell vom Bischof vollzogene Priesterweihe durchführen.

Am 9. November bringt Katharina ihren zweiten Sohn zur Welt. Hat der Erstgeborene den Namen von Luthers Vater Hans erhalten, so wird der Jüngste auf den Namen Martin getauft. Luther ist gerührt: »Mein Martinchen ist mein liebster Schatz, und solche Kinderlein bedürfen der Eltern Sorge und Liebe wohl, dass ihrer fleißig gewartet wird, Hänschen und Lenchen können nun reden und bedürfen so großer Sorge nicht. Darum steigt die Liebe der Eltern allzeit und einfältig niederwärts mehr denn aufwärts, zu denen, so am neulichsten geboren sind.« Hans ist fünf, Magdalena zweieinhalb Jahre alt. Zu den eigenen Kindern kommen die von Luthers verstorbenen Schwestern, vierzehn insgesamt. Das Schwarze Kloster beherbergt einen großen Haushalt, Luthers Diener Wolfgang Sieberger gehört dazu, die »Muhme Lene«, Katharinas Tante, die mit ihr das Kloster Nimbschen verlassen hatte. Zwei Dutzend Studenten sind Pensionsgäste und bewohnen die ehemaligen Mönchszellen. Alle sind knapp bei Kasse und bezahlen oft nicht, sehr zum Bedauern der Hausherrin, die sie bekocht. Durchreisende Freunde werden aufgenommen und bleiben gern auch länger. Es ist ein offenes Haus für alle Bedürftigen, die großzügig untergebracht und bewirtet werden, auch wenn sie wenig oder kein Geld haben. In einem Monat, rechnet Luther seiner Käthe vor, nimmt man 200 Gulden ein und gibt 700 aus.

Abends versammelt sich die Hausgemeinschaft an einem langen Holztisch im Refektorium, an dessen Kopf der Hausherr präsidiert. Es dürfen Fragen gestellt werden, die von Luther in einem Kauderwelsch aus Deutsch und Latein beantwortet werden. Gern plaudert der Gastgeber aus seinem Leben, deutet weit Zurückliegendes aus der Sicht seiner heutigen Erkenntnisse. Oder lässt sich berichten, was draußen, außerhalb des kleinen Wittenberg, passiert: »Nun, Ihr Prälaten, was Neues im Lande?« Der Papst bekommt sein Fett ab, aber auch die großen Herren, Mönchsschwänke werden zum Besten gegeben, der Zölibat, das Hexenwesen und die Kindererziehung sind die Themen. Luthers Reden über die verschiedenen Völker und Nationen kreisen um gewisse zeitübliche Stereotypen: Der Italiener ist korrupt, der Spanier gewalttätig, der Franzose unzüchtig, der Deutsche versoffen. Manches, was er berichtet, hat Luther selbst erlebt, vieles kennt er nur vom Hörensagen. Man trinkt bei all diesen munteren Reden, die oft lärmend durcheinandergehen, Bier und Wein, lacht, singt und schmaust. Oder schweigt gemeinsam, wenn dem Hausherrn nicht nach Reden ist.

Die »Tischgespräche« werden von Studenten und jungen Kollegen der Universität heimlich in Notizbüchlein gekritzelt. Der Erste, der den Mut hat, das ganz offen zu tun, ist der aus Österreich stammende, in Wittenberg promovierte Theologe Conrad Cordatus. Mit Luthers Einverständnis machen auch Veit Dietrich und Johann Schlaginhaufen ausführliche Notizen. Später werden Johann Mathesius und Johann Aurifaber zu den eifrigsten Chronisten, die das Bild des Reformators für die Nachwelt prägen. Luthers erster Biograf Johann Mathesius fasst die Spannbreite der von ihm notierten *Historien* zusammen: »Vor allem bewegte ihn natürlich Gottes Wirken an den Menschen, in der Welt, die Schöpfung, die natürliche und die sittliche Welt – kurz, das ganze Leben ›vom Himmel durch die Welt zur Hölle‹.« Ein beliebtes Thema der Herrenrunde sind die »Weiber«, ihre Vorzüge, Schwächen und Laster, die Rede ist von der dummen Eva, die sich von der Schlange verführen ließ, oder man betont die körperlichen Unterschiede – Männer haben eine

COLLOQVIA
Oder
Tischreden Doc:
tor Martini Lutheri/ so er in vielen
jaren/ die Zeyt seines Lebens/ gegen Gelehrten Leuthen/
Auch hin vnd wider bey frembden Gesten/ vnd seinen Tischgesellen ge=
führet/ Darinn von allen Articlen vnser Religion/ Auch von hohen Fragen vnnd
Richtigen Antworten/ vnd sonst von allerley Lehr/ Rath/ Trost/
Weissagung/ Gründlichen vnderricht
zu finden.

Durch Herrn Johann Aurifaber.

Johannes 6. Cap.
Samlet die vbrigen Brocken/ Auff das nichts vmbkomme.

Gedruckt zu Franckfurt am Mayn/ꝛc.
1 5 6 7.

Die *Tischreden* sind keine Reden im Sinne von Ansprachen, sondern eher Gespräche, die vorzugs-weise am Abendtisch in Luthers Haus stattfanden, aber auch in der Schlafstube, im Baumgarten am Saumarkt oder in den Straßen Wittenbergs auf dem Weg zu Visitationen. Sie wurden größten-teils von Luthers Schülern und Freunden, wie dem Zwickauer Pfarrer Conrad Cordatus, in einer Mischung aus Latein und Deutsch aufgezeichnet.

breite Brust, also Verstand, Frauen haben breite Hüften, um zu gebären und zu Hause zu hocken – bis zur naturgegebenen Schwatzsucht der Frauen. Bisweilen wird das in Gegenwart der Dame des Hauses geäußert, die das in ihrer gewitzten Art zurechtrückt oder nur milde lächelt.

Das Loblied auf die gute Hausfrau, das Luther in einer der Tafelrunden anstimmt, ist natürlich auf seine Käthe gemünzt, auch wenn er sie, um ihre Dominanz im Haushalt zu betonen, bisweilen scherzhaft »Domina«, »Herr Käthe« oder auch »Catena«, Kette, nennt. »Ein fromm, gottfürchtig Weib ist ein seltsam Gut, viel edler und köstlicher denn eine Perle; denn der Mann verlässt sich auf sie, vertrauet ihr alles. Da wird's an Nahrung nicht mangeln. Sie erfreuet und macht den Mann fröhlich und betrübt ihn nicht; tut ihm Liebes und kein Leides sein Leben lang; geht mit Flachs und Wolle um und arbeitet und schafft gern mit ihren Händen; zeuget ins Haus und ist wie ein Kaufmannsschiff, das aus fernen Landen viel War und Gut bringt. Früh steht sie auf, speiset ihr Gesinde und gibt den Mägden ihren bescheiden Teil, was ihnen gebührt. Denkt nach einem Acker und kauft ihn und lebt von der Frucht ihrer Hände; pflanzet Weinberge und richtet sie fein an; wartet und versorget mit Freuden, was ihr zusteht. Was sie nicht angeht, lässt sie unterwegen und bekümmert sich damit nicht … Sie breitet ihre Hände aus zu den Armen und reicht ihre Hand den Dürftigen, gibt und hilft gern armen Leuten … Ihr Schmuck ist, dass sie reinlich und fleißig ist.«[31]

Während Luther sich gegenüber seiner Frau nachsichtig zeigt und froh ist, dass er sie hat (»Ich wollt meine Käthe nicht um Frankreich und um Venedig dazu hergeben«[32]), vertieft sich seine Entfremdung von Philipp Melanchthon. Überall sieht der alternde, kranke Luther Irrlehren am Werk, jetzt auch bei den Freunden, die sein Lebenswerk nach außen tragen und verteidigen sollen. Das Misstrauen verschärft sich zur Missgunst, weil Melanchthon immer mehr zum theologischen und organisatorischen Vordenker der evangelischen Sache wird. Auch der Kurfürst bespricht Fragen der Kirchenordnung lieber mit dem ausgleichenden Magister als mit dem aufbrausenden, unnachgiebigen Bibelprofessor. Als

Melanchthon in einer Vorlesung darlegt, die Rechtfertigung würde dem Sünder nur zuteil, wenn er sein Leben neu ordne und sich bemühe, seinen Mitmenschen Gutes zu tun, platzt Luther der Kragen. Das ist ein Rückfall in die Werkgerechtigkeit! »Wenn das zu meinen Lebzeiten geschieht, wie soll's nach meinem Tode werden?« Für Luther heiligt der Glaube alles, was der Mensch tut. Die Stärke des Glaubens muss sich nicht an Werken messen lassen. Melanchthon pocht darauf, dass der Bekehrte seine Umkehr vor aller Welt sichtbar machen sollte, wenn auch mit Hilfe des Heiligen Geistes, nicht aus Einsicht. Über die Frage von Werkgerechtigkeit und Gnade gerät Luther auch mit Johannes Agricola aneinander, den er einst mit Familie in das Kloster aufgenommen hatte und den er eigentlich sehr schätzt. Er lässt ihm die Vorlesungen verbieten. Agricola verlässt Wittenberg und geht schließlich als Hofprediger nach Berlin.

Die türkische Bedrohung erweist sich als der Kitt, der das Reich trotz der wachsenden konfessionellen Trennung zusammenhält. Im Juni 1532 sind die Türken erneut in Ungarn und Österreich eingefallen. Um ein Abwehrbündnis aller Fürsten aufbieten zu können, wird die angedrohte Strafverfolgung der reformatorischen Bewegung am 23. Juli mit dem »Nürnberger Anstand« ausgesetzt. Seine Gültigkeit wird auf die Zeit bis zu einem Konzil festgelegt, welches Kaiser Karl V. zur Freude Luthers in Aussicht stellt. Damit ist das Wormser Edikt aufgehoben, die Reformation kann sich weiter ausbreiten. In den kommenden Jahren werden die Städte Augsburg, Bremen, Hannover, Straßburg und Ulm, Anhalt-Dessau, Pommern, die Fürstentümer Liegnitz und Brieg und 1534 Württemberg unter Herzog Ulrich dem Schmalkaldischen Bund beitreten. Ein besonderer Schlag für die katholische Sache ist der Abfall Englands unter Heinrich VIII., der seine Scheidung von Katharina von Aragon von Papst Clemens VII. bestätigt sehen will. Bedroht vom päpstlichen Bann, lässt sich der englische König mit Zustimmung des Parlaments zum Oberhaupt der Anglikanischen Kirche ernennen.

Mitten in die Freude über diese Entwicklung platzt die Nachricht vom Tod des Kurfürsten. Johann der Beständige, wie der ruhige, füllige

Mann genannt wird, ist an einem Schlaganfall gestorben. Am 18. August wird er in der Schlosskirche von Wittenberg neben seinem Bruder Friedrich dem Weisen beigesetzt. Luther, der zu Johann, anders als zu dem vorsichtigen Friedrich, eine auch persönlich enge Beziehung gehabt hat, einmal sogar in dessen Schlafgemächer gestürmt ist, um seine Sache vorzutragen, hält die Totenrede. Dass er bisweilen gern einen härteren Streiter über sich gehabt hätte, lässt der auch am Grab unbestechliche Reformator trotz allen Lobs für den Verstorbenen erkennen. »Darum will ich unseren lieben Landesherrn nicht so gar rein machen, wie er wohl ein sehr frommer, freundlicher Mann gewesen ist, ohne alles Falsch, indem ich noch nie meiner Lebtag einigen Stolz, Zorn noch Neid gespürt habe, der alles leichtlich tragen und vergeben konnte und mehr denn je zu viel mild gewesen ist.«[33] Der Nachfolger des Verstorbenen wird sein ältester Sohn Johann Friedrich, ein ungeduldiger, jähzorniger, angriffslustiger Mann.

Am 29. Januar 1533 wird Luthers fünftes Kind geboren. Schon ein Tag später findet die Taufe in der Schlosskapelle statt, zu der neben den Eltern der Erbmarschall Hans von Löser, der Pate Justus Jonas und die Frau des Medizinprofessors Kaspar Lindemann erschienen sind. Beim Taufessen hält Luther eine Rede, in der er ankündigt, dass seine Söhne, an ganz verschiedener Stelle, für die evangelische Sache wirken sollen: »Ich habe meinen Sohn lassen Paul heißen; denn der heilige Paulus hat uns viel große Lehren und Sprüche vorgetragen. Gott gebe ihm die Gnaden und Gaben Pauli. Ich will, so Gott will, alle meine Söhne von mir tun; der Lust zum Krieg hat, den will ich zu Hans Löser tun; der Lust zu studieren hat, zu Jonas und Philipp; der Lust zur Arbeit hat, den will ich zum Bauern tun.«[34]

Am 29. September 1534 stirbt der Medici-Papst Clemens VII. Ihm nach folgt schon am 13. Oktober Alexander Farnese. Er nennt sich Paul III. und entstammt dem kleinen Ort Ronciglione, den Luther als junger Augustinermönch im Dezember 1510 auf seiner Rom-Reise passiert hatte. Der neue Papst, der vor seiner Wahl verheiratet war und einen Sohn hat, gibt sich gegenüber den Protestanten anfänglich duldsam. Aber das

Amt hat seine eigene Schwerkraft, und so verhängt Papst Paul III. über Heinrich VIII. den Bannfluch und richtet in Rom eine Inquisitionsbehörde ein, um die reformatorischen Bewegungen wirkungsvoller bekämpfen zu können. Er verschiebt auch das immer wieder angekündigte Konzil, auf dem das Glaubensschisma beraten werden soll, auf unbestimmte Zeit.

Das Jahr 1534 ist für Luther nicht nur wegen des Papstwechsels bedeutsam, sondern auch wegen der für ihn besonders ärgerlichen Machtergreifung der Wiedertäufer in Münster, die dort eine sozialreligiöse Ordnung errichten, die sich rasch radikalisiert und unter ihrem Führer Jan Bockelson ein »täuferisches Königtum« errichtet. Diese Vermischung von weltlichem und geistlichem Regiment ist ihm ein Gräuel. Auch theologisch gibt es tiefreichende Differenzen. Die Wiedertäufer lehnen die Kindstaufe ab und setzen an ihre Stelle die Taufe mündiger Erwachsener. Für Luther ist die Taufe das neben dem Abendmahl einzig authentische, in der Bibel bezeugte Sakrament. Durch die Taufe wird das Kind gleich nach der Geburt in die Gemeinde und damit in die wahre, universale Kirche aufgenommen. Mit der bewussten Rückwendung zur traditionellen Kirchenpraxis versucht Luther sich deutlich von den Schwärmern und Sakramentariern abzugrenzen.

Es gibt auch freudige Ereignisse; dazu gehört für Luther das Erscheinen seiner Bibel, die am 6. August 1534 unter dem Titel *Biblia, das ist die gantze Heilige Schrift deutsch. Mart. Luth. Wittenberg. Begnadet mit Kurfürstlicher zu Sachsen Freiheit. Gedruckt durch Hans Lufft* in einer von Lucas Cranach illustrierten sechsteiligen Ausgabe herauskommt. Die 117 handkolorierten Holzschnitte zeigen unter anderem die Hure Babylon, die eine siebenköpfige Bestie reitet und die Tiara trägt. Im September folgen die *Apokryphen*, Bücher, »so nicht der heiligen Schrift gleich gehalten und doch nützlich und gut zu lesen sind«, wie Luther im Vorwort schreibt.[35] Die Übersetzungen wurden von den Freunden und Kollegen der Wittenberger Bibel-Kommission geleistet; Luther trägt nur die Vorreden und Glossen bei.

Ein anderes Herzensanliegen, die Kommentierung der Genesis, des 1. Buch Mose, in Form einer Vorlesungsreihe, nimmt Luther nach Abschluss der Arbeiten an der Bibelübersetzung in Angriff. Bislang hat er sich vor allem in Predigten mit der Genesis beschäftigt; für ihn ist auch dieser Bibeltext nur im Vorgriff auf das Neue Testament, das Kommen des Gottessohnes, zu verstehen. Die in ihm enthaltene christliche Wahrheit ist Gegenstand der Auslegung. Aus den Aussagen des Moses-Buches entwickelt Luther seine theologischen und praktisch-ethischen Erkenntnisse und Grundsätze: Die von Gott aus dem Nichts geschaffene Welt enthält schon alle Keime zu einer menschlichen Ordnung, wie sie für Familie, Staat, Gesellschaft und Kirche verbindlich sind. So bedeutet Gottes Bund mit Noah die uranfängliche Einsetzung einer gottgewollten Obrigkeit, und der Streit zwischen Kain und Abel weist voraus auf den Gegensatz zwischen der Kirche der Leidenden und der heuchlerischen, militanten Papstkirche.

Die Genesis-Auslegung gibt Luther Gelegenheit, noch einmal Grundsätzliches über das Mönchstum zu sagen. Der Rückzug der Mönche aus der Welt sei ein Irrweg; der Mensch solle den Verlockungen des Teufels und des Fleisches nicht in Gedanken, sondern in der Welt widerstehen. Abraham ist für ihn das große Vorbild für das rechte Verhalten des Christen: Im Stammvater Israels zeige sich, dass Verheißung und Glauben, Gottes Versprechen und menschliches Vertrauen zusammengehörten. Luther nutzt seine Vorlesung, um seine Lehre von der Rechtfertigung noch schärfer zu fassen, zwischen aktivem und passivem Gerechtwerden zu unterscheiden. Er nimmt damit auf, was er bereits in seiner Römerbrief-Vorlesung zwei Jahrzehnte zuvor ausgeführt hatte: die Vorstellung von der Gerechtigkeit, die nicht erworben, sondern von Gott geschenkt ist.

Plötzlich steht ein Römer vor der Tür. Um bei den protestantischen Ständen für ein Konzil in Italien zu werben, entsendet Papst Paul III. den Nuntius Paolo Vergerio nach Deutschland. Auf seiner Rundreise besucht er auch den neuen Kurfürsten Johann Friedrich in Wittenberg.

Das gibt ihm Gelegenheit, den großen Ketzer Martin Luther kennen-
zulernen. Der Nuntius lädt den Reformator am 7. November 1535 zum
Frühstück auf das kurfürstliche Schloss. Um sich jünger zu machen,
lässt Luther sich von einem Barbier frisieren und legt sein sonntägliches
Festgewand an. Er weiß, dass die Nachrichten von seinen körperlichen
Schwächen in Rom mit großer Genugtuung aufgenommen werden. Der
Legat will den berühmtesten Deutschen sehen – gut, dann soll er sich
wundern, mit welcher Vitalität der vor ihn hintritt!

Die Wirkung auf den Nuntius ist entsprechend. Der deutsche Ketzer
sei stark und kräftig und habe ein ziemlich dickes Gesicht, schreibt Vergerio in seinem Bericht. Er scheine nicht einmal vierzig Jahre alt zu sein.
Er mokiert sich über die ungewöhnlich aufwendige Kleidung Luthers.
Der frühere Bettelmönch trage »ein Wams aus dunklem Kamelot, die
Ärmel mit einem prunkenden Aufschlag von Atlas, darüber einen Rock
von Sarsche mit Fuchspelz gefüttert, aber ziemlich kurz, mehrere Ringe
an den Fingern und um den Hals eine schwere goldene Kette, endlich ein
Barett, wie es die Priester tragen«.[36] Das ist natürlich übertrieben, soll
aber den Wittenberger Reformator als eitel denunzieren.

Während des Treffens nimmt Luther kein Blatt vor den Mund, »spielt
den echten Luther«,[37] wie er Justus Jonas zwei Tage später triumphierend
berichtet, poltert und schimpft, wie man das in Rom von ihm erwartet.
Dem Konzil spricht Luther jede Ernsthaftigkeit ab. »Es ist nicht Euer
Ernst, dass Ihr ein Konzil halten wollt, es ist nur Euer Spott, und wenn
Ihr gleich ein Konzil haltet, so würdet Ihr doch nichts handeln denn von
Kappen, Platten, Essen, Trinken und dergleichen anderem Narrenwerk
und um unnützer und unnötiger Dinge halber, da wir von vornherein
wohl wissen und dessen gewiss sind, dass es nichts ist. Aber von dem
Glauben und Rechtfertigung, auch anderen nützlichen und wichtigen
Sachen, wie die Gläubigen möchten im einträchtigen Geist und Glauben
stehen, da gedenkt Ihr nicht eins zu handeln, denn es wäre nichts für
Euch.« Vergerio wirft Luther im Gegenzug Hochmut vor und fordert
ihn auf, sich einem Konzil in Italien zu stellen. Luther, bei der Ehre ge-

packt, sagt sofort zu: »Ich werde, so Gott will, zu dem Konzil kommen und will den Kopf verlieren, wenn ich meine Lehre nicht verfechte gegen die ganze Welt. Dieser Zorn meines Mundes ist nicht mein, sondern Gottes Zorn.« Der Papst, wirft Vergerio ein, scheue sich nicht, auch nach Wittenberg zu kommen. Je nachdem, fügt er spöttisch hinzu, mit oder ohne Waffen.

Man geht höflich, wenngleich ohne jede Einigung auseinander. In seinem Bericht nennt Vergerio seinen Gesprächspartner einen »Verrückten« und eine *bestia*, Luther sei ein Mensch voller Arroganz und Bosheit, ein ungebildeter und bäuerischer Geist. Aus seinen Augen glitzere das Feuer teuflischer Besessenheit. Zwei Jahrzehnte später wird Paolo Vergerio zum lutherischen Glauben übertreten und einer der erbittertsten Gegner der Papstkirche werden.

DREIZEHNTES KAPITEL

Die Oberdeutschen in Wittenberg. »*Alles, was wir wider den Papst lehren*«:
Luthers »*Schmalkaldische Artikel*«. *Todeskrank. Ehrengast in Leipzig.*
»*Von den Konzilien und Kirchen*«. *Philipp von Hessens Doppelehe.*
Später Reichtum. Der feiste Doktor. Streitschrift gegen die Türken.
Lenchen stirbt. »*Von den Juden und ihren Lügen*«.
Noch einmal gegen Rom. Zur Schlichtung nach Mansfeld.
Tod in der Geburtsstadt Eisleben. Begräbnis und Gedenken.
»*Wir sind alle Bettler, das ist wahr ...*«.

Am 21. Mai 1536 kommen Martin Bucer und der Straßburger Reformator Wolfgang Capito nach Wittenberg. Eigentlich wollte man
sich in Eisenach treffen, aber Luther kämpft so schwer mit seinem Steinleiden und den schmerzhaften Koliken, dass er nicht reisen kann. Noch
immer gibt es in der Abendmahlsfrage sehr viel Trennendes, sodass man
sich von einer persönlichen Begegnung einiges verspricht. Der Elsässer
Wolfgang Capito, der eigentlich Köpfel heißt und seinen Namen nach
Humanistenart latinisiert hat, ist ein kluger Mann, hat Medizin, Jurisprudenz sowie Theologie studiert und war maßgeblich an der Ausarbeitung der *Confessio tetrapolitana*, der Erklärung der süddeutschen Städte
auf dem Augsburger Reichstag, beteiligt. Luther hat für die mehrtägige
Unterredung seine Kollegen Melanchthon, Bugenhagen, Cruciger, Hieronymus Weller und als Berichterstatter Friedrich Myconius[1] aufgeboten.
Er will die Gelegenheit nutzen, auf jeden Fall seine Auffassung von der
leibhaftigen Anwesenheit Christi beim Abendmahl durchzusetzen. In

einer *Wittenberger Konkordie* soll sie, die weitgehend der katholischen entspricht, verbindlich festgeschrieben werden.

Beide Seiten sitzen sich im Refektorium des Schwarzen Klosters gegenüber. Martin Bucer, der gekommen ist, um nach den endlosen Verhandlungen mit den Schweizern unbedingt eine Einigung zu erzielen, trägt jede Einzelheit seines Abendmahlsverständnisses vor. Das ist ungeschickt, denn der kranke und sich mühsam aufrecht haltende Luther muss sich sämtliche Abweichungen von seiner eigenen Lehre mit wachsender Ungeduld anhören. Seine Antwort ist wenig ermutigend für den weiteren Verlauf des Treffens: Nach den Ausführungen seines Vorredners und vor allem angesichts dessen, was er über die Korrespondenz der Reformatoren Zwingli und Oekolampad und ihre »gottlose, greuliche, falsche Lehre« gelesen habe, könne er sich nicht vorstellen, eine Einigung herbeizuführen. Eine »erdichtete, gefärbte Konkordie« würde alles noch viel schlimmer machen.

Am nächsten Tag, es ist der 23. Mai, verlangt Luther, Bucer und Capito mögen widerrufen, was sie »gegen Christus und die Schrift« ausgesagt hätten. Er selbst bekenne, »dass das Brot im Abendmahl wahrhaftig der Leib Christi und der Wein wahrhaftig das Blut Christi sei«. Sogar ein Nichtgläubiger empfange in der Hostie den Leib Christi! Als seine Gäste nach entsetztem Schweigen und aufgrund des vermittelnden Auftretens von Melanchthon der Lehre von der Realpräsenz doch zustimmen, geht Luther siegesgewiss noch einen Schritt weiter. Jetzt besteht er darauf, dass von der anderen Seite akzeptiert wird, dass auch die Nichtgläubigen, die »Gottlosen«, bei der Kommunion den Leib Christi empfangen, was die Zwinglianer immer bestritten haben. Die Schweizer Protestanten hängen Luthers früherer Sicht an, nur wer an das Sakrament *glaube*, werde beim Empfang von Brot und Wein der Gegenwart Gottes teilhaftig. Luther lässt jeden Anwesenden ein Bekenntnis dazu ablegen und fordert sie auf, diese Lehre zu Hause mit aller Geschicklichkeit zu verbreiten. Nun sei »Friede und Einigkeit zwischen uns«, bekräftigt er das erzwungene Einverständnis und reicht allen die Hand. Die *Witten-*

berger Konkordie wird feierlich besiegelt. Luther hat sich in allen Punkten durchgesetzt und schaut in Augen, die sich mit Tränen füllen. Die andere Seite musste zurückweichen, hat das aber nur um der Einheit aller Protestanten willen getan, die noch immer von der katholischen Mehrheit bedroht werden.

Die Tränen der Erleichterung wurden zu früh vergossen. Die Zürcher sind nicht bereit, von ihrer Lehre abzugehen. Für sie ist Christus beim Abendmahl nur »im Geist« des Kommunikanten anwesend. Sie leugnen weiterhin die körperliche Gegenwart Christi in Brot und Wein. Für Luther haben die Schweizer die Kraft des Sakramentes und das Wunder der Wandlung mit ihrer rationalen Erklärung zerstört. Er könne sie nicht mehr für rechte Christen halten, lässt er verlauten. An der *Wittenberger Konkordie* hält er jedoch fest; sie bedeutet die überlebenswichtige Einigung mit den Oberdeutschen, die den lutherischen Einfluss in Süddeutschland festschreibt.

Denn schon deutet sich ein neuer Konflikt an. Papst Paul III. ist bereit, auf Drängen von Kaiser Karl V. tatsächlich ein Konzil einzuberufen. Das ist seit langem auch ein Wunsch Luthers. Doch der auf die harte Linie seines Vorgängers eingeschwenkte Farnese-Papst will auf keinen Fall ein Nationalkonzil in Deutschland. Es soll deshalb am 13. Mai 1537 in Mantua stattfinden. Die Nachricht löst in Wittenberg Unruhe aus. Soll man dort dabei sein? Oder das Konzil einfach ignorieren? Luther bevorzugt die erste Lösung, der Kurfürst erwägt, ein Gegenkonzil einzuberufen, denn der Papst habe bereits Drohungen gegen die evangelische Seite ausgesprochen. Luther gibt zu bedenken, dass der Papst an einem Konzil eigentlich gar nicht interessiert sei. Er wolle die Protestanten entmutigen, damit er ihnen die Schuld am Scheitern des Konzils zuschieben könne. Man solle einfach abwarten und auf Zeit spielen.

Für welche Lösung man sich auch immer entscheidet, vorher muss sich das protestantische Lager auf ein Bekenntnis einigen, das dem Konzil vorgelegt werden kann. Trotz des Dissenses mit den Schweizern in der Abendmahlsfrage ist man seit der *Augsburger Konfession* einige

Schritte weitergekommen. Luther soll die zentralen Artikel erarbeiten, die man unter keinen Umständen preisgeben darf. Auf einem Bundestreffen in Schmalkalden, in dem thüringisch-hessischen Städtchen also, in dem 1530 auch das Bündnis gegen die Altgläubigen geschmiedet wurde, will man Luthers Vorschläge diskutieren.

Am 3. Januar 1537 lässt Luther seine *Schmalkaldischen Artikel,* die er nach einem Herzanfall zwei Schreibern diktieren musste, Johann dem Großmütigen übergeben. Sie sind von Amsdorf, Bugenhagen, Cruciger, Jonas, Melanchthon und Spalatin mitunterzeichnet. Luther warnt den Kurfürsten im Begleitbrief, die in den Artikeln beschriebenen Positionen könnten ihm gefährlich werden. Er müsse sie nicht annehmen. Nur er selbst wolle sich »damit beladen«.[2] Der Kurfürst bedankt sich freundlich, aber unverbindlich für den »Fleiß und die Mühe«, die Luther trotz seiner Krankheit aufgewendet habe, und lobt die Standhaftigkeit des Verfassers. Ob er sich Luthers Positionen gänzlich zu eigen machen werde, lässt er offen. Er will in Schmalkalden nicht nur theologischen Prinzipien folgen, sondern auch aus politischen Erwägungen heraus verhandeln.

Für Luther sind diese 25 Artikel ein persönliches Glaubensbekenntnis, sein theologisches Testament. Er schreibt in sie alles hinein, was er an der in Augsburg von Philipp Melanchthon vorgetragenen *Confessio* vermisst hatte. Zwar betont er im kurzen ersten Teil der in drei Teile gegliederten Schrift das Gemeinsame, die Dreieinigkeit, die Menschwerdung Christi, die Jungfrauengeburt. Was jedoch in vier »Hauptartikeln« und 21 weiteren Artikeln folgt, ist ein fundamentaler Angriff auf die Papstkirche, der die vorhandenen Gräben schonungslos sichtbar macht. Der erste Hauptartikel umreißt in wenigen Sätzen und mit einem Paulus-Zitat aus dem Römerbrief Luthers Rechtfertigungslehre: »Wir halten dafür, dass der Mensch gerecht werde ohne Werke des Gesetzes, durch den Glauben.« Nicht das persönliche Verdienst des Menschen, sondern allein der Glaube an den Erlösungstod Christi mache gerecht. »Von diesem Artikel kann man in nichts abgehen oder nachgeben«, schreibt Luther, »mag Himmel und Erde oder was sonst nicht bestehen wird, einfallen … Auf diesem Artikel ist alles begründet, was wir wider den Papst, wider Teufel und Welt lehren und leben.«[3]

Es folgt die Verurteilung der Messe »als der größte Greuel im Papsttum«.[4] Luther verwirft ihren Opfercharakter als »Menschenfündlein«[5], das in der Schrift keine Beglaubigung habe. Nicht der Messpriester, sondern allein Christus schenke dem Gläubigen Vergebung und Erlösung. Man könne gut ohne die Messe selig werden. Und Luther sagt heftigen Widerstand auf dem Konzil voraus. »Sie fühlen es wohl: Wenn die Messe fällt, so liegt auch das Papsttum am Boden. Ehe sie das geschehen lassen, töten sie uns alle, wenn sie es können.«[6] Außerdem habe »dieser Drachenschwanz, die Messe, viel Ungeziefer und Geschmeiß und mancherlei Abgötterei erzeugt«[7]: das Fegefeuer und »den verfluchten Jahrmarktsbetrieb der Seelenmessen«[8], den Reliquienkult, die »närrische Täuschung mit Hunds- und Pferdeknochen«[9], die nutzlosen Wallfahrten, den Ablass und die Heiligenverehrung. Das alles sei reine »Geschäftemacherei«, ein »großes Blendwerk des Teufels«.[10]

Sehr brisant ist auch der vierte Hauptartikel zur Stellung des Papstes. Nicht ohne Grund hat Melanchthon das Thema beim Reichstag in Augsburg ausgeklammert. Luther bestreitet, dass der Papst aus göttlichem Recht das Oberhaupt der Christenheit sei. Als Bischof von Rom sei er vielmehr ein Bischof unter anderen, der sich ein Amt anmaße, das ihm nicht zustehe, weil davon in der Bibel nichts gesagt sei. Fünfhundert Jahre lang, bis zum Amtsantritt Gregors des Großen im Jahr 590, der als erster Bischof weltliche mit geistlicher Macht vermischt habe, sei die Kirche ohne Papst ausgekommen. Der Papst sei schon deshalb der »Antichrist«, weil er sich über Christus habe setzen »und als Herrn der Kirche, zuletzt auch als Herrn der ganzen Welt und geradezu als einen Gott auf Erden rühmen lassen, bis er sogar den Engeln im Himmel zu gebieten sich unterstand«.[11] Luther spielt dabei auf eine Bulle von Clemens VI. an, in welcher der Papst den Engeln anlässlich des Jubeljahres 1350 befahl, die Seelen jener Pilger, die auf der Romfahrt sterben sollten, in den Himmel zu tragen.

Der dritte Teil behandelt Themen, die »von Rom wenig beachtet oder verkannt werden«: die in der Bibel geoffenbarte und von der Scholastik verleugnete Ursünde, Gesetz, Beichte und Buße, Taufe und Altarsakrament. In sämtlichen Artikeln verweist Luther darauf, dass die Erlösung allein von Christus ausgeht; mit der Papstkirche in Rom hätten sich anmaßende Menschenlehren neben die allein rettende Gnade Gottes, das Heilswerk Christi gesetzt. Im Artikel *Vom Sakrament des Altars* umreißt Luther seine Position zum Abendmahl, wie er sie bereits in der *Wittenberger Konkordie* formuliert hat: »Hier halten wir dafür, dass Brot und Wein im Abendmahl der wahrhaftige Leib und das wahrhaftige Blut Christi ist, und dass dies nicht bloß von frommen Christen gereicht und empfangen wird, sondern auch von den bösen.«[12]

Mit diesem Bekenntnis in der Tasche reist Luther Anfang Februar über Torgau, Grimma, Altenburg, Jena, Weimar und Arnstadt nach Schmalkalden. Die mehrtägige Reise bei bitterer Kälte ist eine große Anstrengung für den 54-jährigen Reformator. Am 7. Februar trifft er stark geschwächt in der Stadt ein und wird in eine kleine, zugige Kammer im Haus des hessischen Rentmeisters Balthasar Wilhelm einquartiert. Das Bett ist mit feuchten Laken bezogen und der Gesundheit des Reformators nicht gerade zuträglich. Trotz der miserablen Wohnverhältnisse bleibt Luther die meiste Zeit in seinem Zimmer, verlässt das Haus nur, um in der Stadtkirche St. Georg an Gottesdiensten teilzunehmen oder selbst zu predigen. Am 10. Februar wird der Bundestag im Audienzsaal des Rathauses feierlich eröffnet. Anwesend sind 18 Fürsten, 28 Emissäre der Städte und 42 Theologen. Aus Wittenberg sind der Kurfürst und seine Professoren Bugenhagen, Melanchthon und Spalatin dabei. Wegen der Bedeutung des Treffens nehmen auch Gesandte Dänemarks und Frankreichs sowie Beobachter des Kaisers und des Heiligen Stuhls an der Versammlung teil.

Die Verhandlungen der Theologen finden im »Hessenhof« statt. Der Kurfürst lässt Luthers Artikel nur in diesem Kreis diskutieren. Die Fürsten und Vertreter der Städte bekommen sie nicht vorgelegt, um die

Oberdeutschen wegen des Streits in der Abendmahlsfrage nicht vor den Kopf zu stoßen. Melanchthon als Verhandlungsführer für das kurfürstliche Sachsen ist bemüht, die Gegensätze zu entschärfen, und versucht, seine alten Formeln des *Augsburger Bekenntnisses* durchzusetzen. Während man ein paar Häuser weiter zäh seine Sache verhandelt, liegt Luther mit aufgeblähtem Leib im Bett. Die Nierensteine verursachen höllische Schmerzen; seit Tagen kann er kein Wasser lassen und windet sich unter schlimmen Koliken. Der Kurfürst lässt aus Erfurt den bekannten Medizinprofessor Georg Sturz kommen, der einen Bader beizieht, um die Steine zu entfernen. Fürstliche Leibärzte stehen am Bett des Kranken und hantieren mit Klistieren, Kathetern und heißen Tüchern. Luther ist leichenblass und ringt nach Luft. Melanchthon wird geholt und betet im Nebenzimmer um das Leben des Reformators. Trotz seiner Schmerzen ist Luther zu Scherzen aufgelegt und sagt durch die Tür: »Hans Löser, der Erbmarschall, pflegt zu sagen: es wäre keine Kunst, gut Bier, sondern bös Bier trinken sei eine Kunst.«[13]

Auch Katharina erhält die Nachricht, dass ihr Martin schwer erkrankt ist. Sie schickt ihm einen Trank aus Knoblauch und Pferdemist. Die Rezeptur stammt noch aus ihrer Klosterzeit in Nimbschen. Nachdem Luther ihn hinuntergewürgt und weitere Quälereien der Ärzte über sich hat ergehen lassen, bittet er seinen Landesherrn, ihn nach Wittenberg zurückbringen zu lassen. Er wolle zu Hause sterben. Am 26. Januar setzt man ihn, eingewickelt in heiße Tücher, in eine kurfürstliche Kutsche. Ihr folgt ein Wagen mit den Freunden Bugenhagen, Spalatin und Myconius sowie dem Doktor Sturz. Die Reise ist fürchterlich, der Kranke schreit vor Schmerz auf, wenn das Gefährt durch Schlaglöcher rumpelt. In Tambach, kurz vor Gotha, löst sich durch das Rütteln des Wagens der Nierenstein, und Luther fühlt sich gerettet. In Gotha schickt er sofort einen Bericht an Katharina: »Bis auf diese Nacht ist vom vorigen Sonntag (18. Februar) an kein Tröpflein Wasser von mir gekommen, ich habe nie geruhet noch geschlafen, kein Trinken noch Essen (bei mir) behalten können. In summa, ich bin tot gewesen und hab Dich mit den

Kindlein Gott befohlen und meinem gnädigen Herrn, als würde ich Euch nimmermehr sehen. Es hat mich Eurer sehr erbarmet, aber ich hatte mich dem Grabe beschieden. Nun hat man so hart für mich zu Gott gebetet, dass vieler Leute Tränen vermocht haben, dass mir Gott diese Nacht der Blase Gang geöffnet hat und in zwei Stunden wohl mehrere Liter von mir gegangen sind und mich dünket, ich sei wieder von neuem geboren.«[14]

Doch die Erleichterung währt nicht lange. Schon am nächsten Tag setzen die Koliken in alter Heftigkeit wieder ein. Nun fühlt Luther sich so schwach, dass er sich von Bugenhagen die Beichte abnehmen lässt und dem Freund sein Testament diktiert. Er bittet darin seine Freunde, vor allem den »teuersten Philippus«, um Verzeihung, falls er ihnen Unrecht zugefügt habe. Käthe solle bei aller Trauer daran denken, »dass sie zwölf Jahre mit mir fröhlich gewesen ist«. Der Kurfürst und der Landgraf mögen auch künftig am Evangelium festhalten und »der papistischen Gottlosigkeit nicht wieder Raum geben«. Gern würde er dem Antichristen weiter zusetzen, wie er das bisher getan habe: »Ich bin jetzt bereit zu sterben, wenn es der Herr will. Ich möchte aber etwa bis Pfingsten leben, damit ich diese römische Bestie und deren Reich mit einer öffentlichen Schrift vor der Welt noch schwer anklagen kann.«[15] Luther weiß, dass es für ihn keine bessere Medizin gibt als der Hass gegen Rom, der seine Lebensgeister immer neu belebt.

Über Erfurt gelangt Luther nach Weimar, wo er von den Ärzten des Kurfürsten eine Woche lang gepflegt wird. Sein Gesundheitszustand bessert sich. Am 14. März trifft Luther in Wittenberg ein. Langsam gewöhnt er sich an Essen und Trinken, doch sein Zustand bleibt labil: »Freilich sind Schenkel, Knie und Glieder noch schwach und können den Körper nicht recht tragen.«[16] Nach einiger Zeit kann er seine Amtsgeschäfte wieder aufnehmen. Er bereitet Vorlesungen vor und beginnt zu predigen. Er muss Johannes Bugenhagen als Stadtprediger ersetzen, der für zwei Jahre nach Dänemark geht, um an der Errichtung der dortigen Kirchenordnung mitzuwirken. Vor allem löst Luther sein im Krankenbett gegebenes Versprechen ein, den Papst mit einer neuen Schrift anzugreifen. Schon im April erscheint der fingierte Brief *Beelzebub an die heilige päpstliche Kirche.* Darin erinnert der Teufel den Papst an seine Pflicht, im Kampf gegen die Lutheraner, »die Zerstörer des teuflischen Reiches«[17], ja nicht nachzulassen. Voller Zorn habe er, der Teufel, gehört, man wolle »unser Hauptschloss und Residenz« reformieren. Nun sei er froh, dass man sich eine »solche Reformation gar nicht mit Ernst« vorgenommen, sondern »aller Welt eine Nase« gedreht habe.

Ganz Deutschland hielt den Atem an, als der große Reformator im Sterben lag. Der römische Nuntius ließ sich in Schmalkalden jeden Tag berichten, wie es um den »Ketzer« steht. Die evangelische Gemeinde Hall im Inntal sandte einen Boten, um Gewissheit zu bekommen, ob Luther noch lebte. Der ließ ihnen ausrichten, auch wenn alle Teufel der Welt samt Papst seinen Tod freudig begrüßt hätten, so habe Gott anders entschieden und ihn leben lassen. Da er aber doch einmal sterben müsse, würden sie irgendwann bedauern und sagen: »Ach, dass der Luther noch lebte!«[18] Luther ist sich seiner Sache so sicher, dass er fest glaubt, seine Feinde würden eines Tages mit wehenden Fahnen ins evangelische Lager überlaufen.

Diese Zuversicht ist durchaus begründet, denn die Reformation breitet sich in Deutschland immer weiter aus, nur die habsburgischen Lande, Bayern und die geistlichen Fürstentümer bleiben papsttreu. Die evangelische Bewegung hat auch Nordeuropa ergriffen, Schweden, Dänemark, Norwegen, und in England hat sich Heinrich VIII. vom Parlament zum alleinigen Oberhaupt der Kirche erklären lassen. Als Luthers erbittertster Feind, der Herzog Georg von Sachsen, am 17. April 1539 stirbt und sein Bruder, der Lutheraner Heinrich der Fromme, die Herrschaft im Herzogtum übernimmt, hat der Protestantismus auch in Sachsen gesiegt. Zu den Einführungsfeierlichkeiten der Reformation am 25. Mai 1539 in Leipzig ist Luther als Ehrengast geladen. Er darf an jenem Ort den Sieg des neuen Evangeliums miterleben, wo er vor fast genau zwanzig Jahren, im Sommer 1519, von seinem Kontrahenten Johannes Eck in die Enge getrieben und als Ketzer denunziert worden war.

Luther ist das nicht genug. Er will die große Anerkennung auf einem Konzil. Immer wieder hat der Papst die angekündigte Kirchenversammlung absagen lassen, weil er genau das fürchtet: eine innerdeutsche Einigung der Fürsten mit dem Kaiser auf Kosten der Kirche. Noch immer stehen sich die Katholischen, der Nürnberger Bund, geführt von König Ferdinand, dem Bruder des Kaisers, und der Schmalkaldische Bund, geführt von Philipp von Hessen, feindlich gegenüber. Nur die gemeinsame Türkenabwehr, die im Frühjahr 1539 auf dem Frankfurter Konvent vereinbart worden ist, verhindert ein gegenseitiges Losschlagen.

Seine Schrift *Von den Konzilien und Kirchen,* die Luther in die Diskussion über Sinn und Unsinn eines Konzils einbringt, ist widersprüchlich und befriedigt auch ihn selbst nicht. Einmal soll sie die Fürsten davon überzeugen, dass sie ein Konzil nicht zu fürchten hätten, zum anderen, schreibt Luther, sei die Papstkirche nicht mehr zu retten und würde, statt irgendetwas von ihrer falschen Lehre preiszugeben, die Christenheit eher zugrunde gehen lassen. Was kann ein Konzil leisten? Am Beispiel der großen historischen Konzile in Nizäa, Konstantinopel, Ephesus und Chalcedon entwickelt Luther seine Vorstellung von den Aufgaben einer echten Kirchenversammlung: Es gehe nicht darum, sich mit Äußerlichkeiten wie Zeremonien, Dekreten zu beschäftigen, sondern darum, in Glaubensfragen, »wenn der Glaube not leidet«[19], zu entscheiden. Aber genau das sei von Rom kaum zu erwarten. Viel hilfreicher seien *Kleine Concilia,* die man in Pfarreien und Schulen durchführe. Nicht große Worte, sondern praktische Tatkraft helfe der Gemeinde. Es sei auch nötig, schreibt Luther im dritten Teil der Schrift, an die Stelle des mehrdeutigen Wortes »Kirche« einfach »christlich heilig Volk« zu setzen. Nicht das »Gaukelregiment« des Papstes, sondern die von Gott eingesetzte Obrigkeit schütze Haus und Stadt der Gläubigen.

Luther ist es gewohnt, zu allen Fragen des Glaubens, bisweilen auch der hohen Politik, befragt und um Gutachten ersucht zu werden. So ist er nicht überrascht, als ihn der süddeutsche Reformator Martin Bucer

Anfang Dezember 1539 in Wittenberg aufsucht und bittet, in einer äußerst delikaten Angelegenheit zu vermitteln. Es geht um das Verhältnis des Landgrafen Philipp von Hessen zu dem siebzehnjährigen Hoffräulein Margareta von der Saale, das er durch eine Ehe legalisieren möchte. Philipp ist aber seit sechzehn Jahren mit der Tochter des verstorbenen Herzogs Georg von Sachsen verheiratet, mit der er zahlreiche Kinder hat. Der Führer der Evangelischen, kriegserprobt und äußerst selbstbewusst, ist auch in Liebesdingen ein Draufgänger. Er leidet an Syphilis und bekennt sich dazu. Die Sakramente nimmt er nicht, weil er sie durch seinen ausschweifenden Lebenswandel nicht beschmutzen möchte. Philipp ist gläubig, aber auch sehr sinnlich. Weil er sich bei seiner jetzigen Frau, die alt, krank und abweisend sei, der »Hurerei und Unkeuschheit und Ehebruchs nicht erwehren«[20] könne, drohe ihm die sichere Verdammnis, lässt er den Reformator wissen. Luther soll ihm nun aus diesem Dilemma heraushelfen.

Die energische Mutter der jungen Margarete, selbst eine Hofdame in hoher Stellung, verlangt für ihre Tochter eine rechtsgültige Hochzeit. Aber weder die Scheidung noch die Doppelehe ist in solch einem Fall möglich, allenfalls das Konkubinat – eine auch von der Kirche stillschweigend geduldete Lösung. Philipps Ehefrau Christina, die ihrem Mann treu ist und ihm viele Kinder geschenkt hat, würde der Zweitehe durchaus zustimmen. Ihre Beziehung zu dem ständig abwesenden Landgraf ist seit langem unglücklich. Das Erbrecht ihrer Kinder wäre im Falle einer Doppelehe nicht infrage gestellt. In seiner Not hat sich Philipp an Martin Bucer gewandt, der ihm seit dem Marburger Gespräch, zu dem er ihn berufen hat, verpflichtet ist. Bucer soll Luther für seinen Plan gewinnen. Hat Luther nicht in einem seiner Traktate geschrieben, die Doppelehe sei unter gewissen Bedingungen erlaubt?

Der politisch versierte und taktisch gerissene Landgraf deutet an, dass er, falls ihm die Doppelehe nicht zugestanden werde, um einen päpstlichen Dispens bitten, sprich: die Seite wechseln müssen – mit allen bösen Folgen für die protestantische Sache. Ein Erpressungsmanöver also, dem Luther sich gegenübersieht, als Bucer ihm den Sachverhalt erklärt. Der bibelkundige Philipp beruft sich auf die alttestamentarischen Patriarchen, die ebenfalls Nebenfrauen gehabt hätten. Auch im Neuen Testament finde sich keine Verurteilung derer, die »zwei Weiber haben«. Und hatten Luther und Melanchthon dem englischen König nicht geraten, sich eine zweite Frau zu nehmen, statt sich scheiden zu lassen? Philipp erbittet ein schriftliches Zeugnis der beiden Reformatoren, dass er bei einer zweiten Eheschließung »nicht wider Gott« handle. Er verspricht, seine erste Frau nicht zu verstoßen, und seine Kinder sollen die »rechten Fürsten des Landes sein«. Mit dem Kaiser, der eine Doppelehe aufgrund des Reichsrechts eigentlich nicht dulden kann, werde er sich arrangieren.

In dieser kniffligen Situation können Luther und Melanchthon, wie sie bald merken, nur verlieren. Hatte man den Schwärmern, zuletzt den Wiedertäufern von Münster, nicht immer ihre Vielweiberei vorgeworfen? Und die Bischöfe und den Papst wegen ihrer Mätressenwirtschaft gegeißelt? Und nun sollen sie, gewissermaßen mit dem Amtssiegel der höchsten evangelischen Autorität, die Bigamie erlauben! Die Wittenberger Reformatoren, die das Schreiben des Landgrafen widerwillig, aber aus seelsorgerischem Pflichtgefühl entgegengenommen haben, beraten sich intensiv. Ihnen steht die ausführliche Schilderung Martin Bucers vor Augen, der ihnen die Gewissensnot Philipps in lebhaften Farben ausgemalt hat – alles maßlose Übertreibungen, weil sich der Landgraf längst mit seiner Frau verständigt und einen Ehevertrag geschlossen hat, in dem alle Vermögensfragen bis ins Detail geklärt sind.

Schließlich setzen sie am 10. Dezember 1539 ein Gutachten auf, um den für die protestantische Bewegung so wichtigen Mann zufriedenzustellen. Es enthält eine strenge Ermahnung, künftig Hurerei und Ehebruch zu meiden, und anerkennt die ernsthafte Reue des Sünders. Den Verweis des Landgrafen auf die Patriarchen des Alten Testaments lassen die Gutachter nicht gelten, denn für einen Christenmenschen sei das Neue Testament verbindlich, in dem Christus festgelegt habe, dass der

Mann nur mit einer Frau verkehren dürfe. Gegen einen Dispens für den Landgrafen spreche auch die Gefahr, dass die Evangelischen von ihren Gegnern in eine Reihe mit Täufern und Türken gestellt werden könnten, »die viel Weiber genommen«. Man könne allerdings einer Ausnahmeregelung unter der Bedingung zustimmen, »dass solches heimlich zu halten« sei und »beichtweis«[21] erteilt werde. Der Landgraf dürfe ein zweites Mal heiraten, müsse seine junge Frau in der Öffentlichkeit aber als seine Konkubine erscheinen lassen. Eine sehr katholische Lösung also.

Mit der Erteilung eines seelsorgerischen »Beichtrats« haben sich die Wittenberger auf ein schlüpfriges Parkett begeben und ihre strikten theologischen und moralischen Grundsätze um einer Machtfrage willen aufgeweicht. Zwar schließt das Gutachten mit dem Hinweis, würde Philipp von Hessen in das katholische Lager wechseln, so trüge ihm das den Vorwurf des Verrats und der Unehrlichkeit ein. Doch das politische Manöver ist zu deutlich, um nicht, wenn es doch bekannt wird, der evangelischen Sache zu schaden. Gerade die Geheimhaltung macht die Vereinbarung anrüchig, und dass sie irgendwann doch öffentlich wird, liegt auch im Interesse der Familie von Margareta von der Saale, die den aus der Verbindung hervorgehenden Kindern unbedingt das Erbrecht sichern möchte.

Zur Hochzeit von Philipp und Margareta am 4. März 1540 auf Schloss Rotenburg an der Fulda ist auch Melanchthon als Trauzeuge eingeladen – und nimmt die Einladung ohne Bedenken an. Ein unverzeihlicher Fehler, weil die Teilnahme des Reformators wie ein öffentliches Bekenntnis zur Bigamie wirken muss, die im Reich mit der Todesstrafe bedroht ist. Von Geheimhaltung keine Spur, auch auf der anderen Seite nicht. Philipp von Hessen, der sich als Hauptmann des Schmalkaldischen Bundes unangreifbar wähnt, lässt von seinen Predigern Flugschriften verbreiten, in denen die Doppelehe offen verteidigt wird. Luther, der von Wittenberg aus dem Bräutigam fast verzweifelt rät, die Braut eine Zeit lang zu verstecken, wird von dem gutgelaunten Landgrafen mit einem großen Fass Wein beschenkt, als listiger Hinweis, dass auch der große Reformator seinen Anteil an diesem Geschäft hat. Luther trinkt den Wein und verbrennt den Dankesbrief, der mitgeliefert wurde.

Der selbstherrliche Landgraf hat, nicht ohne Zutun der Wittenberger Reformatoren, das evangelische Bündnis in eine Krise gestürzt. Denn der Kaiser wittert seine Chance und ahndet den Verstoß gegen seine eben erst eingeführte Kriminalordnung mit einer Anklage vor dem Kammergericht. Philipp muss, um amnestiert zu werden, den demütigenden Regensburger Vertrag schließen: Er soll Karl V. bei dessen Krieg gegen den französischen König Franz I. Gefolgschaft leisten und künftig die Interessen des Kaisers beim Schmalkaldischen Bund vertreten. Es werden ihm auch alle Bündnisse mit ausländischen Mächten untersagt, was die bereits ausgehandelte Ausweitung des Schmalkaldischen Bundes in den Norden Europas vereitelt. Das Fräulein Margareta von der Saale, das Philipp zu seinen vielen Kindern aus der ersten Ehe noch acht weitere schenkt, wird so zur Urheberin von Haupt- und Staatsaktionen, die das Schicksal der Reformation entscheidend mitbestimmen.

Einen hohen Preis für seine fatale Fehlentscheidung muss auch Philipp Melanchthon bezahlen, der Luther bedrängt hatte, dem Landgrafen entgegenzukommen. Melanchthon fühlt sich schwer getäuscht. Auf der Reise zu einem Religionsgespräch in Hagenau bricht er in Weimar, von seinem Gewissen gepeinigt, zusammen. Sein ganzes Lebenswerk scheint von diesem einen Fehltritt zunichtegemacht. Der Kurfürst lässt Luther nach Weimar holen, um dem Freund beizustehen. Als er den Raum betritt, findet er den Kranken apathisch und mit eingefallenen Wangen vor. Luther sagt zu den Anwesenden, es sei furchtbar, wie der Teufel dieses herrliche Werkzeug geschändet habe. Er spricht ein Gebet, bittet Gott, ihm den Freund zu erhalten, um des Evangeliums und aller Verheißungen willen. Dann beugt er sich über den Kranken und beschwört ihn durchzuhalten: »Sei guten Muts, Philippus, Du wirst nicht sterben. Obwohl Gott Ursache hätte zu töten, so will er doch nicht des Sünders Tod, sondern dass er sich bekehre und lebe. Er hat Lust zum Leben und nicht zum Sterben. Hat Gott die allergrößten Sünder, die je auf Erden gekommen sind, wie Adam und Eva, zu Gnaden wieder berufen und angenommen, viel weniger will er Dich, meinen Philippus, verstoßen, noch in Sünden und Schwermut verderben lassen. Darum gib dem Trauergeist keinen Raum und werde an Dir selbst nicht zum Mörder, sondern vertraue dem Herrn, der töten und wiederum lebendig machen kann, verletzen und verbinden, schlagen und wieder heilen kann.«[22]

Melanchthon wendet Luther das Gesicht zu und sagt mit dünner Stimme, man möge ihn nicht aufhalten, er sei auf der letzten Reise zu Gott, auf guter Fahrt. Es könne ihm nichts Besseres geschehen. »Mitnichten«, antwortet Luther, »Du musst unserm Herrn Gott noch weiter dienen, Philippus.«[23] Er lässt dem Kranken Essen bringen, der erholt sich sichtbar, will aber nicht mehr ins Leben zurück. Luther packt ihn an der Schulter und sagt lachend, dann müsse er ihn eben in den Bann tun. Das habe ja auch bei ihm gut gewirkt und die Lebensgeister geweckt. Melanchthon lächelt matt, isst etwas und kann am nächsten Tag das Bett verlassen. Luther schreibt erleichtert der »herzlieben Käthe, Doktorin Lutherin … dass mir's hier wohlgeht, ich fresse wie ein Böhme und saufe wie ein Deutscher, das sei Gott gedankt, Amen. Das kommt daher, da M. Philipp ist wahrlich tot gewest und recht wie Lazarus vom Tod auferstanden. Gott der liebe Vater hörte unser Gebet, das sehen und greifen wir, ohne dass wir's dennoch glauben, da sage niemand Amen zu unserm schändlichen Unglauben.«[24]

Im Alter rückt der Tod näher. Freunde sterben nacheinander, fast hätte es auch Käthe getroffen, die treue Gefährtin und fünffache Mutter. Am 22. Januar 1540 erleidet sie eine schwere Fehlgeburt und dämmert dem Kindsbetttod entgegen. Luther lässt sich vom Kurfürsten von einer Dienstreise freistellen, um seiner todkranken Frau beizustehen. Er setzt sich an ihr Bett, betet für sie und hält ihre fieberheiße Hand. In seiner frühen, 1522 verfassten Schrift *Vom Ehelichen Leben* hat Luther das Sterben der Mütter bei der Geburt noch als etwas Naturgegebenes beschrieben: »Wenn sie sich aber auch müde und zuletzt tot tragen, das schadet nichts, lass sie sich nur tot tragen, sie sind dazu da.«[25] Um sehr viel später in einer der Herrenrunden noch hochmütig hinzuzufügen: »Die größte Ehre, die das Weib hat, ist allzumal, dass die Männer durch sie geboren werden.«

Luther weiß, was er an seiner »Domina«, wie er Katharina in Anspielung auf die Äbtissin eines Klosters nennt, hat. Erleichtert berichtet er Justus Jonas einige Wochen später, dass seine Frau das Schlimmste überstanden habe: »Meine Käthe grüßt Euch ehrerbietig; sie hieß mich Euch bedeuten, dass sie, sitzend auf dem Throne Ihrer Majestät in ihrem Hauswesen, wieder lerne zu zürnen und zu schelten und fast schon die nachlässige, lästige und ungehorsame Magd zu verwünschen.«[26] Was die Hauswirtschaft betrifft, ist Katharina für ihn tatsächlich die unumschränkte »Herrin und Gebieterin«, die als »Morgenstern« um vier Uhr morgens, vor den Mägden und Knechten, aufsteht und den Haushalt in Schwung bringt. Seitdem man mit der Studentenburse Geld verdient und nicht mehr Schulden aufhäuft, die Studenten also pünktlich zahlen, das Professorengehalt von Jahr zu Jahr wächst und der Fürst sich durch Naturaliengeschenke als großzügig erweist, kann Käthe den Besitz erweitern. Sie hat einen Garten vor dem Elstertor angelegt, Äcker gekauft, betreibt Viehwirtschaft, baut Wein an und braut das Klosterbier.

Mit großem Ehrgeiz und viel Geschick hat sie aus der anfänglichen Mangelwirtschaft einen erfolgreichen Wirtschaftsbetrieb gemacht. Zehn Hausangestellte, von der Köchin bis zum Kutscher, gehen ihr zur Hand. Der Stolz auf das Geleistete ist unüberhörbar, wenn sie ihrem Mann schreibt: »Ich muss mich in sieben Teile zerlegen und an sieben Orten zugleich sein. Ich bin 1. Ackerbürgerin, 2. Bäuerin, 3. Köchin, 4. Kuhmagd, 5. Gärtnerin, 6. Winzerin und Almosengeberin an alle Bettler zu Wittenberg, 7. Aber bin ich die Doktorissa, die sich ihres berühmten Gatten würdig zeigen soll und mit 200 Gulden Jahresgehalt viele Gäste bewirten soll.« Um den gesunden Erwerbssinn seiner Frau zu illustrieren, berichtet Luther Justus Jonas von einer Vereinbarung, die er mit ihr getroffen hat: »Sie fuhrwerkt, bestellt das Feld, weidet und kauft Vieh, braut usw. Dazwischen ist sie auch darangegangen, die Bibel zu lesen, und ich habe ihr fünfzig Gulden versprochen, wenn sie vor Ostern zu Ende käme. Ist großer Ernst dabei! Schon ist sie beim 5. Buch Mosis.«

Katharinas Ehrgeiz beschränkt sich aber nicht auf das Schwarze Kloster. Von einem ihrer Brüder erwirbt sie das kleine Gut Zühlsdorf südlich von Leipzig, das ihr später, nach dem Tod ihres Mannes, als Alterssitz dienen soll. Luther bewundert die Zielstrebigkeit, mit der seine »Zühlsdorferin« das Anwesen bewirtschaftet. Mit den Erträgen wird ein Wintervorrat für Schweine und Ziegen angelegt, das Holz für den Kamin bereitgestellt. Die Speisekammern und Keller im Schwarzen Kloster füllen sich mit geräuchertem Fisch, gepökeltem Fleisch, Kraut und Mehl. Zum selbst Erwirtschafteten kommen Dotationen von Unterstützern der Reformation; so lässt der dänische König dem verehrten Reformator einmal im Jahr eine Tonne Butter und mehrere Fässer mit Hering liefern. Luthers Haushalt gehört jetzt zu den wohlhabendsten in Wittenberg, mit Grundbesitz, Viehbestand, Bierbrauerei, Fischzucht, Wein- und Obstanbau. Sein Gesamtvermögen wird auf 9000 Gulden geschätzt. Der frühere Bettelmönch ist ungewollt in die Fußstapfen seines Unternehmervaters getreten, der eigentlich einen tüchtigen Hofjuristen aus ihm hatte machen wollen.

Zum siebenundfünfzigsten Geburtstag am 10. November 1540 schenkt die »Lutherin« ihrem Mann ein edles Sandsteinportal in spätgotischem Stil, das den Eingang zum Wohnhaus schmückt. Katharina hat die Türanlage selbst entworfen und den Bau auch beaufsichtigt. Unter die steinernen Baldachine über den Sitzen links und rechts des Eingangs lässt sie ein Porträt des Reformators und die sogenannte Luther-Rose hauen. Luther verwendet die von ihm selbst gestaltete weiße Rose mit rotem Herz und schwarzem Kreuz länger schon als Siegel für seine Briefe. Der Umbau des gesamten Gebäudes beansprucht viel Zeit und Geld; es ist ein besonderes Anliegen von Katharina, das Haus für die zahlreichen Bewohner und Gäste behaglich auszustatten. Sie lässt eine steinerne

Wendeltreppe und einen großen Kachelofen mit den Porträts der Evangelisten einbauen und richtet eine Badestube ein. Die Wände sind holzvertäfelt, das Refektorium erhält ein prachtvolles Gewölbe. In den Schränken stehen buntes, filigranes Glas aus Venedig und kostbares Geschirr.

Im Kloster hat Katharina den Umgang mit Kräutern gelernt, nicht nur als Köchin. Auch die medizinische Anwendung ist ihr vertraut. In der Cranach'schen Apotheke konnte sie ihr Wissen erweitern. Sämtliche Hausmittel sind ihr vertraut, für Mensch und Tier. Dafür hat sie sich eine »Dreckapotheke« angelegt mit nicht sehr appetitlichen Ingredienzien, die Luther aufgrund seiner ständigen Krankheiten vertraut, aber auch suspekt sind. Er wundert sich, »dass Gott so hohe Arznei in den Dreck gesteckt hat: Schweinemist stillt das Blut, Pferdemist in Wein ist gut gegen den Husten, Menschenkot gegen Körperwunden.« Nach den schlimmen Erfahrungen in Schmalkalden ist ihm endgültig klar: »Dein Mist hilft mir nicht!« Aber wie kann man einen Mann, der unter Bluthochdruck, Herzbeklemmung, Kopfschmerz, Nierensteinen, Verstopfung, Schwindel, Ohrensausen, Rheuma und Gicht leidet, überhaupt kurieren? Ist eine Krankheit überstanden, bricht eine neue aus. Luther kämpft gleichzeitig mit Katarrh, Mittelohrentzündungen, Hautgeschwüren, Halsabszessen.

Der alte Luther isst nicht, er frisst und säuft, um seinen trüben Stimmungen zu entkommen. In seinem »Königreich«, den regelmäßigen Tafelrunden, kann er essen und trinken, wie ihm beliebt. Er vertilgt große Mengen an Butter und Schmalz, Speck und Käse, wenig Fisch und viel fettes Fleisch. Und trinkt im Übermaß, am liebsten Wein, spät am Abend noch eine Kanne Bier, um einschlafen zu können. Er glaubt tatsächlich, Rotwein helfe gegen die Gicht, Bier gegen Nierensteine, Schwindel und die Anfechtung. Unablässig nimmt er Mittel ein, die ihm Anhänger, Freunde und medizinische Kapazitäten zusenden. Der Herzog Albrecht von Preußen schickt weißen Bernstein, die Gräfin Dorothea von Mansfeld selbstgefertigte Pillen, die alle nicht helfen. Der kurfürstliche Leibarzt empfiehlt weißen Aquavit gegen Ohnmachtsanfälle und gelben

Aquavit gegen die Brustbeklemmungen. Irgendwann gibt Luther den Dauerkampf mit seinem Körper auf: »Wir essen uns zu Tode, trinken uns zu Tode, scheißen uns zu Tode, fasten uns zu Tode …« Egal, was der Mensch tut, er ende sowieso als »Madensack«. Dass es ihm so viel schlechter geht als den anderen, schreibt er dem Wirken des Teufels zu, der ihn, den Widersacher des Antichristen in Rom, entmutigen, am liebsten aus dem Weg räumen will. Die kluge Käthe, die weiter ihrer »Dreckapotheke« vertraut, weiß es besser: Nicht der Teufel, sondern sein schwacher Körper, den er so gar nicht schone, setze ihm zu. Er arbeite zu viel und überlasse sich der Völlerei. Da hilft auch kein Pferdemist.

Auf den späten Porträts seines Hausmalers Lucas Cranach wölben sich die Speckfalten des Doppelkinns über dem Hemdkragen, glänzen die feisten Wangen. Auf den Ganzkörperbildern steht der Reformator auf dünnen Beinen, überwölbt von einem massigen, in den faltigen Talar gehüllten Körper. Der Blick ist matt, mit einem Anflug von Misanthropie, Jähzorn droht aus den steilen Stirnfalten. Der alte, kranke, ausgebrannte Mann ist noch unduldsamer geworden. Seine Wutanfälle sind gefürchtet, nicht nur im Schwarzen Kloster, auch der Kurfürst entzieht sich der Auseinandersetzung. Luther beschimpft seine Gegner von der Kanzel herab, besonders heftig die Juristen, die er seit seinem Studium in Erfurt wegen ihrer Rabulistik verabscheut. Luther wettert auch gegen die Kollegen von der theologischen Fakultät, wenn sie aus seiner Sicht von der reinen Lehre abweichen, in Frage stellen, was er sich gegen den Widerstand der ganzen Welt erarbeitet hat. Er, der Anti-Papist, droht sogar mit dem Bann! Seine Gegner witzeln, Luther habe sich nun endgültig zum »Elbpapst« gemacht. Auch die engsten Freunde ducken sich, wenn er zur Schmährede ansetzt. Der empfindsame Melanchthon hält es nur mit Mühe bei ihm aus, prüft Angebote, als Professor an die Universitäten von London oder Paris berufen zu werden.

Der weltberühmte Reformator fühlt sich in das kleine Wittenberg eingeschlossen wie die Fliege in den Bernstein, er ist hier sein eigenes Monument, während draußen im Land die großen Entscheidungen fallen.

Enttäuscht ist Luther auch von den Wittenbergern, die seine Predigten hören, aber »wie Hunde und Säue« leben, so gleichgültig und bigott sind wie eh und je. Die Studenten sind ihm zu ausschweifend, sie schwänzen, stehlen und huren, der Magistrat zu wenig zupackend. Einmal dringen fremde Menschen in sein Haus ein und bedrohen ihn. Mehrmals erwägt er, mit dem Predigen ganz aufzuhören oder die Stadt zu verlassen, dem Kurfürsten das Kloster zurückzugeben. Er droht den Abweichlern nicht nur mit göttlichen Strafen, sondern auch mit Ausweisung, ohne jedoch zu blutigen Zwangsmitteln zu greifen wie die »Reformierten« in der Schweiz und später Johannes Calvin in Genf, der »Leugner« hinrichten lässt.

Luther exekutiert ausschließlich mit dem Wort, das er wie eine Waffe zu benutzen weiß, wie auch in seiner bis zu diesem Zeitpunkt gröbsten Streitschrift – *Wider Hans Worst –,* mit der er den katholischen Herzog Heinrich von Braunschweig-Wolfenbüttel dermaßen verunglimpft, dass er sogar von den eigenen Anhängern gerügt wird. Dabei war es der Herzog selbst, der in einer gegen den Kurfürsten von Sachsen gerichteten Schrift behauptet hatte, der Reformator nenne seinen Landesherrn einen »Hans Worst«. Luther holt zu einem Rundumschlag aus und giftet zurück, der Herzog und sein Vater, der Teufel, seien in Wahrheit »die rechten Hans Worst ... verzweifelte, ehrlose, verlogene Bösewichter«.[27] Er nutzt sein, wie er es nennt, »kurz und sanfts Büchlein« zur Abrechnung mit der Papstkirche, die mit Zölibat, Ablass, Reliquien- und Heiligenverehrung, Wallfahrten und Verkehrung von Taufe und Abendmahl zur »Teufelshure« geworden sei. »Teufel Heinz« kenne sich in der Theologie aus wie »eine Sau auf der Harfen« und habe kein Recht, sich über den Lebenswandel des evangelischen Kurfürsten auszulassen, da er selbst »stinkt wie Teufelsdreck«. Er sei nicht nur ein Mordbrenner und Ehebrecher, sondern auch ein »verzagter Schelm« und eine »feldflüchtige Memme«, den selbst eine »zornige Katze« in die Flucht schlagen könne. Gottes Zorn werde den »Angstbösewicht« einholen. Was auch bald geschieht, denn Kursachsen und Hessen erobern Wolfenbüttel und vertreiben den Herzog.

Alle großen theologischen Schlachten sind geschlagen, die reformatorische Bewegung entwickelt sich nach ihren eigenen Gesetzen – da bleibt dem Schmerzensmann Luther nur der Krieg der Worte, um sich Luft zu machen. Der nächste Gegner, den er sich vornimmt, ist der Muselmann, denn die Türken haben am 26. August 1541 Ofen eingenommen und Ungarn zur türkischen Provinz gemacht. Hinter dieser Bedrohung des christlichen Abendlandes steht sogar die Dauerfehde mit dem Papst zurück. Auf den Reichstagen zu Speyer und Regensburg geht es vor allem um die gemeinsame Türkenabwehr. Erstmals beschäftigt sich Luther mit dem Koran, um den Fürsten und eine Schrift an die Hand zu geben, die ihnen die Augen öffnet für die furchtbare Bedrohung ihres Glaubens. Er übersetzt die um 1300 entstandene Streitschrift *Widerlegung des Korans* des Dominikaners Ricoldo da Montecroce aus dem Lateinischen ins Deutsche. »Muhamet«, kommentiert Luther, habe auf teuflische Weise Elemente der jüdischen und christlichen Religion vermischt, leugne die Trinität, lasse Christus nur als Propheten, nicht als Gottessohn gelten und stelle Mohammed über ihn. Neben der Vielweiberei stößt ihn, den Gegner jeder Gewaltanwendung, das Gebot des Propheten ab, den Unglauben durch das Schwert auszurotten.

Wie dünn der Kriegspanzer ist, den Luther sich angelegt hat, zeigt der Tod seiner geliebten Tochter Magdalena. Im August 1542 hat Luthers ältester Sohn Hans Wittenberg verlassen, um seine Ausbildung bei dem mit Luther befreundeten Schulmeister Markus Crodel in Torgau fortzusetzen. Bislang hat Luther seinen Sohn durch Hauslehrer erziehen lassen, doch scheint ihm nun eine Erziehung zusammen mit anderen Jungen vorteilhafter zu sein. Man möge sein Verhalten beobachten und bessern, schärft er den Lehrern ein. Ihm ist sein Ältester durch das Zusammensein mit den Frauen im Schwarzen Kloster zu verweichlicht. Zudem soll Hans bei einem Kantor extra in Musik unterrichtet werden. Ende August erkrankt die drei Jahre jüngere Schwester Magdalene so schwer, dass Luther einen Eilbrief nach Torgau sendet: »Ich bitte Dich, sag meinem Sohn Hans nicht, was ich Dir schreibe! Meine Tochter Magdalene ist dem Ende nahe und wird bald heimgehen zu ihrem wahren Vater im Himmel, wenn's Gott nicht anders gefällig ist. Aber sie sehnt sich so sehr danach, den Bruder zu sehen, dass ich den Wagen schicken muss. Sie haben einander so lieb – vielleicht dass sein Kommen ihr neue Kraft geben möchte.«[28]

Auch Hans kann das Schicksal seiner Schwester nicht mehr wenden, es sind harte Tage zwischen Hoffen und Bangen, die Luther an die Grenze seiner Gefasstheit bringen. Er ringt sich den Satz ab, den man von einem gläubigen Christen erwartet: »Lieb hab ich sie sehr. Aber wenn es dein Wille ist, du lieber Gott, dass du sie wegnehmen willst, ich will sie gerne bei dir wissen.«[29] Er setzt sich ans Bett und fragt: »Magdalenchen, mein Töchterlein, du bliebest gerne bei mir, bei deinem Vater, und gehst auch gern zu jenem Vater?« Die Sterbende antwortet: »Ja, herzliebster Vater, wie Gott will.«[30] Luther wendet sich zu seiner Frau und sagt leise: »Ich habe sie ja sehr lieb. Wenn dies Fleisch so stark ist, wie wird dann der Geist sein?« Es ergreift ihn, dass seine Tochter ein natürliches, kindliches Gottvertrauen hat, das ihm als jungen Menschen so sehr gefehlt hat und das er sich auf vielen Umwegen hat erkämpfen müssen. Den Verlust des geliebten Kindes vor Augen, spürt er, dass das Loslassen seine Kräfte übersteigt: »In tausend Jahren hat Gott keinem Bischof so große Gaben gegeben wie mir, denn Gottes Gaben soll man sich rühmen. Ich bin zornig über mich selber, dass ich mich nicht von Herzen freuen und Gott danken kann.«[31]

Luther kniet am Bett seiner Tochter, bis sie stirbt. Dann weint er haltlos, das tote Kind in den Armen. Als man sie in den Sarg legt, ist er wieder gefasst und sagt: »Du liebes Lenchen, wie wohl ist dir geschehen! Ach, du liebes Lenchen, du wirst wieder aufstehen und leuchten wie ein Stern, ja wie die Sonne.« Er versucht auch Käthe zu trösten, die in der Ecke kauert und sich auf die Knöchel beißt, damit sie nicht schreit in ihrem Schmerz. Sie wisse doch, wo das Kind hinkommt, da habe sie es viel besser! Am 23. September teilt Luther Justus Jonas den Tod seiner Tochter mit. Er bekennt sich zu seiner Zerrissenheit, zu der bitteren Erfahrung, dass die Zuversicht auf Auferstehung und Erlösung den Schmerz des Verlusts nicht wegnehmen kann. »Obwohl ich und meine Frau nur fröhlich Dank sagen sollten für einen so glücklichen Hingang und seliges Ende, durch das sie der Gewalt des Fleisches, der Welt, des Türken und des Teufels entgangen ist, so ist doch die Macht der natürlichen Liebe so groß, dass wir es ohne Schluchzen und Seufzen des Herzens, ja ohne große Abtötung nicht vermögen. Es haften nämlich tief im Herzen das Aussehen, die Worte und Gebärden der lebenden und sterbenden überaus gehorsamen und ehrerbietigen Tochter, so dass selbst Christi Tod (und was ist das Sterben aller Menschen im Vergleich damit?) dies nicht ganz hinwegnehmen kann, wie es sein sollte.«[32]

Der Verlust seiner Lieblingstochter, seines »Sonnenscheins«, bildet einen tiefen Einschnitt. Was dem alten, durch seine Krankheiten verbitterten Mann geblieben ist neben seinem Glauben, dem Fels, auf dem er breitbeinig steht wie auf den Cranach-Porträts, das ist die Musik. Sie bleibt seine Seelentrösterin. Wenn er singt und die Laute schlägt, fällt alles Griesgrämige von ihm ab. Bei den Tafelrunden darf »Frau Musica« nicht fehlen. Oft ist sie das einzig weibliche Wesen in der Männerrunde, die große Helferin. In einer seiner Tischreden bekennt Luther: »Musicam habe ich allzeit lieb gehabt. Wer diese Kunst kann, der ist guter Art, zu allem geschickt.« Allen seinen Gesangbüchern stellt der Reformator eine gereimte Vorrede voran, sein Preislied auf *Frau Musica*, das mit diesen Versen beginnt:

Vor allen Freuden auf Erden
Kann niemand eine schönere werden,
denn die ich geb mit mei'm Singen
und mit manchem süßen Klingen.
Hier kann nicht sein ein böser Mut,
wo da singen Gesellen gut.
Hier bleibt kein Zorn, Zank, Hass noch Neid;
weichen muss alles Herzeleid.
Geiz, Sorg und was sonst hart anleit
fährt hin mit aller Traurigkeit.[33]

Luther spielte nicht nur im Familienkreis die Laute, sondern führte auch den deutschsprachigen
Gemeindegesang ein.

Es wird viel gesungen und musiziert im Lutherhaus. Nach dem Abendessen kommt die Familie mit den Studenten zusammen, um mehrstim-
mig Motetten zu singen, der Patriarch schlägt dazu die Laute oder spielt
auf der Querflöte. Musik bleibt für Luther ein Wunder, ein Vorschein
des Ewigen mitten im irdischen Jammertal: »Da unser Herr Gott in diesem Leben in das Scheißhaus solche edlen Gaben gegeben hat, was wird
in jenem ewigen Leben geschehen, wo alles perfekt und ergötzlich ist?«[34]
Wenn es ihm, schreibt der Protestant Luther an Ludwig Senfl, den katholischen Hofmusiker des Bayernherzogs in München, »graut und
ekelt vor der Welt«, so möchte er das Lied *Ich liege und schlafe ganz mit
Frieden* singen – und dann die Erde für immer verlassen. Ob er ihm eine
passende Melodie dazu komponieren könne? Die Musik, daran glaubt
Luther fest, vermag alle Spaltungen zu überbrücken.

Es ist da aber ein Riss in seiner Seele, seinem Geist, der sich in den vergangenen Jahren immer weiter vertieft hat: Luthers Verhältnis zu den Juden. Es hat sich im Laufe seines Lebens gewandelt, von der anfänglichen Bemühung, den Juden die Erneuerung des Christusglaubens begreiflich zu machen, sie vielleicht sogar bekehren zu können, bis zu ihrer Verteufelung in der Schrift *Wider die Juden und ihre Lügen*. Für den jungen Luther war es eine feste Gewissheit, dass Christus durch seinen Opfertod nicht nur die Christen, sondern auch die Juden erlöst hat. Er hatte den Hebraisten Johannes Reuchlin gegen den Judenhasser Pfefferkorn und gegen die Kölner Inquisitoren verteidigt. Gegen Pfefferkorns Verfolgungswut hatte er zu bedenken gegeben, die Juden seien nicht die Einzigen, die Christus verworfen hätten. Aber nun, alt und unduldsam geworden, ist der Reformator verbittert, dass die Juden das Heilsangebot Christi nicht annehmen. Noch immer erwarteten sie ihren Messias, empört sich Luther, obwohl Gott mit dem Erscheinen des Erlösers den alten Bund aufgelöst habe.

Da der Jüngste Tag unmittelbar bevorsteht, wie Luther angesichts der kriegerischen Wirren überall in Europa glaubt, muss er nun, nach der Auseinandersetzung mit den Papisten und den Türken, auch die Juden angreifen, um ihnen die Maske der Strenggläubigkeit herunterzureißen, hinter der sich die Fratze des Antichristen verbirgt. Als die Frau von Justus Jonas im Dezember 1542 an der Pest stirbt, besinnt Luther sich, wie schon beim Tod seiner Tochter, auf den Trost, den der Sieg Christi über den Tod bedeutet. Im Kondolenzbrief an den Freund erinnert er daran, dass diese Erlösungsgewissheit den rechten Christen von den Ungläubigen unterscheidet, zu denen er auch die Juden zählt. »Wie weit sind, frage ich, von dieser Herrlichkeit und diesem Trost entfernt die Türken, die Juden – und schlimmer als diese – die Papisten, Kardinäle, Heinz (Herzog Heinrich von Braunschweig-Wolfenbüttel, HS) und Erzbischof Albrecht von Mainz, die trauern sollten, damit sie nicht in Ewigkeit trauerten.«[35]

Seit Monaten sitzt Luther über einem umfangreichen Werk, das seine neuen Erkenntnisse über die Juden zusammenfassen soll. Vor allem aber versteht er es als Selbstkorrektur, denn seine viel zitierte, 1523 publizierte

Schrift *Dass Christus ein geborener Jude sei* wird zu seinem Entsetzen von den Juden und ihren vermeintlichen Schönfärbern, den Hebraisten, missbraucht. Die Juden berufen sich auf ihn, den Reformator, um ihre Rechte bei den Fürsten durchzusetzen! Während der Arbeit an der Übersetzung des Alten Testaments hatte er sich intensiv mit der Exegese des Alten Testaments beschäftigt, wie sie von des Hebräischen kundigen christlichen Gelehrten betrieben wird. Was ihm dabei missfällt, ist ihre Weigerung, das Alte Testament konsequent christlich zu verstehen, als Prophetie des wahren Messias. Mit der ungebrochenen Messias-Erwartung der Juden hatte er sich schon in seiner 1538 erschienenen Schrift *Wider die Sabbather* beschäftigt und sie als blasphemisch verdammt. Sein Angriff gilt nicht nur den Juden, sondern auch ihren, aus seiner Sicht, gelehrten Verharmlosern.

Schon der polemische Titel der entstehenden Streitschrift weist darauf hin, dass der Verfasser sich den Juden nicht mehr verstehend, sondern in entlarvender Absicht nähern will. *Wider die Juden und ihre Lügen* ist das Ergebnis gründlicher Studien und zeigt einen exegetischen Spürsinn, der alles zusammenträgt, was das jüdische Selbstverständnis vom – noch immer – auserwählten Volk zu widerlegen sucht. Dazu hat Luther sich der Werke bekannter Hebraisten wie des jüdischen Konvertiten Antonius Margaritha und des Basler Gelehrten Sebastian Münster bedient. Besonders eine Schrift Münsters, die den Dialog zwischen einem christlichen Theologen und einem Rabbiner wiedergibt, liefert Stichworte für Luthers Auseinandersetzung mit dem jüdischen Selbstverständnis. Münsters Behauptung, dass die in Deutschland lebenden Juden eine Art Doppelleben führten, sich im Alltag als loyale Bürger gäben, in heimlich kursierenden, auf Hebräisch verfassten Traktaten aber gegen das Christentum hetzten, kommt Luthers misstrauischem Geist entgegen und wird gern aufgenommen. Wie auch die Forderung, die Juden aus den Lebensräumen der Christen zu verbannen.

Zentrale Thesen Münsters finden Eingang in Luthers Argumentation: Der Hebraist bestätigt ihn in seiner Ansicht, dass die Juden sich vom Erscheinen des Messias ausschließlich materielle Vorteile erhofft hätten; er geißelt den jüdischen Hochmut, noch immer das auserwählte Volk Gottes zu sein, das sich auf den Stammvater Abraham berufen dürfe. Tatsächlich, so Münster, zeige aber die seit 1 500 Jahre währende Leidensgeschichte der Juden, wie sehr Gott seine Hand von ihnen abgezogen, seine Messias-Verheißung in Christus längst erfüllt habe. Einige dieser Argumente finden sich bereits in Luthers *Sabbather*-Schrift, Ansätze dazu sogar in seinen ersten Vorlesungen in Wittenberg.

Der Hass gegen alles Jüdische, der sich in Luthers Schrift Bahn bricht, hat seine Ursachen nicht allein in antijudaistischen Vorstellungen, wie sie seit Jahrhunderten von den großen Lehrern der Kirche und zuletzt auch von Johannes Eck, von Johannes von Staupitz, dem väterlichen Freund und Förderer des jungen Luther, und sogar von dem scheinbar so toleranten Erasmus von Rotterdam vertreten worden sind. Die tiefe Abneigung gründet vor allem in Luthers Angst, in der Endzeit, so kurz vor dem Erscheinen des Herrn, als »Prophet des Evangeliums« nicht alles Blasphemische, den Erlöser Leugnende bekämpft und ins Licht der Wahrheit gezerrt zu haben. Sind nicht an die Stelle des sogenannten auserwählten Volkes die evangelischen Christen getreten, das wahre »Gottes Volk«? Müssen jetzt nicht auch die Juden, wie die Papisten, verächtlich gemacht und verdrängt werden? Denn auch die Juden vertrauen ja nicht dem Bibeltext, sondern dem Talmud, der allein anerkannten Auslegung. Und mit ihrem Gesetzesgehorsam sind sie besonders hartnäckige Anhänger der Werkgerechtigkeit. Dauerhaft in Erinnerung geblieben ist Luther das Gespräch mit drei Rabbinern, das er 1526 in Wittenberg geführt hatte. Seine Besucher hatten sich nicht davon überzeugen lassen, dass mit Christus der sehnsüchtig erwartete Messias gekommen sei. Die frommen Männer setzten – wie die »Schwärmer« – ihre messianische Hoffnung auf einen auch politisch verstandenen Erlöser, der ihnen mehr Freiheit und Bürgerrechte bringen würde.

Gerüchte sind es, die Luther in Rage versetzen. Schlimmes scheint sich in Mähren abzuspielen, wo missionierende Juden, wie man Luther zuträgt, Christen dazu gebracht hätten, sich beschneiden zu lassen und den Sabbat zu feiern. Einen langen Abschnitt seines Buches widmet Luther deshalb der Beschneidung, auf die die Juden stolz seien als Zeichen ihrer Auserwähltheit, die aber ohne »Beschneidung des Herzens« völlig bedeutungslos sei. Die ihm zugespielte Warnung, der Papst habe einen jüdischen Arzt auf ihn angesetzt, um ihn zu vergiften, macht ihn rasend vor Wut, weil sich bei dieser angeblichen Verschwörung seine beiden Hauptfeinde zusammengetan haben. Luther schnaubt und greift zur Feder: »Ich kann die Juden nicht bekehren, wie denn auch Herr Christus solches nicht hat tun können. Aber das Maul kann ich ihnen stopfen, dass sie darniederliegen müssen!«

Luthers Vorschläge, wie man das »verdammte Volk der Juden« niederwerfen könnte, entsprechen denen, die der zum Christentum konvertierte Jude Johannes Pfefferkorn bereits 1508 in seinen Hetzschriften *Judenspiegel* und *Judenfeind* gemacht hatte: Synagogen, Schulen und Häuser der Juden sollten niedergebrannt, alle Gebetsbücher und der Talmud vernichtet und der Geldverleih verboten werden. Luther fügt diesen Zwangsmaßnahmen noch weitere hinzu: Die Juden dürften sich nicht mehr frei bewegen und sollten zu ehrlicher Arbeit gezwungen werden. Man solle »den jungen, starken Juden und Jüdinnen Flegel, Axt, Karst, Rocken in die Hand geben und sie ihr Brot verdienen lassen im Schweiß der Nase«. »All ihr Barschaft und Kleinodien an Silber und Gold« sei ihnen wegzunehmen, um es an die durch die Wuchergeschäfte bestohlenen Christen zu verteilen. Warnend fügt Luther hinzu, wenn die Fürsten die Judensteuer erhöben, so wäre das eine Beraubung der Bürger, von denen das Geld ja eigentlich herkomme. Sollten die so behandelten Juden mit Gewalt antworten, müssten sie mit Waffengewalt »wie die tollen Hunde« aus dem Land gejagt werden. »Gottes Zorn ist so groß über sie, dass sie durch sanfte Barmherzigkeit nur ärger und ärger, durch Schärfe aber ein wenig besser werden. Darum nur fort mit ihnen!«

Luther nennt seine Maßnahmen »scharfe Barmherzigkeit«, denn man verschone ja das Leben der Juden, wolle sie trotz ihrer Bosheit »nicht totschlagen«. Reinigen müsse man sich aber auf jeden Fall von den Gottesmördern, damit der Zorn Gottes nicht auch das Land treffe, in dem sie lebten und ihre Lästerungen betrieben. Nichts fordere Gott mehr heraus als die Zurückweisung seines Heilsangebots. Um die Dringlichkeit dieser Vertreibung zu unterstreichen und die Gefahren aufzuzeigen, die von den Juden auf das christliche Gemeinwesen ausgehen, greift Luther in das altbekannte Arsenal der Judendämonisierung, tischt noch einmal die Gräuelgeschichten von Kinderraub, Hostienschändung, Gebetsfrevel, Ritualmord und von der Brunnenvergiftung auf, die er in seiner Schrift *Dass Christus ein geborener Jude sei* als römische Propaganda zurückgewiesen hatte.

Besonders empört zeigt Luther sich auch über die jüdischen »Lügen wider die Personen«, also über den blasphemischen Umgang mit der Person Christi und der Gottesmutter Maria. Die Rabbiner verachteten den Gekreuzigten als »Zauberer« und »erhängten Räuber«, verunglimpften Maria als »Hure« und »Dreckhaufen« und bäten insgeheim Gott, dass er die verfluchten Christen totschlage. Bei solch drastischen Beispielen greift Luther auf Sebastian Münsters Schriften zurück und kommentiert, er selbst sei bisher viel zu duldsam gewesen und müsse nun umso heftiger zurückschlagen. Wer die Juden dulde, dulde die Gotteslästerung und mache sich mitschuldig. »Ein schreckliches Beispiel des göttlichen Zorns ist uns damit, wie Sankt Paulus Römer 11 sagt, vor Augen gestellt, damit wir Gott fürchten, und sein Wort, solange die Zeit der Gnade scheint, ehren sollen, dass es uns nicht auch so schändlich oder noch ärger geschehe, wie wir bereits am Papsttum und Mahomet erfahren haben. Denn an den Juden mag man sehen, wie gar leicht der Teufel, wenn man einmal das rechte Verständnis der Schrift preisgibt, die Leute in solche Blindheit und Finsternis führen kann, die auch natürliche Vernunft und schier unvernünftige Tiere tappen und greifen können, und dennoch sollens die nicht sehen, die täglich Gottes Wort lehren und hören, sondern sie (die Finsternis) für das rechte Licht halten. Ach, Herr Gott, sei uns gnädig.«

Obwohl Kursachsen und Anhalt im Frühjahr 1543 die – länger schon vorbereitete – Ausweisung von Juden verfügen, ist Luthers Schrift kein erkennbarer Erfolg beschieden. In Straßburg wird ihr Druck auf Intervention des Fürsprechers der Judengemeinden sogar verboten. Josel von Rosheim war 1537 bei Luther vorstellig geworden, um den Reformator für ein Durchzugsrecht der Juden in Kursachsen zu gewinnen – vergeblich. Jetzt agitiert der enttäuschte Rabbiner bei Luthers Feinden gegen den Reformator. Auch in Zürich und in Nürnberg, zwei wichtigen Zentren der Reformation, stößt die Hetzschrift *Wider die Juden und ihre Lügen* auf heftige Ablehnung. Unverdrossen veröffentlicht Luther Ende März 1543 eine Nachfolgeschrift mit dem etwas umständlichen Titel *Vom Schem Hamphoras und vom Geschlecht Christi*. Damit setzt er seiner Judenverketzerung die schmutzige Krone auf, denn in ihr ist auch der letzte Rest an Witzigkeit, der Luthers Beschimpfungssuaden immer noch eigen ist, ausgetilgt.

Um seine Unflätigkeit zu rechtfertigen, gibt Luther im ersten Teil der Schrift einen Abschnitt aus den *Teledot Jeschuah*, einer jüdischen Polemik gegen das Christentum, wieder. Dann widerlegt er die darin geäußerte Behauptung, Jesus habe seine Wunder mithilfe der magischen Formel »Schem Hamphoras« vollbracht und sei zu Recht als Betrüger hingerichtet worden. Dem der jüdischen Mystik entstammenden Gottesnamen »Schem Hamphoras« setzt Luther die Verballhornung »Schamha Peres« entgegen, was er mit »hier Dreck, der nicht auf der Straße liegt, sondern aus dem Bauch kommt« übersetzt und mit dem verbreiteten antijüdischen Bildmotiv der »Judensau« illustriert. Zwar hatte er die Juden schon in *Wider die Juden und ihre Lügen* mit Säuen verglichen, aber in seiner neuen Schrift wählt er ein besonders widerliches Bild: »Es ist hier zu Wittenberg an unserer Pfarrkirchen eine Sau in Stein gehauen, da liegen junge Ferkel und Juden darunter, die saugen. Hinter der Sau steht ein Rabbiner, der hebt der Sau das rechte Bein empor, und mit seiner linken Hand zieht er den Pürzel hoch, bückt sich und schaut mit großem Fleiß der Sau unter dem Pürzel in den Talmud hinein ...« Diese Verbindung zwischen dem Gottesnamen, dem Talmud und dem im Judentum als unrein betrachteten Schwein ist der Gipfel der Beleidigung, die Luther den Juden zufügt. Die Schrift wird zwar mehrmals aufgelegt, aber allgemein als »schweinisch und kotig« abgelehnt.

Kann man solche Lästereien, die nicht nur die Menschen, die sie verunglimpfen, sondern vor allem auch die Texte entwürdigen, mit denen sie hantieren, noch überbieten? Nein, das schafft auch ein Martin Luther nicht. Er versucht es noch einmal mit einem letzten Bannfluch gegen den Papst aus Anlass der Einberufung des lange erwarteten Konzils nach Trient. Die Protestanten sind nicht geladen, und Paul III. fordere den Kaiser auf, endlich in Deutschland gegen die evangelische Bewegung vorzugehen – wie er es bei seiner Salbung in Bologna vor fünfzehn Jahren geschworen habe. Luther tobt gegen alles, was aus Rom kommt, jedes Dekret ist ein »Furz des Antichrist« – so jetzt auch der päpstliche Erlass. Seine Schmähschrift *Wider das Papsttum zu Rom, vom Teufel gestiftet* bietet kein einziges neues Argument auf, zu oft hat der Reformator die Papstkirche attackiert, ihre Legitimität infrage gestellt und ihre Korruption gegeißelt. Es ist ein langer Tobsuchtsanfall, monoton, fast mechanisch spult er sein Arsenal der rabiaten Verunglimpfungen ab. Das Papsttum sei »dem Teufel aus dem Hintern geboren«, der Papst, »des Teufels Gespenst und allerhöllischster Vater«, wolle gar kein richtiges Konzil, sondern nur eine weitere Demonstration seiner Macht.

Angesichts der Tatsache, dass Rom, die »Hure Babylon«, trotz aller Prophezeiungen immer noch nicht untergegangen ist, ruft der Prediger der Gewaltlosigkeit zur Gewalt, zu einem finalen *Sacco di Roma* auf. »Man soll den Papst, die Kardinäle und alles Gesindel seiner Abgötterei und päpstlichen Heiligkeit nehmen und ihnen, als Gotteslästerern, die Zungen hinten am Hals herausreißen und der Reihe nach an den Galgen annageln ... Danach ließe man sie ein Concilium oder wie sie wollen, halten an Galgen, oder in der Höllen unter den Teufeln.«[36] Luther kündigt an, als sei ein solcher Höllenfluch gegen den Papst noch immer nicht genug, in einer zweiten Schrift zu versuchen, »ob ich dem großen, groben Esel seine langen, ungekämmten Ohren kämmen möge«.

Auch diese Schrift wird kopfschüttelnd zur Kenntnis genommen. Die Bannflüche des alten Reformators dringen nicht mehr durch, der »liebe Jüngste Tag«, den er beschwört, will nicht kommen, der Heereszug der Geschichte zieht weiter, an Wittenberg vorbei. Deutschland sei »zum Schlachten reif«, diktiert er seinen Zuhörern bei den Tafelrunden in die Notizblöcke, aber der Schlächter will nicht erscheinen. Aus Luthers Briefen sprechen Resignation und Todessehnsucht. »Ich begehre, es möge mir ein gutes Stündlein verliehen werden, hinübergehen zu Gott«, schreibt er am 20. Juni 1543 an Wenzeslaus Link, »ich bin satt, ich bin müde, ich bin nichts mehr. Bete doch ernstlich für mich, dass der Herr meine Seele in Frieden wegnehme.« Auf die Nachfrage der Kurfürstin Sibylle, wie es um seine Gesundheit stehe, verweist er am 30. März 1544 auf die üblichen Altersschwächen: »Der Krug gehet so lange zu Wasser, bis er einmal zerbricht. Ich habe lange genug gelebt, Gott beschere mir ein selig Stundlein, darin der faule, unnütze Madensack unter die Erden komme zu seinem Volk und den Würmern zu teile werde.«[37]

Luthers Fleiß, seine Beharrlichkeit, Dinge zu Ende zu bringen, die er sich vorgenommen hat, sind jedoch ungebrochen. Im März 1545 kommt der erste Band der Gesamtausgabe seiner lateinischen Schriften heraus. Er hat die Edition lange hinausgezögert, weil ihm die neuesten Veröffentlichungen immer dringlicher erschienen als die Bearbeitung früherer Werke. Melanchthon und Spalatin überzeugen ihn, dass es wichtig ist, diese Arbeit noch selbst zu leisten, weil die posthume Edition von Leuten betreut werden würde, »die von dem Gang der Ereignisse und den Ursachen nicht das Geringste wüssten«[38]. Luther nutzt die Gelegenheit, im Vorwort zum ersten Band die Anfangszeit der Reformation so zu schildern, wie er sie in Erinnerung hat. Er zeichnet das Bild eines jungen Theologen, der ahnungslos in eine Sache hineingerät, die ihn am Ende zum Todfeind Roms macht. Er habe tatsächlich geglaubt, den Papst in seiner Kritik am Ablassgeschäft an seiner Seite zu haben. Er bittet den Leser, seine frühen Schriften mit Nachsicht zu lesen, denn er sei damals

»ein ganz unsinniger Papist« gewesen. »Ich war so trunken, ja beinahe ertrunken in den Lehren des Papstes, dass ich ganz und gar bereit gewesen wäre – wenn ich gekonnt hätte –, alle zu töten oder beim Mord derer mitzuhelfen und ihn zu billigen, welche auch nur mit einer Silbe den Gehorsam gegenüber dem Papst verweigerten.«[39]

Luther schildert die Etappen seines Kampfes: die ersten Predigten gegen das Ablassgeschäft, seinen brieflichen Protest bei den Bischöfen, den Gang zum Reichstag nach Augsburg, die Disputation in Leipzig. Nur durch Zufall, »ohne meinen Willen und ohne meine Absicht«, sei er als »kleines Mönchlein« in diesen Streit hineingeraten. Luther ist sich seiner Sendung, seiner weltrevolutionären Tat durchaus bewusst: »Das hieß den Himmel herabstürzen und die Welt in Brand stecken. Ich werde beim Papst verklagt, nach Rom zitiert, und das ganze Papsttum erhebt sich gegen mich, einen einzelnen Mann.« Nur die »Volksgunst« und vor allem der Schutz seines Landesherrn hätten ihn gerettet. Er lobt ausdrücklich »die große Weisheit« des damaligen Kurfürsten Friedrich III.

Mehrfach betont Luther, wie schwierig es sei, den notwendigen Abstand, jene innere Unabhängigkeit zu gewinnen, die in die Lage versetzt, dem Zeitgeist zu trotzen. Die Macht der Gewohnheit und die Konformität seien Zwänge, die zu falschen Zugeständnissen verleiteten. Erstmals zeigt der unbeugsame Glaubenskämpfer Martin Luther Verständnis für diejenigen, die dem Gewohnten anhängen, das Neue nicht sehen können. Auch er, der gewissenhafte Theologe, sei lange alten Irrtümern aufgesessen: »Daher kommt es, dass ich mit einem gewissen Gleichmut die ertragen kann, die hartnäckig am Papsttum hängen, besonders dann, wenn sie die Heilige Schrift oder sogar auch weltliche Schriften nicht gelesen haben. Denn ich habe so viele Jahre lang die Heilige Schrift aufs Fleißigste gelesen und dennoch so zähe am Papsttum festgehalten.«[40]

Besonders bewegend gerät die Schilderung seines quälenden Ringens um einen gnädigen Gott. Erst Paulus habe ihm die Augen geöffnet für das richtige Verständnis des Evangeliums, das nicht mehr mit dem Gesetz droht, sondern den Gläubigen durch Christus von der Sündenangst frei macht. »Ich aber konnte den gerechten, den Sünder strafenden Gott nicht lieben, hasste ihn vielmehr … da erbarmte sich Gott meiner.« Gott lässt ihn durch Paulus erkennen, dass der Mensch allein durch den Glauben gerechtfertigt und von Gott trotz des Sündenfalls wieder angenommen wird. Er muss dieses Geschenk, diese Gnade jedoch annehmen – sonst geht es ihm wie den Juden oder den Papisten, über die der Zorn Gottes kommt, weil sie sich durch Werke gerecht machen wollen und nicht im Glauben an Gottes Güte und die Erlösung durch Christus. »Mit so großem Hass, wie ich zuvor das Wort ›Gerechtigkeit Gottes‹ gehasst habe, mit so großer Liebe hielt ich jetzt dies Wort als das allerliebste hoch. So ist mir diese Stelle des Paulus in der Tat die Pforte des Paradieses gewesen.«[41]

Trotz seiner angeschlagenen Gesundheit lässt sich Luther zum Jahresende 1545 überreden, nach Eisleben zu reisen, um im Erbstreit zwischen den Grafen von Mansfeld zu vermitteln. Es geht um Bergwerks- und andere Besitzrechte, die seit Jahren strittig sind. Da es um »weltliche« Geschäfte geht, fühlt Luther sich eigentlich nicht zuständig. Bei zwei von insgesamt drei Reisen ins Mansfeldische wird er von Melanchthon begleitet, der selbst krank ist und die dritte nicht mehr mitmachen kann. Warnungen von Käthe, er sei in seinem Zustand dieser beschwerlichen Reise – es ist eiskalt, die Flüsse führen Eis – nicht gewachsen, weist Luther zurück. Er hat in seinem Leben alles geschafft, was er sich vorgenommen hat! Er bittet seine drei Söhne Hans, Martin und Paul sowie seinen Famulus Johannes Aurifaber und den Diener Ambros Rudtfeld, ihn zu begleiten. In Halle soll noch der Freund Justus Jonas dazukommen.

Am 23. Januar 1546 verabschiedet Luther sich von Käthe und verspricht, bald wieder zurück zu sein. Man reist in einem von zwei Pferden gezogenen Planwagen. Bei Halle ist die Saale so reißend, dass eine Überfahrt unmöglich ist. Die Reisegruppe ist gezwungen, in der Stadt Quartier zu nehmen, bis das Wasser zurückgeht. Daran sei natürlich der Teufel schuld, schreibt Luther nach Hause und kann auch noch einen zweiten Schuldigen benennen: »Wir sind heute um acht Uhr aus Halle abgefahren, aber nicht nach Eisleben gekommen, denn es begegnete uns eine große Wiedertäuferin mit Wasserwogen und großen Eisschollen, die drohte uns mit der Wiedertaufe und hat das Land bedeckt. Ebenso konnten wir auch nicht zurück wegen der Mulde und müssen hier zu Halle zwischen den Wassern gefangen liegen ...« Das sei aber gar nicht schlimm, denn statt des Wassers trinke man »gutes Torgauer Bier und guten rheinischen Wein, damit laben und trösten wir uns solange, bis die Saale wieder zu zürnen aufhören wollte«.[42]

Am 28. Januar kann die Reise fortgesetzt werden, obwohl der Fluss immer noch Hochwasser und Eisschollen führt. Ein Fährmann wagt die Überfahrt, die Männer kauern sich in das auf dem Wasser tanzende Boot, es bläst ein eisiger, feuchter Wind. Auf der anderen Seite der Saale werden sie schon von einer Abordnung Reiter erwartet, die sie nach Eisleben geleiten. Es sind einhundertdreizehn Mann, die beiden Grafen haben jeweils ihre Ehrengarde geschickt, und so wird Luther in seine Geburtsstadt einziehen wie ein Kaiser. Kurz vor Erreichen der Stadt, in Rißdorf, schneidet ihm ein heftiger Schmerz durch die Brust. Sein linker Arm ist wie gelähmt. Er lässt anhalten und geht, nach Luft ringend, eine Zeit lang neben dem Wagen her. Schweiß tritt ihm auf die Stirn, er öffnet den Rock. Der eisige Wind fährt so scharf unter seine Kleider, dass er rasch wieder in den Wagen zurückkehrt. Noch im Wagen beginnt er zu fiebern. Dann fällt er in Ohnmacht.

Ein Voraustrupp der Reiter kündigt die Ankunft des kranken Reformators in Eisleben an. Der Stadtschreiber Johann Albrecht Drachstädt nimmt den Kranken auf, er wird versorgt und erholt sich. Als Luther hört, dass in Rißdorf Juden wohnen, ist für ihn der Sündenbock ausgemacht: »Ich bin wahrlich schwach gewesen auf dem Weg hart vor Eisleben, das war meine Schuld«, schreibt er an Käthe. »Aber wenn Du da gewesen wärest, so hättest Du gesagt, es wäre der Juden oder ihres Gottes Schuld gewesen. Denn wir mussten durch ein Dorf hart vor Eisleben, darinnen viel Juden wohnen; vielleicht haben sie mich so hart angeblasen. So sind hier in Eisleben derzeit über fünfzig Juden wohnhaft.

427

Und wahr ist's: Da ich an dem Dorf vorbeifuhr, ging mir solch ein kalter Wind durchs Barett, als wollt mir's das Herz zu Eis machen. Solches mag mir zum Schwindel etwas geholfen haben.«[43]

Luther schreibt alle paar Tage einen Brief nach Hause. Sie sind in der Regel neckisch gehalten, gut gelaunt, obwohl er sich matt fühlt und ihn die Sache, um die es geht, eher langweilt. Er unterschreibt mit »Dein altes Liebichen« oder »Euer Heiligkeit williger Diener«. Die Gespräche mit dem »vorderortischen« und dem »hinterortischen« Grafen sind mühsam, man ist sich spinnefeind, nicht nur was den Besitz, sondern auch die Kirchenfrage betrifft, völlig zerstritten. Das Ganze sei »schlimmer als das Abschlachten eines echten Stachelschweins«, schreibt Luther an Melanchthon. Am schwersten zu ertragen seien die »Zungendrescher«, die Anwälte.

Viel lieber predigt er in der Andreaskirche. Luther warnt vor den teuflischen Umtrieben der Juden, der Türken und der Papisten. Er erinnert die Gemeinde an das Bild vom Boot auf dem See Genezareth, das von Christus sicher durch den Sturm gesteuert wird. So fest wie der Heiland sollten auch sie, die Mitglieder der Gemeinde, Kurs halten. Am 6. Februar berichtet er der »tiefgelehrten Frau Katharina Lutherin, meiner gnädigen Hausfrau zu Wittenberg … Deine Söhnchen sind noch zu Mansfeld. Sonst haben wir zu fressen und saufen genug und hätten gute Tage, wenn das verdrießliche Geschäft nicht wäre. Mich dünkt, der Teufel spottet unser; Gott möge ihm wiederum spotten. Amen.«[44]

Der Teufel spottet nicht nur, er trachtet seinem Lieblingsfeind auch nach dem Leben. Das Naumburger Bier mache ihm »die Brust voll Schleim mit seinem Pech«, klagt Luther. Und ein Kaminbrand fackelt fast das Haus ab, in dem er untergebracht ist. Dieses Mal hat er nicht den Teufel im Verdacht, sondern die Ängste seiner »heiligen Frau«, wie er Käthe am 7. Februar in ungewohnter Schroffheit schreibt: »Lass mich zufrieden mit deiner Sorge! Ich habe einen besseren Sorger, als Du und alle Engel sind, der liegt in der Krippen und hängt an der Jungfrauen Zitzen, aber sitzt auch zur rechten Hand Gottes des allmächtigen Vaters.«[45]

Zwei Tage später wird er im Bett um ein Haar von einem herabstürzenden Steinbrocken erschlagen. Das nährt seinen Verdacht, Käthe mache sich zu viele Gedanken um ihn: »Und gestern, ohne Zweifel aus Kraft Eurer Sorge, wäre uns schier ein Stein auf den Kopf gefallen und hätte uns zerquetscht wie in einer Mausefalle. Denn es rieselte … in unserem heimlichen Gemache wohl zwei Tage über unserem Kopf Kalk und Lehm, bis wir Leute holten, die den Stein anfassten mit zwei Fingern: da fiel er herab, so groß wie ein langes Kissen und eine große Handbreit; der hatte im Sinn, Eurer heiligen Sorge zu danken, wenn die lieben Engel nicht gehütet hätten. Ich habe Sorge, wenn Du nicht aufhörst zu sorgen, es könnte uns zuletzt die Erde verschlingen und alle Elemente verfolgen.«[46]

Am 17. Februar ringen sich die beiden Parteien, nachdem Luther mehrfach mit seiner Abreise gedroht hatte, doch noch zu einer Vereinbarung durch. Ein Vertrag regelt die Kirchen- und Schulordnung der Grafschaft, ein zweiter die Besitzverhältnisse. Graf Gebhard und Graf Albrecht, die beiden Verhandlungsführer, die für die gesamte Grafenfamilie sprechen, reichen sich die Hände. Luther, am Ende seiner Kräfte, kann bei der Zeremonie nicht dabei sein. Er will nach Wittenberg zurück, um sich dort »in den Sarg zu legen und den Maden einen feisten Doktor zu essen geben«, wie er in Vorahnung seines nahen Todes sagt. Aber keiner der Anwesenden kann Niedergeschlagenheit oder Todesfurcht erkennen. Luther spricht wie immer viel, zitiert aus der Bibel, scherzt. Über den Tod hat er oft nachgedacht und geschrieben, auch über den eigenen. Schmerzlich ist nur, wenn andere, geliebte Menschen sterben. »Wir Alten müssen deshalb so lange leben, dass wir dem Teufel in den Hintern sehen und all die Bosheit, Untreue, Elend in der Welt erfahren.«

Plötzlich wird ihm schwindlig, er kann sein Zimmer nicht mehr verlassen, verweigert das Essen. Das Herz schmerzt, ihm ist eiskalt. Man reicht ihm mit Wasser vermischten Aquavit, die Ärzte wickeln ihn in heiße Tücher. Dann steht er wieder auf und betet, wie es seine Gewohnheit ist, laut am Fenster. *In manus tuas commendo spiritum meum, redi-*

misti me, Domine Deus veritatis (In Deine Hände befehle ich meinen Geist, Du hast mich erlöst, Herr Gott der Wahrheit). Unruhig geht er umher, sagt, er wolle jetzt hier sterben, in der Stadt, wo er getauft ist. Dieser Entschluss scheint ihn noch einmal aufzumuntern: Er trinkt und isst mit den Freunden, und alle spüren: Es ist ein Abschiedsessen.

Um acht Uhr legt Luther sich zu Bett. Zwei Stunden später schreckt er auf, sein Körper zittert. Man möge bitte die Stube einheizen. Am Bett versammelt haben sich die Söhne Martin und Paul, die Freunde Aurifaber und Jonas, der Diener Rudtfeld, der Stadtprediger Michael Coelius und die Wirtsleute. Als Luther sich gegen ein Uhr stöhnend an die Brust greift, holt man zwei Ärzte. Sie reiben den Sterbenden mit Lavendelwasser und Essig ein. Dann werden auch Graf Albrecht und die Gräfin Anna herbeigerufen. Sie bringen dem Kranken »Einhorn«, zermahlenen Narwalzahn, der als Stärkungsmittel auch bei Brustschmerzen helfen soll. Die Gräfin rührt das Pulver in warmen Rotwein und flößt es Luther ein. Immer wieder betet er, dankt Gott, dass er ihm die Christusliebe geoffenbart habe, und vergisst auch den Seitenhieb auf »den leidigen Papst und alle Gottlosen« nicht, »die schänden, verfolgen und lästern«.

Dann schläft er ein. Mitten in der Nacht, es ist kurz vor drei Uhr, wacht Luther auf, sagt ohne Bewegung: »Ich fahr dahin.« Jetzt ist der Zeitpunkt gekommen, um an den Tag danach zu denken, an das Echo, das Luthers Tod draußen in der Welt haben wird. Justus Jonas gibt Pfarrer Coelius ein Zeichen, dem Sterbenden ein Glaubensbekenntnis abzufordern. Aus der Stadt hat man als Zeugen noch eine Reihe von Honoratioren herbeigeholt, die um das Bett stehen. Sie sollen sehen, dass der Reformator keine letzte Ölung und keine Sterbesakramente erhält, sondern im evangelischen Glauben diese Welt verlässt. Auf die Frage, ob er auch jetzt, in seiner Todesstunde, an Christus und seiner eigenen Lehre festhalte, antwortet Luther mit einem leisen, aber klaren »Ja«. Dann schläft er wieder ein, und sein Atem wird schwächer. Gegen drei Uhr hören die Umstehenden den letzten Seufzer. Die Ärzte versuchen noch, ihn wiederzubeleben, vergeblich. Dann betet man für den Toten.

Luthers Tod am 18. Februar 1546 in Eisleben

Nun muss alles sehr schnell gehen. Die Katholischen warten schon, das Ende des großen Wittenbergers in den scheußlichsten Farben auszumalen, denn ein Mann, der noch immer vom Papst gebannt und exkommuniziert ist, mit einer entlaufenen Nonne verheiratet war und der die Sakramente – die ihm sowieso nicht zustehen – zurückweist, ein solch verfluchter Ketzer kann nur vom Teufel geholt und bis zu seinem letzten Atemzug gequält worden sein! Um dieser Verteufelung entgegenzutreten, das wissen Luthers Mitstreiter, muss dafür gesorgt werden, dass das Bild des Reformators in auratischem Glanz erstrahlt, ohne die Düsternis eines Todeskampfes, einer letzten Anfechtung oder gar eines Widerrufs. Dem propagandistischen Schwefelgestank der Altgläubigen soll die Würde des bis zuletzt unerschütterlichen Glaubensführers entgegengesetzt werden.

Schon eine Stunde später hat Justus Jonas seinen Bericht für den Kurfürsten diktiert und vom Grafen Albrecht mitunterzeichnen lassen. Der Tote wird gewaschen, man legt ihm ein weißes Totenhemd an und bettet ihn auf ein frisches Kissen. Der Maler Lukas Furtenagel, rasch aus Halle herbeigeholt, malt den toten Reformator wie einen Schlafenden, die Hände übereinandergelegt, mit fast behaglichem, zufriedenem Gesichtsausdruck. Nur die verschwitzten Haare und das nicht ganz geschlossene rechte Auge lassen Spuren der Hinfälligkeit, des Sterbens erkennen. Das letzte Luther-Porträt strahlt eine fast magische Erlöstheit aus. Vom Gesicht und den Händen werden Wachsabdrücke genommen. Bei all dem bleiben die Söhne im Hintergrund, sie sind nicht wichtig in einem Augenblick, in dem der Geschichtsschreibung auf die Sprünge geholfen werden soll. Entscheidend ist, dass der Kurfürst das, was der Bericht und die Bilder festhalten, mit dem Gewicht seiner Autorität in die Welt hinausträgt. Vom Todestag des Reformators, dem 18. Februar 1546, soll die Nachricht ausgehen, dass sich in Eisleben ein Lebenskreis vollendet hat, an dem kein Makel ist.

Der Leichnam wird am nächsten Tag in der Andreaskirche in einem offenen Zinksarg aufgebahrt. Mehrere Tausend Gläubige geben dem Toten die letzte Ehre. Justus Jonas hält eine kämpferische Predigt, zitiert den Verstorbenen: »Als Lebender war ich Dir, Papst, die Pest, im Tod werde ich Dein Tod sein.« Er erinnert an Jan Hus, der auf dem Scheiterhaufen vorausgesagt hatte, auf ihn, die »gebratene Gans«, werde ein Schwan folgen, der erfolgreicher singen würde. Zehn Bürger halten nachts die Totenwache. Die Mansfelder würden ihren großen Sohn gern hier, in seiner Geburtsstadt, begraben, aber Kurfürst Johann Friedrich entscheidet, dass der Reformator in die kursächsische Residenzstadt gehört.

Am 20. Februar wird der Sarg Luthers unter dem Glockengeläut aller Kirchen der Stadt mit einem großen Geleitzug nach Halle gebracht. Die ganze Stadt ist auf den Beinen, der Zug stockt und trifft erst am Abend an der Liebfrauenkirche ein. Die Kirche ist so überfüllt, dass sich niemand rühren kann. Jonas hält auch hier die Predigt. Am nächsten Tag geht es weiter nach Wittenberg, wo der Zug am 22. Februar um neun Uhr morgens, begleitet von fünfzig Reitern, am westlichen Elstertor eintrifft. Dort hatte Luther vor fünfundzwanzig Jahren die Bannbulle des Papstes verbrennen lassen. Der Kurfürst ist bereits durch einen reitenden Boten unterrichtet; Jonas hat veranlasst, dass Käthe von einem theologischen Kollegen behutsam vom Tod ihres Mannes benachrichtigt wird.

Die Nachricht trifft sie wie ein Schock, denn sie erwartete stündlich seine Rückkehr. Ihr Brief an die Schwägerin Christine von Bora drückt tiefen Schmerz und innige Verbundenheit aus: »Dass Ihr ein herzliches Mitleiden mit mir und meinen armen Kindern tragt, glaub ich leichtlich. Denn wer wollte nicht billig betrübt und bekümmert sein um einen solchen teuren Mann, als mein lieber Herr gewesen ist, der nicht allein einer Stadt oder einem ganzen Land, sondern der ganzen Welt viel gedient hat. Derhalben ich wahrlich so sehr betrübt bin, dass ich mein großes Herzeleid keinem Menschen sagen kann und weiß nicht, wie mir zu Sinn und zu Mut ist. Ich kann weder essen noch trinken, auch dazu nicht schlafen. Und wenn ich hätte ein Fürstentum oder Kaisertum gehabt, wollte mir so leid nimmer mehr geschehen sein, so ich's verloren hätte, als nur unser lieber Herrgott mir und nicht nur allein mir, sondern der ganzen Welt diesen lieben und teuren Mann genommen hat. Wenn ich daran gedenke, so kann ich vor Leid und Weinen (so Gott wohl weiß) weder reden noch schreiben lassen.«[47]

Käthe muss sich Gedanken machen, wie sie mit ihren vier Kindern überleben kann. Wird sie weiter im Schwarzen Kloster wohnen dürfen? Zwar hat ihr Mann vor vier Jahren ein Testament aufgesetzt und ihr seinen ganzen Besitz vermacht, aber der Reformator ist kein Jurist, und ob das Schriftstück den formalen Ansprüchen eines gültigen Testaments entspricht, bezweifelt sie. Er hat sie als Frau zum Vormund der Kinder ernannt, was gesetzlich nicht zulässig ist. Nach geltendem Witwenrecht sind die Kinder die rechtmäßigen Erben. Der Erblasser hätte einen Vormund für sie bestimmen müssen. Ob der Kurfürst das Testament anerkennen wird? Käthe zweifelt daran. Zum Schmerz um den Toten kommt jetzt noch die Sorge um die Zukunft.

Der Kurfürst entscheidet sich, auch wegen der Bedeutung Luthers für seine eigene Dynastie, den Reformator in der Schlosskirche zu bestatten. Das Begräbnis wird vom kurfürstlichen Hof und der Universität gemeinsam ausgerichtet. Die Spitze des Zuges, der sich vom Elstertor zur Schlosskirche bewegt, bilden die Geistlichen und die Studenten, es folgen die Grafen von Mansfeld und Vertreter des kursächsischen Hofes mit dem Kanzler Gregor Brück. Eine Reiterabteilung hat sich vor und neben den von vier Pferden gezogenen Wagen mit dem Sarg gesetzt, dahinter die Angehörigen: Katharina mit Tochter Margarete in einem Rollwägelchen, die Söhne Hans, Martin und Paul zu Fuß. Den Zug beschließen der Rektor der Leucorea, Hieronymus Schurff, und seine Kollegen, darunter auch Philipp Melanchthon, Justus Jonas, Johannes Bugenhagen und Caspar Cruciger. Ihnen folgen die Ratsherren und die Bürgerschaft.

Der Kurfürst hat das Grab dicht an der Kanzel, auf der Luther so oft gepredigt hat, ausheben lassen. Johannes Bugenhagen hält die Leichenpredigt. Mit tränenerstickter Stimme spricht er von der Erlösung, die jetzt auch dem Reformator zuteilgeworden sei. Sie bezeichne das Zentrum von Martin Luthers Lehre. Bevor der Sarg ins Grab gesenkt wird, hält Philipp Melanchthon als Vertreter der Universität eine auf Lateinisch gehaltene Trauerrede. Er scheut sich nicht, auch die Schwächen des Reformators zu nennen, sein hitziges Temperament, seine Unduldsamkeit. Er sieht Luther in einer Reihe mit den biblischen Propheten und christlichen Kirchlehrer. So kann er die menschlichen Schwächen des Freundes in einen heilsgeschichtlichen Zusammenhang stellen, der sie annehmbar, ja, in gewisser Weise sogar notwendig macht. Gott entscheide selbst, welche Werkzeuge er wähle. Die Härte, die Luther gegen die Feinde des Glaubens gezeigt habe, entspringe nicht einem zänkischen und boshaften Gemüt, »sondern eines großen Ernstes und Eifers zu der Wahrheit«[48]. Im persönlichen Umgang sei er »ein gütiger Mann« gewesen. Durch Luther sei die Lehre des Evangeliums »viel heller und reiner wieder angezündet und ans Licht«[49] gebracht worden, er habe die Irrtümer der »Mönchslehre« ausgeräumt und die paulinische Rechtfertigungslehre neu entdeckt.

Als sich die Erzplatte längst über dem Grab geschlossen hat, entdeckt Luthers Gastgeber in Eisleben, der Stadtschreiber Johann Albrecht, im Sterbezimmer einen Zettel mit einer knappen Notiz, die sein Gast am 16. Februar 1546, zwei Tage vor seinem Tod, mit zierlicher Schrift notiert hatte. Es ist die Erkenntnis eines großen Gelehrten, dass fleißiges Studieren allein auch nicht weiterhelfe. Zur Schriftklugheit müsse auch die Lebensklugheit, die praktische Erfahrung treten. So könne man Vergils *Georgica*, seine Lehrgedichte vom Landbau, nur verstehen, wenn man fünf Jahre lang Hirte gewesen sei, und die politischen Schriften Ciceros nur, wenn man selbst »vierzig Jahre in einem hervorragenden Staatswesen tätig gewesen ist«.[50]

Die eigentliche Pointe dieser letzten schriftlichen Äußerung gilt aber Luther selbst. Es ist die ernüchternde Einsicht, dass auch er, der Prophet des Evangeliums, das Studium der Schrift in der ihm gewährten Lebensfrist trotz aller Mühe nicht tief genug betrieben, die Wirkung seiner Lehre nicht richtig eingeschätzt habe: »Die Heilige Schrift meine niemand genug geschmeckt zu haben, wenn er nicht hundert Jahre mit den Propheten die Kirche regiert hat. Deshalb ist es ein ungeheures Wunder erstens mit Johannes dem Täufer, zweitens mit Christus, drittens mit den Aposteln. Du versuche nicht, diese göttliche Aeneis zu erforschen, sondern bete gebeugt ihre Spuren an. Wir sind Bettler, das ist wahr.«[51]

NACHWORT

Die intensive Beschäftigung mit Martin Luther hinterlässt Spuren. Ein so ungeheuer dichtes, vorwärtsstürmendes Leben, das sich durch keinen Widerstand beirren lässt, wirft die Frage auf: Wäre diese Unbeugsamkeit auch heute noch möglich? Wie groß war der Konformitätsdruck damals, und wie stark ist er heute? Das Aufbegehren eines einzelnen Mannes gegen fast jede Autorität, gegen die Familie, die Schule, die Universität, die Theologie und Kirche seiner Zeit, gegen Kaiser und Reich hat etwas Singuläres. Der Vergleich mit der Gegenwart ernüchtert, denn das, was Luther zu dieser Größe befähigte, der unbändige Widerspruchsgeist, hat heute so hohe Konjunktur, dass er zur herrschenden Doktrin geworden ist. Je mehr man dagegen ist, umso stärker gehört man dazu. Der Zeitgeist korrumpiert auf eine so subtile Weise, dass jeder echte Widerstand ins Leere läuft und verpufft. Keine These könnte so abseitig sein, dass sie sich nicht sofort vermarkten ließe oder zu Ehren der Podien erhoben würde.

Was heißt das für den Luther-Biografen? Er befasst sich eigentlich mit einer ausgestorbenen Spezies. Auf der freien Wildbahn wird man ihr nicht mehr begegnen. Der Mann aus Wittenberg hat etwas Paläontologisches, aber dafür umso Faszinierenderes. Je mehr man sich mit der Ausnahmegestalt Martin Luthers beschäftigt, umso mehr wünscht man sich, dass die Mauern, gegen die er als junger Mönch anrennen musste, vor den heutigen Jungen nicht wie Gummiwände zurückweichen. »Erst an den Widerständen rankt sich das Leben empor«, schrieb Ernst Jünger in den turbulenten Zwanzigerjahren. Ich gestehe, dass ich mit der Verlebendigung dieser eigentlich ganz und gar toten Figur ein Exempel statuieren möchte. Es geht mir um die Heimholung einer großartigen, zugleich aber auch unheimlichen Persönlichkeit. Was Luther antrieb, war der Furor des Gottsuchers. Es ging von Anfang an nur um sein Seelenheil. Keine Wellness der Seele, sondern Rettung vor der ewigen Verdammnis!

Diese mittelalterliche Obsession, die den modernen Leser fasziniert, aber auch befremdet, reißt einen Abgrund auf, den eine vergegenwärtigende Lebensbeschreibung überbrücken muss, um das eigentliche Anliegen Martin Luthers, die Hoffnung auf einen gnädigen, liebenden Gott, lebendig werden zu lassen. Luther gehörte seinem Wesen nach dem Mittelalter an, in seinem persönlichen Gottesbild, seinem unbedingten Reformismus aber zur Neuzeit. Er wirkte in dem Bewusstsein, in der letzten Epoche der Heilsgeschichte zu leben, in der sich der Mensch entscheiden muss zwischen dem Guten, dem rechten Glauben, und dem Bösen, dem Antichristen in Rom. Vom existentiellen Ernst dieses Ringens weiß der moderne Christ wenig oder nichts, denn Gott wird heute nicht als fordernde, sondern als gewährende Instanz erlebt, mit der sich die Rechtfertigung gleichsam verkehrt hat: vom erlösungsbedürftigen Geschöpf zum Rechenschaft schuldigen Schöpfer.

Luther war kein Rebell. Er taugt nicht als Vorbild für Greenpeace oder die Occupy-Bewegung. Er verabscheute den Aufruhr. Bei aller religiösen Leidenschaft war er stets loyal gegenüber der staatlichen Obrigkeit. Er war kein Umstürzler wie Savonarola oder Thomas Müntzer, kein Revolutionär, obwohl er durchaus revolutionär gewirkt hat. Gottesbindung und Obrigkeitstreue waren die Säulen, auf denen sein Lebenswerk ruhte. Luther führte einen konsequent geistigen Kampf. Nur das Wort, nicht die Gewalt ändert die Welt, war sein Credo.

Insofern ist der Reformator Martin Luther kein Wegbereiter der Moderne, kein Anwalt der Autonomie des Einzelnen. Im Streit mit dem Humanisten Erasmus von Rotterdam hat Luther sogar bestritten, dass es einen freien Willen gibt: Alles, was der Mensch tue, sei von einem allmächtigen Gott vorherbestimmt. Für Luther war der »Zorn Gottes« über den sündhaften, von ihm abgefallenen Menschen eine unumstößliche Realität. Gott erlöst nicht nur, er verdammt auch! Die Vorstellung eines zürnenden Gottes war ihm mindestens so selbstverständlich wie das Liebes- und Erlösungsangebot Christi.

Den Zorn Gottes sah Luther auch im Schicksal des auserwählten Volkes am Werk. Für Luther war es eine feste Gewissheit, dass Christus durch seinen Opfertod nicht nur die Christen, sondern auch die Juden erlöst hat. Der Reformator war enttäuscht, dass die Juden das Heilsangebot Christi ausschlagen und damit ihr Seelenheil verspielen. In seinem scharfen Antijudaismus der späten, durch Krankheit und Altersstarrsinn verbitterten Jahre argumentierte Luther jedoch durchweg theologisch, nicht rassistisch, versuchte zu begründen, dass die jüdische Hoffnung auf den Messias, der doch mit Christus längst gekommen sei, von der Schrift selbst widerlegt sei. Dass Luther am Ende zu Gewaltmaßnahmen gegen die Juden aufrief, falls sie sich dem neuen Evangelium, das er predigte, weiter verschlössen, wirft einen Schatten auf sein Werk, der bleibt.

Damals wie heute befindet sich die Welt in einer Phase des Umbruchs. Die Zeitgenossen Luthers waren mit dem Aufkommen des Buchdrucks und der Wiederbelebung des antiken Geistes durch Humanismus und Renaissance konfrontiert, die mit einem neuen Menschenbild auch eine fortschrittlichere Gesellschaft in Aussicht stellte. Heute sind es Globalisierung und digitale Revolution, die unser Selbstverständnis, die ökonomischen und technischen Realitäten radikal verändern. Wir haben uns daran gewöhnt, die permanenten Kompromisse, die uns eine hochkomplexe Gesellschaft abverlangt, hinzunehmen, und viele fühlen sich den aktuellen Krisenentwicklungen hilflos ausgeliefert. Das mögen die Zeitgenossen Luthers ähnlich empfunden haben. Als »Modernisierungsverlierer« des Frühkapitalismus hatten sie hinzunehmen, was mit ihnen geschah. Nur Martin Luther hat eine Formel gefunden, der den Glauben korrumpierenden Bußwirtschaft des Papstes etwas Eigenes entgegenzusetzen: *Conscientia*. Sein Gewissen war die dem normierenden Zugriff der Kirche entzogene Instanz, der Ort, wo die »Gnade« wirkt und den Menschen zum Glauben befreit. Diese »Freiheit des Christenmenschen« könnte auch heute der Gegenentwurf sein zur libertären Freiheit, die sich im Wortsinn alles herausnimmt, was sie kriegen kann. Dafür kann man Luther nicht in Haftung nehmen. Seine Freiheit steht *für* etwas.

Als Martin Luther am 17. April 1521 auf dem Reichstag in Worms vor Kaiser Karl V. und den versammelten Reichsständen mit dem legendären Satz »Hier stehe ich, ich kann nicht anders, Gott helfe mir, Amen« das eigene Gewissen als letzte Instanz der Wahrheitsfindung postulierte, markierte er eine Epochenschwelle zwischen dem ausgehenden Mittelalter und der beginnenden Neuzeit. Die kirchengeschichtliche Schlüsselszene stellt einen der Höhepunkte der Weltgeschichte dar, mit der das Individuum endgültig zum Subjekt der Geschichte wurde. Doch zog Luther mit seinem unerschrockenen Auftreten auch eine Grenze zum schrankenlosen Subjektivismus, denn das christliche Gewissen ist nach seinem Verständnis nur frei, weil es gebunden ist durch Gottes Wort. Diese Dialektik von Freiheit und Bindung hat nicht nur Luthers Selbstverständnis von Moralität geprägt, es hat auch die gesamte neuzeitliche Debatte um die Fundierung ethischer Maßstäbe mitbestimmt. Diese Bindung ist entscheidend für das Verhältnis zwischen Mensch und Gott, zwischen Mensch und Mensch. Wer sich von ihr emanzipiert, gerät in die Gefahr, dem Unheil innerweltlicher Erlösungsprojekte zu verfallen, die dem 20. Jahrhundert seine diabolische Signatur gegeben haben. Sie führten in die Abgründe einer »Kultur des Todes«, wie Johannes Paul II. formulierte. Oder Dietrich Bonhoeffer, der angesichts des Nationalsozialismus von einer »Religion aus Feindschaft gegen Gott« sprach, deren Ziel die »Anbetung des Nichts als Gott« sei.

Meine Darstellung wird dem katholischen Leser nicht immer gefallen. Die Auseinandersetzung Martin Luthers mit der Papstkirche ist –

vor allem in ihren spektakulären Höhepunkten wie den Auftritten in Augsburg, Leipzig und Worms – mit Leidenschaft und Empathie geschildert. Der kleine Mönch in seinem ungleichen Kampf gegen den römischen Goliath, immer den Scheiterhaufen vor Augen, ist der natürliche Held. Nur in dieser dramatischen Zuspitzung teilt sich dem Leser der tödliche Ernst mit, der beide Parteien damals befeuerte. Von abwägender Gelehrtenprosa kann eine solche Betroffenheit kaum ausgehen. Es gibt wissenschaftlich fundierte Darstellungen und Biografien, die ich dankbar für meine Arbeit genutzt habe, so die Biografien von Volker Leppin und Heinz Schilling, die Monografien von Thomas Kaufmann, Otto Hermann Pesch und Lucien Febvre. Als erzählender Biograf habe ich mich von dem großartigen, bis heute nicht erreichten Geschichtenbuch Richard Friedenthals, der Studie des schwedischen Psychoanalytikers Erik H. Erikson sowie Michael Meisners lebendiger Darstellung »Martin Luther. Heiliger oder Rebell« inspirieren lassen.

Wer die frühen Schriften und Briefe Martin Luthers liest, der spürt: Dieser Mann wollte kein Schisma. Er wollte als guter Katholik allein die Missstände in Rom anprangern. Durch das sehr unglückliche Krisenmanagement der Kurie – man versuchte das »Mönchlein« sozusagen im Vorbeigehen zu erledigen, um die Pfründe in Deutschland zu sichern – ist der Konflikt dann eskaliert. Luthers ungeheure Popularität aufgrund der medialen Unterstützung durch Flugschriften und Plakate machte ihn fast unangreifbar. Nichts, was Luther damals attackierte, ob der imperiale Anspruch der Kirche oder die Käuflichkeit der Bußsakramente, hat bis heute überlebt! Luther war, auch wenn seine Lehre am Ende zur Kirchenspaltung führte, ein entscheidender Katalysator der Selbstreformation der katholischen Kirche. Schon Papst Hadrian VI., der 1522 Papst wurde, als Luther bereits als Ketzer gebannt war, hat erste Reformen eingeleitet. In der Gegenreformation wurde das dann fortgeführt. Luthers Rechtfertigungs- und Gnadenlehre, die Papst Benedikt XVI. in ihrem theologischen Kern anerkannt hat, bleibt Luthers große theologische Leistung.

Ich danke meinen Freunden Thomas Kielinger, Ulrich Schacht, Michael Stahl und Uwe Wolff sehr herzlich für die hilfreichen Gespräche und den freundschaftlichen Zuspruch in der Zeit der Entstehung dieses Buches. Sie gaben mir wichtige Literaturhinweise und unterstützten mich bei der Durchsicht des Manuskripts. Mein besonderer Dank gilt Edgar Bracht vom Blessing Verlag, der das Manuskript mit bis zuletzt notwendiger Geduld und großem Sachverstand lektoriert hat. Ich danke auch meinen Eltern Lilo und Herbert Schwilk sowie meinen Töchtern Laura und Clarissa für das nie nachlassende Interesse an meiner Arbeit und die liebevolle Ermutigung.

Heimo Schwilk   *Grünow, im Februar 2017*

ANMERKUNGEN

Erstes Kapitel

1 Martin Luther: Vorlesung über den Römer-Brief. In: Luther Deutsch. Die Werke Martin Luthers in neuer Auswahl für die Gegenwart, hrsg. von Kurt Aland, Band 1, S. 223

2 Zitiert nach Helmar Junghans: Martin Luther, kirchliche Magnaten und Thesenanschlag. In: Luthers Thesenanschlag – Faktum oder Fiktion, hrsg. von Joachim Ott und Martin Treu, Leipzig 2008, S. 37

3 Ebenda

4 Martin Luther an Albrecht von Mainz, Brief vom 31.10.1517. In: Band 10 (Werke), S. 26

5 Zitiert nach: Heiko A. Oberman: Luther. Mensch zwischen Gott und Teufel, Berlin 1981, S. 105

6 Zitiert nach Paul J. Reiter, II, S. 393

7 Zitiert nach Reiter, II, S. 538

8 Römer 13, 13–14

9 Augustinus: Bekenntnisse, übertragen und eingeleitet von Herman Hefele, Wiesbaden 1958, S. 26

10 Boethius: Trost der Philosophie, Düsseldorf/Zürich 2002, S. 273f.

Zweites Kapitel

1 Martin Luther: Werke Martin Luthers in neuer Auswahl für die Gegenwart, Band 10, Die Briefe, Göttingen und Zürich 1983, S. 11

Drittes Kapitel

1 Zitiert nach Lucien Febvre: Martin Luther, Frankfurt/New York 1996, S. 70

Viertes Kapitel

1 Zum Folgenden: Martin Luther. Erste Psalmenvorlesung, in: Luther: Werke Martin Luthers in neuer Auswahl für die Gegenwart, hrsg. Von Kurt Aland, Göttingen 1983, Bd. 1 (Die Anfänge), S. 21ff.

2   Zitiert nach Christoph Spehr: Luthers Psalmen-Vorlesung (1513–1515). Historische und theologische Aspekte. Irene Dingel/Hennig P. Jürgens (Hrsg.): Meilensteine der Reformation. Schlüsseldokumente der frühen Wirksamkeit Martin Luthers, Gütersloh 2014, S. 18

3   Zitiert nach Christopher Spehr, a. a. O., S. 26

4   Martin Luther: Erste Psalmenvorlesung, Werke, Bd. 1, S. 75

5   A. a. O., S. 82f.

6   Brief Martin Luthers an Georg Spalatin vom Februar 1514, in: Luther Deutsch, Bd. 10 (Die Briefe), S. 12

7   Ebenda

8   Ebenda

9   Brief Martin Luthers an Johannes Lang vom 26. Oktober 1516, in: Luther Deutsch (Die Briefe), S. 18

10 Im Folgenden zitiert nach Heinrich Boehmer: Der junge Luther, Stuttgart 1971, S. 107

11 Martin Luther: Vorlesung über den Römerbrief, Werke Bd. 1, S. 127

12 A. a. O., S. 133

13 A. a. O., S. 134

14 Zitiert nach Michael Meisner, Martin Luther, Lübeck 1981, S. 30

15 Martin Luther, Vorlesung über den Römerbrief, Werke Bd. 1, S. 193

16 Zitiert nach Luther-Chronik, S. 23f.

17 Martin Luther, Vorlesung über den Römerbrief, Luther Werke Band 1, S. 214

18 A. a. O., S. 216

19 Brief Martin Luthers an Georg Spenlein, vom 18.4.1515, Werke Band 10, S. 14

20 Zitiert nach Luther-Chronik; S. 25

21 Brief Martin Luthers an Johannes Lang vom 18.5.1515, Werke Band 10, S. 25

22 Martin Luther, Disputation gegen scholastische Theologie, Werke Band 1, S. 362

23 A. a. O., S. 358

24 Brief Martin Luthers an Johannes Lang vom 4.9.1517, Werke Band 10, S. 26

Fünftes Kapitel

1   Zitiert nach Lucien Febvre: Martin Luther, Frankfurt/New York 1996, S. 90

2   Ebenda

3   Martin Luther: Die Ablassthesen und die Resolutionen, Luther Werke, Bd. 2, S. 32

4   A. a. O., S. 83

5   A. a. O., S. 76ff.

6   Martin Luther an Albrecht von Mainz am 31.10.1517, Werke, Bd. 10, S. 27

7   A. a. O., S. 29

8   Martin Luther, Die Ablassthesen, Werke Band 2, S. 58

9   Zitiert nach Claudine Moulin: Ein Sermon von Ablass und Gnade (1518) – Materialität: Dynamik und Transformation; in: Meilensteine der Reformation. Schlüsseldokumente der frühen Wirksamkeit Martin Luthers, hrsg. Von Irene Dingel und Hennig P. Jürgens, Gütersloh 2014, S. 119

10 Brief Martin Luthers an Johannes Lang vom 31.3.1518, Werke Bd. 10, S. 38

11   Martin Luther, Resolutiones, Werke Bd. 3, S. 53f.

12   A. a. O., S. 81

13   Zitiert nach Michael Meisner, Martin Luther, Lübeck 1981, S.45

Sechstes Kapitel

1   Brief Martin Luthers an Georg Spalatin vom 9.12.1518, Werke, Bd. 10, S. 53

2   Brief Martin Luthers an Johannes von Staupitz, vom 20.2.1519, Werke, Bd. 10, S. 57

3   Brief Martin Luthers an Georg Spalatin vom 18.3.1519, Werke Bd. 10, S. 57ff.

4   Martin Luther, Vorlesung über die Galater Briefe, Werke, Band 10, S. 270

5   Martin Luther, Thesen zur Leipziger Disputation, Werke Band 2, S. 94

6   Zum Folgenden siehe den Brief Martin Luthers an Georg Spalatin vom 20.7.1519, Werke Band 10, S. 60–66

7   Zitiert nach Richard Friedenthal, Luther, München 1967, S. 249

8   Brief Martin Luthers an Georg Spalatin von Mitte Februar 1520, Werke Bd. 10, S. 74

9   Zitiert nach Luther-Chronik, S. 50

10   Brief Martin Luthers an Georg Spalatin von Mitte Februar 1520, Werke Band 10, S. 74

11   Martin Luther, von den guten Werken, Werke Band 2, S. 95

12   A. a. O., S. 96

13   A. a. O., S. 98

14   A. a. O., S. 99

15   A. a. O., S. 108

16   A. a. O., S. 117

17   A. a. O., S. 151

18   A. a. O., S. 141–146 (hier die letzten Zitate)

Siebtes Kapitel

1   Brief Martin Luthers an Georg Spalatin vom 10.7.1520, in: Luther Deutsch. Die Werke Martin Luthers in neuer Auswahl für die Gegenwart, Göttingen 1983, Bd. 10 (Die Briefe), S. 76

2   Zitiert nach: Michael Meisner: Martin Luther. Heiliger oder Rebell, Lübeck 1983, S. 59

3   Zitiert nach Lucien Febvre: Martin Luther, Frankfurt/New York 1996, S. 122

4   Martin Luther: An den christlichen Adel deutscher Nation, in: Luther: Werke, Bd. 2. S. 158

5   A. a. O., S. 159

6   A. a. O., S. 162 f.

7   A. a. O., S. 164

8   A. a. O., S. 167

9   Ebenda

10   Zitiert nach Heinrich Boehmer: Der junge Luther, Stuttgart 1971, S. 262

11   Zitiert nach: Irene Dingel, Von der Freiheit eines Christenmenschen (1520) – Historische und theologische Aspekte, in: Irene Dingel/Hennig P. Jürgens (Hg.): Meilensteine der Reformation. Schlüsseldokumente der frühen Wirksamkeit Martin Luthers, Gütersloh 2014, S. 131

12 Zitiert nach Luther-Chronik. Daten zu Leben und Werk, zusammengestellt von Andrea van Dülmen, München 1983, S. 64

13 Martin Luther: Von der Babylonischen Gefangenschaft der Kirche. Ein Vorspiel, in: Werke, Bd. 2, S. 229f.

14 A. a. O., S. 184

15 A. a. O., S. 197

16 Ebenda

17 Martin Luther: Sendbrief an den Papst Leo X. vom 6.9.1520, in: Werke, Bd. 2, S. 242

18 Ebenda

19 A. a. O., S. 246

20 A. a. O., S. 248

21 Martin Luther: Von der Freiheit eines Christenmenschen, Werke Bd. 2, S. 251

22 A. a. O., S. 257f.

23 A. o. A., S. 270

24 Brief Martin Luthers an Johannes von Staupitz vom 14.1.1521, Werke Bd. 10, S. 81

25 Zitiert nach Luther-Chronik, S. 70

26 A. a. O., S. 72

27 Zitiert nach Heinz Schilling: Martin Luther. Rebell in einer Zeit des Umbruchs, München 2012, S. 211

Achtes Kapitel

1 Brief Martin Luthers an Georg Spalatin vom 14.4.1521, in: Werke, Bd. 10, S. 83

2 Zitiert nach Michael Meisner: Martin Luther. Heiliger oder Rebell, Lübeck 1983, S. 72

3 Zitiert nach Heinrich Boehmer: Der junge Luther, Stuttgart 1971, S. 334

4 Zitiert nach Meisner, S. 79

5 Brief Martin Luthers an Johannes Cruspinian vom 17.4.1521, Werke, Bd. 10, S. 84

6 Zitiert nach Meisner, S. 82

7 Zitiert nach Boehmer, S. 338

8 Zitiert nach Richard Friedenthal: Martin Luther. Sein Leben und seine Zeit, München 1967, S. 339

9 Zitiert nach Meisner, S. 87

10 Brief Martin Luthers an Kaiser Karl V. vom 28.4.1521, Werke, Bd. 10, S. 87

11 Brief Martin Luthers an Georg Spalatin vom 14.5.1521, Werke Bd. 10, S. 91

12 Zitiert nach Martin Luther, Werke, Bd. 2, S. 294

13 A. a. O., S. 299

14 A. a. O., S. 300

15 A. a. O., S. 305

16 Zitiert nach Hans-Joachim Neumann: Luthers Leiden. Die Krankheitsgeschichte des Reformators, Berlin 1995, S. 80

17 Brief Martin Luthers an Philipp Melanchthon vom 13. Juli 1521, Werke, Bd. 10, S. 93

18 Zitiert nach Meisner, S. 99

Neuntes Kapitel

1   Brief Martin Luthers an Georg Spalatin vom 6.8.1521, Werke, Bd. 10, S. 97
2   Martin Luther: Ein Urteil Luthers über die Klostergelübde, in: Werke, Bd. 2, S. 313
3   Martin Luther: Brief an seinen Vater Hans Luder, in: Werke, Bd. 2, S. 325
4   Ebenda
5   A. a. O., S. 327
6   A. a. O., S. 329
7   Martin Luther: Das Magnificat. Verdeutscht und ausgelegt, in: Werke, Bd. 5, S. 274
8   Brief Martin Luthers an Philipp Melanchthon vom 13.7.1521, Werke, Bd. 10, S. 93f.
9   Brief Martin Luthers an Georg Spalatin vom 11.11.1521, Werke, Bd. 10, S. 104
10 Zitiert nach Tim Klein: Luther, Berlin/Hamburg 1967, S. 109
11 A. a. O., S. 113
12 Ebenda
13 Martin Luther: Ein Sendbrief vom Dolmetschen, in: Werke, Bd. 5, S. 85
14 Martin Luther: Vorrede zum Brief des Paulus an die Römer, Werke, Bd. 5, S. 50
15 Martin Luther: Ein Sendbrief vom Dolmetschen, in: Werke, Bd. 5, S. 85
16 A. a. O., S. 83f.
17 Zitiert nach Michael Meisner: Martin Luther. Heiliger oder Rebell, Lübeck 1983, S. 113
18 Martin Luther: Das Magnificat. Verdeutscht und ausgelegt, in: Werke, Bd. 5, S. 306
19 Brief Martin Luthers an Philipp Melanchthon vom 13.1.1522, Werke, Bd. 10, S. 113
20 Brief Martin Luthers an Friedrich den Weisen vom 5. März 1522, Werke, Bd. 10, S. 115
21 A. a. O., S. 116
22 A. a. O., S. 117
23 Martin Luther: Von weltlicher Obrigkeit, wie weit man ihr Gehorsam schuldig sei, in: Werke, Bd. 7, S. 33
24 A. a. O., S. 10
25 A. a. O., S. 35
26 A. a. O., S. 15
27 Ebenda
28 A. a. O., S. 47f.
29 A. a. O., S. 20

Zehntes Kapitel

1   Brief Martin Luthers an Georg Spalatin, Werke, Bd. 10, S. 127
2   Zitiert nach Luther-Chronik, München 1983, S. 102
3   Ebenda
4   Martin Luther: Ein neues Lied wir heben an, in: Werke, Bd. 6 (Kirche und Gemeinde), S. 294
5   Martin Luther: Nun freut euch, liebe Christen gmein, in: Werke, Bd. 6, S. 282
6   A. a. O., S. 283
7   Brief Martin Luthers an Georg Spalatin (Jahreswende 1523/24), Werke, Bd. 10, S. 137
8   Martin Luther: Ein feste Burg ist unser Gott, Werke, Bd. 6 (Kirche und Gemeinde), S. 276f.

9 Zitiert nach Luthers Lieder. Ein feste Burg, hrsg. v. Reinhard Mawick/Inge Mager, Leipzig 2015, S. 26

10 A. a. O., S. 32f.

11 Ebenda

12 Zum Folgenden »Wes sich Doctor Andreas Bodenstein von Karlstadt und Doctor Martino Luther beredt zu Jena«, in: Acta Ienensia, WS 15, S. 23–47 sowie Michael Meisner: Martin Luther. Heiliger oder Rebell, Lübeck 1983, S. 148–151

13 Zitiert nach Luther-Chronik, S. 117

14 Martin Luther: Wider die himmlischen Propheten, von den Bildern und Sakramenten, Werke, Bd. 4, S. 135

15 A. a. O., S. 177

16 A. a. O., S. 150

17 Zitiert nach Luther-Chronik, S. 113

18 Zitiert nach Heinz Schilling, Martin Luther. Rebell in einer Zeit des Umbruchs. Eine Biographie, München 2012, S. 295f.

19 Martin Luther: Ermahnung zum Frieden auf die zwölf Artikel der Bauernschaft in Schwaben, Werke, Bd. 7 (Der Christ in der Welt), S. 163f.

20 A. a. O., S. 164

21 A. a. O., S. 166

22 Ebenda

23 A. a. O., S. 180

24 A. a. O., S. 178

25 A. a. O., S. 185

26 A. a. O., S. 188

27 Zitiert nach Luther-Chronik, S. 122

28 Brief Martin Luthers an Johannes Rühel vom 4. 5.1525, Werke, Bd. 10, S. 149

29 A. a. O., S. 150

30 A. a. O., S. 151

31 Zitiert nach Luther-Chronik, S. 122

32 Zitiert nach Tim Klein: Luther, Berlin/Hamburg 1967, S. 190

33 Martin Luther: Wider die räuberischen und mörderischen Rotten der Bauern«, Werke, Bd. 7 (Der Christ in der Welt), S. 191

34 A. a. O., S. 192

35 A. a. O., S. 195

36 A. a. O., S. 196

37 A. a. O., S. 197

38 Martin Luther: Ein Sendbrief von dem harten Büchlein wider die Bauern, Werke, Bd. 7, S. 206

39 Zitiert nach Tim Klein, S. 197

40 Zitiert nach Michael Meisner: Martin Luther. Heiliger oder Rebell, Lübeck 1983, S. 164

41 Zitiert nach Tim Klein: Luther, Berlin/Hamburg 1967, S. 184f.

42 Brief Martin Luthers an Johannes Rühel vom 30.5.1525, Werke, Bd. 10, S. 154

Elftes Kapitel

1 Brief Martin Luthers an Georg Spalatin vom 16.4.1525, Werke, Bd. 10, S. 148

2 Brief Philipp Melanchthons an Joachim Camerarius vom 16.6.1525, zitiert nach Volkmar Joestel und Friedrich Schorlemmer (Hrsg.): Die Nonne heiratet den Mönch: Luthers Hochzeit als Scandalon. Eine Textsammlung, Wittenberg 1999, S. 18f.

3 Zitiert nach Michael Meisner: Martin Luther. Heiliger oder Rebell, Lübeck 1983, S. 180

4 Brief Martin Luthers an Georg Spalatin vom 16.6.1525, Werke, Bd. 10, S. 158

5 Zitiert nach Michael Meisner: Martin Luther. Heiliger oder Rebell, Lübeck 1983, S. 181

6 Martin Luther: Junge Ehe. Tischgespräche, Werke, Bd. 9, S. 271

7 Zitiert nach Richard Friedenthal: Luther. Sein Leben und seine Zeit, München 1967, S. 536

8 Brief Martin Luthers an Erasmus von Rotterdam vom 18.4.1524, Werke, Bd. 10, S. 143

9 Erasmus von Rotterdam: Vom freien Willen, hrsg. und verdeutscht von Otto Schumacher, Göttingen 1988, S. 11

10 A. a. O., S. 12

11 Ebenda

12 A. a. O., S. 58

13 A. a. O., S. 26

14 A. a. O., S. 27

15 A. a. O., S. 62

16 A. a. O., S. 67

17 Martin Luther: Vom unfreien Willen, in: Werke, Bd. 3, S. 151

18 A. a. O., S. 152

19 A. a. O., S. 183

20 Ebenda

21 A. a. O., S. 282f.

22 A. a. O., S. 288

23 A. a. O., S. 290

24 A. a. O., S. 327

25 A. a. O., S. 192

26 A. a. O., S. 194

27 A. a. O., S. 259

28 A. a. O., S. 321

29 A. a. O., S. 196

30 A. a. O., S. 200

31 A. a. O., S. 325

32 A. a. O., S. 334

33 Zitiert nach Johan Huizinga: Erasmus. Eine Biografie, Reinbek bei Hamburg 1993, S. 211

34 Zitiert nach Luther-Chronik, S. 132

35 Zitiert nach Stefan Zweig: Triumph und Tragik des Erasmus von Rotterdam, Frankfurt am Main 2014, S. 165

36 Brief Martin Luthers an Johann Friedrich von Sachsen vom 14.5.1526, Werke, Bd. 10, S. 168

37 Brief Martin Luthers an Johann Friedrich von Sachsen vom 22.11.1526, Werke, Bd. 10, S. 172

38 A. a. O., S. 171

39 Zitiert nach Luther-Chronik, S. 131

40 Zitiert nach Tim Klein: Luther, Berlin/Hamburg 1967, S. 202

41 Brief Martin Luthers an Nikolaus Hausmann vom 13.7.1527, Werke, Bd. 10, S. 182

42 Martin Luther: Ob Kriegsleute auch in seligem Stande sein können, Werke, Bd. 7 (Der Christ in der Welt), S. 53

43 A. a. O., S. 55

44 A. a. O., S. 54

45 A. a. O., S. 62

46 A. a. O., S. 69

47 A. a. O., S. 85

48 Zitiert nach Michael Meisner: Martin Luther. Heiliger oder Rebell, Lübeck 1983, S. 195f.

49 Brief Martin Luthers an Michael Stifel vom 11.8.1526, Werke, Bd. 10, S. 170

50 Zitiert nach Luther-Chronik, S. 138

51 Zitiert nach Hans-Joachim Neumann: Luthers Leiden. Die Krankheitsgeschichte des Reformators, Berlin 1995, S. 93

52 Zitiert nach Luther-Chronik, S. 141

53 Brief Martin Luthers an Nikolaus Hausmann vom 5.8.1528, Werke, Bd. 10, S. 189

54 Brief Martin Luther an Justus Jonas vom 19.10.1527, Werke, Bd. 10, S. 185

55 Zitiert nach Michael Meisner: Martin Luther. Heiliger oder Rebell, Lübeck 1983, S. 196

56 Martin Luther: Der Kleine Katechismus, Werke, Bd. 6, S. 139

57 Zitiert nach Luther-Chronik, S. 160

58 Ebenda

59 Das Marburger Religionsgespräch, hrsg. von G. May, Gütersloh 1970, S. 23ff.

Zwölftes Kapitel

1 Martin Luther: Vom Kriege wider die Türken, Werke, Bd. 7, S. 95

2 A. a. O., S. 109

3 Ebenda

4 A. a. O., S. 112

5 A. a. O., S. 100

6 A. a. O., S. 96

7 A. a. O., S. 113

8 A. a. O., S. 115

9 A., a. O., S. 118

10 Martin Luther: Eine Heerpredigt wider den Türken, Werke, Bd. 7, S. 119

11 A. a. O., S. 133

12 A. a. O., S. 133

13 A. a. O., S. 127

14 Zitiert nach Luther-Chronik, S. 168

15 Brief Martin Luthers an Philipp Melanchthon vom 24.4.1530, Werke, Bd. 10, S. 199

16 A. a. O., S. 172

17 A. a. O., S. 199

18 Brief Martin Luthers an Georg Spalatin vom 24.4.1530, Werke, Bd. 10, S. 200

19 Brief Martin Luthers an Johann den Beständigen vom 15.5.1530, Werke, Bd. 10, S. 202

20 Brief Martin Luthers an Philipp Melanchthon vom 29.6.1530, Werke, Bd. 10, S. 208

21 Brief Martin Luthers an Philipp Melanchthon vom 27.6.1530, Werke, Bd. 10, S. 207

22 Zitiert nach Luther-Chronik, S. 154

23 Brief Martin Luthers an Justus Jonas vom 20.9.1530, Werke, Bd. 10, S. 218

24 Zitiert nach Luther-Chronik, S. 182

25 Zitiert nach Tim Klein: Luther, Berlin/Hamburg 1967, S. 231

26 Brief Martin Luthers an Philipp Melanchthon vom 5. 6.1530, Werke, Bd. 203

27 Brief Martin Luthers an Sohn Hans Luther vom 19.6.1530, Werke, Bd. 10, S. 205f.

28 Zitiert nach Luther-Chronik, S. 190

29 Zitiert nach Hans-Joachim Neumann: Luthers Leiden. Die Krankheitsgeschichte des Reformators, Berlin 1995, S. 110

30 Zitiert nach Luther-Chronik, S. 191

31 Martin Luther: Euch stoßen, dass es krachen soll. Sprüche, Aussprüche, Anekdoten, Berlin 1986, S. 102f.

32 A. a. O., S. 110

33 Zitiert nach Michael Meisner: Luther. Heiliger oder Rebell, Lübeck 1983, S. 240

34 Ebenda

35 Zitiert nach Luther-Chronik, S. 212

36 Zitiert nach Tim Klein: Luther, Berlin 1967, S. 247

37 Brief Martin Luthers an Justus Jonas vom 10.11.1535, Werke, Bd. 10, S. 252

Dreizehntes Kapitel

1 Zum Folgenden Michael Meisner: Luther. Heiliger oder Rebell, Lübeck 1983, S. 253ff.; Meisner entnimmt seine Zitate dem Bericht des thüringischen Reformators Myconius

2 Martin Luther an Johann Friederich den Großmütigen vom 3.1.1537, Werke, Bd. 10, S. 257

3 Martin Luther: »Die Schmalkaldischen Artikel«, in: Martin Luther: Der große Katechismus/Die Schmalkaldischen Artikel, Band 1 der Calwer Luther-Ausgabe, hrsg. von Wolfgang Metzger, Stuttgart 1983, S. 181

4 A. a. O., S. 182

5 Ebenda

6 A. a. O., S. 184

7 Ebenda

8 A. a. O., S. 185

9 A. a. O., S. 187

10 Ebenda

11 A. a. O., S. 193

12 A. a. O., S. 209

13 Zitiert nach Tim Klein: Luther, Berlin 1967, S. 253

14 Brief Martin Luthers an Käthe vom 27.2.1537, Werke, Bd. 10, S. 259f.

15 Erklärung Luthers in Todesgefahr vom 28.2.1537, Werke, Bd. 10, S. 261

16 Zitiert nach Luther-Chronik, S. 234

17 A. a. O., S. 235f.

18 Zitiert nach Tim Klein: Luther, Berlin 1967, S. 255

19 A. a. O., S. 250

20 A. a. O., S. 256

21 A. a. O., S. 257

22 Zitiert nach Tim Klein: Luther, Berlin 1967, S. 289f.

23 Ebenda

24 Brief Martin Luthers an Käthe vom 2.7.1540, Werke, Bd. 10, S. 288f.

25 Martin Luther: Vom ehelichen Leben, Werke, Bd. 7, S. 303

26 Brief Martin Luthers an Justus Jonas vom 27.3.1540, Werke, Bd. 10, S. 272

27 Zitiert nach Luther-Chronik, S. 267

28 Brief Martin Luthers an Markus Crodel vom 16.9.1542, Werke, Bd. 10, S. 316

29 Martin Luther: Euch stoßen, dass es krachen soll. Sprüche, Aussprüche, Anekdoten, Berlin 1983, S. 92

30 Ebenda

31 Ebenda

32 Brief Martin Luthers an Justus Jonas vom 23.9.1542, Werke, Bd. 10, S. 317

33 Luthers Lieder. Ein feste Burg, hrsg. von Reinhard Mawick, Leipzig 2015, S. 30

34 Siehe Heinz Schilling: Martin Luther. Rebell in einer Zeit des Umbruchs, München 2012, S. 538

35 Zum Folgenden Martin Luther: Von den Juden und ihren Lügen, hrsg. von Karl-Heinz Büchner/Bernd P. Kammermeier/Reinhold Schlotz/Robert Zwilling; Luthers judenfeindliche Schriften, Bd. 1, Aschaffenburg 2016; siehe auch Thomas Kaufmann: Luthers Juden, Stuttgart 2014, S. 111

36 Zitiert nach Hans-Joachim Neumann: Luthers Leiden. Die Krankheitsgeschichte des Reformators, Berlin 1995, S. 58

37 Zitiert nach Luther-Chronik, S. 289

38 Martin Luther: Vorrede zu Band I der lateinischen Schriften der Wittenberger Luther-Ausgabe, Werke, Bd. 2, S. 11

39 A. a. O., S. 12

40 A. a. O., S. 17

41 A. a. O., S. 20

42 Brief Martin Luthers an Käthe vom 25.1.1546, Werke, Bd. 10, S. 336

43 Zitiert nach Eleonore Dehnerdt: Katharina. Die starke Frau an Luthers Seite, Gießen 2015, S. 121

44 A. a. O., S. 122f.

45 A. a. O., S. 124

46 A. a. O., S. 126

47 A. a. O., S. 137

48 Zitiert nach Luther-Chronik, S. 305

49 A. a. O., S. 304

50 Martin Luther: Letzte Aufzeichnung von der Hand Luthers, Werke, Bd. 10, S. 340

51 A. a. O., S. 341

BIBLIOGRAFIE

Lexika

Aland, Kurt (Hrsg.): Lutherlexikon, Göttingen 1989

Benzing, Josef: Lutherbibliographie. Verzeichnis der gedruckten Schriften Martin Luthers bis zu dessen Tod. Bearbeitet in Verbindung mit der Weimarer Ausgabe unter Mitarbeit von Claus Claus, Helmut. Zwei Bände, Baden-Baden 1989–1994

Quellen

Luther Deutsch. Die Werke Martin Luthers in neuer Auswahl für die Gegenwart. Hrsg. von Kurt Aland. 12 Bde. Band 1: Die Anfänge, 1983; Bd. 2: Der Reformator, 1981; Bd. 3: Der neue Glaube, 1961; Bd. 4: Der Kampf um die neue Lehre, 1964; Bd. 5: Die Schriftauslegung, 1963; Bd. 6: Kirche und Gemeinde, 1966; Bd. 7: Der Christ in der Welt, 1967; Bd. 8: Die Predigten, 1965; Bd. 9: Tischreden, 1983; Bd. 10: Die Briefe, 1983; Ergänzungsband, 1983; Registerband, 1974.

Martin Luther: Der große Katechismus/Die Schmalkaldischen Artikel, (Bd. 1 der Calwer Luther-Ausgabe), hrsg. von Wolfgang Metzger, Stuttgart 1983

Luther im Gespräch. Aufzeichnungen seiner Freunde und Tischgenossen, Stuttgart 1938

Martin Luther: Euch stoßen, dass es krachen soll. Sprüche, Aussprüche, Anekdoten, Berlin 1983

Martin Luther: Von den Juden und ihren Lügen, hrsg. von Karl-Heinz Büchner/Bernd P. Kammermeier/Reinhold Schlotz/Robert Zwilling, Aschaffenburg 2016

Martin Luther: Die Psalmen. Hymnen, Lieder und Gebete, Köln 2013

Luthers Lieder. Ein feste Burg, hrsg. Reinhard Mawick und Inge Mager, Leipzig 2008

Der Mystiker Martin Luther. Textauswahl und Kommentar von Gerhard Wehr, Wiesbaden 2011

Dokumente zu Luthers Entwicklung, hrsg. von Otto Scheel, Tübingen 1929,

Dokumente zur Causa Lutheri (1517–1521), 2 Bde., hrsg. von Peter Fabisch und Erwin Iserloh, Münster 1988. 1991.

Thomas Müntzer: Schriften und Briefe. Kritische Gesamtausgabe, hrsg. von Günther Franz, Gütersloh 1968

453

Biografische Schriften

Birnstein, Uwe: Der Humanist. Was Philipp Melanchthon Europa lehrte, Berlin 2010

Boehmer, Heinrich: Der junge Luther, hrsg. Heinrich Bornkamm, Stuttgart 1971

Bornkamm, Heinrich: Martin Luther in der Mitte seines Lebens. Das Jahrzehnt zwischen dem Wormser und dem Augsburger Reichstag, hrsg. von Karin Bornkamm, Göttingen 1979

Dehnerdt, Eleonore: Katharina. Die starke Frau an Luthers Seite, Gießen 2015

Febvre, Lucien: Martin Luther, hrsg. von Peter Schöttler, Frankfurt/New York 1996

Feldmann, Christan: Martin Luther, Reinbek bei Hamburg 2009

Friedenthal, Richard: Luther. Sein Leben und seine Zeit, München 1967

Klein, Tim: Luther, Berlin/Hamburg 1967

Leppin, Volker: Martin Luther. Vom Mönch zum Feindes Papstes: Darmstadt 2013.

Manns, Peter/Helmuth Nils Loose; Martin Luther, Freiburg/Basel/Wien 1983

Mai, Klaus-Rüdiger: Martin Luther: Prophet der Freiheit, Freiburg 2014

Meisner, Michael: Martin Luther: Heiliger oder Rebell, Lübeck 1981

Roper, Lyndal: Luther. Der Mensch Martin Luther. Die Biographie, Frankfurt am Main 2016

Schilling, Heinz: Martin Luther: Rebell in einer Zeit des Umbruchs. Eine Biographie, München 2012

Stade, Heinz /Thomas A. Seidel: Unterwegs zu Luther. Eine Reise durch 50 Lutherorte mit Fotografien von Harald Wenzel-Orf, Weimar 2014

Treu, Martin: Katharina von Bora, Wittenberg 1996

Winkler, Willi: Luther. Ein deutscher Rebell, Berlin 2016

Luther-Chronik. Daten zu Leben und Werk. Zusammengestellt von Andrea van Dülmen, München 1983.

Literaturhinweise

Aquin, Thomas von: Auswahl. Übersetzt und eingeleitet von Josef Pieper, Frankfurt am Main/ Hamburg 1956

Bayer, Oswald: Martin Luthers Theologie, Tübingen 2003

Beutel, Albrecht: Martin Luther. Eine Einführung in Leben, Werk und Wirkung, Leipzig 2006

Beutel, Albrecht (Hrsg.): Luther-Handbuch, Tübingen 2010

Bornkamm, Heinrich: Luther im Spiegel der deutschen Geistesgeschichte, Heidelberg 1955

Ders.: Luthers geistige Welt, Gütersloh 1960

Brandenstein-Zeppelin, Albrecht Graf von /Alma von Stockhausen (Hrsg.): Die Rechtfertigungs- und Sakramentenlehre in katholischer und evangelischer Sicht, Weilheim-Bierbronnen 2001

Bühler, Paul Theophil: Die Anfechtung bei Luther, Zürich 1942

Dieter, Theo: Der junge Luther und Aristoteles. Eine historisch-systematische Untersuchung zum Verhältnis von Theologie und Philosophie, Berlin 2001

Dingel, Irene/Hennig P. Jürgens (Hrsg.): Meilensteine der Reformation. Schlüsseldokumente der frühen Wirksamkeit Martin Luthers, Gütersloh 2014

Ebeling, Gerhard: Martin Luther. Weg und Wort, Frankfurt am Main, 1983

Ders.: Lutherstudien, 3 Bde. In 5 Tln, Tübingen 1971–1985

Erikson, Erik H.: Der junge Mann Luther, München 1958

Flasch, Kurt (Hrsg./Übersetzer): Logik des Schreckens. Augustinus von Hippo: Die Gnaden-lehre von 397. Lateinisch/Deutsch, Mainz 1990

Grübel, Isabel: Die Hierarchie der Teufel. Studien zum christlichen Teufelsbild und zur Allegorisierung des Bösen in Theologie, Literatur und Kunst zwischen Frühmittelalter und Gegenreformation, München 1991

Harnack, Theodosius: Luthers Theologie mit besonderer Beziehung auf seine Versöhnungs-und Erlösungslehre. Erste Abteilung, Erlangen 1862; Zweite Abteilung, Erlangen 1986

Huch, Ricarda: Luthers Glaube. Briefe an einen Freund, Leipzig 1917

Huizinga; Johan: Erasmus. Eine Biographie, Reinbek bei Hamburg 1993

Iserloh, Erwin: Der Thesenanschlag fand nicht statt, hrsg. von Uwe Wolff, Basel 2013

Joestel, Volkmar/Jutta Strehle: Luthers Bild und Lutherbilder. Ein Rundgang durch die Wir-kungsgeschichte, Wittenberg 2003

Junghans, Helmar (Hrsg.): Leben und Werk Martin Luthers von 1526 bis 1546, 2 Bde. Berlin/ Göttingen 1983

Ders.: Der junge Luther und die Humanisten, Weimar/Göttingen 1985

Kaspar, Walter Kardinal: Martin Luther. Eine ökumenische Perspektive, Ostfildern 2016

Kaufmann, Thomas: Martin Luther, München 2006

Ders.: Luthers Juden, Stuttgart 2014

Köpf, Ulrich: Martin Luther. Der Reformator und sein Werk, Stuttgart 2015

Kuper, Gaby/Mirko Gutjahr: Luthers Elternhaus. Ein Rundgang durch die Ausstellung, 2014

Kunter, Katharina: 500 Jahre Protestantismus. Eine Reise von den Anfängen bis in die Gegen-wart, Gütersloh 2011

Lilje, Hanns: Luther. Anbruch und Krise der Neuzeit, Nürnberg 1948

Leppin, Volker: Luthers mystische Wurzeln, München 2016

Loewenich, Walther von: Luthers theologia crucis, Witten 1967

Lohse, Bernhard: Luthers Theologie in ihrer historischen Entwicklung und in ihrem systema-tischen Zusammenhang, Göttingen 1995

Metternich, Wolfgang: Teufel, Geister & Dämonen. Das Unheimliche in der Kunst des Mittel-alters, Darmstadt 2011

Müller, Christa: Luthers Lieder. Theologische Auslegungen, Göttingen 1936

Mynarek, Hubertus: Luther ohne Mythos. Das Böse im Reformator, Freiburg 2012

Neumann, Hans-Joachim: Luthers Leiden. Die Krankheitsgeschichte des Reformators, Berlin 1995

Obendiek, Harmanus: Der Teufel bei Martin Luther. Eine theologische Untersuchung, Berlin 1931

Oberman, Heiko A.: Luther. Mensch zwischen Gott und Teufel, Berlin 1981

Osborne, John: Luther/Hier ruht George Dillon. Zwei Dramen, Frankfurt am Main 1963

Ott, Joachim/Martin Treu: Luthers Thesenanschlag. Faktum oder Fiktion, Leipzig 2008

Pasch, Kathrin (Hrsg.): »Mit Lust und Liebe singen«. Die Reformation und ihre Lieder, Gotha 2012

Pesch, Otto Hermann: Hinführung zu Luther, Mainz 1982

Peuckert, Will-Erich: Die große Wende. Das apokalyptische Saeculum und Luther/Geistes-geschichte und Volkskunde, Zwei Bde, Darmstadt 1966

Pohl, Friedrich Wilhelm /Christoph Türcke: Heilige Hure Vernunft. Luthers nachhaltiger Zauber, Berlin 1983

Preisendörfer, Bruno: Als unser Deutsch erfunden wurde. Reise in die Lutherzeit, Berlin 2016

Reiter, Paul J.: Martin Luthers Umwelt, Charakter und Psychose. Sowie die Bedeutung dieser Faktoren für seine Entwicklung und Lehre, Bd. 1, Kopenhagen 1937; Bd. 2: Luthers Persönlichkeit und Krankheiten, 1941

Rotterdam, Erasmus von: Vom freien Willen, Göttingen 1983

Schacht Ulrich: »Der Teufel paßt sich den Zeiten an«. Zu Luthers Menschen-Bild zwischen Röm. 13 und Apg. 5,29 und seiner Bedeutung für die Abwehr totalitärer Versuchung, in: Leiner/Neubert/Schacht/Seidel: Gott mehr gehorchen als den Menschen. Christliche Wurzeln, Zeitgeschichte und Gegenwart des Widerstands, S. 85–97, Göttingen 2005

Stoldt, Birgit: Martin Luthers Rhetorik des Herzens, Tübingen 2000

Vorgrimmler, Herbert: Geschichte der Hölle, München 1994

Zweig, Stefan: Triumph und Tragik des Erasmus von Rotterdam, Frankfurt am Main 1981

BILDNACHWEISE

PERSONENREGISTER